中國近代期刊彙刊·第二輯

國風報

八

第一年第三十五期——第二年第五期

中華書局

國風報

大清郵政局特准掛號認為新聞紙類
日本明治四十三年二月十三日第三種郵便物認可

每月三期逢壹日發行

宣統二年十二月念一日

第壹年第参拾伍期

愛理士紅衣補丸

治愈咳嗽時發精神困倦承烏君雨亭惠來証書照登

余自幼身體虛弱以致咳嗽時發精神困倦夢寐不寧雖經時常調理無奈實無見効茲蒙　家嚴寄來　貴廠之愛理士紅衣補丸兩瓶服後果然精神煥發咳嗽全消足見此丸之功効非淺除另函求　家嚴再寄外就近泐此數行以表謝忱並附小影以爲是丸之佐証幸祈列登報章以告病者耶

中國電報滬局雨亭謹識

外埠各大藥房均有發售倘內地無從購買處請函至上海四川路一百十七號總批發所購買即班回件郵費不加

本埠西北城鄉由南翔張永吉號代理

震寰藥廠啟

國風報第一年第三十五號目錄

宣統二年十二月念一日出版

編輯兼發行者 何國楨

發行所 上海福州路 國風報館

印刷所 上海福州路 廣智書局

定價表

報費先惠逢閏照加

項目	報資
全年三十五冊	六元五角
上半年十七冊	三元五角
下半年十八冊	三元五角

零售每冊	二角五分
本國郵費	每冊四分
歐美郵費	每冊七分
日本郵費	每冊一分

廣告價目表

一面	半面
十元	六元

漢陽晴川閣

諭旨

十二月廿二日　上諭前禮部左侍郎張亨嘉由翰林入直南書房迭掌文衡洊升卿貳學問優裕克勤厥職茲聞溘逝軫念殊深加恩著照侍郎例賜卹任內一切處分悉予開復應得卹典該衙門察例具奏伊子張知亶著以主事用欽此監國攝政王鈐章軍機大臣署名奕劻毓朗那桐徐世昌

二十三日　上諭恩壽奏考覈屬員分別舉劾一摺陝西西安府知府瑞清興安府知府胡薇元本任延安府知府調署漢中府知府愛星阿商州知州胡啓虞調補臨潼縣知縣劉賡年署華州知州本任咸甯縣知縣王世英興平縣知縣張瑞璣升補華州知州楊調元署延長縣知縣試用知縣洪寅署蒲城縣知縣本任長武縣知縣曾士剛既據該撫臚陳政績均着傳旨嘉獎岐山縣知縣吳命新居心巧滑語多飾詞署乾州知州大荔縣知縣陳潤燦御下不嚴差役用事均着開缺留省查看署山陽縣知縣試用知縣傅麗文操守難信怨讟繁滋開缺查看前洵陽縣知縣盧秉鈞知識庸闇難與吏新大荔縣丞李松壽擅受民詞試用府經歷舒承勳行爲殘忍買策三縱丁需索署江

口主簿施錫壽縱役釀命試用直隸州判吳永錫違例苛罰分缺先用典史毛節塤收厘弊混候補縣丞郭釗任意苛罰均着即行革職武功縣訓導郭暉烟癮未除着革職永不叙用餘着照所議辦理該部知道欽此監國攝政王鈐章軍機大臣署名奕劻假毓朗假那桐徐世昌

二十四日　上諭丁寶銓奏查明陽曲等廳州縣被災地畝請分別豁免蠲緩遞停展停錢糧一摺本年山西省自春徂夏雨澤愆期入秋得雨過晚播種已遲收成歉色其北路暨口外各屬並有不及播種之處兼以氷雹爲患成災歉收暨水冲沙壓未能墾復地畝若將應徵新舊糧賦照常徵收民力實有未逮加恩着照所請所有陽曲等三十八廳州縣應徵新舊錢糧着按照成災分數分別豁免蠲緩遞緩停徵展停以恤民艱該撫即將單開詳細數目分別謄黄徧行曉諭務使實惠均霑毋任吏胥舞弊用副朝廷軫念災區之至意餘着照所議辦理該部知道單併發欽此　上諭丁寶銓奏遵章裁撤冀甯道改設勸業道並請簡補一摺山西勸業道員缺着翁斌孫補授欽此

上諭程德全奏考察屬員分別舉劾一摺江蘇松江府知府戚揚太倉州直隸州知州

姚炳熊華亭縣調署長洲縣知縣張鵬翔既據該撫臚陳政蹟均傳旨嘉獎補用道陳光淞縱容丁役內行有虧候補知府胡玉瀛貌似有才舞弊最工陽湖縣知縣伊立勳玩視民命私用門丁浙江試用知縣劉承業緝獲灑賣徇情枉縱署馬蹟司巡檢葉日蔭擅受刑責釀成人命新陽縣典史殷敏看管案犯擅受銀錢已撤巡艦代統江南水師學堂畢業生封燮臣玩忽戎機匿贓不報福山鎮左營中哨四隊外委歐忠彪査米出洋任情賄放均着即行革職封燮臣歐忠彪着分別歸案從嚴訊辦並將封燮臣文憑勒追註銷餘着照所議辦理該部知道欽此監國攝政王鈐章軍機大臣署名奕劻毓朗假那桐徐世昌

二十五日　上諭資政院議決新刑律總則會同軍機大臣具奏繕單呈覽請旨裁奪一摺新刑律總則第十一條之十五歲著改爲十二歲第五十一條或滿八十歲人之下著加或未滿十六歲人字樣餘依議又據憲政編査館奏新刑律分則並暫行章程資政院未及議決應否遵限頒布繕單呈覽請旨辦理一摺新刑律頒布年限定自先朝籌備憲政清單現在開設議院之期已經縮短新刑律尤爲憲政重要之端是以續

行修正清單亦定爲本年頒布事關籌備年限實屬不可緩行著將新刑律總則分則暨暫行章程先爲頒布以備實行俟明年資政院開會仍可提議修正具奏請旨用符協贊之義並著修訂法律大臣按照新刑律迅卽編輯判決例及施行細則以爲將來實行之預備飭照所議辦理欽此　上諭明年五月爲英后加冕之期著派貝子銜鎭國將軍載振充頭等專使大臣前往致賀以重邦交欽此　上諭總管內務府大臣奏遵旨查明大臣子嗣一摺已故科布多辦事大臣錫恒之承繼孫繼良加恩著賞給員外郎欽此　旨崇文門正監督著那彥圖去副監督著壽勳去欽此　旨左翼監督著達賚去右翼監督著瑞啓去欽此　上諭錫良奏查明奉省新民義州等屬旗民各項地畝被災分數懇恩蠲緩糧租一摺奉天新民等處本年夏秋霪雨連綿各屬地方多受水患間有被雹成災收成歉薄實堪軫念加恩著照所請所有新民等八府州縣並各旗界地畝著按照單開各村屯被災分數分別蠲緩如有已徵在官者准其流抵次年正賦其曾經被災緩徵者著遞緩一年帶徵以紓民力該督卽刊刻謄黃徧行曉諭務使實惠均霑毋任吏胥舞弊用副朝廷軫念民艱至意餘著照所請辦理該部知道

單併發欽此　上諭馮汝騤奏查明江西被災各屬分別緩徵遞緩新舊錢漕等項開單呈覽一摺江西南昌等各屯本年入夏以來雨水過多山溪暴發河湖並漲滂河禾苗多被淹浸又因晴霽日久天氣亢陽高阜秋稼漸形黄萎收成均甚歉薄若將應徵新舊錢漕等項照常徵收民力實有未逮加恩著照所請所有勘實被災之新建等廳縣並九江府同知所轄之南九二衛均著將應徵新舊遞緩以紓民力該撫即按照單開各廳縣村莊頃畝分數暨應緩銀糧米石各數刊刻謄黄徧行曉諭務使實惠均霑毋任吏胥舞弊用副朝廷軫念民艱至意該部知道單併發欽此監國攝政王鈐章軍機大臣署名

二十六日　上諭馮汝騤奏考察屬員賢否據實舉劾一摺江西吉南贛寧道俞明頤南昌府知府武玉潤署南安府知府陳光裕試用知府金士彥署定南廳同知吳春鎔署廬陵縣知縣臨川縣知縣易順豫署盧溪縣知縣歐陽保福署得興縣知縣余永濬補用知縣黄繼萍鄉縣蘆溪司巡檢劉蔭福既據該撫臚陳政績均著傳旨嘉獎試用知府程逵辦理官銀分號假公濟私不知自愛前署德化縣補用知州華桐辦事操切

致釀命案前署瑞金縣補用知縣詹光斗藉案需索不知大體候補直隸州州判梁鈴實視學兩贛婺索規費安福縣致諭趙汝明品行不端署上高縣丞朱繼昌辦理禁烟不知覈實興國縣典史陳肇麟嗜利無恥臨川縣典史楊金選捕務廢弛崇仁縣鳳岡司巡檢袁惟晒不知檢束貴溪縣上清司巡檢王頌彬庸懦無能署南城縣新豐司巡檢蔡純操守不謹補用巡檢向楷玩視警務湖口炮台官候選縣丞陳剛不守營規均著即行革職補用縣丞梁寶琦禁烟調驗搜獲夾帶試用從九蔣聿修調驗規避均著革職永不敘用永甯縣知縣胡嘉銓精神不振前署會昌縣知縣吉水縣知縣張肇基辦事迂緩均著開缺另補餘著照所議辦理該部知道欽此監國攝政王鈐章軍機大臣署名

廿七日　旨武備院卿著榮銓補授欽此監國攝政王鈐章軍機大臣署名

廿八日　上諭試辦宣統三年歲入歲出總預算案由度支部擬定奏交會議政務處會同集議旋經該處王大臣奏交資政院照章辦理茲據該院奏稱此項總預算案業經斟酌損益公同議決遵章會同會議政務處具奏並繕具清單請旨裁奪等語現在國用浩繁財力支絀該院核定宣統三年預算總案朕詳加披覽尙屬核實如確係浮

濫之款即應極力削減若實有窒礙難行之處准由京外各衙門將實用不敷各款繕呈詳細清冊敘明確當理由逕行具奏候旨辦理至裁汰綠防各營於各省現在地方情形有無妨礙著陸軍部會同各省督撫悉心考察熟權利害從長計議詳晰具奏又會奏議決京外各官公費標準一片著俟編訂官俸章程時候旨施行欽此　上諭直隸提督姜桂題電奏武衛左軍應否裁撤請旨裁奪等語武衛左軍本係毅軍改名歷經戰陣嗣經派駐近畿用資拱衛關係尤為重要武衛左軍營隊餉項著毋庸裁減仍責成姜桂題認眞訓練照常駐紮該部知道欽此　上諭法部尚書廷杰老成練達端謹廉明由部曹簡放外任洊陟監司升任熱河都統擢授尚書宣力有年克稱厥職前因患病疊次賞假方期調理就痊長資倚畀茲聞溘逝軫惜殊深加恩賞給陀羅經被派貝子溥倫帶領侍衛十員即日前往奠醊照尚書例賜卹任內一切處分悉予開復應得卹典該衙門察例具奏伊孫一品蔭生延齡著俟及歲時以郎中用用示篤念藎臣至意欽此　上諭法部尚書著紹昌補授沈家本著轉補法部左侍郎法部右侍郎著王垿補授欽此　上諭沈家本現在有差法部左侍郎著曾鑑署理欽此監國攝政王鈐章軍機大臣署名

二十九日　上諭法部左丞著王世琦署理許受衡著署理總檢察廳廳丞欽此　上諭楊文鼎奏耆紳鄉舉重逢籲懇恩施一摺在籍翰林院檢討王闓運早列賢書儒林矜式現居該員鄉舉之年花甲適周洵屬科名盛事加恩著加翰林院侍講銜以惠耆年欽此　上諭甘肅巡警道員缺著趙惟熙試署欽此　上諭甘肅蘭州道一缺即行裁撤改設勸業道著彭英甲補授欽此　上諭廣西勸業道員缺著胡銘槃補授欽此

上諭前據御史石長信奏參趙爾豐徇私溺職殘刻貪汚各節當經諭令長庚確查茲據查明覆奏或事出有因或傳聞失實惟趙爾豐前在永甯道任內辦理敘永土匪任用官紳罰及無辜究屬失於覺察趙爾豐著交部察議候選知府傅嵩木都司鄭子均隨辦匪案擅作威福恃勢勒罰均著革職永不敘用鄭子均貪黷無恥情節尤重著發往軍臺効力贖罪知縣用候補府經歷范國浦聲名素劣分省補用知府吳俁不戒於火燒毀營中糧米均著交部分別議處打箭鑪同知王典章既多物議著開缺另補寶豐隆銀行股東喬世傑結交官長把持招搖著查明如有官職即行斥革並發交原籍地方官嚴加管束以示懲儆餘著照所議辦理該部知道欽此監國攝政王鈐章軍機大臣署名

論說

說政策

滄江

今者上之則有責任內閣之名稱出現下之則有政黨之思想發生此皆政治界之一種好氣象也雖然責任內閣與政黨其所麗以成立者皆在政策而政策之爲何物吾國人眞能知之者蓋希也夫不識政策爲何物而言責任內閣言政黨此猶不識加減乘除而言數學也吾故不能已於爲此文

政策二字今人殆習爲口頭禪雖然欲確明其性質固非一二語所能盡也欲知政策爲何物必當先知政治爲何物　**政治者何國家目的之現於實者也**

凡人類必有其目的以充飢之目的而求食以禦寒之目的而求衣學生以求學之目的而入校商人以營利之目的而適市是也國家亦一人格也故其一切行動必非漫然而已必有其目的焉國家之目的何在雖非本文所能具述簡要言之則一以

期國家自身之生存發達一以期國民全體之生存發達而已然國家自身之榮悴與國民全體之榮悴實迭相爲因迭相爲果故國家之目的非有二也恒一而已由此言之則**（第一）凡無目的者不得謂之政治**　例如甲國以欲達某目的之故乃設某官辦某事乙國並無此目的而惟作無意識之模倣亦設某官辦某事是也**（第二）其目的非屬於國家者不得謂之政治**　例如以一私人或一階級一地方之利益爲目的而假國家之威權以行之者皆非政治也**（第三）不能使國家之目的現於實者不得謂之政治**國家者非自然人而法人也故不能直接自使其目的現於實而恒有待於其機關倘機關不備或司機關之人不依國家目的以進行則有目的等於無有也是故凡國家之行爲則名曰政治此天下古今之通義也然此三者有一於此則形式上雖屬於國家行爲實質已非國家行爲非國家行爲則已不得復謂之政治矣準此義以繩之則我國今日朝廷所爲發號施令羣吏所爲奉命承敎

者殆什九非政治何也彼其所發施奉承者大率皆無目的或爲箇人之目的而國家之目的終不可得而見也**夫既無政治復何政策之可言更何政策當否之可言故吾今者之言政策爲他日既有政治之後言之也非爲今日言之也**

夫使司國家機關之人人皆能自審其地位自覺其職務之所宜盡而使國家之行爲常遵依國家之目的而無或以自己私人之目的攙奪乎其間則庶幾乎可以語於政治矣雖然以云政策則又有進蓋政治者由國家目的而演出者也**政策者則求所以達此目的之一手段也**國家之目的雖常同一而所以達此目的之手段則因地而異因時而異即在一時一地而因各人之所見亦各各有異此何故耶蓋國家之目的常在國家自身之利益與國民全體之利益固也然國家之利益與國民之利益未必能常相合即曰國家之利益與國民全體之利益常相合也而與國民之一箇人或其一部分人之利益總不能常相合即曰兩者永久之利益常相

合也而其暫時之利益總不能常相合於是乎雖同一目的而所以達此目的之手段往往懸絕

所謂國家利益與國民利益不能常相合者何也

人身血輪常刻刻代謝生滅不住聽其遷化而不顧惜者爲全身之策術也養其一指而失其肩背則爲狼疾人矣惟國亦然國家自爲其生存發達起見常或奪國民生命財產之一部甚則奪其全部而不以爲泰例如國家用兵於外直接糜爛人民之生命間接耗損其財產而無所於惜是其例也蓋謂非如此則不能保國家之存立而期其發達而非國家存立發達則人民利益悉無所麗也而權衡於國家利益與國民利益輕重緩急之間此卽政策之所由發生也

所謂國家之利益與國民之一箇人或其一部分人之利益不能常相合者何也

國家利益與國民全體利益可以謂爲同物然國民全體之利益與國民箇人總數之和之利益不能謂爲同物試爲罕譬以喻之則國民全體利益云者乃化學的而非數理的也數理學上之公例凡十箇單數之和其總數必成爲十百箇千箇單數之和其總

數必成爲千百化學上之公例則不然輕氣養氣之化合物則不名爲輕養也而別變爲水炭碘鈉之化合物則不名爲炭碘鈉也而別變爲鹽吾所謂國民全體利益云者非與前者同例而與後者同例也坐是之故國民全體之利益與國民之一箇人或其一部分人之利益常立於相對之地位甲某所認爲利益者乙某或認爲不利益此團體認爲利益者他團體或認爲不利益此階級認爲利益者彼階級或認爲不利益此地方認爲利益者他地方或認爲非利益而權衡於各部分利益輕重緩急之間此又政策之所由發生也 **所謂目前之利益與永久之利益不能常相合者何也** 譬諸人生莫不以康樂爲期然欲求將來之康樂大率須先以目前之勞苦爲易而目前勞苦過度時亦爲耗損將來康樂之媒二者不可得兼則程度分配之間最當審擇惟國亦然往往有忍目前之苦痛以計他日之樂利者亦有稍減他日之樂利以救目前之苦痛者而權衡於目前與他日輕重緩急之間此又政策之所由發生也

夫國家利益與國民利益既有多方施政者能一一悉取而調和之使隨時隨地各得所欲此最善也雖然各種利益固有並行而不悖者亦有立於正反對之地位互衝突而不能相容者其並行不悖者斯可以以調和爲能事者也其衝突不相容者斯不可以以調和爲能事而往往須取其一而舍其他者也 **於是乎一國之內同時常有兩種以上之反對政策得以並存而各皆持之有故言之成理而政策之當不當適不適遂恢乎有辨難之餘地近世各立憲國所以常有兩大政黨相對立而各不謬於國利民福之旨趣者皆以此也**夫於各種不能相容之利益而取其一舍其他者非有他故焉則以此所取之特種利益爲與國家之目的最相近而已所謂與國家目的最相近者則或以此特種利益爲與國家自身利益適相合也或以此特種利益爲能間接發達他種利益也試舉其例如國家之有戰爭

則戕賊人民生命恆所不免產業亦常蒙損害即在平時擴張軍備於國民生計所傷亦多然政治家往往采此政策而不辭者謂非是而國家不可得保也甚者如古代之斯巴達凡國民皆不得自私其財且不得自私其所生之子女幼兒體質有不適於爲兵者則以政府之命投棄澗谷不許收養其芻狗人民可謂至極然不害爲一種之政策者彼蓋以國家常得健全分子爲前提而謂此爲選擇健全分子最良之手段也又如前此政治家往往有徠他國之民使定居己國古今中外不乏其例（我國春秋戰國間。各國競用此策。三十年前之美國純以此爲施政方針。現今墨西哥等國猶然）以今世殖民主義衡之似可大詫然不害爲一種之政策也彼以是爲足以致國家於繁榮也又如疇昔歐洲政治家往往有用全力以擁護教會及貴族之勢力雖犧牲平民利益之全部以供之亦所不惜反是亦有専擁護平民勢力其特種階級不惜芟夷蘊崇之而皆不害爲一種之政策者或認教會貴族爲國家中堅或認平民爲國家中堅而謂犧牲一切以强其中堅即所以利國家也又如現代歐美各國有立種種法以保護資本家者亦有立種種法以保護食力之民者資本家之所利往往爲食力之民所不利食力之民所利往往爲資本家所不利立法有所不利於人而猶不害爲一種之政策者或則謂直接謀資本家之利卽所以間接謀食力者之利或則謂直接謀食力者之利卽所以間接謀資本家之利也此不過畧舉數端其他凡百率皆類是要之政治無絕對之美而政策各有所宜故雖一國中並世之大政治家而所主張之政策往往若冰炭之相懸者凡以此也

然則欲判政策之是非得失其道何由

(第一)當先問政策之是否可以實行

例如專制政治與立憲政治其本質之孰美孰惡且勿論而試問當民智漸開人民政治運動極劇烈之時專制政治果有道以維持焉否耶又如君主政治與民主政治其本質之孰美孰惡且勿論而試問久戴君主之國能無端而革去之耶久行民主之國能無端而發生君主耶又如現今歐美盛行之社會主義其合於公理與否且勿論而試問以現在社會制度之組織能一旦取而反之否耶又如自由關稅與保護關稅孰爲利國且勿論而試問彼於條約上稅權定有限制之國非改正條約告成功後能徑行保護主義否耶又如擴充軍備與節省軍備之孰應於時勢且勿論而試問彼稅源涸竭之國百計羅掘而終不得養兵之資者非設法增進民富以後能徑

行擴充主義否耶此皆隨舉數端他可類推是故有絕對的不能實行之政策雖有大力無從構造或無從抵抗者是也有相對的不能實行之政策欲行之必有所待非所待者既至則無從著手者是也要之凡屬不能實行之政策雖極美妙皆爲空華其是非得失更無商榷之價値也

(第二)當問其政策之是否必要且有益及其必要與有益之程度何如 必要云者就消極的方面言之非此則無以保國家之生存者也有益云者就積極的方面言之非此則無以圖國家之發達者也例如法蘭西現方以獎厲婦女妊育爲一種政策在彼則其必要者也在他國則其不必要者也英俄德法競以擴張軍備爲政策在彼則其必要者也在荷蘭比利時瑞士則其不必要者也歐洲諸國數百年來以信仰自由政教分離爲一種政策在彼則其必要者也在泰東諸國則其不必要者也歐美日本皆以制定工場法爲一種政策在彼則其必要者也在我國今日則其不必要者也我國今日以請願國會改革官制爲一種政策在我

則其必要者也在他國今日則其不必要者也此必要與否之說也法國巴黎以公費設戲園謂其有益也他國而漫效之則無益者也現世諸軍國麋巨帑以造飛機謂其有益也若其他軍事設備百不一具而惟飛機之爲務則無益者也國家補助航業此在海運未發達之國至有益者也其在已發達之國則無益者也嚴定彈劾大臣之制設國務裁判所此在初施憲政之國至有益者也其在政黨政治之國則無益者也此有益與否之說也此亦隨舉數端他可類推大抵絕對的不必要及無益之事決不能成爲政治問題其成爲政治問題者必其比較的爲必要而且有益者也故政策之得失要當以其必要有益之程度爲衡必要有益之程度於何決之必與他種必要有益之事業相較然後能決之擴張軍備固必要振興教育亦必要若在民智闇昧之國則教育必要之程度過於軍備也設美術學校固有益設法政學校亦有益若在政體新易之時則法政有益之程度過於美術也此不過語其至淺者其他凡百政策之價值皆當以是斷之

(第三)當問其政策所收穫者與其所犧牲者之相償率

何如國家及國民各部分之利益時或相衝突而不能一致既如前述故無論何種政策恒必犧牲一部分之利益以期收穫他部分之利益此事勢之無可逃避者也而其政策之結果所收穫能償所犧牲而有餘則爲良政策反是則爲惡政策也例如延長義務教育年齡人民於此年齡內不能就職業則公家教育費亦陡增此其所犧牲也而教育普及人民能力大進國家亦得良分子而有基勿壞則所收穫足償之而有餘也擴張軍備不得已則雖戰毋恤在平時則負擔至重在戰時則損耗尤巨此其所犧牲也而使他人不敢侮我或且藉一勝之威而揚國光於境外則所收穫足償之而有餘也設種種法律以束縛人民之自由違者以刑罰隨其後所謂天賦人權者緣此而範圍日以縮小此其所犧牲也而人民獲所保障始能於法律所許之範圍內安居樂業則所收穫足償之而有餘也反是例如借外債以充行政費行政整理之後誠有利益若緣此而召外人干涉財政之漸則犧牲太大雖有收穫不足以爲償矣大擴充海陸軍於國防上誠有利益若軍事費遠軼出於民力所克負擔之範圍外以致稅源全涸民不堪命則犧牲太大雖有收穫不足以爲償矣袒護資本家優予以特權於獎

厲企業誠有利益若緣此而使食力之氓儕於奴隸則犧牲太大雖有收穫不足以爲償矣行專制獨裁政治則權責專一治事迅敏誠有利益若緣此而使人民漠視國事政治思想銷沈殆盡甚且舍失其自由獨立之性則犧牲太大雖有收穫不足以爲償矣此亦不過隨舉數端他可類推

（第四）當問其政策系統之組織何如 國家之政務非各各獨立也而常與他政務相連屬故凡政策必須組織爲一系統系統云者就其消極的方面言之則使各政策勿相矛盾也就其積極的方面言之則使各政策相輔爲用也苟無系統則雖良政策亦變爲惡政策或分之雖得名曰政策而合之則不復成爲政策例如以振興教育爲政策而於師範學校及教科書等之設備全不注意是不能積極的以成就此政策也立保奬及考試得官之制是反消極的從而破壞之也以奬厲實業爲政策而於金融機關之設立生計常識之普及全不注意是不能積極的以成就此政策也不撤釐金濫增新稅稍有利之業即攫歸官辦是反消極的從而破壞之也以改革幣制爲政策而兌換制度不確立租稅徵收法不更變是不能積極的以成就此

政策也猶復濫鑄銅元濫發紙幣是反消極的從而破壞之也以整理財政爲政策而不思建設統一機關不思改革租稅制度是不能積極的以成就此政策也日日增置冗缺冗差以養冗員竭澤而漁以涸稅源是反消極的從而破壞之也此亦隨舉數端他可類推

明乎此義則凡百政務可皆樹四鵠以衡之**有雖不失爲一政策而不能實行者有成爲一可行之政策而可以討論其得失者有不成其爲政策者有並不成其爲政治者**試更舉數事以爲例其在軍事若欲全撤軍備則並世各國中雖亦有此政策將來全世界或皆采此政策而在我國今日決不能實行者也就現今所有之軍備或主張因仍而精鍊之或主張擴充而盛大之皆成爲政策而有討論得失之餘地者也以現在之民力而議增陸軍由三十六鎮至六十四鎮以每歲不盈千萬之海軍費而立專部紛紛訂購軍艦此不成爲政策者也以位置私人之故而假借軍備以爲市此並不成其爲政治者

也。其在外債。如前此愛國志士所設籌還國債會。欲舉一切舊債而埽數還之。此雖不失爲一政策。而不能實行者也。對於將來之外債。或主張歡迎。或主張固拒。皆成爲政策而有討論之餘地者也。拒生利事業之外債。而歡迎行政經費之外債。此不成其爲政策者也。借債不付立法機關決議。而經手官吏時或藉以自肥。此並不成爲政治者也。此不過畧舉一二事以爲例。其他凡百政務。試懸此四鵠以核之。當皆可以釐然睹其所屬。夫必成爲政策者。乃可以論其是非得失。尤必成爲政治者。乃可以語於政策。

今我國官吏舉措。什有九非政治。何也。政治所以達國家之目的。而彼專供官吏箇人私利之目的者。雖藉國家機關之名義以行之。決不得謂之政治也。今之中國。純屬爲人擇官。爲官生事。曷嘗爲事設官。爲官擇人。雖謂之無政治之國焉可也。既無政治。則復何有政策之可言。卽偶有一二事當局者或能出其營私之緒餘以爲國家計。庶幾可予以政治之名矣。然以云政策。且相去遠甚。蓋政策云者有一定之方嚮如江漢朝宗於海不至焉而不止有全部之組織如三十輻共一轂通中邊而貫徹者也今我國之施政也今日方辦一事明日即辦一與彼事相反對之事甲機關方立一法乙機關同時即立一與彼法不相容之法阻力橫於前而不思所以去之成效迄未睹而不思所以易之是安得以冒政策之名乎哉並政策且無有而良不良適不適更何論也今各國國會與政府所討論者則政策良不良適不適之問題也夫既名曰政策則必其率國家之目的脗合於一部分之國利民福而有方嚮有系統者也然於其良不良適不適之間猶慎重審擇而舉國輿論且督責之不稍假借而我國政府乃始終不覩所謂政策且國家機關所舉措什九不得名爲政治以此而欲託國於天壤不亦難哉

今者責任內閣行將建矣紀其責任端賴國民我國民將來之天職第一著當察內閣之所行者果爲政治與否第二著當要求新內閣示我以政策第三著當察其所謂政策者是

否有系統而足以副政策之名第四著當察其政策之良不良適不適洵能紀之有方而督之有力則責任內閣其或足以起衰救弊矣乎而不然者易法而不易人變名而不變實亦安取此擾擾乎哉

抑吾更欲有言者國會政治非有政黨則不能運用此稍有識者所能知也**然政黨之所藉以團結者實全恃政策**其在野耶則以批評政策爲天職其在朝耶則以建設政策爲天職然則研究政策之性質而儲備將來批評建設之資料豈非我國民今日所亟當有事者耶

中國憲法之根本問題

柳隅

自國會開設之期限縮短定於宣統五年召集而憲法亦擬於國會未開之前先行頒布於是乎憲法問題遂爲今日立法上最大之問題夫憲法爲國家之根本法其所關者直亘於國家之安危與民生之休戚故中國前途其能轉危爲安轉弱爲强與否首視此焉是故中國憲法當如何制定今日必應大加研究是非惟政府所有事亦全國人所應有事也

關於憲法之制定有先決問題焉則當採何等之主義是也現今各國之憲法大約可分爲三種一爲欽定主義一爲民定主義一爲君民共定主義由其根本主義之差異而其內容之相去遂判若天淵今試爲舉示之其在欽定主義之國權力之淵源仍保存於君主凡憲法所未規定之事其所有之權限屬之於君主而在民定主義之國則元首不過爲國民所委任之公僕國家權力之淵源在於國民全體故學者稱之爲主權在民若夫君民共定主義之國則主權不在君主不在人民而在於國家以國家爲

權力之淵源故關於國權之行使君主與人民皆無特別之權限也今中國之憲法對於此三主義將依何主義以制定是爲應先解決之問題其在　朝廷已明示將由君定矣然邇來人民參與編纂憲法之聲其勢日盛是君定與君民共定之問題尙未解決竊以爲憲法之制定其根本將採何主義必視乎國情苟一國之憲法而不適合乎一國之國情未有能行之而無弊者也故吾欲論中國之憲法當如何制定不能不先審中國之國情欲審中國之國情又不能不先說明國家之性質。

國家之本來何自起乎依學者所推測則其發源實始於家族蓋人類之初散處山野各營孤獨之生活而未能爲團體之組織然因親子之間有相愛之情於是相聚而營共同之生活因以形成家族的組織斯實爲人類團體之鼻祖亦卽爲國家之起源美國學者威爾遜有言國也者不過家族二字大書之而已蓋人類既有家族之制度而由崇拜父母之心擴而充之遂並愛及於遠祖於是同血族之觀念發生凡同祖先者皆相聯合遂成氏族團體而再由最初血族之關係氏族與氏族合併更成一大血族的社會是爲民族團體而一民族中其握有支配一羣之權力者必爲族長其始則爲

家長而由其團體組織之鞏固漸次變化遂以形成國家故上古之世無論何國其國家之雛形皆爲家長政治試觀古代希臘其建國之初國王之下有長者議會而其國王則實由國中最高齡之人被宗族所推爲最長者當之其後因行嫡長相續法其子孫亦得假定爲最長者而充當國王若其長者議會之議員則爲各宗族之家長於政治上代表各宗族故國王與長者議員皆由宗族而成立也而在中國古代其帝王皆稱爲氏如伏羲氏柏皇氏中央氏等凡爲一羣之長必係以氏之稱氏者何即一族之徽號如後世之姓是也故知爾時之爲君者必皆其族中之家長其所統治者雖曰國民實則家人也又史稱天皇氏一姓十三人地皇氏一姓十一人人皇氏一姓九人而人皇氏之時九人分處各治一方故又稱居方氏與九皇氏然則其時必也其族中人數衆多一家長不足以支配之故分居九區各戴一家長以統治其子弟故古之帝王父兄而已族長而已東西各國其揆一也夫家族之制度既爲國家之起源故使其國家之組織苟未經根本上之變動而爲遞進之發達則其國權之本質不得不謂其源於家長權日人菊地學而嘗謂日本今日之主權由家長權而發達其在日本誠哉如

論說

菊地氏之所言也夫使其國之主權中間無大變動而純由家長權而發達則君主之地位必保留有種種之特權何則父兄之臨子弟常得行使其强大之威權而其國家之主權既由家長權而發達則君主之大權其範圍安得不濶大也然而今日東西各國其國家之根本皆基於國民主義而不帶有家族之性質其猶留此臭味者惟有一日本其在歐洲經幾度之革命君主之權力已爲芟除或改變故今日歐洲各國或行民主政治或行君民共主政治歷史上所謂家長權者已掃除淨盡而無復敗鱗殘甲之留遺蓋今日歐洲各國非由原始之國家而遞變實重新產出之國家也惟中國亦然自堯舜不傳子而傳賢廢家天下之局而開官天下之局國家之根本已脫去家族的臭味而政治上權力之行使實基於國家之主權而非源於太初之家長權自斯以降列朝之君雖篡弑攘奪視國家爲可欲之具然以逆取者終必以順守其對於國家之觀念仍必以福利人民爲前提試觀經書所載如天視自我民視天聽自我民聽民之所好好之民之所惡惡之得乎邱民爲天子得其民有道斯得天下矣若此之類不一而足蓋自唐虞三代以來我國人之思想以君主爲國家之公人而非以國家爲君

主之私產**君主之權力則源之於天源之於民而非源於家族也故自唐虞以降中國已爲國民的國家而非復家族的國家** 君主之地位與歐洲中世異與日本亦異也若夫日本其皇位萬世一系自建國以來玉步未改故日本天皇亦即日本民族之家長以故其憲法之制定獨開萬國所無之創例而採欽定之主義然而彼顧能上下相安者則以日本天皇實爲日本民族之家長安有制定法律可不由家長而由子弟也夫日本之國家既尚帶有家族之臭味故現雖定立憲之局而君主尚保有種種之特權試觀日本憲法其最初卽羅列天皇之大權凡十有七條而審其各條所定之範圍則其權限之廣實爲其他君主國之所無故日本學者如穗積八束輩謂日本之主權在於天皇（此特舉以爲例耳實則同此主張者甚多不止穗積氏一人也） 夫謂主權在君此與路易十四所謂朕即國家者何以異與眞正之立憲政治固不能不謂其相違反然就日本之國法而論如憲法之改正非天皇不得提議又如國境之變更貨幣之鑄造外交官之遣派與接受以及頒曆之事憲法上無所規

定然其權限現皆屬於其天皇夫憲法之改正非君主不得提議是明示憲法由君主而生而君主非由憲法而生也憲法外之權限保存於君主是明示國家權力之淵源在於君主而不在於其他也故穗積氏之學說雖舊然其主張日本之主權在於君主實適合乎事實彼新派學者大反對穗積氏之說謂日本之主權在於國家夫主權在國家之說最合乎正理吾亦謂凡屬立憲之國家必當採此主義也無奈日本之國法實不爾爾彼其新派學者殆不滿意於其憲法而不敢爲顯然之反對故借歐美之學理以解釋其國法耳夫以日本之憲法大背乎今世之國家主義然而尚得安然行之者則以日本之國家**其家族政治之遺蛻尚未全然脫盡爲大地萬國之所無** 其人民之服從天皇不啻子弟之服從父兄故雖帶專制之餘燄猶得行之而無礙也若我中國微論今之皇室與臣民異姓氏不得以家長相比擬也而自唐虞以來立國之根本旣採國民國家之主義而不採家族國家之主義故今日制定憲法而欲效顰日本採欽定之主義予君主以由家長權傳來之特權是無異剖斗折衡欲復於無懷葛天之舊也故以吾人所見使中國之立憲而在於羲皇

時代則無妨採欽定之主義以其時之國家猶帶家族政治之性質臣民之聽命於君主猶子弟之聽命於父兄與日本直無所異故憲法雖畸重君主之大權可無虞臣民之生反抗也今中國之憲法乃將制定於宣統時代家族政治之遺蛻已於四千餘年前化爲飛灰隨東流以俱去而自周秦以來更置諫官對於君主之一言一動苟認爲未當者諫官皆得糾正之夫在家族政治時代君主之地位等於家長安有子弟而可糾劾家長者故中國之有諫官亦所以示君主之爲國家之公人而非家族之家長也昔唐太宗嘗得佳鷂自臂之望見魏徵來匿懷中徵奏事故久鷂竟死懷中魏徵所以以是譏太宗者亦以示君主之爲國家公人雖好奇玩物不得謂其屬於私事而不許外人之干涉也夫今之中國既屬國民的國家而非家族的國家君主無家長權之餘蔭以使臣民之生迷信然則今日而欲制定憲法必不能採欽定之主義而當採君民共定之主義蓋大地萬國將使日本式之憲法僅有一而不能有二實其國之歷史使之然矣非中國所得而效顰也夫中國之憲法既當由君民共定然則憲法上應解決之重要問題有可得而言者

論說　八

第一國家之主權當使不在於君不在於民而推定在於國家　我國非民主國不能持主權在民說不待言矣而君主主權說其流極將復反於專制亦非我國之憲法所可採此主義也不寧惟是以君主國而有主權在君主權在民之說將惹起上下之大衝突而憲政之基礎或因之而破壞蓋爲君主者使存一主權在君之見必將常有損下益上之舉動而爲國民者使存一主權在民之見又必將常有損上益下之舉動夫上下各思益己而損他則國家其危矣故國家之主權必解釋在於國家自身君主之地位不過爲國家之一機關代表國民之議會亦不過爲國家之一機關一切國權之行使皆以謀國家自身之發達不能畸重於君主亦不能畸重於人民也明乎此則知彼動言君上大權或大權政治者實爲違反乎國法蓋主權既在於國家君主則政治上之一機關爲國家執行職務而已又有何大權之可言也

第二君主之地位宜由憲法以規定而憲法之本體不能謂由君主而發生　日本之憲法由於欽定故其天皇非舉從前所有之權力悉爲拋棄而新由憲法賦予以若干之權力也實則自爲制裁與臣民共約定其權利義務故其地位非由憲法產出而憲

法則由彼產出也若中國之憲法我既主張由君民共定則君主之一身在國法上應居何等之地位當由憲法規定之而憲法則乃君民協定之契約不得謂爲君主之所賜此義定則知彼日本憲法惟君主有提議修改之權者以其成立之初由於欽定故若中國既異是則將來提議修改之權君主有之國會亦有之也

第三憲法外新發生之事項其權限不使屬於君主而全歸於國家 依吾人所見政治上所有之權限將使何等機關掌之必悉規定於憲法中雖然天下之事千變萬化憲法所規定者終非能盡宇宙之事變也苟有新發生之事則權限誰屬之問題亦從而發生矣其在日本以其憲法由於欽定故權力之淵源仍保存於君主故憲法外之權限皆君主之權限也若我中國我既謂主權在於國家則憲法外之權限當屬於國家自身而君主不得僭奪之蓋君主既非權力之淵源安得專有此等之權限也然則此等權限果將誰屬乎竊以爲必使之經由國會以議決（其有不及召集國會者則可由君主發緊急勅令而於下會期則提出於國會以求其承諾）夫經由國會以議決非謂其權限即專屬國會也凡國會之議事議決之後必俟君主之裁可是此等權限使經由國會以議決即不啻使國會與君主共有之亦即

不曾仍保留於國家之自身也。

以上所舉者。特就憲法之根本問題。與以解決耳。若夫憲法之內容。當如何編纂。此非本論之範圍。茲不論及。（余著有對於憲法大綱之意見一書就憲法大綱各條批駁其當否而中國憲法之範圍亦並爲論及）要之今之中國。實爲純粹國民的國家。與日本帶有家族臭味的國家。實不可相比擬。從而日本式之憲法。斷不能移用於中國。今者政府之編纂憲法。乃首持欽定之主義。一意模範日本。思追步其後塵。殊不知國情既異。則憲法之根本。斷不能相同。吾之不能因襲日本之憲法。猶之不能因襲美國法國之憲法也。彼不審國情而以抄襲爲工者。殊未足與語立法之道耳。

時評

評資政院

滄江

資政院開院以來。政界漸見活氣。此實中國前途一線光明也。今閉院在卽。此九十日內院中之功過可得而論次焉。

甲　資政院之効果

第一　資政院因爲國家法定機關之故。其言論總比較的有力。雖以痲木不仁之政府。要不能不稍有所忌憚。而院中一部分議員。頗能以立憲國之國會議員自待。於院章常取積極的解釋。不爲消極的解釋。故政府本意原欲以資政院爲政府諮詢機關者。今居然能保持其與政府對待之地位。使誤國殃民之政府漸有慼於衆怒之難犯。專欲之難成。而淫威不得不稍殺。此資政院之功也。

第二　我國人於國家機關之觀念。素不明瞭。動視國家官職與私人權利爲同物。蓋

時評 二

緣我國前此祇有獨任機關而無合議機關故易將機關本身與司機關之人混爲一談勢則然也自資政院開而其爲國家機關之性質漸爲多數人所了解故去年各省諮議局初開時尙緣各省議長官職之崇卑而有用照會與用劄飭之問題起知有私人而不知有機關大爲識者所笑今則此義漸明資政院彈劾軍機盡人皆知爲非溥倫彈劾奕劻此思想進步之一證也此思想普及以後將來對於國家凡百機關皆得推此義以衡之則公私界限分明其有裨治理非淺尠也

第三 資政院既開天潢貴胄外藩侯伯與齊民之秀者共集一堂相與融通其感情交換其智識前此種族思想階級思想地方思想不期自化而眞正之國家思想漸湧現於心目間數千年來官尊民卑之錮習庶有鏟除之望此於精神上之感化最有力也

第四 人民疾苦鬱積而無所控愬者已非一日時或哀號呼籲終無塗以自伸資政院開則民論可以得堅勍之後援而衆欲衆惡始有實體之可覩如第三次請願國會之決議上奏案迭次之彈劾軍機案其最著者也

第五　凡立憲國民莫不感政治上之興味其感之愈深則其政治之進步愈速而此種興味所以能發生者其一則由人民有參政權其一則由政治事項之公布今資政院議員雖非盡由民選然尚得半數雖未能使一切政治事項悉行公布然其一部分不得不以付議決舉國人民因得有與聞之之機會以故自開院以來人民政治上之興味實陡增於舊觀夫每當一重大議案開議則院中旁聽座爲滿而數月以來政治的運動各地方紛紛繼起幾輔密邇之區尤加劇烈是其效也

第六　資政院討論各議案其理論及其秩序較諸先進國之國會雖甚有遜色然得藉此以爲練習之地步議員之見識能力緣淬厲而日赴光晶其中必有一部分能爲將來國會人物之模楷者又此次經驗之結果則言論所以不能統一勢力所以脆弱之故皆漸發見而不得不圖補救之策故以資政院爲他日國會之練習場實最適切也

乙　吾所欲忠告於資政院者

第一　**資政院何故間數日始會議一次乎**　此最不可解也各國

時評 四

議院自開會以迄閉會恒繼續會議英國常自二三月開至六七月雖暑期亦鮮休暇日本常自十二月開至三月新年前後率休暇旬日而論者且以是誚其議員之放逸蓋各國通例皆以議院停會為政府示威之一法實解散之先聲也非不得已未嘗用之除被命停會外則未聞有由院自停者今資政院果采何國之先例耶夫會期限以三月純是模倣日本日本會期之短在各國中實無其比彼中人士既頗有訾之者我國土廣人衆重以一切草創庶政殷繁十倍日本故此區區九十日之會期本已局促不適乃復間數日始會議一次計至閉會時當不過三十次而止**是此機關運用之效僅得其法定期日三之一也**何怪乎一切皆草草議決而不能列於日程之議案且山積乎而各議員未聞以此責善於議長全國報館亦未一論及是吾所大惑也

第二 會期既短矣開會次數既少矣而每次率以午後兩三點鐘始開會至五六點鐘遽散會則於短少之中又加短少焉各國公廨治事大率以午前八九點鐘作始我都中官署多用晚衙實為惰氣之徵今方新之資政院曷為尤而效之且各國議

院議事至夜分者往往而有甚者則如英國前此之討論愛爾蘭自治案院中論戰三晝夜不休蓋苟爲重大問題恒非可以一言而決而兩造論鋒相接在勢固不容以中止各國議員往往有以一人而演說亘四五點鐘之久者其敵黨之所以應之者亦相當欲以匆促之晷刻而使重大議案討論得失無餘蘊難矣今每次開議不過數點鐘而議案動以十計其在薄物細故固可以沛然若決江河而關係國家大計者非草草盲從卽未決而散此甚非所以愼重職務也此種現象雖尙有他原因致之然開議時刻之短亦其一矣

第三　院中議員以欽選民選兩部分組織而成其立法善否且勿論要之此不過爲取得議員資格之一塗徑非其地位緣是而生差別也今院中欽選民選之分子隱然若兩黨對峙此最不祥之象也（雖兩造之分子未必劃若鴻溝然大勢實如是此事實之無可爲諱者也）夫既已司一機關則惟當忠實於本機關之職務而他固非所當問欽選云者受命於君上而非受命於政府政府不得以欽選者爲己之私人其理甚明

時評 六

而既已爲議員則無論其由何途以取得此資格職務皆同一律譬諸官吏有由科第而得此資格者有由捐納保舉而得此資格者及其既已爲官則職務常必同一而出身何自固不必問也如謂凡民選者必當攻擊政府然則各國右議院全體悉由民選者將無論何時恒必與政府爲敵有是理乎如謂欽選者必當爲政府辯護則各國左院民選之分子至少當常與政府狼狽矣且彼法官何一非由欽選或奏任若欽選者必黨於政府則當道大臣之民刑訴訟當無所往而不得直矣更何司法獨立之可云各國多限制官吏不得爲議員惟德國獨否而德國之官吏議員則往往作在野黨之驍將而爲政府所最嚴憚者也夫以德國爲號稱官僚政治之模範而其現象乃若是彼其以官吏而兼任議員者當其以官吏之資格而入行政官廨也則惟知服從長官命令而不知其他當其以議員之資格而列席於議壇也則惟知自由發表政見而不知其他司國家機關者不當如是耶有獨立人格者不當如是耶夫使政府確有政綱而其政綱爲我所心悅誠服則率吾良心以爲之辯護者吾之天職也若徒以欽選之故而自儕於政府之輿臺其毋乃太不自好矣乎夫

君主者超然立於各機關之上非政府所得而私者也院中之所以定有欽選一部者豈其欲爲政府樹羽翼以對抗人民不過謂分兩部以選之其於資政院之得人較易云耳其無端而成此現象當亦立法者所不及料也今者議院選舉法行將編纂矣官吏應否得有被選權尚爲未定之問題今資政院欽選議員中之一部分（非敢謂盡人皆然也願諸公有則改之無則加勉）一若以左袒政府爲當然之天職其有所爲而然耶則是以一己之利益犧牲國家之利益其道德程度不足以爲議員明矣其無所爲而然耶則是全不解立法機關與行政機關對峙之精神其智識程度不足以爲議員又明矣夫非道德程度不足則智識程度不足二者必居一於是是徒使人民厭惡官吏輕蔑官吏而將來官吏之被選權或永被剝奪爲吏黨計其不智抑亦甚矣

第四　各國國會議決權之範圍雖有廣狹然其議決者必生效力**苟無效力則擾擾焉多此一決何爲也哉**　資政院既屢奉　明詔指爲議院基礎則其議決權之效力自不容違各國議院通則而資政院所以自處者亦當以此爲先決問題明矣夫我國法律之毫無價値不自今日也自大淸會典則例大淸

時評

律例以迄近年來所頒之章程規則朝夕雨下高可隱人而大小官吏視同無物須布自頒布違反自違反上下恬然不以爲怪商君謂國之大患在有法而無使法必行之法今中國凡百職務悉隳於冥冥之中者皆坐是耳資政院開謂庶幾可救此弊然而政府之視資政院固不值一錢也其於資政院所議決未嘗一毫尊重也試就法律言之資政院可決之法律而政府不施行之如故也資政院否決之法律而政府施行之如故也然則擾擾焉爲此一次提出一次議決果何所取義試就預算言之各國通例凡租稅非列於歲入預算案者分文不能徵收凡經費非列於歲出預算案者分文不能支銷凡歲出預算案所指定各款各項各目分文不能挪用此諸義者既爲政府與國民所公認然後申之以預算非經國會協贊不能成立故政府之編製預算也常兢兢懼隕越而國會但據此協贊預算之權即可以舉監督行政之實今資政院所議之預算案則何有焉收支不相償者數千萬而公然敢以提出其爲千古未聞之殊紕奇繆無論矣而將來此預算案既已議決資政院既已閉會之後政府所以補此歲入之不足者能保其不於本案所列歲入定數之外更有

八

所誅求於民耶夫對於經議決之案而所有所誅求則議決歲入果何取義也其對於歲出議削議減政府曩爲磋商之後亦漫然應之彼明知應之於己無大損而他日眞削減與否仍惟所欲爲即不爾而其展轉挪用亦綽有餘地也夫於議決削減者而任意不削減對於議決許爲甲項之用者而任意挪用於乙項則議決歲出果何取義也　**故吾常謂資政院之議決法律案不過製造殭石不過灑閑墨於廢紙其議決預算案不過如無的而注矢如夢中與人要約而合二百人以銷磨此百日之光陰甚無謂也**　爲資政院計謂首宜請　旨申明議決權之效力夫既有章程以定本院所得議決之範圍有百事於此雖將九十九事列於範圍外可也而其在範圍內之一事政府萬不容不交議若如湖南江蘇之不經局議而借公債政府此次之不經院議而擬借一萬萬圓之外債在法斷不許也有百事經議決者於此雖九十九事不裁可焉可也甚而停會可也解散可也若已裁可之一事政府萬

不能不奉行而不能通過之法案政府不得揑作若如今日雖可決而無由積極以促之進行雖否決而無由消極以施其限制在法斷不許也而預算一事尤關重要預算不成立時當作何處分預算外之支出當負何責任一一皆須請　特旨先爲宣示令政府講明此法理而思所以自處庶幾議一事得有一效而資政院不至成爲裝飾品矣夫謂政府有意侮辱資政院而故蹂躪其議決權此其論蓋未免太刻實則我國官吏伊古以來未嘗認法規爲神聖不可侵犯屬吏對於長官之命令大臣對於君上之訓誥殆無一不弁髦視之而資政院之言論更何有焉　而今日全國人所爲斯飢斯渴以冀憲政之一日實行者凡欲進吾國於法治國而已若有資政院而猶不能擁護法規則他更何望而將來雖開國會其有以愈於今日者幾何故及今請　旨申明議決權之效力實院中第一天職也

第五　人有恒言曰　立憲政治非有政黨則未由運用吾觀於

今年之資政院而益信其不誣也

今得舉顯著之現象數端以明之竊觀都中各報章所記本會期中各議員所提出之議案僅付審查而未及列於正式會議者不知凡幾其僅提出而並未及列於議事日程者亦不知凡幾其餘有所懷抱而覩此情形明知無列議之望因而逡巡不提出者恐更不知凡幾夫以會期如彼其促會議次數如彼其少每次晷刻如彼其暫而政府交議之案居一大部分各省諮議局申報之案居一大部分人民陳請之案居一大部分其間容議員提議之餘地者本已甚少而議員復漫無聯絡各憑其意想所及雜提出數多之議案其議題或大或小或輕或重或緩或急棼然雜陳無有系統及閉會期屆則一切悉歸閣棄夫人苟有所建議則莫不欲其有效欲其有效則先必欲其列於議案此常情也倘所提議始終不得列於議案行將觖望而灰心矣然一會期中不能徧議無量多數之議案情勢已昭然若揭今議員僅二百人耳而議案之擠擁已若是他日國會既開議員至七八百人以上又當若何倘有政黨則本黨所屬議員凡有提案必先經黨中協議自能彼此商榷出以互讓先其所急而後其所緩故不提則已提

則必生效果夫如是然後提案有價値院中不至以疲於應接而生厭卽經手提出之人亦得以全其譽望今院案叢脞閣置實爲秩序不肅之一徵而皆由無政黨指導使然也

第六　資政院者國家所特設以爲代表民意之機關也故其態度最當愼重萬不可舉棋不定以資民聽而貽笑鄰國卽如第二次之彈劾軍機案實爲院中最有名譽之舉而所議決旋復取消既取消又再復活旬日之間情實三變翩其之反事勢或有所不得已且不遠之復晚蓋亦殊足以相償雖然就表面觀之其威望之所損蓋已多矣使有政黨以爲院之中堅則當未提議彈劾之前必先經各黨會議黨議既決則全黨員必始終爲一致的行動或贊成或反對雖經數日夜論戰不決焉可也而斷不至違反院章爲重複表決之舉卽重複表決而可否之數亦必前後畧相若斷無同是一人而數日之間贊拒異撰者夫前後贊拒異撰之人未必其悉爲變節也或吾前所見爲是者移時見以爲非隨時發表所信原不足以爲病但爲全機關之名譽計則狐埋狐搰之誚恐所不免矣且夫兩軍之交綏也必先有司令部以定

作戰計畫熟料夫敵之所以遇我者而預籌因應之策然後不至爲所乘而自亂其伍今此案之中經波折實由敵之亟肆以相疲多方以相誤而議員致有一部分失其常度譬諸軍事則紀律不嚴號令不一之咎也**欲救斯弊舍政黨何以哉**

第七　夫政治困難言之矣非有高掌遠蹠之眼光不能通籌全局非有細筋入骨之手段不能綜理密微二者皆爲政治家不可缺之德而欲以一人之身兼備之爲事殆不可幾故各國之有政黨也聚多數主義相同之人爲一團體常相討論以期智識之交換各據其學識之所長分科調查各政務於一事件之利害得失研究務極詳盡然後合各事件以觀其會通以組織成一黨有系統之政策此決非一手一足之烈所能致也我國徒以無政黨故故同屬一派之人而對於同一事件意見牴牾者有之兩事件性質本同一而全派之人贊成甲事反對乙事者有之兩事關係甚密切或非先舉乙事則甲事萬不能舉而當其討論議案或取此而遺彼或舍本而逐末者有之試舉其例如新刑律之爭議持反對論者本毫無價值稍衡以法律之

性質作用則其說不攻自破然院中有民黨驍將爲舉國所崇拜者或乃反辯護彼說而與同志相衝突甚可痛也脫有政黨則全黨對於此刑律之方針必先協議決定黨員若有懷疑則當開黨議時反覆辯難必能相說以解而安有臨時參商之爲病耶。

吾於刑法學未嘗問津故對於此次新刑律不敢妄贊一辭但此次反對派所持論則雖以門外漢如鄙人者猶覺其可笑耳彼蓋以道德與法律混爲一談欲將一切化民成俗之務盡納人於刑律範圍中故斷斷然以禮教爲詞而於新刑律所依據之法理動輒以干犯禮教詆之殊不知齊之以禮齊之以刑孔子原分爲二事黨子亦云夫禮者正之於未然之前而法者禁之於已然之後兩者之非同物久矣若謂凡有犯道德之原則者即當科以刑吾恐罄南山之竹不能寫一刑律豈僅如反對派所舉之不受父兄教令與和姦之一二事云爾哉且如道德上之原則宜莫重於毋自欺苟口堯舜而心桀跖實可稱爲道德上之罪人然豈科以刑罰得乎夫國家者非於刑法外他無所事者也若宗教教育等皆所以坊邪辟於未然之前與刑律相輔爲用而反對派之意乃欲專恃刑律爲文致太平之具即衛以先聖教義其失之不亦遠耶夫新刑律者一種之法典也法典與單行法異全部皆爲有系統的組織互相聯屬若欲以門外漢而妄改其中一二條此猶以不知法理之人而欲強畫師慘淡經營之畫幅令其改削一水一石必至全幅不復成片段而已原反對派所以攘臂相爭者諒非別有所爲而爲之不過出於維持德化之苦心耳此其意固可敬然惜用之非其地也因有感於議員某某兩君之附和失當略爲忠告如右

又如此次資政院之議預算案銳意以汰除冗費爲事方針誠不謬矣然欲舉綜覈財政之實必須使政府於預算案所許之歲入外別無道以資其揮霍然後彼乃得有所嚴憚今政府固不敢輕言加稅即提出加稅案亦決不能得贊成此情勢之畧可逆覩者也而政府乃已擬別闢一可資揮霍之財源蓋方託名改幣制以借外債一萬萬又將以攢

充海陸軍之目的而借五千萬雖皆未有成議然其方與外人磋商則固萬國周知矣彼方有所恃而無恐則其聽資政院之錙銖削減不屑與校固其所也彼議員中之以政府黨自任者其默爾而息誠宜既以民黨自任致命以肉薄政府獨乃於此至緊要之關目視若無睹而惟與彼爭取與於豪釐之間其所補益者幾何夫中國應借外債與否別爲一問題現政府是否爲能利用外債之政府政府是否不必經資政院協贊而有擅借外債之權外債宜用之於何途乃爲適當此等又各各別爲一問題今我國人動輒將此等問題混爲一談其反對外債者一聞此二字卽怒之以目其歡迎外債者則不問借之者爲何人借之以作何用輒漫然應之曰可豈計其後患之作何究極耶吾以爲我國苟有健全之政黨則當此問題之起必當速開黨議以決定對之之方針而其第一要著則當責任內閣未成立以前無國會之協贊決不許擅借一文外債卽在今日亦必將其用途及其所訂條件與夫償還計畫報告於資政院經可決乃能執行而尤當預防者則政府乘資政院閉會後竊竊與外人定約及次期開會時任議員之質問掊擊則己成爲國際契約上之義務而不

時評

可復動故宜請明降諭旨申明院章第十四條第三項之權限令政府毋得擅專此實本會期一極重要之議案也而始終未聞議及則亦無政黨使然也又如中國現行法律強半等於殭石固也然資政院苟認議決法律爲絕無效力而一切棄置不顧則亦已耳既已議決則當先其大者遠者吾初以爲縮短國會期限之詔既下資政院必有人將議院法選舉法草案提出或催促政府於本會期提出俾得早議決而使全國人民共研究講明之以爲實施之預備又此次之預算案鹵莽滅裂貽笑萬邦吾以爲院中受此刺激必應有感於會計法不須定則預算無從著手而亟思以其草案付議決者此外如資政院章程之改正行政審判法會計檢查法之須定等何一非本會期最重大之問題顧乃一不議及而於地方學務章程墾務章程等費去其極重之晷刻夫此等章程誰謂其不應議及而大小緩急抑不侔矣又如質問案爲院中監督行政一重要之職權最宜善用者也現政府之失政雖質不勝質然其尤重要者則如幣制既經奏定何故不實行所鑄新幣何故久不發致市面金融愈緊恐慌愈甚銅元充斥度支部宣言設法收回何故不見著手大淸銀行名

響極壞。其內容究竟何如。有足與資政院以共見者否。全國金融勢力。全在外人之手。政府以何術挽救。本國銀行業不能發達。政府曾否思得政策以奬厲之。官辦鐵路。如京奉京津京漢津浦等。積弊叢生。久爲全國指目。是誰之過。諸如此類。皆本會期斷不可少之質問案也。今皆不一及。其所已質問者。雖非無一二要政。然究以一局部之薄物細故爲多。凡此亦皆由無政黨以先事整齊畫一之使然也。要之**國家政治。莫貴於有系統。故有建設政治與批評政治之責者。亦莫急於自立系統。而政黨也者。實系統的政治論所由發生也。**今國中未有政黨。故院中種種缺點。實勢所不能免也。

要而論之。我國開前古未有之局。創此合議的意思機關。其發軔之第一次。以秩序論。以精神論。皆斐然可觀。爲外國人初料所不及。置諸中國憲政史之第一葉。良有足以自誇者。而以之與政府相較。其程度之高。實倍蓰於彼輩。尤足以增長我國民自信力。而間執頑固者之口。雖然。若衡以我國民所懷想之議院政治。其前途實至遼遠。顧議員諸君益勉之而已。

宣統二年十一月二十二日稿

著譯

日人論中國整理財政策（續第三十三號）

明水

第二節　將來之財政

光緒以後之財政。余既述其崖略矣。然將來之財政。則又何若。是今所欲論究者也。今者、中國君臣上下。孜孜然以籌備立憲。據彼逐年排列之清單。期於宣統八年開國會時。將所籌備者。一一見諸實事。夫國會最要之職務。莫如議決財政。則開會之初。即不可不提出完備之豫算案。是中國君臣上下。今日所尤盡力者。爲改革財政也。故使中政府所籌備諸政。至宣統八年而果就緒。則國會開設之日。卽彼國開一新紀元之日固矣。且反歷代之成規。而以舉國財政。編爲豫算。使國民代表者議決之。則尤新紀元之紀元也。故吾將取彼由今日以至開國會時之財政而論之。

按根岸氏箸此論時。尚未奉縮短國會期限之　諭。故云今籌備清單。亦將隨國會

著譯 二

以縮短則改革財政情形自與昔異矣閱者但觀其意而畧其迹可也下同

第一款 將來之歲出

觀前列諸表則知中國向來之歲出分數未盡合宜有同類而細分之爲數科者有異類而綜合之爲一科者大小精粗漫無條理今欲倣日本及歐美諸國之例以改革財政則科目亦當有以異於往日故吾據各國之成規本財政之學理將中國將來歲出別爲分類以說明之

第一 國防上之經費

國防上之經費當別之爲海陸二軍今請先論陸軍費

甲 陸軍費

中國軍制今猶在過渡時代蓋新軍未盡成立而舊軍未盡裁汰也政府之意固銳意廢舊塋新其新軍之組織悉取法乎日本惟全國徵兵主義未能實行故欲成一一目瞭然之軍制其期尚遠也雖然舊軍一日未廢則論陸軍費一日不能置之不問故又須分新舊兩項以明之也

（子）舊軍經費

舊軍有四。曰八旗。曰綠營。曰勇兵。曰團練。四者之中。惟團練非國家定制之兵。故經費亦非國家擔任。今畧之。但言八旗綠營勇兵三者。

據　本朝舊制。八旗之駐防於京師直省蒙古伊犁等處者。其數十三萬九千九百三十一人。綠營之在十八省者。五十八萬七千六十四人。合計七十二萬六千九百九十五人。即中國國防之敗也。征臺灣之役。始募勇兵。洪楊亂後。勇乃日盛。其數不下數十萬。然世界戰術日精。武器日利。而中國猶墨守舊制。加以太平日久。兵惰器窳。已不可復用。甲午戰時。統計全國兵士一百十萬。可用者不過三十萬。而曾受新式之訓練。執精良之兵器者。纔三萬五千人。以此而言。國防幾何不以國予敵也。然當時號稱乾餉勇餉之軍事費。約四千餘萬兩。內海軍費一千八百萬兩。則其餘之二千二百萬兩。皆陸軍費也。甲午戰後。新軍漸興。拳匪告終。其勢益進。故舊軍之廢。歲歲有加。據光緒二十九年末所調查。則舊軍之改新式訓練者。六萬五千四百五十人。畧加改練者。十萬八千八百人。合計十七萬四千二百五十人。當時海陸軍費三千六七百萬兩。海軍費八百萬兩內外。新軍費一千二三百萬兩。則所餘之一千六百萬兩。猶爲舊軍用也。爾後廢舊軍之議益昌。遂有宣統六年盡行裁撤之 詔。惟綠營兵則已於光緒二十七年汰去老弱而選其精銳者。改習洋操。光緒三十二年復改爲巡防隊。分駐各處。保護地方。故警察制度將來完備以後。則此項兵隊恐亦在裁撤之列。現今舊軍之未廢者。與夫所謂巡防隊。總數幾何。尚未確知。大約仍有十四五萬人。而經費亦在一千萬兩以上也。

(丑) 新軍經費

中國新軍之起源。因髮匪亂時。八旗綠營之兵。所至輒敗。賴英人戈登所編常勝軍之力。始有轉機。時李文忠在軍中。知非改練洋操。不可以制勝。乃於江蘇巡撫任內。將所統率之兵。悉施新式之訓練。及爲直隸總督。規模愈益閎濶。是爲有新軍之始。甲午一役。復遭大敗。於是舉國上下。益知不改洋操。必無一兵之可用。故張文襄劉忠誠袁世凱諸人。爭聘日本教習。而練新軍於武昌南京北京諸處。至庚子之亂。京師殘破。而新軍之風。徧於全國。光緒二十九年。張袁聯銜奏請於兵部外。別設練兵處。專管操練新軍事宜三十年頒布陸軍營制餉章及學堂辦法以確立編成新軍統一軍事教育之基礎其後新軍之設愈多光緒三十二年立禁衛軍一協而練兵處直轄四鎭直隸二鎭兩江湖廣各一鎭合計八鎭一協同年七月改革中央官制以兵部爲陸軍部而練兵處亦合併焉光緒三十三年七月復奉　諭以五年爲期全國設立三十六鎭然各省雖欲竭力爲財政所困無如何也據宣統元年所調查則已成者九鎭開辦而未成者十一鎭據近日所聞則禁衛軍欲增爲二鎭各省增爲四十二鎭（以余所聞最近消息則全國擬增爲七十二鎭）也夫禁衛軍之二鎭與辦尙非甚難若全國驟欲添至四十二鎭則亦談何容易不觀前此曾奉　嚴命以五年立三十六鎭今忽忽將及四年成者不過三之一豈非財政涸竭有以致之耶故使宣統八年開國會時三十六鎭悉能告成已屬幸事矣然就令能成以無豫備後備之募兵與列强陸軍較豈可同日而語雖然甲午戰後僅十四年而能徧成如許大軍其功亦不得謂尠使起李文忠於地下感慨當何如耶

新軍經費必數倍於舊軍蓋器精糈厚而訓練又不可不常也然果需幾何則非徵之統計無從確知而中國之統計又至不可信也今以所蒐輯各處之報告按之於事理

亦可略得梗概。據湖北省所報。一協之費。每歲五十萬兩。吉林所報。每歲七十萬兩。而雲南則一鎮之費。歲百六十六萬兩。北洋六鎮。每鎮歲百四十八萬九千兩。有至百五十五萬九千兩者。平均每鎮歲百五十萬兩。雖所報多寡。隨地不同。然折中計算。則每鎮歲費百九十萬兩。當至可信。其官署學堂之經費。則更無確報。然亦可類推以得之。蓋北洋六鎮。禁衛一協。每年各種軍事費額。爲千二三百萬兩。其軍隊之費如前所計每鎮每歲百五十萬兩。則六鎮半之軍隊費。當爲九百七十五萬兩。而官署學堂之經費。由二百二十五萬兩。至三百二十五萬兩。約當軍隊費之二成八分強。雖不中不遠矣。依此比例。則據宣統元年末所調査。既成軍隊。爲十六鎮半。其經費之用於軍隊者。二千四百七十五萬兩。用於官署學堂者。六百九十三萬兩。合計當爲三千一百六十八萬兩乎。然此僅就經常費言之耳。其各鎮開辦之臨時費。必更有加於此。則軍事費之總額。必在鉅萬以上。可斷言也。

然則由宣統二年至宣統八年。七年之中。陸續開辦各鎮。以至全國告成。其經費寧能謂之小耶。惟開辦經費。中國政府所報告者。頗不明晰。如貴州所豫算。一鎮須百萬兩。

而湖南則一協即須百萬兩。湖北更甚。一協百四十萬兩。雲南開辦一鎮。乃至費三百七十萬兩。大小多寡之數。隨地不同。至於如此。眞令人不知所適從矣。雖然一鎮之開辦費。絕不能如貴州湖南之少。亦不至如雲南之多。以日本實例證之。則中國開辦一鎮。當費三百五十萬兩。若如前述。由宣統二年起。每年開辦三鎮。至宣統八年。而三十六鎮之計畫。全部告終。則對於每歲所增各鎮之開辦費維持費將來所增之經常臨時費。當須若干乎。請得擬一表以明之。

年分	經常費		臨時費(即開辦各鎮費)	合計
	增設各鎮費	增設官署學堂費		
宣統二年	四、五〇〇、〇〇〇兩	一、二六〇、〇〇〇兩	一〇、五〇〇、〇〇〇兩	一六、二二〇、〇〇〇兩
宣統三年	九、〇〇〇、〇〇〇〃	二、五二〇、〇〇〇〃	一〇、五〇〇、〇〇〇〃	二二、〇二〇、〇〇〇〃
宣統四年	一三、五〇〇、〇〇〇〃	三、七八〇、〇〇〇〃	一〇、五〇〇、〇〇〇〃	二七、七八〇、〇〇〇〃
宣統五年	一八、〇〇〇、〇〇〇〃	五、〇四〇、〇〇〇〃	一〇、五〇〇、〇〇〇〃	三三、九〇〇、〇〇〇〃
宣統六年	二二、五〇〇、〇〇〇〃	六、三〇〇、〇〇〇〃	一〇、五〇〇、〇〇〇〃	三九、三〇〇、〇〇〇〃
宣統七年	二七、〇〇〇、〇〇〇〃	七、五六〇、〇〇〇〃	一〇、五〇〇、〇〇〇〃	四五、〇六〇、〇〇〇〃

宣統八年	三、二五〇、〇〇〇〃	九、四五〇、〇〇〇〃	三、二五〇、〇〇〇〃	四四、四五〇、〇〇〇〃
合計	二三六、七五〇、〇〇〇〃	三五、九一〇、〇〇〇〃	七五、二五〇、〇〇〇〃	三三一、三五〇、〇〇〇〃

如表所示。欲於宣統八年。編練陸軍全部蕆事。則每年經費少者。一千四百七十六萬兩。多者。五千二百二十萬兩。此爲增設各鎮之經費而已。其既設各鎮之經費。爲三千一百六十八萬兩。故宣統二年以後之新軍經費。初年爲四千六百四十四萬兩。最後之年。爲八千三百八十八萬兩也。

綜上所言。則宣統元年中國之陸軍費。舊軍一千餘萬兩。新軍三千一百六十八萬兩。合計四千二百餘萬兩。惟舊軍非久全裁。所餘者惟小部分之巡防隊。異日警察之制。苟能完備。則巡防隊亦必在裁撤之列。故經費可省千餘萬兩。而所謂陸軍費者。惟用之於新軍耳。新軍全國三十六鎮之外。別有禁衛軍二鎮。合計爲三十八鎮。故其告成之日。每歲軍費五千七百萬兩。陸軍官署學堂諸費千五百九十六萬兩。總計七千四百九十六萬兩。是中國陸軍經費之大凡也。

今再綜合前意。將宣統二年至宣統八年之新舊陸軍費。合列一表。以便閱者省覽焉。

年分	舊軍費	新軍費		合計
		既設軍費	未設軍費	
宣統二年	一〇、〇〇〇、〇〇〇兩	五一、六八〇、〇〇〇兩	一六、二六〇、〇〇〇兩	七七、九四〇、〇〇〇兩
宣統三年	七、〇〇〇、〇〇〇〃	五一、六八〇、〇〇〇〃	二一、五二〇、〇〇〇〃	八〇、二〇〇、〇〇〇〃
宣統四年	五、〇〇〇、〇〇〇〃	五一、六八〇、〇〇〇〃	二七、七八〇、〇〇〇〃	八四、四六〇、〇〇〇〃
宣統五年	二、五〇〇、〇〇〇〃	五一、六八〇、〇〇〇〃	三四、九〇〇、〇〇〇〃	八九、〇八〇、〇〇〇〃
宣統六年		五一、六八〇、〇〇〇〃	三九、三〇〇、〇〇〇〃	九〇、九八〇、〇〇〇〃
宣統七年		五一、六八〇、〇〇〇〃	四五、〇六〇、〇〇〇〃	九六、七四〇、〇〇〇〃
宣統八年		五一、六八〇、〇〇〇〃	四四、四五〇、〇〇〇〃	九六、一三〇、〇〇〇〃
宣統九年		×五一、六八〇、〇〇〇〃	×四三、二八〇、〇〇〇〃	九四、九六〇、〇〇〇〃

×號所指者爲經常費臨時費不含在內。

乙　海軍費

中國地勢廣野大原。故國防常重陸軍。至　本朝乃置長江、福建、廣東三水師。然皆木船。與今日所謂海軍者不類也。中國有新式海軍之始。亦在洪楊亂後。爲李文忠所創

著譯

辦、同治九年李文忠總督直隸。築大沽、威海衛、旅順口諸砲臺。擴張江南機器局、福建船政局。大購軍艦。派學生於英德法諸國。設立水師學堂。銳意振興。故中國之海軍。與年俱進。光緒二十年。乃成南北兩洋。福建、廣東。四艦隊。北洋艦隊。歲費五百萬兩。其餘南洋、閩、粵共費五百萬兩。合爲一千萬兩。而砲臺、軍器、軍艦、官署、學堂、所費者。又八百萬兩。爲東方第一。海軍國。曾幾何時。與日本一戰。而北洋艦隊之精華。掃地以盡。於是中國之海軍頓衰。其後世界諸國。爭修大艦。惟恐相後。而中國乃熟視無覩。不能更有施爲。由光緒二十三年。至光緒二十六年。僅造二等巡洋艦一艘。三等巡洋艦三艘。水雷砲艦三艘而已。故自甲午以後。謂中國爲無海軍之國。無不可也。光緒二十六年。拳匪亂起。緣是而受列强之壓迫日甚。君臣上下。臥薪嘗膽。以圖自彊。故光緒三十年。初立三十六鎮之計畫。然於海軍猶謙讓未遑也。雖當時督撫中。如張文襄端方之徒。咸欲自奮。創議復興海軍。然由光緒三十一年。至光緒三十三年。三歲之中。亦僅造小者五百二十五噸。大者七百五十噸之砲艦十艘而已。故彼時中國海軍力。僅有二等巡洋艦一艘四千三百噸。三等巡洋艦七艘。一萬六千一百三十二噸。水雷砲艦三艘二

十

千五百九十二噸。砲艦三十七艘。二萬一千四百十四噸。水雷艇二十艘。一千二百三十二噸。合計六十八艘。四萬五千六百七十噸。其稍稍可用者。不過三十八艘。三萬三千九十一噸耳。夫今日世界海軍之重要如此。而中國乃僅有此數。其微弱又實等於無。則雖以華夏之向為陸軍國。又烏可不外鑑大勢。內察國情。於海軍小有振興耶。果也。光緒三十三年。新立海軍處。附設於陸軍部內。以為興復海軍之本。其年適開萬國平和會於荷京。中國欲列為一等國。然因無海軍。故列入三等。國人恥之。而急宜興辦之議起。宣統元年。乃以肅邸、澤公、鐵良、薩鎮冰為籌辦海軍處大臣。以督勵其事。肅邸等定議。以七年為重修之期。報可。監國復派洵貝勒薩提督為籌辦大臣。而改海軍處為籌辦海軍事務處。離陸軍部以獨立。以便調度。所謂七年計畫者。則由宣統元年、始。宣統七年、終。分為三期。明定各期應辦之事項是也。今摘舉大要如左。

第一期計畫（宣統元年）

一、調查南北閩粵四洋之舊式軍艦。及各洋軍港。

二、修造二三四等巡洋艦。加派南北兩洋。又將威海衛、上海、馬尾、黃埔各處造船

著譯　十二

廠改辦。

三、擴張四洋海軍學堂。又於江蘇、浙江、福建、湖北等處。設立船艦槍砲兩學堂。

第二期計畫（宣統二年）

一、以舊有軍艦。編成各洋艦隊。復計畫水雷艇之編成。

二、增設各洋艦隊之三等巡洋艦、運送船、通報艦、水雷艇、驅逐艇等。

三、海軍船艦槍砲兩學堂。必當成立。又決定建築各洋軍港。

第三期計畫（由宣統三年至宣統七年）

一、增設一等戰鬥艦八艘。各等巡洋艦二十餘艘。各種軍艦十艘。及第一、第二、第三水雷艇隊。

二、編成四洋艦隊。各洋之軍港船渠鐵路。亦當竣工。

三、設立海軍部與海軍大學。

此計畫規模過大。以財政困弊之中國。何從有此實力。舉辦如許大事。然當局者期於必行。故宣統元年已編成豫算。得　旨允可。據該豫算所載。則經常費二百萬兩。定購、船艦費一千六百五十萬兩。修築軍港學堂工廠費一百五十萬兩。合計二千萬兩。惟購船費分四年支出。軍港學堂工廠費則分兩年支出。今已在日本定造砲艦兩艘。在英國定造三等巡洋艦二艘。聞在美德兩國亦將定造巡洋艦砲艦數艘云。軍港亦於宣統元年。命各省督撫調查。聞已相定天津、大沽、芝罘、威海衞、象山浦、三門灣、定海灣、馬尾港、霞浦、北海、楡林諸地。同年九月洵貝勒以海軍大臣之資格。躬出巡游。更定象山浦為海軍總港。改芝罘水師學堂為海軍駕駛專門學堂。改福建船政學堂為艦藝專門學堂。改黃埔水師學堂為海軍機輪專門學堂。別於北京象山南京諸處設立水師學堂。而水雷砲術等學。亦將次第興辦焉。又艦隊之編制。亦大加更張。拔船艦中之耐戰鬥者。為巡洋長江兩隊。其巡洋艦隊。則以巡洋艦六艘。水雷砲艦一艘。水雷艇八艘。成之。而以芝罘為根據地。其長江艦隊。則以巡洋艦二艘。水雷砲艦二艘。砲艦十二艘。水雷艇八艘。成之。而以南京為根據地。故第一第二兩期之計畫。雖未能盡如所期。然大致尚不甚相遠。獨於第三期計畫。果亦能如是乎。請進論之。

夫第一第二兩期之計畫。為重興海軍之豫備已耳。至第三期乃進於實行之域。故其計畫較諸第一第二兩期規模不能不雄大歲月不能不加長而國帑所費尤不可臆計此其所以比前加難也第三期施設之事項雖復多端然不外造軍艦築軍港二事耳其設立海軍部與開辦海軍大學事雖重大惟經費所需則在財政上實無一顧之值故畧而不論僅論軍艦軍港兩事

第三期所造之軍艦爲一等戰鬥艦八艘各等巡洋艦二十餘艘各種軍艦十艦別增第一第二第三水雷艇隊故興造水雷亦復不少此等船艦之艘數等級雖略知其梗概然噸數幾何實無由知故經費一節無從揣擬惟以最近世界製艦之方針與中國之地位審情度勢中國當局者所欲造之船艦其將如左表所列乎然此不過吾一人斟酌中外情形之私言不知中政府所懷抱者果如是焉否也姑錄之以質隣邦之講求海軍者

艦類	艘數	每艘噸數
一等戰鬥艦	八	一六、〇〇〇
一等巡洋艦	六	九、〇〇〇

二等巡洋艦	六	四、五〇〇
三等巡洋艦	八	三、〇〇〇
通報艦	二	一、五〇〇
水雷母艦	一	四、〇〇〇
砲艦	七	七〇〇
×驅逐艦	一〇	四〇〇
×水雷艇	二〇	一〇〇

（注意）×印所示之水雷艇數非指中國第三期計畫所造水雷艇之數也。又原表所載驅逐艦。不審是否包含於『各種軍艦十艘』之中。惟吾輩以製造戰鬥巡洋各艦之比例與中國軍艦之現情。驅逐艦至少亦當與修十艘。又日俄戰時。頗覺水雷艇無用。故日本將來恐當廢止製造。惟中國爲防禦沿江沿海及練習驅逐艦。故則造二十隻亦不可少也。

若中政府造艦計畫果如右表所列。則經費究須幾何乎。夫中國內地。既不能自行興造。又不能以歐美諸國造艦費爲例。故欲定一確實之數。良非易易。無已則取日本之成規。按諸中國之現狀大概亦可推算得之。則所費總在一萬萬五千八百四十餘萬兩。必不能再少於此者也。

註 著者本有推算兩數比例之義務。惟事關軍機。不便公布。故從省畧。僅記其總數而已。閱者諒之。

第三期應建築之軍港。則南北閩粵四洋之四港也。內有象山浦一港。已成其半。惟建築此等軍港之費。亦以無統計可徵。不得其詳。據中政府計畫。則欲以一百五十萬兩興修軍港學堂工廠諸工程。豚蹄篝車。卽象山一港。亦不能成。可斷言也。證以日本實例。合以中國情形。則一港之建築費如兵房、船渠、望樓、水道等。一切具備。非三百萬兩不辦。是四港所費無慮一千餘萬也。

要而言之。第三期計畫所須經費。造艦一萬萬五千八百四十餘萬兩。軍港一千二百萬兩。合計大約一萬萬七千萬兩。以五年修成爲期。則每年平均當支出三千三百餘萬兩。以中國今日財政困憊至此。豈易言集事耶。

不寧惟是。前所言者。僅就開辦費立論耳。若夫開辦以後之經常費。亦豈能少。試以我國實例。爲之推算。則宣統元年以前所造之巡洋艦等等。合計六十八艘。四萬五千六百七十噸。宣統元年所造一千六百五十萬噸。由宣統元年至宣統七年。所造戰鬥以下六十八艘。二十五萬一千二百五十噸。合爲三十萬餘噸。惟宣統元年以前所造者。盡屬舊式。非久當廢。而宣統元二年之間所造者。亦僅能充補缺之用。特現在尚未盡廢。則經費亦不能不加算。大約舊軍艦四萬五千六百七十噸。其維持費歲需二百四十八萬六千九百餘兩。新軍艦之二十五萬一千二百五十噸。其維持費歲需五百八十七萬一千二百餘兩。恐無可再減者矣。

至於軍艦中將弁士卒之薪俸糧餉及其他各項雜費。約需軍艦維持費之半。以此推算。則舊艦歲費一百四十四萬三千餘兩。新艦歲費二百九十三萬五千餘兩。此外海軍部軍令部及其他之官署。海軍大學各種水師學堂等經費。大約亦需十之六。既知前述各數。則此項經費不難屈指得之也。

據前所述。由宣統三年至宣統七年之海軍諸費。可列表以明之。

年分	舊軍部隊費	同官署學校費	小計	新軍部隊費	同官署學校費	小計	合計

宣統三年	四、三三〇、四八五兩	一、七三二、一九四兩	六、〇六二、六七九兩	一、七六一、三七五兩	七〇四、五五〇兩	二、四六五、九二五兩	八、五二八、六〇四兩
宣統四年	四、三三〇、四八五	一、七三二、一九四	六、〇六二、六七九	三、五三二、七五〇	一、四〇九、一〇〇	四、九三一、八五〇	一〇、九九四、五二九
宣統五年	四、三三〇、四八五	一、七三二、一九四	六、〇六二、六七九	五、二八四、一二五	二、一一三、六五〇	七、三九七、七七五	一三、四六〇、四六四
宣統六年	四、三三〇、四八五	一、七三二、一九四	六、〇六二、六七九	七、〇四五、五〇〇	二、八一八、二〇〇	九、八六三、七〇〇	一六、九二六、三七九
宣統七年	四、三三〇、四八五	一、七三二、一九四	六、〇六二、六七九	八、八〇六、八七五	三、五二二、七五〇	一二、三二九、六二五	一八、三九一、三〇四

今不厭煩數更將宣統三年至宣統七年五年之中。所需軍艦軍器軍港等臨時費。以及維持新舊軍艦各官署學堂之經常費。又將五年中每年所用之經常費臨時費。詳列一表。以供談中國海軍經費者之參考。且得一目瞭然之便焉。

年分	新設海軍費 臨時費	新設海軍費 經常費	新設海軍費 小計	舊設海軍費	合計
宣統三年	三三、七六〇、〇〇〇兩	二、四六五、九二五兩	三六、二四五、九五五兩	六、〇六二、六七九兩	四二、三〇八、六〇四兩
宣統四年	三三、七六〇、〇〇〇	四、九三一、八五〇	三八、七二一、八五〇	六、〇六二、六七九	四四、七七四、五二九
宣統五年	三三、七六〇、〇〇〇	七、三九七、七七五	四一、一七七、七七五	六、〇六二、六七九	四七、二四〇、四五四

宣統六年	三三、七八〇、〇〇〇	九、八六三、七〇〇	四三、六四三、七〇〇	六、〇六二、六七九	四九、七〇六、三七九
宣統七年	三二、七七〇、〇〇〇	一三、三三九、六二五	四六、一〇九、六二五	六、〇六二、六七九	五二、一七二、三〇四
宣統八年	×九、一九六、一五二	一二、三二九、六二五	二一、五二五、七七七	六、〇六二、六七九	二七、五八八、四五六

注意　×印所示者。中國海軍已於宣統七年辦成。故由次年（即宣統八年）起造艦等費已可不計。惟經常費（平常造艦等費不在內）尚須算入五成也。

以上所述。及所列各表。皆分海陸軍而言之也。今請據中國政府所計畫。由現時以至宣統八年。其海陸兩軍所費共爲幾何。綜合一表以明之。

年分	新舊海軍既設軍費	新式海陸軍新設費	合計
宣統二年	四七、七四一、六七九兩	二五、二六〇、〇〇〇兩	七三、〇〇二、六七九兩
宣統二年	四五、二四二、六七九〃	五八、二六五、七二五〃	一〇三、五〇八、六〇四〃
宣統四年	四二、七四二、六七九〃	六六、四九一、八五〇〃	一〇九、二三四、五二九〃
宣統五年	四〇、二四二、六七九〃	七五、〇七七、七七五〃	一一五、三二〇、四五四〃
宣統六年	三七、七四二、六七九〃	八二、九四三、七〇〇〃	一二〇、六八六、三七九〃

宣統七年	三七、七四二、六七九	九一、一六九、六二五	一二八、九一二、三〇四
宣統八年	三七、七四一、六七九	×七五、九七五、七七七	一一三、七一八、四五六
宣統九年	三七、七四二、六七九	十六四、八〇五、七七七	一〇二、五四八、四五六

注意

×者因海軍計畫。至宣統七年而畢。故臨時費銳減。
十者因擴張陸軍。至宣統八年而畢。故臨時費亦銳減。

據此表觀之。自宣統二年以至宣統七年。海陸軍費次第膨脹。由七千三百餘萬兩漸增至一萬萬二千八百九十餘萬兩。六年之間。約爲二倍。自八年至九年則次第減少。由一萬萬二千八百九十餘萬兩漸減至一萬萬二百五十四萬餘兩。三年之間。約少二成一分。蓋宣統七年海軍之籌辦已畢。而八年陸軍之擴張亦畢故也。雖然以今日世界趨勢言。則欲維持已設海陸軍之威力。其經費不惟不能減少。且須增加焉。表中所載。據理固應如此。恐事勢有所不許耳。然翻觀庚子前後之中國。其所謂國防者。縱有老朽不足一戰之舊陸軍。與夫零碎不成片段之舊海軍。經費亦不滿四千萬。今也何如。數年之後。將擁有三十八鎮之新軍。三十餘萬噸之新艦。經費亦驟增至一萬萬二千八百餘萬。追既往以念將來。能不令人驚嘆耶。

文牘

法部奏派赴美第八次萬國監獄會會員報告書

第一節　萬國監獄改良之緣起

監獄制度。泰西各國在十七世紀以前。或粗陋荒敗而不足論。或殘慘貪酷而不忍言。自十八世紀時。有英國之博愛家約翰華爾德氏出。始倡議改良。氏蓋世界改良監獄之泰斗也。氏生於千七百二十六年。卒於千七百九十年。數十年間。專以改良監獄爲事業。嘗五游歐亞。著書立說。鼓吹當世。並屢散家財以助之。於是朝野耳目爲之震動。英國議院。遂提出法案、決定改良監獄。是爲萬國改良監獄之嚆矢。繼其後而實行者。則爲美人。千七百九十六年。創設分房監於片蘇巴尼亞州之非拉的爾肥亞。行晝夜分房之監禁法。即世所謂片蘇巴尼亞制是也、千八百二十年。米的苦州創設新監獄於窩不倫。行晝雜居夜分房之監禁法。即世所謂窩不倫制是也。兩制皆以分房爲主

文牘　二

要。所異者前則晝夜分房。限制極嚴。後則晝間授以相當之工作。並許其室外之運動。惟夜間寢臥。必使之獨居。組織雖有等差。而其注重教誨。使囚徒改過遷善。出獄後復爲社會良民之目的則。同。兩制各有眞理。至今猶相持對抗。兩成其說。

美國既實施改良之事。蹟名譽乃轉及於歐洲。各國遂羣起相師。英國爲始。德法及大陸諸國。繼之。咸派專使。調查新制。各以所見。歸報本國。有善片蘇巴尼亞制者。有善窩不倫制者。於是片蘇巴尼亞制行於英。窩不倫制行於歐洲大陸。近百年來。或以理論。或以實驗。研究益深。眞理日出。獄則之良否。幾視爲國際上競爭之事業。千八百四十六年。德人密梯梅惡爾玉盧斯。比人特拔亞和人司林格爾。法人毛盧苦利托夫。英人華托和司陸悉耳等。開萬國監獄會於蘭苦科爾托。提出議案。互相辯論。其最滋紛議者。則爲分房制之利害。而終以最多數之意見。決定片蘇巴尼亞制爲善。而分房制之學說。遂紛騰於士夫之口。而見諸實際。荷蘭比利時尤爲完備。風潮所至。遠及日本。日本自明治二十六年第二次改正監獄則發布後。雖未能驟行片蘇巴尼亞制。然已參酌歐美諸國之精義。行階級之制矣。（階級制者、以分房雜居假出獄爲三段而執行其刑者也、如一犯人獲三年監禁之刑、初入使居分房監六個月或一年、是爲第一級、期滿再使居雜居監、是爲第二級、在此級內、實能改過遷善、則使之假出獄、是爲終級此之謂階級制。）現今各國。尤以改良監獄之事。尙屬幼穉時代。日事講求。所至皆有監獄協會。以討論其學理。而調查其實況。將來各國監獄之進步。其裨益國家與社會者。殆不可思議也。

第二節　萬國監獄會之沿革

監獄改良、自十八世紀以來、各國既已次第著手。成效大著。有美人瓦音司者。監獄學大家也、發議宜創立萬國監獄會。斠通各國風俗習慣政治法律、使日趨於大同、於是代表美國政府。使於歐洲、遊說各國所至歡迎。萬國監獄會於是成立。千八百七十二年、第一次會議開於倫敦各國政府及各國監獄協會。咸遣委員到會者三百四十人。而以個人之資格。與婦女之參入者。亦實繁有徒。是爲萬國監獄會之起源。以後定期每五年開會一次。千八百七十八年、第二次會議開於斯脫克夫俄爾。到會者二百九十七人。千八百八十五年。第三次會議。開於羅馬。到會者二百三十四人。千八百九十一年。第四次會議，開於聖彼得堡。到會者七百四十人。千八百九十五年。第五次會議。開於巴黎。到會者八百十七人。日本派員入會自此始。千九百年第六次會議開於布魯悉耳。千九百五年第七次會議，開於匈牙利。到會者日益增多，千九百十年第八次會議遂開於華盛頓。

溯自萬國監獄會成立，迄今已三十八年。其創設宗旨。則在聚集各國法律家慈善家。以及執掌於審判監獄之官吏。使各就經驗所得，討論其利害。斟酌其異同。而刑罰改良。與豫防犯罪及幼年保護制度。亦均在範圍之內。計分四部，推闡益精。其初影響甚微。如風起秋蘋之末。其後則蓬蓬勃勃。淹蓋一世。各國政府，且咸就會議所得見諸施行。而國家文明進步。亦賴以扶助。於是萬國監獄會。遂爲世界所注重。而我國特派專員入會。則自第八次始。

第三節　第八次萬國監獄會之概況

萬國監獄會。雖發自美人。而前七次開會，均在歐洲。千九百五年。美國議院提出議案。邀請政府。通知各國。第八次會議，開於華盛頓。各國咸悅。於是美政府預備美金二十萬圓。為會場用費。定於千九百十年十月二號。即中曆八月二十九日。在華盛頓開會。先期十日。美政府派員在紐約迎候各國會員。導觀各處監獄及審判署後。齊赴華盛頓。九月二十九號。各國會員在白宮謁見總統塔夫脫氏。會長愍德生代表全體致達頌詞。總統答畢。一一握手為禮。美國監獄協會。即於是日假紐維拉旅館為會場，各國會員。亦皆加入。由事務所發給徽章。每人代價美金五圓。萬國監獄會徽章亦同，

十月二號。萬國監獄會開始。各國國家所派會員。及以個人之資格與婦女之參入者，計百有五十一人。假南北美洲會館為會場，首由美國總檢察大臣代表總統演說，次由第七次會長匈牙利人別離代表全體致述答辭再次則會長愍德生宣布開會，自十月二號起。每日午前分四部研究。第一部刑罰改良問題。第二部監獄改良問題。第三部預防犯罪制度。第四部幼年保護制度。午後四部合議，晚間自由演說，通用法英德三國語言。四號六號。美監獄協會與美政府公讌萬國會員，至八號閉會，共計七日。解決議案。並決定第九次在倫敦開會。公舉英國監獄協會會長拍拉士為會長。於是散會。所有各國到會人數。按照會場所用英文字母排列之次序。列表於後。

文牘

地名	人數
美利堅	五十三
奧大利亞	二
英吉利	七
中國	八
古巴	三
法蘭西	六
希臘	四
西印度海梯	二
罕都那司	一
意大利	四
奈巴利亞	一
墨西哥	二

六

地名	人數
阿真了	一
比利時	二
坎拿大	三
哥倫比亞	一
芬蘭	一
德意志	三
如地馬那	一
荷蘭	九
匍牙利	七
日本	四
盧森堡	二
新南威爾士	一

挪威	一	坤斯蘭	一
俄羅斯	九	三瀦多	一
暹邏	一	西班牙	三
瑞典	一	瑞士	三
突尼斯	一	土耳其	一
維尼斯尤拉	一		

第四節　會場演說

十月二號。開會時先由美國總檢察大臣代表全國行開會禮。並代表總統致述頌詞。其略曰。今日代表總統歡迎各國會員來至美京。深爲榮幸。此會雖係美國於三十八年前創始。然在美國開會。實係第一次。先是一千九百零五年三月三號。由議院函請總統要請本年在華盛頓開會。故今日得有第八次之會議。當初此會倡議之目的。在欲知各國監獄制度。及其成績。並考求各國法律。與執行方法。推而至於預防犯罪幼年保護制度。亦共同研究。綜其　要。不外四端。而利益廣被。實有不可以言語形容者。

其故因會場雖非立法機關。而影響所及。能使立法者採取議論。見諸施行。近年來各國刑罰主義。由重改輕。由殘忍變爲仁慈。皆受是會之潮流。有以洗濯而陶鑄之。卽偶有用重刑。取懲一戒百之意者。然其要義。非如古時刑罰徒使觀者一方面之畏懼而已。蓋欲使身受者自畏而不敢再犯也。總之改良刑罰問題。皆以預防犯罪爲基礎。請略言改良之歷史。從前刑罰與監獄。種種設施。皆係報復與威嚇主義。凡懲治一犯。祇欲令平民警畏。不顧囚徒之痛苦。故殘虐貪暴。史不絕書。自十八世紀英國有約翰華爾德及伯喀利亞兩氏出。目擊黑闇情形。著書立說。使上下議院派員調查。逐漸改良。始得文明之效果。今日公會。卽謂爲約翰華爾德氏等之所賜可也。自有公會以來。各國監獄競爭改革。犯人在監時。勤加教誨。使其改過自新。出獄時又有保護協會與之交接。代爲謀生。使其能自存活。不再爲非。且於幼年犯罪者。特設幼年監獄與感化院以教養之。此皆受公會之所賜也。卽以美國論。受公會之所賜者。亦復不少。自前年政府派員調查全國監獄後。重新改建者。已有八所。本京又購地六千餘畝。建築感化院。去年三月。議院又將刑法修改。並擬定假出獄及免囚保護等法。實行於可倫比亞。諸會員參觀本國各處監獄甫歸。當知所言之不謬。如是則此會之進步。不已滿足乎。然而尤有一言進者。監獄至於今日。建築已極美備。管理方法。已極完全。待遇犯人。已極優異。無可訾異。但恐看守人不能如法管理。則種種流弊。因之而生。是宜多設協會以濟其窮。大如是而監獄之能事乃盡云云。

次由會長慈德生演說。其略曰。今日承各國會員厚意。置慈德生於最關緊要最有名譽之地位。不勝榮幸之至。今日爲第八次監獄會開幕之初。萃各國之大公平家大慈善會而聚處一堂。其樂何如。諸會員或從東方。或從西方來至阿美利加少年之民主國。當極爲歡迎。美國與世界交通。東有大西洋。西有太平洋。今從東方來者。羨其爲文明發達最早之邦。從歐洲來者。羨其爲改良進步之先鋒。從非洲來者。羨其爲競爭改革之新造。諸會員之大學問眞經驗。若明鏡照物。巨細不遺。在上古中古時。此明鏡早已發現。至今日得諸會員而放大之。其鏡愈巨。其光愈明。諸會員來茲聚會。蓋專爲一種目的而來。目的維何。卽社會公敵是也。此社會公敵。既思立嚴密法制。使無可逃。一方面仍當許其自新。冀爲良善。人皆云公正與慈愛兩種心不能並立。其實不然。有罪必罰、是公正心。而慈愛卽寓乎其中。如漫無限制。濫用慈愛。則非徒鼓勵身受者之依賴心。久之且恐助長其爲非。貽害於社會。而慈愛心終不能遂。故公正與慈愛並立。始能達完全目的。方今世界大同。無論何種人類。皆係同種。皆當研究此共同問題。近有分種界國界者。皆係目光錯誤。不能從哲學上觀察之所致也。故今日所重要者。卽聚合萬國學者之心思才識。推出一種眞理。可以通行於全世界。眞理一出。則雖各國風俗、各有等差。辦法小有出入。而精義流通。終可以貫徹無礙、有人云感化罪犯、非法官之責任。乃慈善會之義務、以爲爲法官者。祗應依法科斷。執行者亦祗應按罪懲罰、殊不知倡此議者。皆係古時報復與威嚇主義。其亦不思之甚也。假使主義不變。犯人入監。時受種種不良之待遇。出獄時身體較平時瘦弱。思想較平時惡劣。技藝較平時蠢拙。匪獨此也。而且沾染惡習。向犯竊罪者。必復爲盜。向係初犯者。必至再犯、此時責慈善會以義務。恐不勝其煩。且不勝其勞也。夫刑法制度。至於今日。餓斃刑早已全廢。死刑亦少。身體刑亦已停止。所注重者。自由刑耳。而美國現時所注重者。又定自由刑中之一種。所謂不定期刑是也。不定期刑者何。卽就諸會員公同之意見。公認之學理。而尋思之。請言諸會員所公認者。一幼年犯罪者。須另寄感化院。釋放年限。以能否改悔爲斷。二因精神病犯罪者。須另置精神病院。釋放與否。亦以已否痊愈爲衡。三偶犯輕罪者。須交保人擔保。不付監獄以全其名譽。四囚徒能改悔者。須令之假出獄。五職業犯罪者。其期限須交政府所派公正人酌定最長年限。以此等人最有危害於社會也。以上五端。諸會員共同之意見。卽美國所行之不定期刑。名詞之是否確當。未敢審知。然保護社會。改良罪犯之宗旨則一也。

何以言不定期刑之當注重也。蓋被告人之性質。在法庭流露。往往非其眞相。假如其人性質本善。當審問時。或偶失檢束。法官因而誤會。判之以重罪。又如其人性質本惡。當審問時。或貌爲馴謹。法官因而誤會。判之以輕罪。及至入獄後。經典獄官看守人敎誨。醫師等平時體驗。良惡眞相。軒豁呈露。斯時若將良者而釋放歟。苦其期間未滿。將惡者仍監禁歟。苦於法律所無。此中困難情形。當亦諸會員所深悉。以今日世界法官學問深邃。心術公平。本不患有此流弊。惟犯人性質。變態百出。法庭少時之觀察。不若監獄多時之體驗。深望諸會員秉最大公正心以爲之解決也。此外尚有重要事件。則預防犯罪與幼年保護之法。此兩種問題。係正本清源之道。人恆云本固者枝自榮。源清者流自潔。深望諸會員悉心爲之考究也。以上種種問題。必當分部討論。惟分部討論後。仍須各部會議。各將心得宣示大衆。交換智識。庶幾不致隔閡。況各部問題。彼此均屬相通。各會員尤須存謙退心。庶可採集衆見。以趨合眞理。此卽本會所祝望者也。法律之良否。當以眞理爲斷。不必問與各國憲法合與不合。不必問與各國定制合與不合。不必問與各國風俗習慣合與不合。須破除各種成見。獨往獨來。切實研究眞理方出。諸會員萬不可爲種種成見束縛。在此七日中。專精討論。以期副此最大之責任。方今世運變遷。日新月異。種種法制。悉當與世運相推移。卽如從前法制。人人皆以爲是者。至今日人人皆以爲非。如斯變態。眞不一而足。諸會員當恍然悟也。第八次監獄會今日開始。宜努力猛進。勿怠勿怠云云。

附述萬國會員謁見總統時總統演說。其略曰。今日深喜在斯地接見諸會員。更喜諸會員所經營之事業。日益進步。卽如刑法改良。自英國維羅伯扶斯及魯密雪兩氏出。各國咸次第減輕。監獄改良。自英國約翰華爾德氏出。各國亦次第變革。至今日而刑法監獄兩問題。已為世界所注重。精益求精。即以美國論。亦嘗著手研究、曩曾游觀全國監獄、覺理想仍超過事實。尚須再加整理。期與理想相合。雖然、美國從事於監獄者。亦已非一日。間有所得、深願諸會員參觀而質證之。今日諸會員來茲聚會。討論刑法改良。與監獄改良諸問題。實為各國文明進步之眞據、從此日見發達、將使全世界人類。皆享文明幸福。將使已犯罪之人。滌除舊染。復為良民。實惟諸會員是賴云云。

第五節　議案

會議大體組織。分總會與部會。部會決議後、提出於總會。更求總會之審定。而問題於是解決。所有議案分部列後。

第一部　刑罰改良問題

第一問　不定期刑如與刑學原理不相違背。則何等罪犯。及何等案情。方可適用。若何設施。方無窒礙。適用時可否於判定刑罰後。作為附加刑。　決議　從前定期刑法。應保存不廢。惟幼年犯罪。及累犯並有精神病者。方可引用不定期刑。但不定期刑。名詞既泛。範圍太廣。適用時恐生弊端。當附添三種條件。方可適用。其條件列後。

甲　幼年犯罪者。適用不定期刑時。當刑期中。必須予以相當之教育。　乙　累犯者必係釋放出監後。確與社會大有危害。方可適用不定期刑。　丙　當適用不定期刑時。須隨時採用假出獄制度。　此外定期刑中亦有四種人當審判定期刑時。仍在定期刑外附判不定期刑。至刑期滿日。臨時酌定適用與否。四種人如左。　甲　定最長期監禁者。(例如二十年三十年之禁監)　乙　習慣犯罪者。　丙　以犯罪爲營業者。　丁　犯罪原因。非由外界感觸。乃其人有一種犯罪特性者。　此四種人。皆與社會危害甚大。頗難望其自新。故必須附加不定期刑。其判斷權以審判官警察官監獄官醫官行政官五部分之人組織臨時法庭。公同酌定。當開臨時法庭時。須獨立判斷。不得受外界搖動。

第二問　本國人在外國犯罪。經外國審判廳定罪。如逃回本國。是否應照外國所定之罪辦理。　決議　一本國人在外國犯罪。經外國審判廳定罪。如逃回本國。應照外國所定之罪名辦理。惟仍由本國審判廳按照本國刑法判令施行。　二外國人在外國犯罪。經外國審判廳定罪。如逃至第三國。亦可由第三國審判廳按照法律辦理。三凡犯人經法庭判定後。如逃出境外。無論至何國。其原定判詞。皆有效力。四各國須立約訂明。如此國所定罪名。他國必須認可。如此國欲知犯人一切案情。求他國詳查者。他國必盡情相告。五應設立萬國法律事務所。綜理各國通行法律。及審判與偵察事宜。以上五條。國事犯不在其內。六凡犯人經法庭認許假出獄後。無論至何國。皆當認其有假出獄之自由。以上第三條第五條第六條。應俟下次會議時。決定作爲萬國通法。

第三問　凡預防多數人聚合犯罪起見。應否定幫同犯罪人特別罪名。決議　一凡幫同預備犯罪之人。如定特別罪名。似與刑法精神不合。二近日聚合同謀犯罪之人。日益加多。凡係同謀犯罪者。審判官應有權加重治其罪。

第二部　監獄改良問題

第一問　近世感化院制度。應根何良法。方爲合宜。犯人入院。應否分年歲等級。應否將少年犯罪及不改過之犯。特別監視。入院後是否俟其惡性全化日。始行釋放。

決議　一凡犯人無論年齡如何。及再犯累犯。總宜令其改過遷善。不可存絕無希望之心。 二凡犯人在監禁時、須從懲戒及感化兩方面著手、 三凡感化犯人。須並用智育體育德育三種。使其出院後足以自立。 四感化院期限以長期爲宜。比之短期釋放後。或至再犯爲有益、且可養成完全人格、 五感化院既定長期。必須兼用假出獄制度。惟出院時必經臨時法廳認定。出院後必須有合宜之人。隨時監督。 六凡幼年犯罪者。應當有特別管理法。其法如左。 甲 幼年犯罪。應付感化院者。其期限之長短。由審判官臨時酌定。不必拘定法律。總以幼年人何時可以改變性質爲斷。 乙 長期之犯、如於、刑期未滿時。確能改悔自新。經臨時法庭許其出院。則原判決之審判官。亦當認可。不得異議。 丙 凡幼年犯罪者。候審時應與短期監禁人分別場所、不得合在一處。

第二問 能否將假出獄制度更加改良。何等官吏可以判定假出獄。 決議 一假出獄制度。當有一定法。罪凡罪人在監。須滿最短期之監禁刑、方能施行。假出獄無論何人。皆有享受假出獄利益之資格。 二有判定假出獄之權者。即臨時法庭之官吏。惟出獄後仍須隨時監督。如察其不能改悔。仍可隨時拘引入獄。 三假出獄制度施行後。政府須設一定官吏監督假出監之人。如一時未設專官。地方慈善會亦可受政府委託管理此事。惟犯人行爲如何。須隨時報告政府。 四所有永遠監禁及非假出獄罪犯。皆由審判廳獨立辦理。與臨時法庭無關。臨時法庭不得干涉。

第三問 監獄建築之大小。何者爲宜。小監獄之犯人。應否一律工作。 決議 一全國監獄。分散各處。宜立一專部。統轄全國。專管各處監獄事宜。全國監獄。皆當聽其號令。 二監獄中犯人。無論刑期長短。無論大小監獄。皆當令其作工 三宜立大監獄。可容多數犯人。庶可經營大工作。比多立小監獄。較爲有益。 四如不能多立大監獄。則小監獄中。亦必令犯人從事小工作。不可使之閒居。 五大監獄中。經營大工作。組織必求完備。須以此種監獄與工業學堂一律看待。此種監犯出獄後。可令其爲小監獄中之執事人。 六監獄官中至少須有一人深通工業。可以指揮一切。

第三部 豫防犯罪制度

第一問 猶豫執行制度。有幾國已經實行。其成績如何。應否再行推廣。 決議 一猶豫執行制度。各國刑法。多經採用。成績雖佳。必須添附三種條件。方爲有益。甲猶豫執行之罪犯。必使其不得擾害社會。 乙 罪犯得享猶豫執行之優遇者。必確信其人不必監禁。卽能自行改變。 丙 猶豫期間。必須有人隨時監督。 二猶豫執行制度。應行推廣、惟各國均須特設專官。專管監督猶豫執行之犯人。

第二問 防止浮浪無職業者有何善法。 決議 防止浮浪無職業者辦法。應照第七次議決案辦理。 附 第七次決定案。以多設游民習藝所爲主。

第三問 犯人監禁時。其家族應如何設法安養。 決議 一所有監犯在監作工。應照其所作工業高下。酌予工資分作二分。一分交其家族。俾得養贍、一分俟出監時令作爲營生資本。 二監犯酌給工資。其法雖善。各國尚難實行、卽如美國監獄雖多。一時亦不能辦到。惟慈善會及監獄協會。宜負此義務。不可令犯人家族失所。三監犯酌給工資。既可保護其家族。復能使囚徒出獄後。可以自立。其關係至爲重要。第照目前情形。概難辦到。宜請各國政府。就此問題。各發意見。俟下次開會再議。

第四部 幼年保護制度

第一問　幼年犯罪。是否用普通刑事法科辦。如不用普通刑事法。應以何法爲善。

決議　一幼年犯罪者。當特別辦理。不得以普通刑事法科斷。二審判幼年犯罪者。當照下列各條辦理。　甲　審判官當有心理學社會學之智識。方能通曉幼年人之種種習慣及其性情。　乙　幼年犯罪者亦適用假出獄制度。出獄後必有特定之人監督。惟此監督人。當法庭審問時。必須到庭聽審。俾深知其犯罪原因。　丙　當未審判之先。必須令深通心理學社會學之醫生。詳細考究其犯罪原因。密告於審判官。以助其審判。　丁　當發覺後受拘捕時。其腦筋必隱受傷損。是宜以別法令其到庭。不可拘捕。　戊　拘留場所。當與成年人分別審判時間亦當與成年人距離。

第二問　年齡太穉者犯罪。既不宜收入監獄。知識未開。亦不宜送入感化院。應以何法管理。　決議　應多設幼穉園。多教手工。令其心有所繫。仍須多設運動場。俾其性情活潑。

第三問　在大城鎮之幼童。應用何法約束。以防其游惰犯法。　決議　一法律應明定三種辦法。甲幼童犯罪者。父母當負其責任。乙有不顧家族之人。法律應强迫令其扶持家族。丙父母有惡習。家庭教育不良者。應將其童穉移入感化院。令受相當教育。二應多設演說場。講演家庭教育。使有子女之父母來聽。並勸令教堂幫同演講。至報館著作。亦當注重家庭教育。以鼓吹世人。

第四問　私生子應否設立專法辦理。如設立專法。應以何法爲善。　決議　一管理私生子應有兩種辦法。甲明定法律專條保護私生子。乙應令慈善會多著淺近之書。散布社會。使人知私生子之害。令其自悟。並注重德育。令無遠識之男女皆知自重。庶可漸次斷絕。二明定法律保護私生子。雖一時社會情狀。不能與正當婚姻所產之子一律看待。必當漸次平等。　三判定私生子歸何人管理。應以私生子將來利益爲斷。或歸其父。或歸其母。或歸其親族鄰里皆可。　四私生子判定歸何人管理後。如歸其父管理。其母亦當幫同扶養。如歸其母管理。其父亦當幫同教育。　五凡女子私通受孕後。往往有墜胎者。有將私生子致死者。有墜落爲娼者。此種流弊。皆當豫爲保護。其保護之法。宜有多人幫助慈善會辦理。其辦法亦分三種。甲　女子私通受孕後。應由此種人妥爲照料。不令墮胎。不令將私生子致死。並量爲資助。不令墮落爲娼。乙　女子私通受孕後。應調查私生之父。令其負調護責任。丙　女子雖私通生子。一切看待仍當平等。遇有疑難時。須妥爲指導。

第六節　閉會後豫備

第八次萬國監獄會議案既已決定。十月八號閉會。於是宣布常會章程。由各國政府派常會委員。每國一人。五年中聚會一次。或二次。會期會地臨時酌定。專任調查本國刑罰監獄與慈善事業之報告。並提出下次總會之議案。於閉會前一年交齊。擴充本國之學說。增長全國之名譽。皆常會委員之希望。各國大都以常會委員爲赴會會員。其經費由各國擔任。出費多寡。以人口計。每百萬人。年出美金五圓。中國以四萬萬人計。歲費美金二千圓。據會長愍德生云。各國人口。無多於中國。爲費太鉅。居時似可酌量減少。至加入常會與否。亦由各國自定。惟必在閉會後第二年四月以前。由政府通知本屆會長。或第九次會長。其進行機關。即寓於常會。而第八次萬國監獄會。於是告竣。

文牘 二十二

謹按監獄制度。與刑法審判。二者有密切之關係。監獄不良。則行刑之機關未完善。而立法與執法之精神。均不能見諸作用。無論法律若何美備。裁判若何公平。而刑罰宣告以後。悉歸於無效。故監獄立法審判三者之改良。必互重並行。始能達法治之目的，增人民之幸福。泰西各國。自十八世紀改良刑法審判以來，而於監獄一事，即一日趨重一日。考其組織。或以男女而分之爲男監女監。或以年齡而分之爲幼年監成年監。或以性質而分之爲已決監未決監。或以罪名而分之爲重罪監輕罪監。或以規模而分之爲大監獄小監獄。或以區域而分之爲總監獄分監獄。或以經費而分之爲中央監獄地方監獄。或以形式而分之爲十字形扇面形星光形，或以制度而分之爲分房制雜居制階級制。論其要旨。則皆採用懲戒感化兩主義。使犯人各事工作。各受教誨，冀其改過自新。稽其實效。則囚徒出獄後。大都能自改悔，能自生活，復爲社會之良民。而犯罪之人數。日益減少，是監獄之職務，極爲繁難。監獄之學問，極爲精密。監獄之良否。影響於國家人民者。至深且遠，監獄之優劣，關係於世界評議者，至重且鉅，故入其國觀其獄制之文野。即足以覘其國家進步之遲速。人民知識之高下。中國監獄制度。

向未完備。周秦以來。刑法既用報復主義。沿至隋唐。釐定刑名五等、無監禁之刑。流傳至今未能盡革。而監獄遂專以羈留未決之犯、其建築則卑污草率。其管理則殘慘貪酷。流弊所之。致使在監時有傾家蕩產瘐斃囹圄之憂。出監後有沾染惡習。犯罪增加之患、邇者　朝廷洞鑒此弊。改徒流等刑爲工作。創設罪犯習藝所。以收容之。近又採取新法。創設模範監獄於京師。及各省城。而府廳州縣之監獄。亦限於五年內一律成立。是行刑學之講求。已爲全國所注重。然而監獄法尚未頒布。則建築管理諸事。勢必各異其制。各殊其形。破碎支離。不獲收統一之效。又況從前舊監。概未改革。種種需索苛暴情狀。實有令人不忍言者。外觀世變。內察國情。若獄制不善。終不能與各國躋於大同。謹竭一得之愚。獻著手改良之策。一此次議決之案。宜採用也。查萬國公會、雖非立法機關。而每次解決問題。各國多見諸實用。此次議案。應請由資政院憲政編查館修訂法律館法部。分別採擇。以便施行。一監獄官吏。宜養成也。查歐洲各國任用獄官之法。雖有不同。而其必由學習而來。則一、如德之用軍人。義之用學生。利比之二者並用。要皆於未受職前。使之修養練習。試可乃用。義更使之爲終身官。應請由法部創設監獄學堂於京師。並轉商學部。通飭各省法律學堂。添設監獄學一科。以期宏造人才。一監獄協會宜提倡也。查監獄協會之性質有二。一係研究學理。一係調查實況。東西各國斯會多如林立。亦多以法部大臣爲名譽長。誠以學問日新月異。愈求愈出。且恐看守人不能奉法。得會員調查而報告之。其弊乃揭。法良意美。觀於美總檢察大臣之演說。益可深信。應請由法部擬訂協會簡章。通行各省督撫提法使勸令設立。以期補助進行。一監獄制度宜酌定也。查獄制近分分房雜居階級三者。自美國創立片蘇巴尼亞監獄後。學者羣相推重。英比二國。全國施行。惟以建築之費較鉅。故他國未能盡改分房。有用晝雜居夜分房之制者。有用先分房次雜居終付之假出獄者。以中國現時情形而論。若全國盡建分房監獄。財力實有未逮。應請由法部通行各省。於建造監獄時。內分分房雜居兩部。以免紛歧。一俟新刑律宣布後。即可用假出獄之法。而行階級之制。一監獄形式宜規定也。查歐美各國監獄之形式。或用十字。或用一字。或用扇面與星光。荷蘭新建之哈爾倫監獄。則又形如橢圓。似羅馬二千年前之鬬獸場。名目既多。理論亦異。然詢之學者。僉謂看守之便利。費用之節省。光線之通明。空氣之充足。仍以十字形爲宜。故監禁二百人以下者。宜用十字形。二百人以上。五百人以下者，宜用雙十字形。即世所稱星光形也。應請由法部通行各省照辦。以示整齊，一典獄司官宜重視也。查全國監獄。監督之權。雖操於法部大臣。而奉大臣之命令，以贊助指揮者，則在司官。司官學識之有無，即監獄良否之所繫，歐洲各國。有法部者，無不特設專司，遴選有學問有經驗者爲之。中國雖於監獄學尚少專科，而在外學成歸國與已經設立模範監獄之典獄官。似不無練達之才，應由法部速調到部。優加廉俸。責令見功。以期提挈綱領。一感化院宜速立也。查感化院之意義，係輔助監獄權力之所不及。歐美各國。大都收留幼年犯罪。與不受家庭教育。及家庭教育不良。並浮浪乞丐者，良以幼稺之童。血氣未定。最易遷移。若寄之於普通監獄。必至耳濡目染。相習爲非。根本不端。枝葉必敗。易曰蒙以養正。即是此意，或者曰中國古時所設之濟貧院育嬰堂等。近時所設之教養局等，何莫非感化院之相似，殊不知我之所設者偏重在養，又不僅限於幼年人之所設者。係教養並重。且純爲幼年之感化。各國從經費上之區別。有國家與地方之分。然觀其設置。凡學科工藝。以及田園花木。無一不備。幾如一最新之村落。觀其男女。無一不性天活潑。如小學校之學生。而朝士大夫。以及慈善宗教各家。方且孜孜不倦。日求擴充。斯爲預防犯罪。正本清源之道。應請由法部或民政部先行創設感化院於京師。以爲之倡。一面通行各省。令地方官切實講演。多方勸導。俾士紳均得從事斯業。以期培養人格。一保護事業宜勸設也。查刑罰之執行。固屬於監獄官吏。而所以終其刑之執行。使犯人出獄後。有以生存。而不至再犯者。則社會之責任。是即保護事業之所由生。詳而論之。蓋由私人公立一會。凡犯人釋放時。保護會卽與之交接。或給其衣食。或給其居住。或給其職業。或給其資本。或借貸其器用。或假予其旅費。如斯之類。不堪枚舉。要而言之。凡於免囚之便利。無一不代爲謀也。歐美各國。此會甚昌。日本亦有免囚保護法。以我國現時人心而論。其對於出獄者。嫌忌之不暇。遑云保護。然而監獄未改以前。實難責以義務。若自茲以往。而觀念不變。竊恐免囚不得謀生。終必爲害於社會。則獄費日增。斯擔負益重。應由法部或民政部創設一免囚保護通告。通行各省。令地方官家喩戶曉。並令各報館大加鼓吹。俾得輸灌知識於一般人民。以期慈善普及。以上八策。除第一策係此次議案外。餘皆爲改良監獄之要事。亦皆爲各國已行之良法。已著之成績、儻不急起直追。匪但內政不修。抑恐第九次赴會時。無以見重於各國也。方今世界文明。尊崇人格。刑法一事。已有主張去死刑之議。荷蘭則已全廢。比利時則置之適用之外。其他各國。雖未删除。而引用之案。歲不常有。人格愈高。犯罪愈少。刑罪愈輕。各國之日事討論者。全在自由刑之問題。而監獄乃執行自由刑之場所。遂為刑法之主科。自十八世紀以來。競先改革。日求進步。中國雖遠處東陲。而大勢所趨。日接日厲、斷不能翹然立於風氣之外。又況各國強行領事權於我國。其所藉口亦每在刑法審判監獄之不良。又況海牙和平會。抑中國為三等。雖以海陸軍不能振興。亦以法律不能齊一。以蕞爾之暹邏。尚能改正刑法。拒回領事裁判權。積弱之朝鮮。當未歸併以前。經日本代修法典。普設審判。而領事裁判權以撤。中國有四千餘年之開化。二十餘省之土地。四百兆之人民、乃受此無公理之待遇。不平等之名譽。一日不去。卽國人忍垢蒙羞痛心疾首之一日。今者新刑律草案。猶未議定。民商各法。尚待調查。訴訟法亦未完全。監獄法亦甫告竣、將來覈議頒行。若不將從前報復威嚇之主義。概行滌蕩。若不將撤去領事裁判權之宗旨。公同抱定。竊恐拘牽遷就、新舊不成法令愈多。政治愈增繁擾。外强日進。程度日見距離。匪惟不能自立。抑且不足圖存。立法司法如此。推而至於行政、亦何莫不然。方今世界立國之道。皆本於大同主義。舉凡風俗習慣。政教法制。已漸趨同一之勢。故創一公會也。一國利之。各國羣起而趨附之。行一新法也。此國因之。他國必從而推廣之。蓋交通便利。國際頻繁。風氣所之。幾如水之匯海。山之歸獄。而不可遏抑。主動者强。被動者弱、不動者亡。縱觀歐美各國、得斯道者無不勝、失斯道者無不敗。當可恍然悟也。美前總統盧斯福有言。剗除村落思想。德皇維廉第二有言。破除家族主義。國之存立。其在斯歟。其在斯歟。

中國紀事

奏參資政院兩誌　自劉廷琛奏參資政院後。繼起者有農工商部參議邵福瀛。翰林院侍講文斌、劉摺純就個人私事上立言。已見前號。邵摺則就法律上立言、大意謂旨於該院所引一百六條、各項封奏。作爲無效。揆邵之意、以經院議決之件、應根據一百零五條上奏。不能濫引一百零六條。蓋一百零六條之主旨。係由總裁副總裁單獨上奏。然不過如開用關防。及補授秘書員缺之類。非指曾經院議之件也。（按）資政院議事細則第一百零五條云。院章第十六條、（指資政應行議決事件如豫算稅法公債法典等項）十八條、（指資政院與各衙門意見不合分別具奏之事）二十三條、（指諮議局與督撫異議事件）二十四條、（指諮議局呈請核劾督撫事件）五十一條、（指上奏除名事件）規定之具奏事件。經本院議決後、由議長副議長照各本條分別具奏、又細則一百零六條、云前條規定之外、應行具奏事件、議長副議長得隨時具奏、）此奏若爲有效。則資政院屢次所奏。皆根據一百零六條者。不幾全歸泡影哉。至文摺則又就政治上立言。大意謂資政院開院以來。所議決重要之議案。除速開國會外。他無所聞。而此一案又下借內外臣工之陳請。上賴　皇上聖明獨斷。與時會爲轉移。該院固不能貪天之功以爲己力。又謂尤可駭者。則彈劾軍機大臣事。關君上用人大權。乃該院忽而提議。忽而取消。以爲不應彈劾也。即不應提議。以爲應彈劾也。則不應取銷。在議員不過借彈劾政府以邀譽。而軍機大臣遂挾辭職以要君。玩視紀綱。直同兒戲。剪髮一事。上關　國憲。倡議已非一日。竟不早爲陳奏。恭候　聖裁。以定一是。至請開黨禁。出諸臣民之陳請。原爲赦黨求才。以彰我　德宗景皇帝之聖治。以廣我　皇上之至仁。忠愛之忱。不可沒也。乃該院輕於提議。遲於奏聞。又況每日開會。逾時議事。毫無次第。隨意來去。晚至早歸。或投僞票。或報私仇。議長不知維持秩序。議員毫無程度可言。在議員等方自謂各有宗旨。各有政策。勝於政府各大臣之無宗旨無政策。臣以爲非特其無宗旨無政策。彼此相同。卽其各圖私利。不顧　國家。議員與政府亦無異也云云。其指斥處。比之劉邵所言。較近情理。幸兩摺皆留中。然以立法之機關。而爲人所指摘如此。亦一怪事也。

振興海軍之大計畫　吾國現在海軍。合各地所有軍艦之數計之。不過二等巡洋艦一艘。三等巡洋艦七艘、水雷砲艦二艘。砲艦三十艘、雷艇二十艘、共六十八艘、總排水量不出四萬五千七十噸、故此次創設海軍部。亦僅能就南北兩洋及廣東長江水師舊有之規模、聯成一氣。以爲興復海軍之基礎。現聞該部對於前途一切計畫、極爲遠大。欲在七年以內（宣統元年至宣統七年）建造一等戰艦八艘各等巡洋艦二十餘艘各種砲艦二十艘。及第一第二水雷艇隊各若干隻、並就全國設置四大軍港。以擁成二十五萬噸內外之海軍勢力。一切經費約須一億五千八百四十萬兩。軍港地點。正在選擇之中。大約南北兩洋。分設三港、其浙江象山一港。則早經決定。惟此項設備總費。甚屬不貲。就舊有之艇艦、及一切官署學校而論。由宣統三年以至七年。每年經常費。雖不過二千五百二十二萬二千六百七十九兩。而新海軍費。（即臨時費）宣統三年、需三千六百二十四萬五千九百二十五兩、四年需三千八百七十一萬一千八百五十兩。五年需四千一百十七萬七千七百五十五兩、六年需四千三百四萬三千七百兩。七年需四千六百十萬九千六百五十二兩、是現值擴張年度。（即宣統元年二年）新舊兩海軍經費。合計每年只需四千萬兩以上者。宣統三年以後。每年必達一億百六十六萬兩矣、而宣統七年。且須增加二千餘萬兩。年計一億二千二百八十四萬兩、至是財政上或不免困難、而全國陸海軍。則可望完成矣、

●盛宣懷奏准開辦實官捐之可異● 賑務大臣盛宣懷。日前奏辦開辦江皖賑捐。虛銜封典足收十成實監留省等項、如捐生報効實銀一萬兩、或五千兩。可奏請獎給實官。須查照與例銀相符。即可允准、並聲明毋庸交部提議。聞已於初六日奉 旨允准、如此則一面方實行新官制。一面又開實官捐。謂非矛盾之政策而何。

●度支部奏准裁撤寶泉局● 度支部奏請裁撤寶泉局。略謂京師錢局。於光緒三十一年、間奏請裁撤。惟留寶泉局西北兩廠。專供改鑄六分制錢之用。每月所出不足三卯。鑄錢工料等項。歲虧甚鉅、當此款項奇絀。凡可省者。自當力求撙節。況劃一幣制。此項制錢、縱一時未能停用。究未便再行鑄造。臣等公同商酌。擬請截至本年年底、將寶泉局鑄造制錢。即行停止云云。業經奉 旨依議矣。

●鄂省地方債息借洋款之鉅● 鄂省近年財政支絀。屢次借用洋商款項、爲行政費。以

資過轉頃。諮議局開臨時會。審議本年預算。特將歷年所欠洋款。逐一調查。爲數約二千萬。惟恃後湖地皮變價償還。難資彌補。是以各議員同意。呈請鄂督。此後不得再借洋商款項爲行政費用。以免流弊。嗚呼。以一地方債而負擔如此之鉅。是誰之過歟。倘各省尤而效之。則中國立見破産矣。

滬甯鐵路虧款之鉅　近頃郵部具奏揭出滬甯鐵路虧款之現象。略謂計該路行車進款。比較往年雖漸有增益。除開支所餘。尙不敷支借款利息。茲據該總局將宣統元年。即西歷一千九百九年分。收支大數。轉呈前來。綜計全年行車進款。共銀元一百七十九萬六千餘元。行車支款共銀元一百二十一萬四千餘元。收支兩抵。應存餘利銀元五十八萬一千餘元。以之撥付借款全年利息銀元一百六十六萬二千餘元。實不敷銀元一百八萬一千餘元。由臣部暫向交通銀行如數借撥應付等語。夫滬甯鐵路成本之鉅。爲世界各國鐵路所未有。今觀不敷之數。爲一百八萬一千餘元。年復一年。是終無贖還之日矣。可勝慨哉。

且看靑島與烟台之將來　浦津鐵道北段工事。近布設將完。由膠州灣出膠州府之津浦鐵道支綫起點問題既發生。經照德國主張。以膠州灣高密縣爲起點。今後最堪注目之處。即在青島發展。德國經營青島之目的。本在於壟斷北方沿岸各商埠之貿易。故以此爲立足地。奮經濟的經營於北方各面。爾來以山東省爲貿易之中心。直壓芝罘。更與天津爭其勝負。天津由大沽洋面溯白河。有五十里之淺海。不足以當巨船之進入。而冬期結冰。恒至商業停止。若青島則有二處良港。一有千百碼之防波堤。一有五千碼。大港之中。又有千三百碼之大棧橋。雖艨艟巨艦。亦可自由出入。且津浦鐵道全線竣工之日。由支線即可以通南清。而德人尤擬以山東鐵道。延設至京漢鐵道順德驛，將來天津商業。其將移于青島乎。況聞北德路透汽船會社。經決定以青島爲東洋定期寄港地。而德人又有以山東爲可作產棉中心地。擬組大紡績會社於青島者。此後青島之發展。其影響于東洋經濟界者。將非淺鮮也。

又魯撫孫寶琦近有致農工商部郵傳部公文各一件。略謂烟台近年商業大減。市面蕭條。前經電請即速修築烟濰鐵路。接連膠濟等處。以便沿海之輸運。而挽烟埠之商務。至今一年之久。未奉部復。若該路再延緩不修。恐將來外人生有他端。轉致棘手。仍請貴部速籌辦法。卽行電復云云。合觀兩處形勢。青島一盛。而烟台之商業頓衰。此則三尺之童子均知之。乃德人之於青島也。經營恐或緩。而我國之於烟台也。經營又唯恐過速。眞惱煞人也。

鄂督電告漢口鬧事情形 日前漢口英租界。一因人力車夫斃命。或有疑由印捕所致者。於是風潮大起。馳致英砲艦兵上陸彈壓。開鎗傷斃十餘人。此事於國家主權有關。不知當道將何以對付之也。茲覓得鄂督當日致江督與滬道電文。照錄之如後。漢口鬧事正電達間奉安帥敬電緣廿一夜英租界有人力車夫吳一狗病在車上。被英巡捕卽以原車拖至捕房。未及醫治。旋卽身死。各車夫誤爲毆斃。欲與捕房爲難。經夏口廳驗明確係病斃。並無傷痕。當與洋務局員開導而散。廿二上午。忽又聚衆圍繞捕房。英艦水兵登岸與英商團禁阻。漢口地方文武均馳往彈壓。不服。江漢關道及都司被衆擲石擊傷。英兵開鎗自衛。擊斃七人。傷十餘人。衆猶未散。激囑張提督彪親督步隊三營。馳往彈壓。並令各司道過江鎭懾。衆始解散。英兵亦卽撤隊。事後查點。僅新關大寫房及華商兩家。略被拆毁。租界各國官商敎堂房屋。均無損失。槍傷之人。當送醫院。不救者四人。二十三日電奏在案。查車夫誤會生衅。當夜印委開導。既已息事。次日之暴動。顯係痞徒從中煽惑。雖經軍隊彈壓。解散尚速。而人言紛紛。總謂吳一狗死於毆。徵乃札派提法司。督同漢口地方檢察官及原驗官。率帶檢驗吏。並延請習西醫之陳生。啓棺覆驗。毫無傷痕。自治會商會在塲目擊。羣疑盡釋。當無他虞云云。

世界紀事

英海軍大演習　英國海軍大演習已於西歷正月二十二日在西班牙沿岸開始。參加演習之戰鬬艦二十三艘。裝甲巡洋艦十四艘。兩軍之司令官。一爲英本國艦隊司令長官。一爲地中海艦隊司令長官。

選舉後之閣議　英國內閣自總選舉以來。始開第一次閣議。各大臣皆列席。藏相佐治雖喉疾未痊。及愛爾蘭事務大臣因受女子參與政權論者之要擊。負傷未愈。亦均力疾赴議。

聯邦自治問題　英國保守黨卡納卿極力提倡聯邦自治。謂曩日該黨所主張之聯邦自治案。現鑑於英國國內之狀態。非從速制定該自治案不可云。

法國議會與德國　法國代議士遭列於法國議會。痛論法德兩國接近之必要。及其利益惟於議會。大受反對。

德國之新軍費　德國帝國議會討論自然的價値騰貴課稅案（因人口之增加。及交通之便利其土地價值騰貴而課之以稅）後。否決保守黨之修正案。且定因此而得之稅金。悉供軍事之用。

葡國之總選舉　葡萄牙之總選舉。定以四月舉行。其第一次議會。決議設立單一立法府。自議員二百人而成。

陸相之極東視察　俄國陸軍大臣斯堪那韓擬以本年春間作極東之旅行。並視察軍事。

俄德協約與土國　土耳其因俄德對於波斯之協約。頗生疑慮。故議會特以此事質問政府。外務大臣答以英土兩國之關係。頗極親密。故波斯灣內土國之利益。決無損害。且德國政府關於此協約。曾爲友誼的說明。至關於巴達鐵道英德兩國協議之說。則尤屬謠言。不足置信。現議會對此答辯。已表滿足。

俄國海軍根據地　俄國於芬蘭沿岸賓克附近。創設新海軍根據地。故瑞典甚懷疑懼。力籌防禦之策。

土法親交之回復　土耳其爲募集公債事件。與法國頗有齟齬。後兩國關係。已漸恢復。近日有漸相親善之勢。

土國豫備兵之訓練 土耳其政府於本年二月及三月之兩期召集六萬之豫備兵。大加訓練用意難測。

美加稅率輕減 美國與加拿大政府。締結兩國互惠協約後。現兩國政府對於兩國之製造品實行輕減之稅率。

巨艦建造案 美國下院之海軍委員會。已通過建造戰艦二艘之案。該艦約二萬七千乃至三萬噸。裝置口徑十四寸大砲十二門。其建造費則約需千三百萬美金。

富豪之義舉 美國鋼鐵大王卡匿奇近捐助一千萬美金於華盛頓之卡匿奇學院。以爲專門學及海圖學研究之獎勵。該院乃卡民專爲發達人類之智識而創設。彼前後捐助該院之款。凡二千二百萬美金。

種界問題 美國之東方學童區別法案。已提出於加州下院。該案內容。謂各學堂凡中國人日本印度及美洲土人。當與白人區別校舍。若學堂無適宜之校舍。亦須區劃教室。

世界紀事　四

陸軍豫算案通過　美國下院爲戰備缺乏問題作長時間之討論後陸軍豫算所要求之九千三百萬圓之支出遂至通過。

巴拿馬運河　美國大統領塔虎脫致書議會力陳巴拿馬運河建設要塞之緊急且要求千二百萬美金之建造費更提議裝置口徑十四寸大砲八門六寸砲十二門十二寸自動砲二十四門以供防備之用。

運河通過稅案　關於巴拿馬運河通過稅之法案已提出下院此通過稅視船舶之大小對其總噸數而徵收大約每噸課五毫乃至一圓五毫。

日本之豫算修正案　日本政府已將明治四十四年度之歲入歲出總豫算及各特別會計歲入歲出豫算案中之修正案提出議院其內容則歲入總額五億五千二百三萬二千五百三十九圓內經常部四億九千二百十三萬八千圓臨時部則五千九百八十九萬四千五百三十九圓至歲出總額五億五千二百三萬五千五百三十九圓內經常部四億七百五十六萬三千九百九十一圓臨時部一億四千四百八十六萬八千五百四十八圓。

叢錄

春冰室野乘

大盲頭陀遺詩

大盲頭陀。故明遺民。不傳其姓氏。錢牧齋嘗爲刻其詩百首。陳菊人爲之序曰。頭陀少負雋才名。噪諸生間。每思效陳湯傳介子班超馬援揚旌秉鉞立功萬里外。國變後。嘔血數升。卸衣去巾。詠滿地蘆花和我老。舊家燕子傍誰飛。及寧可枝頭抱香死。何曾吹隕北風中之句。輒涕下。檗被面久之。往來秦淮。親見蒲柳宮墻。銅駝荊棘。呻吟夢囈。發爲詩歌。其忠孝大節。皭然不欺如此。牧齋最喜其牧馬人歸夕陽影。報鐘僧打過潭聲。及鷗惟空闊無他戀。燕亦炎凉到處飛之句。以爲世之有名籍甚。張鱗競爪者。恐未能有此逸句也。

楊重英遺事

叢錄　二

雍乾之世。漢軍閥閱。以廣州楊氏爲最盛。而其後裔之受禍亦最慘。文乾、當雍正中。由河南布政使擢撫廣東。當是時。田文鏡勢張甚。文乾力與撑距。嘗脫王士俊之危。荐諸朝。卒爲名臣。史豔稱之。子應琚。乾隆中。葉官雲貴總督。拜滿缺大學士。亦異數也。後以緬事失機、　賜自裁。應琚子重英。官雲南按察使。率兵駐滇緬界上之新街。爲緬人所虜。緬人繫重英而縱其隨員知縣某某等兩人歸國。　裕陵聞之。震怒。　命執兩員磔諸境上。不許入中國界一步。且諭令滇督。如他日重英歸時。卽照此辦理。重英旣被虜。終不肯入緬都。緬人因舍諸新街。緬王欲其降。譬說萬端。卒不屈。王又盛飾其女以往。欲贅重英爲壻。亦不可。重英在新街先後二十五年。足跡未出闌一步。後緬旣乞和。且値　裕陵七旬萬壽。始釋重英歸國。甫及境。滇督某卽遵前　旨。執而梏之。不令入界。亟飛馳奏聞。時　上春秋高。亦頗悔當時治此案過嚴。乃下　詔旌重英之忠。謂其節過蘇武。且令滇督驛送來京。預備召　見。　旨至滇。重英已病卒。不及生入玉門矣。重英被虜後。其眷屬亦囚清室者二十五年。及是始赦出。

左文襄遺事

吳縣吳淸卿中丞之督學陝甘也。按試至蘭州。於時左文襄甫肅淸關內。方布置恢復新疆之策。文襄固夙以武侯自命者。平時與友人書札。常署名爲今亮。中丞下車觀風。卽以諸葛大名垂宇宙命題。文襄聞之甚喜。次日班見司道。故問新學使昨日觀風其命題云何。司道具以對。文襄撚髭微笑。不語者久之。徐曰。豈敢豈敢。

寶文靖遺事二則

恭忠親王在政府。與寶文靖相得。王恆呼文靖爲龜。一日退値偕行。過一豐碑下。王指負碑之贔屭、戲文靖曰。此爲何物、文靖正色對曰。王爺乃不識此物乎。此龍生九種之一耳。王亦鼓掌大笑、

寶相國退閒後。常語門下士曰。吾他日身後得諡文靖。於願足矣。及其薨也。易名之典適符素志。蓋門下士具以公意啓樞臣。而樞臣爲之乞恩也。

閻文介遺事

朝邑閻文介公敬銘狀貌短小。二目一高一低。恂恂如鄉老。未第時。嘗就大挑、甫就班跪。某親王遽抗聲曰。閻敬銘先起去。公深以爲恨。常慨然歎曰。一歲三落第。而會試不

與焉。蓋公於是歲試中書敎習。皆被擯也。其後入翰林。改官戶部。胡文忠奏調總辦東征糧臺。疏中有閻敬銘氣貌不颺。而心雄萬夫之語。未幾卽超擢藩臬。晉撫山東。東事既定。公亦乞病解組。以故居逼近大河。時虞水患。乃徙居解州之運城。光緒元年。奏晉大飢。奉　命偕曾忠襄公督辦晉賑。吉州牧段鼎燿冒侵振款。奏斬以徇。諸官吏皆惕息。莫敢歆法。晉人歌詠其事。至以比包孝肅。辛巳冬。與南皮張文達同被　召。命長戶部。　知遇之隆。一時無兩。癸未春。奏結雲南報銷案。公與樞臣同入見。奏對至三時許。

太后以某事問恭王。王奏曰。此事丹翁知之最悉。　太后可問彼。　后顧公亦曰。丹翁以爲何如。公聞　命。皇悚萬狀。亟免冠叩首。衆皆不喻其故。　后徐悟。微笑曰。汝以吾誤稱汝字耶。吾敬汝德望。在宮中語及汝。未嘗不以字也。一時聞者以爲異數。

光緒甲申。法越事亟。北甯失守。　慈聖下手詔。責樞臣襄贊無方。盡退恭忠親王以下諸公。而以禮親王世鐸及文介張文達額勒和布諸公代之。時高陽李文正以協辦大學士降調侍郎。協揆一缺。應由吏部具題請　旨。先一日。召樞臣面議。文介力保文達。及徐蔭軒相國。　慈聖猶豫久之。曰。用他們不如用你。文介亟頓首謝。不允。次日。枚卜之命遂下。

文介長戶部數年。其最有力之改革。卽以漢司員筦理北檔房是也。故事天下財賦總滙。皆北檔房司之。而定例北檔房無漢司員行走者。以故二百餘年漢人士大夫、無能知全國財政盈絀之總數者。文介爲戶部司員時、夙知其弊。及爲尙書。卽首建議。謂滿員多不諳握算。事權半委胥吏。故吏權日張。而財政愈棼。欲爲根本淸釐之計。非參用漢員不可。當時滿司員尙無所可否。而胥吏皆懼失利權。百計沮之。文介毅然不少動。幸是時　慈聖眷公方殷。竟從其請。邦計出入之贏縮。至是乃大暴於天下。此亦滿漢權力消長之一大事也。

文介旣得政、忽失　慈眷。此中蓋有秘密之關繫。論者舉謂　慈聖方興三海頤和園之役。而文介靳不與欵。以此惡而逐之者。猶是皮相之論也。初文介極敬戚畹某上公之淸節、某上公亦極意交驩文介、文介遂力請以某上公爲滿尙書、冀收和衷共濟之益。某上公旣爲尙書。則又進福文愼錕於文介。文介亦器其材。奏爲戶部侍郞以自副。某上公與文愼旣同得志。朋比而傾文介。所以齮齕者備至。文介遂以此積失　慈眷。

不得不求去矣。初以久疾。請解機務。專辦部事。疏上遽得請。都下皆駭然。莫喩其故。然此時文介雖筦部。而權力已大遜。爲尙書時、故常請假不至、署會江西布政使李嘉樂。署陝西布政使李用淸。皆奉　旨開缺候簡。二李皆一時廉吏、爲文介所舉而被疆臣劾罷者也、命下。文介方在告。遽奏辨贛陝兩撫之誣。請　旨收回成命。疏入。奉　旨嚴行申斥、責以不諳國家體制。公於是遂決浩然之志矣。然其歸也。猶　溫旨慰諭。俾馳驛歸里。食全俸、且戒以國有大事。宜隨時以所見入奏。及其薨也、乃僅贈太子少保銜、一切輔臣恩澤。俱不得與。故事。輔臣身後。必晉三公。即不能。亦當贈太子太師。今以一品大臣。而身後飾終之典。乃以二品銜予之。　國朝二百年、閒蓋公一人而已。是時幾並予謚。而靳之。賴南海張樵野侍郎力爭。始得請。內閣原擬淸勤愨介四字。　硃筆獨點用第四字。亦不滿之意也。

顧亭林遺札

亭林先生濟南之獄、爲逆奴所搆。幾致不測。其不隨吳潘史案之後者。蓋亦天幸矣。先生於事急時。有與友兩札。亟錄於此。以見當時獄事之梗概。其一云。來諭惓惓。深感愛厚。所云屢有言相致者。止於舟札見之。他皆未到。即賦梅者亦止有一札。無兩札也。所云但當力辨有無。勿牽別事。敬如台旨。笥中之書。昨至德州。簡點二日。悉取而焚之矣。此中之事、大抵上有求而下不應、弟遂無保出之法。黃氏絕不照管。債主斷絕。日用艱難。庄田之變。俱爲劉棍割去。每日以數文燒餅度活。何以能支。欲乞一問南夏諸公。若天生至晉。可爲弟作書。促之入京。摶聲下一二函至歷下。必多有所濟。弟已別有字往闕中矣。其二云五月十九日院審。先取同案中年老者四五人保識。黃御史曾已遵制薙頭。口供次辨啓禎集中有甯人字、無顧姓。又不在黃御史一篇傳內。并審岬出起章邱地土情由。惟問姜要顧甯人輯書實證。無詞以對。又扳卽墨老諸生杜逃交爲證。此人從不識面。又展轉推出所從得書之人。爲萊陽縣榮。榮乃積年走空之人。今並行提去矣。雖未保出。而是非已定。此皆上憲秉公持正。及大人君子孚號壯援之力。(下畧)

閨中經世遠識

錢唐顧若璞。字和知。故明上林署丞顧友白女。文學黃東生之妻。讀書能古文詞。箸有臥月軒合集。其長子婦丁氏。亦湛深經史。有經世之志。若璞集中有與其友張夫人一書云。蒙婦丁氏。從余讀唐詩。其寄燦詩有云。故有愁腸不怨君。幾於怨誹不亂矣。與燦酒間。絕不語及家事。時爲天下畫奇計。而獨追恨於屯事之壞也。且曰。邊屯則患屬擾官屯則患空言鮮實。事妾與子努力經營。倘得金錢二十萬。便當北闕上書。請淮南北閒田。墾萬畝。好義者引而伸之。則粟賤而餉足。兵宿飽矣。然後仍舉鹽筴，召商田塞下。如此。則兵不增而餉自足。使後世稱曰。以民屯佐天子。蓋虞孝懿女實始爲之。死且目瞑矣。其言雖夸。然銷兵宅師。濡濡成議，其志良不磨。夫人許之否。巾幗中乃有此高識雄略，而名字翳如。文章行事。不得少見梗槩。豈不惜哉。

王文靖遺文

宛平王文靖熙。爲康熙初名相。生平頗挾智任數。迴翔於諸滿大臣之間。而能得其懽心。以保祿位。世頗有疑石頭記之王熙鳳。即指文靖者。其人極固相類也。遺集不傳於世。其遺文惟有爲陳默公焯徵刻遺書一啓。亟錄之。以見古人風義之篤，

蓋聞天佑斯文。自產千秋之宗主。人膺大道。寧躭一代之浮榮。故賢聖惟發憤而詩乃成。即後儒必學成而書可箸。春秋須羽翼。邱明之雙目雖存。史記待昭垂。司馬之全形

忽廢。他如張文昌以乍盲而工樂府，盧照鄰緣久疾而擅吟壇。若斯之徒。殆猶小技。矧夫守先待後。析天人性命之微。言述往思來。備今古興亡之準鑑，非邀休暇。豈獲專勤。桐城陳默公，九液蘊靈。六国誕秀。七歲徧通經傳。箋研古氏以無遺。十齡輒庀史材。身任三長而不讓，衡文吳下。張楊願撤皋比。正雅雲開，陳李齊投縞帶。入　興朝而膺恩拔，在廷爭觀光儀。甫鄉荐而掌秘書。政府咸資手筆。雖大魁中沮，至今猶歎爲眞狀元。迨釋褐南歸，舉世仍呼爲好才子，是以熙父任祭酒時之贈詩曰，注殘經史年猶少。歷甞艱虞氣更新。大冡宰靜海高公之贈句曰，無雙經學黃江夏。第五科名杜紫薇，期待各已如斯。通顯奚難立致。乃造物巧爲成就，奪去子野之聰，令儒術大振今時，恐倚離婁之目。寸陰必惜。日斯邁而月斯征。萬卷堪娛。冬不爐而夏不扇，書成廿種。載可爲車。抉六藉之奧義於二經。功約而倍。廣一朝之褒譏於四部。指隱而彰。掃山陰餘姚之禪唾。門庭斷自程朱。溯嘉隆宏正之詩源。流品分從趙宋。西京以下。未嘗無賦。賦會出而世識眞騷。八家之後。敢曰無文。文會行而人裁僞體。若不共襄剞劂。何以仰答聖賢，縣等職在淸曹。分應獨任。但畧計鋟板之費。動須數千。勢必賴大雅之流。各資涓滴。與其

叢錄 十

結佛緣以霑利益。何如種文福以厚箕裘。且默公官僅數旬。居無五畝。彼于頤亦人耳。能將百萬爲高士買山。卽郗超小夫乎。屢費千金爲故人治宅。今陳子既以詩書爲生活。則吾黨亦用梨棗代田廬。伏乞諸老年臺先生。隨分樂捐。聲施不朽。噫嘻。杜徵失聽猶來君相之求。徐積病聾。實賴蘇黃爲友。况有功於孔孟。詎止篤夫情親。諒切同心。敢申虔懇。默公蓋以聾廢者。故啓中以杜徵徐積爲比。今其諸書傳世者。惟宋元詩會一種耳。啓所謂詩源趙宋者。卽指此書也。

時藝餘譚

康熙雍正以前。功令未嚴。格式未備。生童應小試。尙無試帖。僅四書文一篇而已。江蘇爲人文淵藪。相傳昔學政有以快短明三字衡文者。大抵繳卷愈快愈妙。篇幅愈短愈妙。題飛一下。不容搆思。振筆疾書。奔往投卷。取額一滿。則不待終場。輒出案。往往考生猶據案推敲。忽砲聲隆隆。鼓吹聒耳。則紅案已出矣。乃皆踉蹌不終卷而去。一日試題爲山梁雌雉。有一生文僅十六字、曰。春秋絕筆。西狩獲麟。鄉黨終篇。山梁雌雉。榜發。竟冠其軍。又一日題爲孟之反不伐。一生文曰。不矜功。良將也。夫伐情也。反不然。良將哉。

春秋時不伐者二。一介子推。一孟之反。之推不貪天功以為己力。之反不假人力以為己功。吁良將哉。又拔冠其曹。評語謂其僅五十五字。而全篇規模已具。蓋隱然兩大比格也。又有塾童五六人同赴試。一送考之傭工。年過四十。蓋亦讀書未成。輟讀而啡者也。好論文。貪飲食。偶見諸童文。輒從而指摘之。諸童使具酒食。每先自飲啖。諸童疾之甚。相與謀曰。彼喜自衒其能。當思有以困之。乃用傭姓名。密為購卷。俾携考具相隨。若為送考者。既唱名。一人在傭後代應。而推之使前。傭不得已。接卷入。笑曰。若輩欲困我耶。我當有以閉執其口。是日題為夫微之顯。傭憶少時在塾。曾讀此題舊文。小講下既承上文。即接筆曰。夫然而微矣。夫然而顯矣。夫然而微之顯矣。提比後用複筆。後比末之結筆亦如之。因抄襲入文。而其他皆不知作何語也。遂首先交卷。學使見三複筆。即提筆密圈。不暇細閱他處。竟拔取冠軍。諸童皆喪氣而返。又乾嘉之際。漢學大行。有能以緯書及汲冢書穆天子傳等書入文者。輒獲上選。黠者因偽撰典故。以蒙試官。試官欲避空疏之誚。不敢問也。江左某生。素滑稽。值彭文勤校試。某生亦赴試。場期前一日。偶與同院生出遊。道旁兩槐。濃蔭蔽日。中一井。井畔有石。喜其清潤。因坐石上傾談。某生忽有悟曰。此本地風光。卽吾明日場中文料也。同院生猶哂之。次日入試。榜發。果冠軍。索試卷觀之。小講起語卽曰。且自兩槐夾井以來。云云。以下皆杜撰語。而評語極賞其典奧。

乞食制府

乾嘉閒有某制府者。八旂人也。盛時。僮僕姬侍服飾飲食玩好之物。窮極奢麗。日費不貲。及和珅敗。制府亦牽累。能官。數年後窮窶不堪。遂至乞食市上。王公貴人皆嚴絕之。惟朱文正公戒閽人勿郤。每旬日必一至。文正輒手持靑蚨二百贈之。一日又至。值書室無人。因竊取小鏡。懷之而出。後遍覓不得。諸僕諠言制軍頃實來。此文正戒勿聲言。如再至者。惟伺候侍茶。毋令獨在室中而已。按此似富勒渾事

文苑

弔袁督師墓　堯生

誰云世亂識忠臣山海長城寄一身不殺文龍寧即福空嗟銀鹿亦成神遺聞玉貌如佳女亡國天心勝醉人萬古大明一堆土春風下馬獨霑巾

袁大將軍僕　前人

天留忠骨伴將軍一撮田橫島上墳守祀不刊千古節裹尸曾藉九邊雲窮途似子思交道大石何年刻墓文野草荒荒春不綠白將清淚一澆君

懷江杏邨　前人

賣書歸作辦裝錢幾日扁舟到海邊萬種笑啼惟母意四山花鳥敬鄉賢醉中射虎談應壯眼底哀鴻命可憐路遇三凶煩籍問苦心半壁拄南天

崇傚寺看牡丹贈王病山京兆　前人

七年旌節返金鑾紅玉依然滿畫闌別後官聲湖外雨坐中人影佛前旙重來白社驚

文苑　二

春盡垂老交情話酒闌經世古來誰盡了此花須作故人看

上盤頂雲罩寺暮不達而返　夔公

一筇身出萬松巔脚底諸峰氣藐然張袂平收東海水翦雲散作薊門煙飄搖空梵斜陽古脾睨荒臺冷月懸慙謝僧雛容匿笑棲林還在暮鴉先

宿萬松寺　前人

千峰絕頂支牀處夢裏松濤雜梵聲高月轉胥迴夜氣空階鳴葉迸涼醒萬緣滅後餘禪味一枕頹然接太清襆被尙思從老衲稍憐寒拾不同盟

萬松寺待曉　前人

萬峯高下影窗前星斗依微接曙煙溫酒徑思然宿火尋詩無着近枯禪霞光動海諸天豁日氣蒸山衆態妍百折復輿過鳥背梵鐘先我落平阡

伍二少雲四十壽　前人

交初汝似諸郎少今見諸郎似汝長豹霧文章深自晦蝨官中外老何方故人幾日長携手隨分寒天一舉觴谷抱冬心還自礪褐來吾亦飽風霜

剛騰讀至此。大呼曰。夥頤。乃有如此多金耶。準法幣二百五十萬佛耶矣。姍娜促之曰。且讀下文承受之者誰耶。曰。吁。承受者固非子。子盍聽諸後讀曰「悉以遺之華都氏之德理斯。」姍娜怠曰。子見之旣審乎。果爲華都氏之德理斯乎。曰如不信子盍自寓目。乃復讀曰「華都氏之德理斯。當一八六二年十一月十九日。生於巴黎而實爲華都氏之姍娜與阿弗爾貴爵所生之女。阿弗爾貴爵以倉卒死去。故未及爲之謀久遠也。於此乃更有不欲明示大衆之故。而吾爲此故。乃至與德理斯母子斷絕音問者凡十有五年。今不復能審其居址。但知其尙居巴黎。其母現行之名氏曰——」剛騰讀至此。忽又怪詫曰。豈其然哉。姍娜曰。下文得毋云「其母現行之名氏曰陸麗氏之姍娜」耶。剛騰驚曰。何爲不然。子從何知其所指之人卽爲子乎。然則華都氏之稱子又從何來者。姍娜曰。此吾之姓氏也。吾向者未嘗以眞姓氏告子。子又未嘗細詢于吾。故未能深知之耳。曰。吾曩固未敢深問。懼子不悅。吾但知子之先人曾膺武爵者。而子亦曾沐良好教育於聖邸禰。出身原非微末者耳。由此觀之。子其生有一女乎。曰。吾實有一愛女。而此女向來另居。彼從未知吾之事跡也。曰。子乃一向相瞞。使吾茫然。吾往日見子時時他往、疑子別有所歡。意頗不平。今乃知子之歸哺其兒也。早知如此。吾久有以用吾愛於此孩矣。雖然。至於今。吾猶將愛之。彼今居何所耶、姌娜未及答、彼復曰、似是而女已甚富矣。其姑娘殆已棄世、故以此篋匣遺子。其藏匿遺囑於此中。而不遽使子知之者。殆別有用意耳。然則此卽德理斯之肖像乎。觀此狀貌。其長成亦當能似子。何時能令我一見乎。姌娜未暇答。但促之曰。且請爾爲我畢讀之。曰、然。吾讀至緊要關頭。遂截然而止。無怪子之急欲知其後文也。乃復讀之曰。「吾將以事至法蘭西。或有多日淹留。將乘便往於巴黎。以訪吾兒之孤女。惟吾或且蹈危機。或至戕其軀命。均未可預料。爰先申明此爲吾由衷之言。親筆遺囑。他日有獲此篋匣於吾身中者、匄彼設法。使吾之願望克見諸施行。設有萬分一。德理斯已先我而亡。則吾所欲遺彼之項。其平分爲二。以其一歸巴黎諸病院。其一歸倫敦諸病院可也。」其文盡於是。此下惟有年月日。則曰。「時維一八八二年第一月二十日。」外此則自署之名氏已矣。吾今與子再說目前事、子何時介紹我見德理斯姑娘耶。子今者必將告彼以得承受鉅資之好消息。吾欲乘此偕往一見之可乎。姌娜急曰。吾殊不欲以此事告之。曰。何故。似此如從天降之遺業。子當不至拒而不受。吾今舉告子。此等遺囑資財。子終無權可以辭却者。國家定律。於此一端。剖析至分明也。曰。雖然。吾固亦有自由權以守吾之緘默。吾女於其身之所自。倘茫然未知。猶自謂其父爲華都氏。以爲吾適華都氏而寡。彼今所承即其父之氏族也。而吾固未便更以實情告之。今倘告之以有一英吉利貴爵夫人。遺彼巨貲。彼將自詫其世系之殊異。惡乎可。者曰。妄哉。而女終當適人。其夫壻須與知此巨貲之所自。是則而女生身所從來。終須有破露眞相時也。曰。適人談何容易。陸麗娘子。名噪於巴黎。其生涯孰不知之。寧復有德望中人。肯妻其女兒者耶。曰。苟爲情之所鍾。何爲不可。彼果憚於受玷。則子之所以貽留其女之貲財。彼可卻之不受。而但受其親屬之所遺也。曰。雖如此云。而德理斯究爲吾之所生。吾之事跡。終不免累及彼。則將奈何。曰。子過慮矣。雖然。此亦或有如子所言者。然子少時。即爲境遇所阨。以至不得已而失足風月之塲。情有可矜。世之處境如子。而能卒保其貞操者。有幾人哉。子毋以此自咎。今惟當勉盡爲母之職。且爲而女擇一佳壻。此爲要着。軍中將吏。及名流士夫。吾多識之。有願與若女爲婚者。吾當竭力助子。使克有成。不知子願之否耳。曰。甚願。吾常冀吾女得配軍旅之士。以彼知所以保衛吾女之方也。曰。似此吾人之商榷既定。吾更將爲子留意於此遺囑、研究其所以執行之方。此迦爾尼夫人。殆已去世者是耶非耶。媧娜囁嚅言曰。已逝。曰誠如此。子但須報明其棄世之時與地斯可矣。媧娜曰此則殊難。剛騰訝曰。何爲難。子既知其死去、必當知其死於何時何地。子須明白呈報。然後而女得有所藉手以領此遺資也。媧娜惟低首。訥訥言曰。吾不能。吾不能。曰吾之摯友此事吾眞莫明其故矣。此中必有特別元妙。子果有秘不能告人之事耶。似此吾亦不便深求。吾但以不解置之而已。不但子之所云不能報明爲吾所不解。卽子之不知有遺囑藏於篋匣中。亦爲吾所不解。蓋此物必迦爾尼夫人將死而付子者。子寧能不知。豈彼忘告子其中有遺囑耶。曰。子毋更多問須知吾倘明言之。必致吾女陷身於奇險之境。曰。奇險之事。固吾所樂預者。此事倘有關於少女之安危利鈍。吾必犯難不辭。子須知吾少以任俠自許。且扶弱鋤强。尤吾軍人之本職。請得藉手於是。而俾吾爲而女作保障人。則爾後之若何竭誠。若何殫力。子當能歷歷見之矣。媧娜曰。嗟乎吾詎不深信子。苟得置吾女於子覆翼之下。吾惟有欣慰不遑者矣。然此勢力絕大之强敵。吾殊不欲

文牘補遺

劉議員審查預算說（續三十四號）

度支部有見及此。故將地方稅國家稅奏定明年頒布。但各省編製預算。明年三四月間。即須下手、是畫分國家稅地方稅。春二三月即須告竣、夫何待言。雖然此其中尚有一前提也。蓋欲確定地方稅數目。非先確定地方行政經費不可。欲確定地方行政經費。非確定地方政務不可。欲確定地方政務。非先確定行省制度及督撫權限不可。欲確定行省制度及督撫權限。非先釐訂官制不可。現在地方稅國家稅畫分期限迫於眉睫。而新官制尚未頒布。則標準未立。實無從下手。稍一延宕。恐明年預算冊內國家稅。地方稅。終末由分也。此則改良預算非畫分政務及財政不可。而畫分政務及財政又非速行頒定官制不可也。此希望政府之事六。又一。其一則速行國庫制度也。東西各國理財方法。收支官吏與出納官吏恒分離爲二。互相糾纏。互相監察。故一切不盡不實之弊。可以剔除淨盡。而預算制度之可以實行也。蓋編製預算者。於其收入無不以多估小。於其支出。無不以少估多。幾成各國通例。誠以預算一事。係對於未來之收支。以理想而定其數目。而因時勢變遷。收入或有時減少。支出或有時增多。不能不爲此預防之計也。是預算冊內之數目。實行時、不無變動。固屬事所恒有。所恃以知其的確。之數。惟此管理現款之一機關耳。無論何種官廳。其增收支。無不經由國庫。將來以國庫出納之數。與各官廳收支之數。兩相比較。眞相乃見。不然決算年度收支官吏。照繕預算冊一份。以爲決算。或者藉口天時人事之變遷。增加出款。減少入款。則又誰得而知之。其危險甚矣。此則改良預算非實行國庫制度不可也。此希望政府之事者又一。其一則速行新幣制也。幣制之本位單位與預算無關係。所關係者。惟幣制之法價耳。現在通行市面制錢也。銅圓也。銀圓也。銀兩也。皆無一定法價。甲縣與乙縣不同。甲日與乙日又不同。當預算之編製也。舉同所通用之制錢銅元銀元銀兩而令其一一折合庫平銀兩。及預算之實行也。又舉紙張上之所謂庫平銀兩而令其折合無法價之制錢銅元銀元銀兩等幣。官吏於此數番折合。卽可上下其手。卽退一步。官吏人人公正。不至舞弊。而因銀價漲落無常。出入或有增減。預算數目。即不能確定矣。此則改良預算非速行新幣制不可也。此希望政府之事者又其一。此外尚有希望政府注意之點有二。一則預算案以內之事。一則預算案以外之事。預算案以內之注意維何。其一則入款之變更是也。今預算冊內入款三萬萬。似爲宣統三年確定之數矣。然而不可恃也。除水旱偏災收入或致短少不可逆料外。其顯然短絀者。則因禁烟一事。舉預算冊內數百萬之內地土藥稅數百萬之洋藥稅。又各省數百萬之烟膏捐牌照捐。將消歸於無何有之鄉矣。此不可不預籌抵補者也。其一則公債費性質之不明也。公債一項。其數雖抵四百八十餘萬。而皆係各省督撫所發行者也。東西各國公債種類。原有國家公債地方公債之別。此項公債。果屬於地方公債乎。抑屬於國家公債乎。如謂屬於地方公債。則督撫權限內實管有國家事務。如謂屬於國家公債。則不應以各省名義發行。第不知各省督撫當收入此項公債後。果以之爲國家行政經費。抑以之爲地方行政經費。且以之爲國家地方混合之經費乎。其償還此項公債。將從國家稅支出。抑從地方稅支出。且從國家稅地方稅混合支出乎。他日地方政務。地方稅項。畫分以後。各省督撫。原可以省政府名義發行地方公債。固屬法律之所必許。亦屬事實之所必需。第地方稅項未分以前。若各省紛紛發非國家非地方之公債。而不爲之確定。性質。非徒爲國庫增重負担。恐明年預算案內。又添一重障碍也。此所謂預算案內宜注意之事者也。預算案以外之注意維何。其一則屬於預算案以前之虧空也。近來新政繁興。各省歷年虧空見之奏章者。不一而足。今年年關未過。而各省紛紛以虧空聞有向大清銀行借款者。有向其他商人借欵者。其虧空殆不知凡幾。加以各省官銀錢局發行無着之鈔票。多或數千萬。少亦數百萬。其虧空又不知凡幾。此等虧空。皆未列入預算案內。轉瞬明年。所有借款。半須償還。又將何款支付。能無牽動全部預算案乎。未審政府已籌慮及之否也。其一則屬於預算案以後之增加也。現查各省督撫議覆趙御史酌定行政經費各摺綜合計算。新政經費。平均每年須添四千餘萬。而振興海軍費用不在其內也。變通旗制費用不在其內也。經營蒙藏費用不在其內也。且各國洋債。辛丑以後。還息多而還本少。宣統四年以後。則每年須增還本金數百萬。乃至千萬不等。合此數項。年須增至六七千萬。是雖有大理財家。操點石之術。吾恐入款增加之程度。終不敵出款增加之程度也。然則預算案以前之虧空如彼。預算案以後之增加如此。眞不知何術可以挽救也。言之及此。爲中國財政前途危。卽爲中國政治前途危。爲中國政治前途危。卽爲中國國家前途危。但不知政府亦曾思前顧後。籌有救濟之方法否也。此又所謂預算案外宜注意之事者也。總之。今日中國不圖强則已。苟欲圖强。非改良政治組織不可。不辦預算則已。苟欲辦預算。亦非改良政治組織不可。頃所言責任內閣也。新官制也。皆改良政治之根本策也。卽改良預算之根本策也。甚望政府急起直追。於數月內見之實行。則本員所馨香禱祀者也。本員之意見如此。劉澤熙。

(完)

教育雜誌 第二年第十二期 目錄

月出一冊售洋一角
全年十二冊一元
郵費每冊二分

本社爲研究教育改良學務起見特設雜誌一種自去年出版後未及一載銷數業已逾萬南至叻埠北抵蒙古東經日韓以達西半球西由陝甘而及新疆此固同人始願所不料足徵我國教育進步之速也茲將第二年第十二期目錄列左

圖畫　雲南圖書館自製標本圖○本瀆兩等小學高三年生合影畫○中國化學會留歐支會攝影○萍鄉正本女學工藝科畢業攝影○馬來婦人之婢僕裝○馬來中下社會之夫婦○日本尋常小學六年級實驗觀察臺教授時攝影

社說　論改良私塾○園田教育論

學術　教育與疲勞之關係

教授管理　小學校男女兒童心身之差別○論啞鈴球竿木環豆囊及棍棒之特長

教授資料　西藏近世史略○松

章程文牘　學部奏宣統元年分本部收支各欵開報摺○學部咨禁僞造審定教科書文○學部行各省學堂職教員學生研究義國賽會懸賞問題文○唐蔚芝侍郎致資政院電○學部奏各省推廣法政學堂片○資政院奏議決地方學務章程摺

記事　本國之部○外國之部

調查　美國師範教育及女子高等教育狀況○各國富力狀況

評論　教員轉任問題○教員之任意曠課○學生告假問題○學生體育問題○教科書與時令

文藝　教育小說孤雛感遇記

雜纂　備忘錄○日本東西兩京之比較○泰西教育格言○教育界之困難○教育變相

質疑問答　七則

紹介批評　三種

附錄　第二年全目

◉附告○本雜誌每月初十日發行月出一冊洋裝八十頁乃至百頁約五六萬字插畫數幅每年首尾兩期各增加四五十頁

東方雜誌 第七年 第十一期 目錄

月出一冊 每冊三角
預定半年 一元六角
全年三元 郵費外加

本雜誌創辦以來業已六閱寒暑戊己之間一再改良體裁益臻完備銷數日見增加自本年起復聘深通法政洞明時局諸君分任論說記載兩類編譯事宜議論必求公正記述務極精詳其餘各類亦復小有增減玆將第十一期目錄開列如左

此外文件調查附錄各類子目繁多不及備載卷首冠以圖畫數帙精美悅目末附職官表及金銀時價表尤便檢查

上海外交報館今遷移四馬路書錦里口

庚戌年 **外交報** 十年紀念 增刊兩冊

本館延定留學外洋法政專家撰著國際法學論說並於正月臘月各增一冊逢五發行全年三十四冊自辛丑至庚戌適屆十年共三百冊預訂全年本埠四元五角外埠五元二角外國六元零售每冊一角六分補購辛丑壬寅癸卯甲辰百冊減爲十元外埠加郵費八角陝甘雲貴四川等省郵費加倍補購壬寅全份本埠四元外埠四元五角癸卯全份本埠四元二角外埠四元八角甲辰全份本埠四元外埠四元五角乙巳全份本埠四元二角外埠四元八角丙午丁未戊申每年各全份本埠各四元五角外埠各五元己酉全份本埠四元八角外埠五元五角外國六元二角歷年零冊一角六分 ●上海外交報館 在四馬路書錦里口商務印書館內

●第三十三號即二百九十九期十二月初五日已出 要目列下 ●論說 論占領（留學日本中央大學法科大學部無錫孫觀圻撰） ●譯論 論利卑里亞問題 ●外交大事記 教務記聞 要事彙誌 ●世界大事記 東洋之部 日本擴張海軍 日本鐵道之收歛 日本之待遇韓人 日本解散韓人之大政社 ●各國對華政策（續三十二號） ●日韓交涉史（續二十一號） 韓國三十年史（續二十一號）

●第三十四號即三百期十二月十五日已出 要目列下 ●論說 論責任內閣之外務大臣（法政畢業生武進王倬撰） ●譯論 論中國借款 論日本對於東洋之主張 論俄德兩皇之會商 論列國國勢之變遷 論葡國之過去及將來 ●外交大事記 路政交涉 礦政交涉 ●世界大事記 東洋之部 日本新定朝鮮朝督府官制 日本募債充朝鮮政費 西洋之部 英屬坎拿大海軍案議決 俄議院衝突 俄之鐵道計畫 土法協商 土相外交之意見 土國明年度之歲入不敷 塞王往會義王 波將瓜分 美國總選舉 美減行政費 美國對於大西洋漁業問題之意見 墨總統第八次連任 墨亂已靖 墨人排美 ●葡國新舉總統記 ●韓國三十年史（續三十三號）

外交報館

二十世紀大著作名家童君愛樓實驗自來血保証書

明州童君愛樓著作等身生平擅長詩文書畫小說戲曲等一切撰作大江南北久噪文名歷在本埠各譯局各報館纂輯多年海內文學界中莫不知有此君其爲文莊諧並作獨闢町畦實爲近今二十世紀著作家中有數人物因其朝夜著作操勞過甚以致心血大衰精神困憊時患喘咳白藥無功今讀其來書能知其服本藥房自來血後其病如失精神倍增仍能深宵著述不知勞倦深讚本藥房自來血有起衰扶弱之功今特將其惠書照登於下藉見自來血大有功於人之以思慮致疾云云○五洲大藥房主人雅鑒今啓者鄙人向以筆墨餬口歷在廣學會山西大學堂譯書院萬國商業月報館字林滬報娛閒日報文娛報鶴鳴報春申諸處辦事多年自顧不文著書至數百萬言一人精神有限終日埋頭窗下竟成了肺喘之症近更書寫稍久神志易昏不能如舊時深宵著述莫知苦辛鄙人亦稍諳醫理念小恙之來多由心血暗耗致陽氣飛越成神衰咳喘痰多內熱之症服多方均不見效後自去秋八月間服 貴藥房自來血後不覺喘平痰少仍得耐勞蓋由補血而得能若此也心感之餘爲作此書聊伸謝悃幷告學界諸君之抱有同病者即頌財安

寓本埠大馬路德仁里六弄志强學堂內童隱頓

海內諸公如蒙惠購請認明全球老牌商標每瓶內加附五彩認眞券一張值洋一角保證書一本方不致誤小瓶一元二角每打十二元大瓶式元每打二十元託局函購原班回件

總發行所上海四馬路老巡捕房對面五洲大葯房抄登

●太倉中斌學堂監督兼歷辦普通震旦校務聞君冠塵服自來血之後精神倍增舊病全除之保證書

五洲大藥房主人執事敬謝者鄙人自東瀛游學因病歸國瞬將十年歷辦普通震旦校務並獨力担任創辦中斌公學一所學生日見發達一切校政教科鄙人均有監督之責祇以舊患痰喘逢寒必發深受其累去秋在太倉中英大藥房購服自來血四瓶功效甚速鄙人素不信醫藥自服之後精神倍增目下舊病全除面部紅光大來日漸肥胖一切校務勝任愉悅爲此敬告中外學界全人之同病者庶得早占勿藥也專鳴謝悃即頌〇〇日祉

自來血價目大瓶二元每打二十元

小瓶一元二角每打十二元

託局函購原班回件凡各界諸君如蒙惠顧須認明全球老牌商標每瓶附有值洋一角之認眞劵一張五彩保證書一本方是眞的

●總發行所上海四馬路老巡捕房對門五洲大藥房

抄登

治其痛苦增其精力

鎮江商人深感韋廉士大醫生紅色補丸之奇功

韋廉士大醫生紅色補丸有使血稠濃鮮紅使身體康健之奇功能使困疲之體得生新力故能使鎮江方銘耕君得有如此之奇效也方君爲鎮江同豫米行總理該行專作芝蔴雜糧等生意者茲承來函云○二年前余常患腰痛胃痛頭痛每晚不得安睡以致身甚軟弱不克撑擋屈指二年之久雖費心計遍覓良方非徒無益抑且加重正值困苦之際幸卽鎮江中西大藥房陳君勸服韋廉士大醫生紅色補丸頓見功效立著百病消除且自愈之後又獲添丁之喜此丸誠有壯精補氣之奇功也余自得韋廉士大醫生紅色補丸之益之後常勸患病之友亦購服之且告以己身所得之功效以爲證據去秋有白下舊友與余同病亦如余之服韋廉士大醫生紅色補丸今據來書大有轉機其感激之情亦如余之深切焉囑余特書數語用申謝悃

鎮江方銘耕君自述如何服韋廉士大醫生紅色補丸而獲愈

此韋廉士大醫生紅色補丸

DR WILLIAMS' PINK PILLS FOR PALE PEOPLE

即治愈方銘耕君之藥也

務要必得眞韋廉士大醫生紅色補丸切須謹防冒充隱戯假丸

韋廉士大醫生紅色補丸二十餘年以來得極大之名譽於天下各國爲醫治凡由血不潔軟弱或由腦筋失調所起之良方曾治血薄氣衰　少年斲喪　陽萎不舉　肝胃失調　風溼骨痛　腎虧痠痛　腰背疼痛　胸部軟弱　勞病初起　左癱右瘓　脚氣衝心　跳舞瘋病　乾溼癬癩　以及婦女月信不調經來腹痛無故哭笑等症莫不功效立奏夙疾全消者矣

韋廉士大醫生紅色補丸中國各處藥局凡經售西藥者均有出售如內地無從購買可直向上海四川路八十四號韋廉士醫生藥局中國總發行函購或向重慶白象街分行函購亦可價洋每一瓶大洋一元五角每六瓶大洋八元遠近郵費一律不取

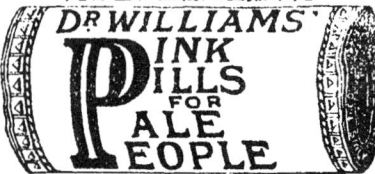

大清郵政局特准掛號認為新聞紙類
日本明治四十三年二月十三日第三種郵便物認可

每月三期逢壹日發行

宣統三年正月十一日

第貳年第壹期

愛理士紅衣補丸

治愈體質羸弱胃神鈍疲承王君欽明惠來證書玉照

鄙人體質素弱食息疲倦動輒勞頓病從中來常見各報所登 貴藥廠愛理士紅衣補丸能療百病曾購兩瓶試服之下果然效驗如神茲祈再發半打附上小影一張亦祈列入報端以質諸同病者鑒

福州乾記洋行帳房王

欽明頓

各埠大藥房均有發售倘內地無從購買請函至上海四川路一百十七號總批發所購辦即班回件郵費不加震寰藥廠啟

國風報第二年第一號目錄

宣統三年正月十一日出版

編輯兼發行者　何國楨

發行所　上海福州路　國風報館

印刷所　上海福州路　廣智書局

定價表	項目	報資	郵費		廣告價目表
報費先惠閏月停刊	全年三十四冊	六元五角	全年 一元	歐美每冊七分	一面　十元
	半年十七冊	三元五角	半年 五角	日本每冊一分	半面　六元
	零售每冊	二角五分	每冊 三分		

正 大 光 明 殿

天壇

諭旨

正月初二日　上諭甘肅蘭州府知府員缺緊要著該督於通省知府內揀員調補所遺員缺著鳳來補授欽此　上諭上年順天直隸各屬被災地方業經分別蠲緩糧租小民諒可不至失所惟念今春青黃不接之時民力未免拮据加恩著將被災歉收之武清等州縣廳各村莊應徵本年春賦地丁錢糧等項並原緩宣統二年及節年地丁錢糧等項分別緩至本年麥後及秋後啓徵其坐落武清天津二縣地方之津軍廳葦漁課納糧地畝並歸入該二縣災歉村莊一律辦理以紓民力該督卽按照原奏開明詳細數目刊刻謄黃徧行曉諭務使實惠均霑毋任吏胥舞弊用副朝廷履端布闓嘉惠畿疆之至意該部卽遵諭行欽此

初三日　旨上駟院卿著彬格補授欽此

初四日　上諭上年山東被災各州縣業經分別蠲緩錢漕小民諒可不至失所惟念今春青黃不接之時民力未免拮据加恩著將被災之濟甯等州縣各村莊應徵本年上忙錢漕租課等項均分別緩至本年麥後及秋後啓徵其坐落該州縣境內之寄莊

竈課與裁併衞所並永阜等場均隨同民田一律辦理以紓民力該撫卽按照單開詳細數目刊刻謄黃徧行曉諭務使實惠均霑毋任吏胥舞弊用副朝廷始和布澤惠愛羣黎之至意該部卽遵諭行欽此

初六日　上諭楊文鼎奏耆紳急公好義壽近期頤籲懇恩施一摺湖南紳士頭品頂戴候補三品京堂朱昌琳耆年碩德久洽鄉閭上年湘省災歉該紳倡捐鉅款辦理平糶保全大局平時於地方義舉無不勇於從事洵屬樂善不倦老而彌篤加恩著賞給內閣學士銜以示獎勵欽此　上諭楊文鼎奏查明常德府屬及澧州茶陵等州縣被水受旱田畝蘆洲請分別蠲緩遞緩錢漕蘆課一摺湖南上年五月間常德府屬山洪暴發沿河鄉村田廬被淹澧州等州縣湖河泛漲低窪田畝悉被淹沒茶陵等州縣入秋後雨澤愆期高阜田禾被旱花乾收成均形歉薄若將應徵錢漕照常徵收民力實有未逮加恩著照所請所有常德府屬及澧州茶陵等州縣均著按照被災輕重情形將應徵錢漕蘆課分別蠲緩遞緩以紓民力該撫卽將所開詳細數目刊刻謄黃徧行曉諭務使實惠及民毋任吏胥舞弊用副朝廷軫念民艱之至意餘著照所議辦理該部知道欽此

論說

敬告國人之誤解憲政者

滄江

我國朝野上下。競言憲政。亦既有年。而國中大多數人。實全不解憲政爲何物。其在官吏社會。蓋夢夢更甚。故比年以來。舉凡事之變更成法而便於己私者。則指爲憲政。於是籌備憲政之文牘。高可隱人。而一遇乎事之稍有近於憲政之眞精神者。則相與駭怪之而破壞之。葉公好龍。好其似而非者。逮眞龍窺牖。斯顏色沮異。今國人之言憲政正此類也。自劉廷琛參劾資政院之摺上。稍有識者。莫不斥劉爲破壞憲政之罪人。豈知一切大小行政官吏之舉措。何一非與劉同類者。劉之言正乃代表全官吏社會之理想而已。夫一劉廷琛誠無足輕重。然舉國皆劉廷琛。則憲政前途洵危乎殆矣。吾竊計多數人之懷彼理想者。雖强半出於懷祿之私。而其坐不解憲政之眞相以生迷惑者。亦未始無之。夫今日之立憲。開數千年未有之創局。稽諸經典。則僅有其意而無其法徵諸史乘則非直乏其例而且闕其名而今者徧國中號稱謀新之士或未治國聞故雖有他技而不足以語於治道即有妙解斯義者亦未嘗思所以廣宣之以喻諸庸衆則民聽易惑固其所也吾故舉憲政最重要之特質且為吾國人最易生迷執者敷陳其概以正告天下焉。

學者言憲政之所以示別於非憲政者有三民選議院其一也責任內閣其二也司法獨立其三也然司法之事與政治別為系統其關係於政體變遷者非甚密切故語憲政之特色實惟前二義而議院與內閣又必相倚而始為用二義實一義也夫憲政有君主立憲與共和立憲之異共和立憲非我國所宜倣不必論矣所謂君主立憲之異乎君主專制者其在專制之國則立憲與行政兩大權皆由君主獨斷而躬行之立憲國不爾立法權則君主待議院協贊而行之行政權則君主命大臣負責任而行之質言之則專制國之君權無限制者也**立憲國之君權有限制者也**立憲之與專制所爭祇此一點**而我國人士所最苦於索解者亦即在此一點**蓋我國數千年來之視君權應無限制幾若天經地義故一聞限制

君權之說卽疑與侵犯君權同義此最不可不辯也試舉國權以明其例夫國之立於天地之間必恃有完全獨立之主權反是則不成爲國此盡人所同知也然不能謂此主權之行使絕無限制各國所公認之國際公法及甲乙兩國互締結之條約卽其限制也雖有至強之國終不能明犯國際法及條約所規定而專欲以行其志非限制如何然此得指爲國權之不完全乎曰決不然蓋承認此國際法與否締結此條約與否純出於國家之自由意志絕非他國之所能强旣已承認矣締結矣則此後惟於國際法及條約之範圍內行其國權不能軼乎其外若此者限制則誠限制矣然實自己限制自己而非受限制於他國苟我軼此範圍外以行國權而他國起而責我撓我則亦其義所宜然不能謂彼之侵犯我明矣君權亦然君主國之君權其性質宜完全獨立而絕不容或侵犯者也雖然其行使之也得立限制**雖立限制而於其完全獨立之本性曾無所損**何也立憲君主國所以行使君權之法式皆以憲法規定之而其憲法或由君主獨斷制定或由君主諮詢人民從其所欲以協和制定要之制定之者恒在君主故無論其於行使君權之形式設何種限制要之皆君

主限制自己而絕非受限制於臣民此如承認國際法或締結條約以自限制其國權全出本國之自爲非他國所得而限制我也則於其完全獨立之本性豈損豪末焉況乎限制云者決非放棄之謂雖以條約限制國權之行使然苟屬獨立國則決無或以放棄國權之文句入於條約中者雖以憲法限制君權之行使然苟屬君主國則決無或以放棄君權之文句入於憲法中者此自然之理也是故立憲國之君主其行使立法大權與專制國無異也所異者則以經議院協贊爲限制而已而議院決議者之事件非得君主裁可不成爲法律議院欲稍侵君主大權而不得也其行使行政大權亦與專制國無異也所異者則以副署大臣負責任爲限制而已而任免大臣惟君主所欲內閣欲稍侵君主大權而不得也**故曰非放棄也**然既已立憲則斷無或不經議院而專行立法權者斷無或不經內閣而徑行行政權者**故曰限制也**議院與內閣實立憲國君主所自設之以爲限制自己之機關其所以與專制異者徒視此君主限制自己之機關之有無而已故學者或稱專制政體爲君權無限之政體而稱立憲政體爲君權有限之政體斯眞可謂片言居要者矣**而我國自先**

帝既頒大誥采立憲制度爲國是是卽　先帝以君權有限之政體貽謀百世凡我臣庶宜永永不愆不忘以率由之者也

夫君權行使自立限制與否純由君主所自主既已若彼然則今世各立憲國之君主曷爲必設此限制以自束縛耶曰此則非法理上之問題而事理上之問題也國家之承認國際法與否與鄰國結條約與否原由國家所自擇然無論何國皆無不認之結之甯自限制其國權之一部分而不肯離羣獨處者以此爲有利於國家也君主之采用立憲制度與否原由其所自擇而列國君主皆采用之既采用則決不肯廢之甯自限制其君權之一部分而不肯專欲自恣者以此爲最有利於皇室且最有利於國家也　夫限制君權之行使則曷言乎最有利於國家耶君主賢否爲一國盛衰存亡所攸繫此不煩言而解者也爲臣子者恒必自私其君而頌爲至聖至明雖然此文辭耳平心以論其實則君主雖貴固猶是人也人性不能有善而無

惡析薪之荷堯舜不能以得之於朱均祖武之繩禹湯不能以得之於桀紂故欲代代繼體之必爲賢君實事理之絕無可冀此盡人所同信也矣又不徒繼體者爲然也人生數十年間雖以大聖終不能無過舉故放勛之聖失諸驩兜成王之賢惑於管蔡齊桓公梁武帝唐玄宗皆不世英主而以艱難始以耄荒終人類自然之缺點誰則能免況乎君主固有之特別位置其習於爲不善有視齊民爲更易者耶夫齊民之過舉也則社會之制裁國家之憲典常有以抑之使不克恣即偶不及抑災亦僅及其身己耳若君主則異是哀公問孔子一言而喪邦者有諸孔子曰言不可以若是其幾也人之言曰予無樂乎爲君惟其言而莫予違也如其善而莫之違也不亦善乎如不善而莫之違也不幾乎一言而喪邦乎夫言而莫違即行權無限制之謂也而孔子危之若此豈不以君權無限之國必代代篤生堯舜乃可以久安長治然茲事終亦非人力所能及也哉抑限制君權之行使曷言乎最有利於皇室耶夫皇室者國存與存國亡與亡者也國而不綱皇室將安所麗以尊榮況乎君主之失政往往禍未中於國而先中於厥躬大則放巢流彘墜其神器小則海陵昌邑覆其本支論史者咸謂當時苟有人匡

救其惡豈其至是則君權無限之效蓋可覩矣**是故古昔聖帝明王恒汲汲思所以自限制其權惟恐不逮**書曰予違汝弼汝無面從又曰用顧畏於民碞傳曰豈其使一人肆於民上又曰專欲難成又曰好民之所惡惡民之所好是謂拂民之性凡此之類若條舉之雖累千百條而不能盡我國民苟能讀書識字者當必知此種理想爲我國政治上之天經地義無俟余喋喋矣**而此種理想當由何道而始使之現於實此則五千年間千聖百王所殫精焦慮而未有得直至我　德宗景皇帝始竟其志者也**先王憂君權無限之不勝其敝也而設爲種種制度以自坊於是置誹謗木建敢諫鼓瞽史誦詩庶人傳語上之立師保疑丞使有所嚴憚置起居注君舉必書及其崩殂則稱天而諡名曰幽厲百世莫改今日兢惕及後世則有御史臺有直言極諫科以拾遺補闕爲專責黃門給事得封駁詔書凡此等類其立法之意豈有一焉非以限制大權之行使務使毋或自恣以貽隕越者耶然而其效卒不覩即偶有效而亦

鮮能持久不敝者何也**其所設種種限制機關皆隸屬於行政機關之下而未嘗別爲一獨立系統其司此機關之人皆由君主任免而無他途以使之發生**夫隸屬機關欲對於上級機關而施限制其所能限制者幾何而以君主所任免之人司限制君權之機關則趙孟所貴趙孟能賤之欲使舉其職難矣苟遇令辟固常能妙選賢才使當此機關之任亦常能自節制以尊重此機關之權則此機關洵爲有效矣雖然既曰令辟則雖行使大權絕無限制而斷無或貽禍害於國家則此機關即勿設焉可耳所以必設此機關者爲不令之辟置坊也而不令之辟則其蹂躪此脆弱之機關固自易易又常能將己所嚴憚之人屏諸此機關以外而使此機關變爲長惡逢惡之具者也夫如是故立法之意雖至美而立法之效終不可期數千年來所以亡國破家相隨屬且治日少而亂日多者豈不以此耶是故我

睿聖文武德宗景皇帝有憂之近之爲

聖子神孫立不拔之基遠之爲億兆烝黎積無疆之福**以我國歷代相傳之理**

想爲體以各國經驗有效之成例爲用遂以創此君權有限之立憲政治其行使行政權則責成於副署之內閣而不以衡石量書爲能其行使立法權則察邇於民選之議院而不以防口若川爲事是故德宗景皇帝所建之立憲政體使君主常立於無爲而治之地者也惟無爲也故無不爲也無爲而無不爲故無不治也由此言之則君權行使之自立限制與否雖由君主所自擇而先帝所以必立此限制以貽子孫者良非猥自貶抑徒以有此限制則國家與皇室兩蒙其利無焉則害亦如之而所以爲限制之具亦非自先帝而始謀建設不過歷代哲王屢易其途未得一當至先帝乃深探其本而舉其綱云爾是故今日凡我國人首當知所謂憲政者惟以君權有限之一義以示異於專制次當知君權有限乃君主自限而於君權尊嚴神聖之本體無損豪末復次當知

欲保持君權勿墜舍君權有限外更無他法復次當知此君權有限之理想爲我國堯舜孔孟所發明垂教絕非稗販之於他國最後當知此君權有限之制度實根本於 先帝大誥申之以 末命更非爲人臣子者所能私議 明乎此義則庶可以自列於中國之立憲國民也已矣

今國中言論之最易惑民聽者則號稱老師宿儒者流動以今日之立憲制度爲有大權旁落之患宜亟設法以爲坊也倡此說者其果出於忠愛之誠與否且勿問然吾以爲苟誠忠愛則當思所以使其忠愛現於實際者吾請得爲彼輩更進一言

夫今世之立憲國其君主不能如專制國之出言爲法也而必有待於議院之協贊則似大權旁落於議院不能如專制國之中旨特下也而必有待於內閣大臣之副署則似大權旁落於內閣大臣彼老師宿儒之憂大權旁落者豈不以此耶吾試詰之公等以設此限制卽爲大權旁落然則必以無此限制者爲大權不旁落明矣然而按諸事

實果爾爾耶吾固言之矣君主雖貴固猶是人也既名之曰人則其聰明才力所能及者要自有限界雖烏獲之勇終不能以挾泰山雖離婁之明終不能以察野馬謂一日萬幾而能以一人悉躬親之非愚則誣已耳是故無論若何天縱神武之君主終不能無所待於羣策羣力而獨以致治而稍一不謹卽爲魁柄下漸之階試觀秦漢以來二千年之史乘舉國威令何嘗有一時代焉不號稱自天子出者然又何嘗有一時代焉實自天子出者其闇昧之主則梟桀者刼而持之其驕汰之主則聚斂者迎而賣之其明察之主則深刻者伺而中之其恭儉之主則鄉愿者承而謾之以新進爲不可信而求諸耆舊則權移於耆舊以大臣爲不可信而求諸小臣則權移於小臣以異姓爲不可信而求諸宗藩則權移於宗藩以草莽爲不可信而求諸外戚則權移於外戚以朝列爲不可信而求諸方鎭則權移於方鎭甚至以外廷爲不可信而求諸宦官宮妾則權移於宦官宮妾莽莽數千年一邱之貉雖有佞口亦豈能爲諱也哉夫莽卓操懿之徒積威福以傾大命者無論矣乃如秦之李斯趙高漢之呂霍上官閻梁許史董賢石顯曹節王甫唐之楊國忠李林甫李輔國盧杞王叔文以逮羣宦暨宋之蔡京秦檜

賈似道明之劉瑾嚴嵩魏忠賢馬士英其他歷代類此者千百輩而未有已其在當時曷嘗不日日自託於宣上德揚主威匿影黼座之下而敷痡毒於四海**有偶語議已者動則科以指斥乘輿之罪如劉廷琛羅織資政院所云云**於是舉天下善類草薙而禽獮之舉全國人養生救死之資紾臂探喉而篡取以入於懷徧布其爪牙羽翼恣搏噬於邦國都鄙令天下人側目而視重足而立深痛極創無可控愬乃眞不得不集其怨毒於人主之一身大則國破社屋小則幽廢播遷而彼假君上爲護符之元惡乃常或先事考終而不身與其難其羣小則或反覆狡卸以保首領祿位即使天道有知得伏其罪以與天下共誅之而生靈則既塗炭什七八國家元氣則既喪盡而大事敗壞已不可收拾矣吾試請問劉廷琛與夫黨於劉廷琛者吾此所言有一字虛繆否耶**彼其時則曷嘗有所謂資政院曷嘗有所謂國會宜若君之大權常中立不倚峻極於天永永無旁落之患然竟何如哉**此非必歷代之人主皆闒冗

不肖也以一人而欲專制一國之事本爲事理所萬不能致況乎君主所處之地階前百里堂下千里其審察因應之艱視常人且什伯者耶又況乎繼體之主生於深宮之中而長於阿保之手者欲責以知民情僞爲道本太不諒耶**是故凡行專制政體者必致大權旁落專制之與大權旁落如形影之相附而不可離其本質則然也** 彼闒冗不肖之主其受敝固最深即英君誼辟亦祇能稍減其害而不能以盡免此如行於日中影必隨現無可逃避者也即如我 朝 聖 聖相承曠古莫媲猶且有鰲拜明珠和珅肅順諸逆雖浮雲偶翳不足以傷 日月之明而國家元氣所損不已多耶至如我 皇上天亶之聰我 監國攝政王碩膚之德凡有血氣孰不共見而試問以全國十一部二十二行省一年三百六十日日日所發生之政事其果有一一 親裁之暇耶夫今日政治現象之敝萬目具瞻此非吾一人敢爲讕言也數月以來各督撫之章疏通電資政院之質問上奏言之亦已哀切詳盡雖有丁訣之人亦不敢謂今日之絕無稗政

也明矣夫以我 皇上之聖以我 監國攝政王之賢則安有肯行稗政之理則稗政之決非出於 皇上與 攝政王又明矣稗政既決非出於 皇上與 攝政王而稗政之爲物則又層累出現章章在人耳目然則誰爲爲之而孰令改之此豈必待吾言卽彼病狂喪心之劉廷琛與夫無恥小人之黨於劉廷琛者苟一撫良心自問其亦必知有竊我 皇上與 攝政王之名以行之者矣質而言之則大權蓋久已旁落也夫苟非大權旁落則必政無大小皆自我 皇上我 攝政王出既政自我 皇上我 攝政王出則何以解於 聖 賢在上而猶有稗政 聖 賢決無肯行稗政之理而稗政固日出不窮則此稗政之行其必反於 聖 賢之意明矣既反於 聖 賢之意而顧假 聖 賢之名以行之吾請詰彼

病狂喪心輩此非大權旁落更有何說也孔子曰盜憎主人民惡其上久矣今日首倡邪說謂憲政實施則大權旁落者實則現在大權已旁落而入於其手深懼立憲以後則取以還諸我 皇上乃先距人而以自固而彼附和其說以肆狂吠者亦不過思丐此旁落之大權所沾溉之餘瀝惟恐一立憲則失其所憑故助人刼持不遺餘力夫彼竊此大權之人敢於竊之則旣甚矣不啻惟是猶復襲天下之惡於一身而不自居而悉以府之於 君父其人眞豺虎之所不食有北之所不受天道有知其終必有三冢磔蚩千刀剸莽之一日而彼憑託城社而爲之狐鼠者則亦必至剖巢熏穴之頃而與之俱盡已耳夫吾於彼輩則更何責而獨惜乎國中不乏讀書稽古尊君親上之君子乃亦惑此詖辭從而播之爲盜竊大權者所賣而與擁護大權之良法爲敵許世子不嘗藥而不免於弑父律以春秋之義則其罪又豈可末減也孟子曰齊人莫如我敬王願讀書稽古尊君親上之君子其愼思之

若夫君權有限之立憲政體則正所以擁護大權而使

之永無旁落之虞者也何以言之古賢君之於治道也疑人勿用用人勿疑所最勞思慮者則求得一賢宰相而已是故堯以不得舜爲己憂舜以不得禹皋陶爲己憂齊桓公託國於管子一則曰仲父再則曰仲父置相之權操自君上君上常綰此權勿失則一切大權莫不畢舉矣若如今日任一郞曹免一丞尉皆仰勅裁黃河安瀾畿輔得雪皆勞綸旨以此明君上大權之無所不周此秦以後煩苛之政古無是也然則今世各立憲國之以行政權全委內閣**實與我國先聖遺訓暗合而非彼之所自創明矣**然相權之重既已若彼則得人與否實爲國命所關故聖帝明王咸以爲難而所以旁求之者惟視民之所好惡故曰國人皆曰賢然後察之見賢焉然後用之經籍中敷陳此義者不知凡幾然則欲察民之所好惡爲之有道乎其一則如英國之制凡宰相爲議院多數黨政黨之占多數於議院者所推戴者必其爲民所好者也否則非爲人民所好者也其二則如法國之制每宰相就任則將其政綱發表於議院而議院則對於其政綱而行信任投票信任票多者必其爲民所好者也否則非

爲民所好者也其三則如德國日本之制宰相以其政綱表示於諸法律案及預算案中其案能通過於議院者必其爲民所好者也否則非爲民所好者也而君主則以大公無我之心立乎其上察民之所好者則進用之察民之所不好者則罷免之如是則復何不得人之爲患耶**今如曰君上用人不當察民所好惡也如曰君上察民所好惡以用人即爲大權旁落也則吾復何言雖孔孟之書且先當摧燒矣若孔孟而稍知治體者則今日各國通行之制豈非天經地義而無可訾者哉**夫君上察民所好惡而爰立一賢以作相則其於致治之道既思過半矣猶以爲未足也復假議院以質問彈劾上奏建議事後承諾解除責任等種種職權令所以監督糾繩諸大臣者靡或不周夫大臣之方始就職也其選擇之愼既若彼及其既受事也而匡救之勤又若此爲大臣者其孰敢溺職以受千夫之指耶溺職且不敢甯更有專權偪上或殃民而貽患害於君父者耶脫其有之不終朝而鞶帶褫矣我國人徒

習見乎歷代權臣之禍。遂乃談虎色變。驟聞內閣權力之重。輒大疑駭。以爲嫌於逼君。然苟一平心靜氣。畧考世界各國數十年來政治之成績。彼其政府大臣職權之廣。豈復我國史上杞京檜瑾之徒所能逮其萬一。而曾未聞有坐是損主威干國紀者。則其故可思矣。**而或者又以爲大權不旁落於政府。必將旁落於議院。此其愚謬尤不可以理喻。**議院不過一議決機關。除與政府交涉外。絕不能直接以發號施令於人民。天下又安有以不能發號施令之機關。而疑於盜國柄者哉。況乎議院之發案權議決權。本有限制。雖議決後。而裁可與否權。仍操諸君上。其政府認爲不正當之議決。則可得請於君主。以行停會解散之權。議院雖欲跋扈。又何術以跋扈耶。**要之立憲政治。一言蔽之。則權力有限而已。以議院限制政府。故政府之權力有限。以政府限制議院。故議院之權力有限。**此語就法理上論之頗有語病但取易解耳讀者知其意可也**若夫君上**

所總攬之國家統治權本來無限者也而當其行使立法權苟非自設限而使議院於其限內以行協贊則議院無權以對待政府而政府之權且過重當其行使行政權苟非自設限而使政府於其限內負責任則政府無權以對待議院而議院之權亦且過重夫惟君權有限然後政府議院之權乃各得發生各得充實各得保障政府權非不大而常以議院之權爲界議院權非不大而常以政府之權爲界兩界不相侵越而君權遂安於磐石何也君權而將旁落於政府耶則議院限之使不得落君權而將旁落於議院耶則政府限之使不得

落既不得落於政府又不得落於議院則此權非常在君主之手而何立憲政體之大精神實在於是而我 德宗景皇帝所以釆此政體以貽謀子孫者其用意亦實在於是國中人士聞吾此言其猶有將君權有限與大權旁落併爲一談者乎則眞冥頑不靈吾末如之何也已矣噫

聞吾言者幸勿以爲吾有所私於資政院也今次資政院其舉措不滿人望之處甚多吾亦何必爲諱而或者懲於其失遂疑此監督行政參預立法之機關爲非吾國人所能適用甚且疑爲有害而思蔑棄之摧殘之此大不可也夫此種機關爲吾國數千年來所未嘗有最初用之不能盡如法此實事理所當然毫無足怪初學語者而責以演說初學步者而責以競走乎況彼資政院議員亦不過國民全體中之一人耳國民全體於憲政之精神功用多未了解而欲責議員以超羣絕倫之智識才力云胡可得且齊民屬望於議員者太奢觀其結果而覺失望猶可言也若以政府官吏而菲薄議員則厚顏抑更甚矣政府官吏其爲國家公人也非一日且號稱籌備憲政也亦既有年

在理則智識才力固宜出議員上而今也官吏之什八九瞢然不解憲政之精神功用視議員中之下駟且更甚焉愈居上位者則愈夢夢曾不知恥而顧責人乎又況議員舉措之失次更大半由政府激之使然乎夫一樹之果有青有黃一源之水有清有濁吾豈敢謂議員中無失職者顧以之謗及全體則烏乎可謗議員全體猶且不可而況於謗及機關乎**機關自機關人自人**今不能以某部尙侍之失職而謂國家可以不設此部不能以某省督撫之失職而謂國家可以棄置此省何獨於資政院而疑之今政府有意摧殘資政院固無責也而一般人民之對於資政院亦若易希望而爲厭棄甚則院中議員之賢者且時或環顧同列若羞與爲伍而幾將一瞑不復顧吾觀此現象眞乃憂從中來不可斷絕也嗚呼我大夫乎我邦人諸友乎當念此機關實　先帝所特設以爲國會之雛型而在立憲政體下爲萬不可缺之物吾儕若謂中國自今以往可以毋立憲也夫復何言若信中國非立憲不足以救亡則此未離襁褓之資政院宜如何深惜調護其忍自爲牛羊以牧此萌蘖也故政府如以資政院議員爲不足代表輿論也則宜解散別選雖然無心肝之政府吾無責也若夫一般士

夫齊民之對於資政院監督之鞭策之可也匡救其失可也謀改造之可也而冷視之而厭棄之而摧殘之不可也資政院議員之賢者則惟有設法自堅壁壘自整步伐自增進其政治上之常識而更思所以普及於同列自厲氣節以爲同列倡共戮力以間執讒慝之口毋使爲機關羞而已頹然自放不可也靡然與之俱化尤不可也嗚呼我國民誠能了解立憲政治之性質則於吾言其庶幾肯垂聽一二乎

(附言)此文所論實至粗淺之理其在外國幾於婦孺能解今采掇入報其褻讀者諸君實太甚吾初固不欲作此重儓也然細察國中大多數之士君子若有並此理而猶未能解者故終不能已於言願大方之家毋笑之

著者識

時評

將來百論

滄江

記曰凡事豫則立不豫則廢業無大小其成也非成於成之日其敗也亦非敗於敗之日蓋有徵之於其先者矣吾聞諸善奕者心力目力先人三著則所向無敵先人二著立於不敗先人一著可以自守雖小技也通乎道矣善治事者必謹觀天時人事察其勢之所趨而善應之每一舉措常計其利害之所究極故百變莫能撓也而不然者或委心任運或冥行銳進一遇事勢相襲則狼狽不知所爲蔑弗敗績矣夫神以知來談何容易雖有明哲固不能料事於幾先而悉中然而不之廢者人之有遠慮斯乃所以自別於禽獸也夫不知來視諸往比而推之不中不遠豈必明哲雖中人固可勉焉歲晏多感獨居深念流覽時事有所棖觸輒爲推論其方來所趨嚮譬諸覩月暈礎潤而說風雨也豈敢云當顧其事大率爲人

時評 二

人所欲覩其後效而未有所決者擬議以窮其變化匪直可資談助抑亦以常識相淬厲也隨念所及都得百事名曰將來百論中外雜陳大小互見時復涉筆瑣末間以詼諧匪云述作故弗詮次也

宣統庚戌臘不盡五日　著者識

（一）責任內閣之將來

宣統三年春必建責任內閣茲事殆無復反汗之理然而舉國人屬望於新內閣者甚希蓋共知其無可望也易法而不易人無可望者一雖欲易人顧不知誰易而可無可望者二所謂易法亦不過名而非實無可望者三

欲起中國於瀕死百事皆可緩惟以行政上綜覈名實爲第一義故將來爲新內閣大臣者其學識才畧何如且勿論而其最不可缺者二曰公忠之心曰强毅之氣今舉朝中具此資格者求一人而不可得況內閣員非可以一人成哉

責任內閣與國會相依爲命稍知憲政性質者皆能言之今雖有內閣而無國會其第一不可解之問題則內閣果對於誰而負責任乎爲之說者必曰對於君上也然對於

君上而負責豈必內閣即軍機大臣亦何莫不然夫對於君上負責法理上容或可作此解釋若語於政治上之實際則最要當問糾察責任之權之誰屬若以此責諸君上匪惟大悖君上無責任之原則而事勢先有所萬不能周君上必且寄耳目於外吏或小臣已耳是尙得爲立憲國之內閣矣乎

我國將來之內閣無論在未開國會前在既開國會後欲期舉負責之實必以建置國務審判院爲之鍵此院不建凡百等於無有耳

(二) 司法獨立之將來

司法獨立號稱今年實行又將爲各省奏報憲政成績之一資料矣然其結果如何又不待智者而決也欲使國民沐司法獨立之澤(第一)當求所司之法善美完備實足以爲人民公私權之保障(第二)當求司法官有相當之法律智識且有獨立不撓之氣節第一事非一蹴可幾今且勿論但使司法官得人則神明於法理以爲比決雖法文未具而效固可漸覩日本當民法未布以前其法官率以法蘭西民法爲條理日本明治八年布告云法律無成文則依慣習成文慣習並缺則推條理以爲裁判條理者司法官所認爲有當於法意者也如漢代之以春秋折獄矣是其例也我國今日法文之闕

時評 四

疏陳舊陋劣雖可患而尚非不治之病獨至法官不得人則徵論法之不善如今日也卽有良法其異於故紙者幾何

去年試驗法官及第者數百人以上其人則前此刑幕及候補官吏什之九留學生及各省法政學生什之一採用舊官吏及刑幕以充法官驟視之若甚當於理雖然刑幕及舊官吏什九皆人格卑劣幾等於社會之蟊賊（其中固非無自愛者此但就多數言耳）今賦以獨立權得毋更爲虎傅翼乎採用彼輩謂其於舊法律之智識養之較有素也然按諸實際果爾爾乎且法律各有系統不能相蒙今國家方將采歐美新法系期與現社會相應與彼輩之舊思想能相容乎彼輩以啜飯爲惟一之目的且皆已逾中年能望其於法理咀嚼有得乎干進之念日橫胸中能望其不畏强禦以保司法之神聖乎是皆不可望然則司法獨立不過爲無數老猾闢一仕進之途已耳

欲使司法獨立而民受其賜其必自奬厲私立法律學校始矣

（三）銀價之將來

世界之銀價自康熙二十七年（西人記述多自此年起）至光緒元年大率來往於十五六換之間變

動絕少。自光緒二年至十七年。漸次低下。至二十換。十八年低至二十三換七二。二十九年低至二十六換四七。二十年更驟低至三十二換五六。全由德國改行金主位幣制。各國紛紛繼之也。自茲以往。更一落千丈。每下逾況。二十八九年兩年。直落至三十九換有奇。其最低時。銀塊一安士值英幣二十一片士四七分之三。實爲四十二換。其時。我國償還外債。磅虧歲至千萬。及二十九年。忽然回復。騰至三十五換七五。三十年更騰至三十三換八七。三十一年更騰至三十換五四。三十二年稍落。其年十一月且騰至每安士值三十三片士。蓋二十八換矣。仍得三十一換二四。則以此數年中日俄戰爭。及戰後經營滿洲。需銀至夥也。三十四年。又驟落至三十八換八四。宣統元年更落至三十九換七二。蓋最低時。銀塊一安士值英幣二十二片士有奇耳。昨年宣統二年上半年。來往於二十三四片士之間。陽歷七月。忽騰至廿五片八分之五。則以我國及印度皆有豐年之徵。印度各銀行居積之爲奇貨也。其月下旬。仍落至廿四片。八九兩月。無甚變動。十月中旬。忽騰至廿六片四分之一。約爲三十五換。幾至光緒二十四三十兩年用價。則以此兩地之豐稔已現。於實出口貨漸增。亦以我國新頒幣制。暫用銀爲主位

時評 六

銀塊之見吸收者多也而近兩三月中仍復低落來往於廿四五片之間此近年來銀價漲落之大略情形也

銀價所以日趨於落之故（其一）由於銀之產額日增考同治十年全世界產銀僅六千三百二十六萬七千安士光緒六年僅七千四百七十九萬一千安士光緒十六年驟增至一萬萬二千六百零九萬五千安士十七年更增至一萬萬七千三百五十九萬一千安士自茲以往年年所產略同此數夫金銀之爲物與布帛菽粟異其損失毀滅蓋至不易故全世界每年增產若干即增積若干（雖不能絕無損毀然以較於其歷年積存之總量則其細已甚）量多而値緣以賤自然之數也（其二）由於銀之用途日狹銀之爲物除作幣材及裝飾品外更無他用前此各國幣制多用銀主位或金銀複主位及同治十二年德國改用金主位丹麥瑞典挪威繼之美法比意瑞士希臘和蘭亦於先後三年間悉改跛行本位制光緒二十年奧匈亦改跛行二十三年日本改金主位二十五年俄羅斯繼之同年印度改虛金主位二十九三十三十一等年美屬菲律賓英屬海峽殖民地及巴拿馬墨西哥兩國繼之自茲以往全世界幾無復許銀幣自由鑄造之國所有銀塊除作輔幣

及裝飾品外殆無用途夫供給既已歲增而需求又復歲減則價之滔滔日落固其所也

然學者亦有持今後銀價且將漸騰之說者蓋謂銀之歲產額雖增加而金之歲產額增加則又過之後此金銀比價之趨勢必且漸變也夫金價對於物價日見其落物價對於金價日見其騰此誠近十年來顯著之現象銀亦百物之一種安能獨逃此例故謂今後銀價下落之大勢猶復如十九世紀末之劇甚此殆爲事理所無雖然銀之爲物終不能謂與百貨同一性質其用途之狹罕與倫比雖人口歲增而利用之道絕不能比例之以俱恢則其徐徐下落之象終不能免論者徒見光緒廿九年至三十二年間偶然之現象而謂大勢將變未免太早計矣

自今以往銀價漲落其利害影響所及惟我國爲最我國苟不速行虛金本位制則全球之銀塊將悉以我爲尾閭銀等於瓦礫而米薪則等於珠桂矣可不懼歟

(四)英日同盟之將來

英日同盟實日本外交上莫大之成功而日人十年來所以能大得志於東方胥恃此

時評

也。今有效期限僅餘五年。此後當作何變遷。實世界一大問題。而我國人尤亟宜措意者也。

英人之與日本同盟。其動機全在防俄。蓋俄人守大彼得遺訓以侵畧爲國是者垂二百年。所至皆與英利害相觸。故英人所以防遏之者無所不用其極。若巴爾幹半島若中亞細亞若印度皆其衝也。而最近二十年來接軸衝突尤在中國。自甲午乙未以還所謂極東問題者殆全決於英俄兩雄之折衝。稽明史跡者當能知之矣。乃忽焉而有杜蘭斯哇之事。英人不能不竭師子搏兎之力以有事於南征。俄乘其機急起直追併日以成西伯利亞及東清鐵路。將長驅以蹂躪黃河以北。英欲禦之則狼顧有所不及環顧全球惟日本與彼同一敵而力又足以爲援。故數百年來以名譽孤立自豪於天下之英國乃忽然降心以交驩於蕞爾之日本。凡以此也。

至最近數年來則形勢既與昔殊。普孜瑪士條約既成。俄人在極東之勢力所喪過半。其結果畧如柏林會議之取俄人在近東之勢力而摧壞之也。英人曩昔所引爲嫉痛之現象今乃不在俄而反在日。此與昔殊者一也。俄經內亂之後變專制爲立憲今方汲汲整頓內治未暇有事於外復興海軍屢議無成邊境鐵路且作且輟此與昔殊者二也加以英俄協商之結果兩國百年來交訌之宿案解決什九夙憾既釋新交方睦此與昔殊三也由此言之**英人與日本結盟之目的雖謂今者悉已消滅焉可也**

凡物象緣一目的以搆成者目的既消滅則其象固不能以長存今日人與英結盟之目的雖尚在英人與日結盟之目的則既亡矣則此象之更能賡續與否殆不待智者然後能察也況乎日本今者朝野汲汲以改正條約恢復稅權為事日本當維新前與各國所結約。權利不能平等。畧與我國現行條約同。其最受虧者。則領事裁判權與稅率協定權也。甲午戰勝後。改正條約之業。畧成其半。則領事裁判權之拒回是也。其稅權則雖有國定稅率法頒行。然其與英法德與四國。仍以協定稅率著諸約中。則國定法不能適用。然此四國既有協定。則他國又得引最惠國條欵之義以相要求。故其國定稅率適用之範圍蓋至狹。日人今者為生計上競爭起見。勢不得不采保護貿易主義。而欲實行此主義。非改正條約恢復稅權。則無所用力。故舉國亟亟於此也。若惟英約不改則他國之約雖改亦等於無效也以其競援最惠條欵即吾國約文所謂利益均沾是也。而英人則行自由貿易主義者也英人於外國入口貨。皆不課關稅。其烟酒等奢侈品雖課稅。然與本國所產者課同一之稅率以期均衡。日人恃英援以有今日日貨適英者津梁無禁英貨適日者需索惟欲此英人所為

時評 十

大不平也而日人又不能以媚英故而墮其百年大計此所以進退維谷也由此言之則英日同盟之危機可以思矣

日本今歲衆議院第一日議事即有議員質問政府以關稅問題及對英外交之現狀其外務大臣小村氏答言現與英談判方極順適政治現象決不至緣此而生波動其言若深有所以自信者然至於實際若何尚疑莫能明也大約英日同盟於此五年之有效期間必當維持不至破裂期滿以後斯難言矣

叢譯

日人論中國整理財政策（續第一年第三十五號）

明水

第二節 第一款 將來之歲出

第二 教育費

中國自古以科舉之法登庸官吏故獎厲學官之路雖或未周而山縣荒村無不聞讀書之聲者惟叩其所以讀書之故則欲應科舉以獲祿位耳不應科舉可不讀書故一般人民有既成人而未嘗一日入書塾者無惑乎遍國中多盲目之夫並自己之姓氏而不識也其學校之組織與其教授科目頗類日本德川時代惟政府保護之力猶遠不及日本蓋前此中國每歲教育費不過數萬圓可謂實行自由教育主義者矣及海禁大開爲外勢所廹知非通泰西情事諳其語言學其兵法不可以立於今之世乃始派學生立同文館於京師而實學館廣方言館水師學堂武備學堂自强學堂等亦以

著譯 二

次興辦。然其數甚少。且偏重語言。或專講兵事。故所謂泰西新教育。彼時之中國。猶未萌芽也。自甲午喪師。大夢斯覺。舉國上下。競言變法自强。然欲變法自强。則首當改革者。厥爲教育制度。故李端棻諸公。奏請設大學於北京。於各省則立各種學校。以期新教育之普及。適戊戌政變。舊黨蠭起。以與新學爲難。李公之說。遂格不行。未幾而拳亂復興。 兩宮西狩。求才之念。至是日急。光緒二十七年有 旨命各省設大學。各府、廳、直隸州、設中學。各州、縣、設小學。而蒙養之學。亦勸多設焉。蓋至是而中國新教育始有勃興之機。特未有統一耳。光緒二十九年湖廣總督張之洞。與管學大臣張百熙聯銜奏請頒布全國劃一之新教育制度。並增設大中小各種學堂。以期舉造就人材之實。又以科舉尚在。有防教育之發達也。奏請廢之。 朝廷咸嘉納焉。即據其議。先廢科舉。並頒布 欽定學堂章程。然後教育之制。始有所統一。光緒三十二年。改革中央官制。復立學部。以總攬全國教育行政。而秩序的新教育。愈益擴張。光緒三十四年。奉預備立憲之 諭。將國家庶政。分九年籌備。即教育亦在其中。今先舉其籌備之大要於左。

第一年（光緒三十四年）

一編輯簡易識字。及國民必讀課本。

第二年（宣統元年）

一、頒布簡易識字。及國民必讀課本。

二、在京師各省設立簡易識字學塾。

三、各省優級師範學堂中等實業學堂、初級師範學堂、各府中學堂如有未經設立者。限本年一律設立。

四、推廣各廳州縣及鎮鄉小學堂。

五　設立京師分科大學。

第三年（宣統二年）

一、編輯小學中學師範學堂之教科書。及各種辭典。

二、開設各省圖書館。

三、推廣簡易識字學塾。

第四年（宣統三年）

著譯 四

一、於京師設立專門醫學堂。及專門農業學堂。官話傳習所。
二、於各省設立官話傳習所。
三、頒布小學、中學、師範學堂、教科書。
四、實施小學、中學、師範學堂、教員檢定章程。及教員優待章程。
五、創設鄉鎮簡易識字學塾。

第五年（宣統四年）
一、設立京師專門工業學堂。及專門商業學堂。
二、推廣鄉鎮之簡易識字學塾。

第六年（宣統五年）
一、使府廳州初級師範學堂及中小學堂兼學官話。

第七年 宣統六年
一、人民識字之數。須得百分之一。

第八年（宣統七年）

一、設立京師音樂學堂。

二、人民識字之數須得五十分之一。

第九年（宣統八年）

一、試行義務教育章程。

二、人民識字之數須得二十分之一。

據此籌備案觀之。逐年推行教育。以期普及。至宣統八年。始行義務教育。與日本昔日振興教育之事。如出一轍。雖便於憲政之實施者甚多。然勞費頗巨。恐終不免徒託空言。惟觀今日中國上下。勵精有不達目的不止之概。是則可驚嘆也。

欲實行籌備立憲之事。則教育費亦逐年增加。此事之至易覩者也。然每歲經費。當需幾何。今據學部及各省督撫所報告。可知其梗概。學部所報者。則光緒三十四年。全國教育費總計一千五百二十九萬二千八百六十兩。而宣統三年。則一千六百十四萬九千五百四十兩也。雖然以彼籌備立憲事項相對照。將來果仍以如此少額。卽敷支銷乎。是不能無疑。至各省督撫所報。概皆簡畧。不得要領。其稍詳密。足爲參攷之資者。

著譯 六

約有數省。今爲列表左方。

省名	年分	教育費總額	每年平均教育費總額
直隸	自宣統三年至八年	二三、二五〇、〇〇〇兩	三、七〇八、三三三兩
山東	自初年至九年	二〇、四五〇、〇〇〇	二、二七二、二二二
河南	自第三年至九年	九、八八一、五一〇	一、四一一、五〇一
江蘇（松江蘇州常州太倉州鎭江）	自宣統二年至八年	一五、九〇四、三〇〇	二、二七二、〇四三
福建	自宣統三年至八年	一二、五一〇、〇〇〇	二、〇八五、〇〇〇
廣東	自初年至七年	八三、七九一、〇〇〇	一三、九〇〇、〇〇〇

準此以談。則六省中教育費之最多者。爲廣東一省。每年平均一千三百九十萬兩。其最少者。爲河南省。每年平均不過一百四十一萬餘兩。兩者相較懸絕。如此雖曰因人口之多寡土地之貧富而不能無異。然一省之教育費至千餘萬兩。則以今日之中國言之。不可謂非過濫也。故欲據此以推算中國全國教育費。必不可得。今除去廣東以他五省爲比例。則此五省每歲教育費合計一千一百七十四萬九千九十九兩五省

人口大約八千萬故平均一人之教育費爲銀一錢四分七釐雖不能以此畫合他省然相差亦必不甚相遠現在廿二行省中其人口總數約二萬萬八千萬（按根岸氏謂中國人口必無四萬萬其所著論多主張是說不知何所考据而言之鑿鑿如是也）若以每人教育費一錢四分七釐起算則由宣統三年至宣統八年每年平均須四千一百十六萬兩夫甲午以前歲費於教育者不過數十萬兩不及卅年而驟增此數豈惟中國人夢想不到卽外國人亦爲之夢想不到也

第三　巡警費

中國古昔軍隊與巡警無別故禦外侮惟軍隊卽捕盜賊亦惟軍隊自庚子之亂聯軍入京爲保衛治安故以城廂內外分爲數區區各置警衛衙門如外國法人咸以爲便於是中國始知巡警之要亂後立警務學堂以養警吏創辦巡警於京師成績甚佳其後二三督撫仿行之巡警之制遂遍國中而政府更思普及乃立巡警部尋改爲民政部以巡警全部之職權畀之凡國中警政皆掌焉故巡警益多未幾而九年立憲之諭下警務亦與他政同在分年籌備中今試舉其籌備大要於左

第一年（宣統元年）

著譯 八

一、於各省會之地設立高等巡警學堂。各廳州縣。設立巡警教練所。

二、凡省會與各府所屬首縣及商埠地方。悉設巡警。

第三年（宣統二年）

一、各省未設巡警之廳州縣。宜悉設立。

第四年（宣統三年）

一、指定各省繁盛市鎮地方。設立巡警。

第五年（宣統四年）

一、指定各省中等市鎮地方。設立巡警。

第六年（宣統五年）

一、設巡警於附近省城之各鄉。

第七年（宣統六年）

一、就各省所屬偏僻各鄉地方。指定若干處。設立巡警。

第八年（宣統七年）

一、昨年未經設立之各鄉巡警。今悉設之。

第九年（宣統八年）

一、檢查昨年所辦之各鄉巡警成績何如。

據此表。由粗及細。自簡及繁。以次第興辦警務。至宣統八年。而綱舉目張。欲立一完全無缺之巡警制度。行之國中。不惜勞費。止於至善。是又足令人驚歎者也。

雖然。其經費所須。亦決不少。如民政部所報告。則宣統三年份民政費共需二千二百四十六萬兩。雖民政所含。尚有地方自治等政治費在。然其大部分必費於警務。則總在二千萬兩內外也。將來恐不止此。今請先據直隸等省報告列表於左。然後為之推算焉。

省名	年分	警務費總額	每年平均額
直隸	自宣統三年至八年	一二、七〇〇、〇〇〇兩	二、一一六、六六六兩
山東	自宣統二年至六年	九、九〇〇、〇〇〇	一、九八〇、〇〇〇
河南	自宣統三年至七年	五、五〇〇、〇〇〇	一、一〇〇、〇〇〇
江蘇（蘇松常鎮太倉州）	自宣統三年至八年	四、〇〇〇、〇〇〇	六六六、六六六
福建	自宣統三年至八年	二八、九三〇、〇〇〇	四、八二一、六六六
廣東	自開辦至七年	二五、一五一、〇〇〇	三、五九三、〇〇〇

著譯 十

由此觀之六省中最少者六十六萬兩最多者四百八十二萬兩蓋緣人口多寡土地貧富治安難易而生此差忒通計六省警費合爲一千四百二十七萬七千九百九十八兩六省人口大約一萬萬每人平均警費一錢四分三釐强以中國人口二萬萬八千萬起算由宣統三年至宣統八年全國警務費總計每年平均四千萬兩與庚子前陸海軍費相埒矣

第四　司法費

凡法治未備之國司法行政必相混同故行政官卽爲司法官而司法官亦卽行政官此徵之各國之歷史而皆然也洎乎世運愈益開明則司法行政之二權必分離而獨立中國識者久已仞此事爲甚要徒以因襲太深未能毅然變易至光緒三十二年改革中央官制司法獨立之機亦於是乎啓時澤公新考察憲政歸奏請依諸國例立司法部得　旨報可卽以刑部改爲法部掌全國司法行政改大理寺爲大理院掌終審裁判改按察使爲提法使承法部之命掌其省之司法行政新立高等地方初級三審判廳初級審判廳置於鄉鎭視日本之區裁判所地方審判廳置於府州縣視日本地

方裁判所高等審判廳置於省會及繁鬧之地視日本控訴院先由東三省直隸江蘇等處試辦將以漸推行於全國未幾而頒布籌備立憲清單司法之事其逐年所當預備者亦如他政統由　欽定更由法部以　欽定者爲本別定施行細則今摘錄其大要如左

第一年（光緒三十四年）

一、京師各級檢察廳高等審判廳內外地方審判廳初級審判廳當悉成立

二、改修新刑律編訂民商律刑事民事訴訟律

第二年（宣統元年）

一、籌畫設立京師模範監獄

二、籌畫設立各省省城及商埠等之各級審判廳

三、編定監獄規則及登記章程

第三年（宣統二年）

一、各省省城及商埠等處之各級審判廳於年內成立

著譯

二、頒布監獄規則。

第四年（宣統三年）

一、籌畫設立各省府廳州縣城治審判廳。

第五年（宣統四年）

一、於京師實行登記章程。

二、各省府廳州縣城治各級審判廳。必於年內粗具規模。

第六年（宣統五年）

一、各省府廳州縣城治各級審判廳。宜悉成立。

二、籌畫設立鎮鄉初級審判廳。

三、設立行政審判院。

四、實施新刑法。

第七年（宣統六年）

一、鎮鄉初級審判廳。宜於年內粗具規模。

第八年（宣統七年）

一、鎭鄉初級審判廳。悉當成立。

二、實施民律商律刑事民事訴訟。

第九年（宣統八年）

一、定法官爲終身官。

其逐年籌備之事。大略如此。惟司法費尤無明確之報告。請據其稍詳細者。列表於左方。

省名	年分	司法費總額	每年平均額
直隸	自宣統二年至八年	七、九〇〇、〇〇〇兩	一、一三〇、〇〇〇兩
山東	自宣統三年至八年	九、九〇五、〇〇〇	一、六五〇、八三三
河南	自宣統三年至八年	二、四二四、二九二	四〇四、〇四八
江蘇（蘇松常鎭太倉州）	自宣統二年至八年	三、三六九、六〇〇	四八一、三七一
福建	自宣統三年至八年	五、二六〇、〇〇〇	八七六、六六六

廣東	自開辦至七年	五、八八五、〇〇〇	九八一、四一六
合計			五、五二四、三三四

據此六省司法費每年平均五百五十二萬餘兩每人平均司法費約銀五分五釐故全國司法費歲爲一千五百四十萬兩也

第五　交通費

中國地雖廣大然交通不便故內政外交動生窒礙陵夷至於近數十年爲列强所壓廹國中識者久已知非大興路政使血脈灌輸則不能挽國勢於將頹也雖然計未旋踵而外勢之侵陵日烈一日陸則鐵路水則輪舟無非外商資本卽郵政亦爲英人所掌握蓋除電報招商二局此外凡關於交通諸業無一爲中國人自辦者也夫積重之勢成則國運亦將隨交通之業日以陵替故熱誠之士蹈厲奮發急謀收回利權演說之會所在雲起而先以收回鐵路爲急數年以來頗著成效除日之南滿俄之東清德之山東法之滇越諸路外已悉爲中國人所自有同時又急謀興修鐵路振興航業架

設電線百方盡力故交通亦漸次稱便雖然無所統一則仍不足以規畫全局指揮若定也故當改革中央官制時特立專部名曰郵傳以掌全國交通之政雖未能盡舉統一之實然當局者銳意經營首先收回郵政部中命令亦漸行於各省則統一之效將來固可期也光緒三十四年籌備案之頒布也郵傳亦與他部同定有施行細則然頗錯雜不能悉舉僅舉其施行上最須經費之鐵路而止夫預備立憲中鐵路之當興築者郵傳部所負責任甚大然其經費增加不過兩事即修造官辦鐵路及償還收回諸路之資金是已請先將官辦鐵路之九線及其名稱哩數開築年月於左

鐵路名稱	已築哩數	未築哩數	合計	備考
張綏		三一七	三一七	張綏張庫兩路現在籌畫中本定宣統十年築成宣統元年測量開工然今尚未聞有其事也
張庫		八〇〇	八〇〇	
庫恰		二〇〇	二〇〇	定宣統二年測量開工今亦未見舉動
海清		九〇	九〇	籌畫中
開徐		一八七	一八七	籌畫中定宣統四年竣工

著譯

成叙		三〇〇	三〇〇	籌畫中
西蘭		五〇〇	五〇〇	定宣統三年測量
西甯		六〇〇	六〇〇	定宣統三年測量
蘭伊		二五〇〇	二五〇〇	定宣統四年測量
合計		五四九四	五四九四	

注意　此外尚有九廣津浦兩路所以不列入者。以有英德借欵經費已定。故畧之。閱者諒焉。

據表、九線共長五千、四百、九十、四英里。其建築之費共須幾何乎。嘗考中國鐵路。其建築費隨地不同。最多者、爲滬、甯鐵路。每哩須十、五萬兩。最少者、爲萍、昭、鐵路。每哩纔四、萬、六千、五、百兩。而道清京漢、略得其中。即道清每哩六萬六千五百兩。京漢每哩七萬三千五百兩也。依此推之。平均一哩、七萬兩。或者相差不致太甚乎。然則九線之費。當在三萬萬八千四百萬兩以上。雖然。庫恰成叙西甯、蘭伊諸路。不過測量而已。其應興工者。惟張綏、張庫、海清、開徐、西蘭五線。故至宣統九年。其築成鐵路。不過全線三分之二。共爲一千二百六十二哩。經費八千八百四十一萬兩。由宣統三年。至宣統八年。每

十六

歲平均築路費一千四百七十三萬兩也。雖非確數。亦可得其大略耳。

至於償還收回鐵路款。則有正太、道清、汴洛、滬寗四路。其哩數及償還年、償還額。先表於左。

鐵道名稱	哩數	償還年	償還額
正太	一五五	宣統三年	四〇、一〇〇、〇〇〇佛郎
道清	九〇	宣統八年	七九七。七八九鎊
汴洛	一三六	宣統五年	四一、一〇二、五〇〇佛郎
滬寗	一九三	宣統七年	三、五五九、九三一鎊
合計	五七四		折算 五八、七六一、〇六二兩

交通費中。宣統三年以後當增加者。固以上言二事爲巨擘。此外電線、郵政、航路諸費。亦必漸增。然每歲不過數百萬兩耳。

至交通費報告。惟有郵傳部一處。而所報告者。以光緒三十四年份爲最詳。宣統三年份則過畧。故取其詳者以資參考。

郵傳本部經費	一七〇、四三二兩
鐵路辦公經費	二五〇、八九八、
直轄學校經費	一三三、一四五、
電報局經費	二、〇三三、一六二、
鐵路經費	一九、三二七、六三一、
郵政局經費	一、六三二、九一六、
合　計	二三、五四八、一八四、

然閱宣統三年份報告。則總額五千六百七十萬兩。夫以相差四年之近。而經費驟增一倍。其報告又過簡畧。何以忽須如此之多。疑莫能明也。或者因償還收回正太鐵路之四千萬佛郎。及開辦津浦廣九開徐等路乎。此後當築之路正多。而償還額亦不少。加以推廣郵政電報。在在須財。則中國將來之交通費。非久當至六千萬兩耶。

第六　其他之經費

以上五項經費。皆屬於九年籌備及軍備擴張之兩大計畫。而中國將來之歲出。亦將

於此焉。以決定之者也。故論之特詳。至其他經費。如皇室費、行政費、邊防費、外交費、財政費、公債費等。除外債外。皆不能如前五項之重。且又非歲歲增加者。故今後此等經費。較諸宣統三年之豫算。其額必減。宣統三年爲一萬二千六百餘萬。後此卽有增加。亦不過一萬萬五千萬耳。

綜合前論。中國全國之歲出。由宣統三年以至宣統八年。其額將如左表所列乎。

軍事費	一二〇、〇〇〇、〇〇〇兩
教育費	四一、一六〇、〇〇〇
巡警費	四〇、〇〇〇、〇〇〇
司法費	一五、四〇〇、〇〇〇
交通費	六〇、〇〇〇、〇〇〇
其他之經費	一五〇、〇〇〇、〇〇〇
合計	四二六、五六〇、〇〇〇

上所陳者歲出也。今請進論歲入。

（未完）

山不讓塵
川不辭盈
勉爾含宏
以隆德聲

文牘

憲政編查館奏遵擬修正逐年籌備事宜開單呈覽摺併單

奏爲遵擬修正逐年籌備事宜。清單恭摺仰祈 聖鑒事。十一月初五日。奉 上諭前因縮改於宣統五年開設議院。業經降旨。將應行提前趕辦事項。責成該主管衙門。迅將提前辦法。通盤籌畫。分別奏明辦理。查預備立憲逐年籌備清單所開事宜。憲政編查館有專辦同辦及遵章考核之責。現在開設議院。既已提前。所有籌備清單各項事宜。自應將原定年限。分別縮短。切實進行。著憲政編查館妥速修正奏明請旨辦理等因。欽此。二十四日奉 上諭。前經降旨。飭令憲政編查館修正籌備清單。著即迅速擬訂。並將內閣官制一律詳愼纂擬具奏。候朕披覽詳酌。欽此。仰見 朝廷鄭重憲政。剋期進行之至意。當即督飭在事人員。悉心研究。詳加酌核。謹擬修正辦法。約有

文牘　二

數端。一爲提前各項如頒布施行內外官制及宣布憲法　皇室大典之類是也。一爲增入各項。如設立內閣頒布行政審判法之類是也。一爲變通各項。如續辦地方自治續籌八旗生計之類是也。現在欽奉　諭旨。確定召集議院期限。凡於未開議院以前關係緊要。必應辦齊。而原單列在第六年以後者。茲均擬酌改年限。一律提前以期無誤。至組織內閣。特奉　明諭。實爲施行憲政之樞機。自應欽遵增入。其續辦地方自治各條。循序漸進。計非旦夕所能觀成。茲酌改爲按年續辦。以求實際而免阻礙。此外巡警教育等項。皆屬普通行政事務。故此次單內未經列入。仍應責成主管各衙門。按照原定清單。分別最要次要妥籌辦理。總之時局阽危。至今已極。　朝廷宵旰憂勞於上。國民迫切呼籲於下。臣工之籌策。士庶之論列。僉謂非立憲無以救時。而清單修正各條。皆實行立憲之要領。溯自預備立憲。業經數朞。中外奉行成績如何。亦未一律。今又舉第六年以後應辦要政。責觀成於第五年以前。自不得不遵籌修正。以期綱領之振舉。免名實之乖違。竊查列邦立憲之初。大都疊經波折。惟德意志日本。其在上者有英斷特出之才。在下者有忠愛不移之志。故憲政之成。敏速而無流弊。若其他諸國。往往予權者有所悔。爭權者多所私。遂致事變環生。重煩鎮定。久之始克收效。至土耳其波斯。則又敷衍粉飾。慕立憲之虛名。而無尺寸之成績者也。臣等竊謂單內修正事項。皆爲預備開設議院大端。必須勉赴期限。不容稍懈。而尤要者。則在內外臣工。協力同心。共襄盛舉。庶幾憲政成立。尅期可竢。至原單各項。均註明某衙門辦或同辦。以寓明定責成無誤期限之旨。現擬修正各項。其在未設內閣以前承辦同辦之各衙門。均仍照原單辦理。惟 皇室經費。除照原單由內務府憲政編查館同辦外。應兼會同度支部辦理。一俟新內閣已設。官制已定之後。所有承辦同辦之各衙門。如何酌定之處。屆時應由新內閣奏明請 旨遵行。除內閣官制。遵即詳慎纂擬另行具奏外。謹將修正逐年籌備事宜。加具按語。繕列清單。恭候 欽定施行。是否有當。伏乞

皇上聖鑒訓示謹 奏。

欽定修正逐年籌備事宜清單

憲政館奏遵擬修正逐年籌備事宜清單已經奉 旨依議茲將 欽定清單列左

宣統二年

文牘 四

一釐定內閣官制(憲政編查館會議政務處同辦)
一釐定弼德院官制(憲政編查館會議政務處同辦)
一頒布新刑律(憲政編查館修訂法律大臣同辦)
一續辦地方自治(民政部各省督撫同辦)
一續辦各級審判廳(法部各省督撫同辦)
一續籌八旗生計(變通旗制處辦)

宣統三年

一頒布內閣官制設立內閣(憲政編查館會議政務處同辦)
一頒布弼德院官制設立弼德院(憲政編查館會議政務處同辦)
一頒布施行內外官制(憲政編查館會議政務處同辦)
一頒布施行各項官規(憲政編查館會議政務處同辦)
一頒布會計法(憲政編查館度支部同辦)
一釐定國家稅地方稅各項章程(憲政編查館度支部各省督撫同辦)

一釐定　皇室經費（內務府憲政編查館度支部同辦）

一頒布行政審判院設法立行政審判院（憲政編查館會議政務處同辦）

一頒布審計院法（憲政編查館會議政務處同辦）

一頒布民律商律刑事民事訴訟律（憲政編查館修訂法律大臣同辦）

一頒布戶籍法（憲政編查館民政部同辦）

一彙報各省戶口總數（民政部各省督撫同辦）

一續辦地方自治（民政部各省督撫同辦）

一續辦各級審判廳（法部各省督撫同辦）

一續籌八旗生計（變通旗制處辦）

宣統四年

一宣布憲法（纂擬憲法大臣辦）

一宣布　皇室大典（宗人府憲政編查館同辦）

一頒布議院法（憲政編查館辦）

一頒布上下議院議員選舉法(憲政編查館辦)
一舉行上下議院議員選舉(民政部各省督撫同辦)
一確定豫算決算(度支部辦)
一設立審計院(會議政務處憲政編查館同辦)
一實行新刑律民律商律刑事民事訴訟律
一續辦地方自治(民政部各省督撫同辦)
一直省府廳州縣城治各級審判廳一律成立(法部各省督撫同辦)
一續籌八旗生計(變通旗制處辦)

宣統五年

一頒布 召集議員之詔
一實行開設議院

謹將遵擬修正逐年籌備事宜淸單加具按語恭呈 御覽

頒布內閣官制設立內閣

謹按本條爲原單所無自係賅括於釐定京師官制條內惟責任內閣爲統一行政機關實憲政之要義內閣不立則各部行政彼此紛歧整頓之方無從下手本年十月初三日欽奉　諭旨確定開設議院年限而以先行釐訂官制預即組織內閣爲籌備之要端挈領提綱洵屬至當不易之辦法自應欽遵　聖訓按照各國內閣通例將此項官制從速釐定預即組織以資統攝而策進行茲謹列入籌備淸單於本年趕緊釐定於明年首先頒布設立用示　朝廷整綱飭紀惟斷乃成之至意庶根本既固氣象一新一切行政乃可得而整理矣

頒布弼德院官制設立弼德院

謹按弼德院即各國所謂樞密院爲　皇上顧問要政之府與內閣同爲將來憲法上之重要機關應與內閣同時設立相爲維繫原單列入第九年新定內外官制一律實行之後與現定辦法不合茲謹擬提前辦理以重　大權而廣輔弼

頒布新刑律

謹按本條承原單之舊現在刑律草案業經憲政編查館覆核具奏請　旨交資

文牘 八

政院協贊應遵照定限於本年內請 旨頒布並提前於宣統四年實行

續辦地方自治

續辦各級審判廳

謹按自治與官制相輔而行司法獨立尤與立憲政體有直接之關係現在城鎭鄉府廳州縣地方自治章程及法院編制法均經先後 欽定公布施行各省亦經按照定章次第建設自應賡續舉辦力求進步惟事體繁賾非旦夕所能觀成必須分地分期逐漸推暨原單於地方自治限以第七年於鄉鎭各級審判廳限以第八年一律成立就目前財力而論自屬緩急適宜之計畫茲謹於每年籌備事宜之內並各附列以上兩條但將城治各級審判廳成立提前一年俾與宣布憲法年期相應應責成該管衙門妥定次序努力進行以副司法獨立之實

續籌八旗生計

謹按原單第一年請 旨設立變通旗制處籌辦八旗生計融化滿漢事宜第八年變通旗制一律辦定化除畛域是第七年以前皆爲籌辦八旗生計年限又恭査

光緒三十四年十一月間欽奉　上諭宣示設立變通旗制處本旨重在籌辦教養使人人自强自立是變通旗制必以籌辦八旗生計爲要務必生計籌有端緒而旗制乃可變通惟生計須陸續辦理猝難收效擬於每年籌備事宜之內附列此條以期進行

頒布施行內外官制

謹按官制爲組織行政之主體行政有中央地方之別故官制亦有內外之分集權分權不可不與國情相適合故必先立一定之標準採用適宜之主義分別規定一氣呵成然後統系分明脈絡貫注用能收廓清積弊明定責成之效原單以京師官制與直省官制分爲兩截而釐訂頒布試辦實行又相距甚遠恐新舊遞嬗之交敷衍阻撓流弊百出茲謹併爲一條同時並舉擬請於宣統三年一律頒布施行庶與

諭旨迅速釐定提前試辦之意相符

頒布施行各項官規

謹按官規與官制相爲表裏官制爲實體法官規爲輔佐法官制不定則官規無所

附麗而官規不與官制同時並改則官制亦難實行原單所列文官考試章程任用章程官俸章程皆官規以內之事惟施行期限在釐定官制之先次序實未允洽本年業經憲政編査館奏明酌改務與官制同時施行自屬正辦又原單列舉三項亦嫌挂漏此外如服務紀律懲戒章程分限章程等項均爲官規內重要之件自應一併釐定以臻完密茲謹改爲各項官規並擬與新定內外官制同年頒布施行庶幾體用兼賅可無窒礙難行之患

頒布會計法

謹按會計法爲編制豫算之權本法律原單定以第七年頒布第八年實行茲謹提前辦理此外會計細則須與會計法相輔而行者擬一併責成度支部迅速編訂以便同時施行　釐定國家稅地方稅各項章程　謹按原單以國家稅與地方稅章程分年釐訂本年度支部議覆御史王履康奏請變通釐訂摺內稱應以本年爲調查年限宣統三年爲釐訂年限宣統四年同時頒布等語欽奉　諭旨俞允在案是以上兩項章程必須同時釐訂頒布早在　聖明洞鑒之中惟度支部原奏因

開設議院在宣統八年故請於宣統四年將此項章程提前謹布現在議院開設年限業經縮改而資政院議決預算之職權又與議院無異則此項稅法自當及早劃分以清預算之根本本年度支部奏交資政院預算案內國家費與地方費未分殊難決定審查之標準茲謹彔照度支部前奏辦法再擬提前一年於第二次試辦政預算以前一律釐定並將各項稅法案陸續提出庶明年審查預算確有標準而資院與各省諮議局得以各盡議決之職似係清理財政必要之急務也

釐定　皇室經費

謹按本條原單列入第八年籌辦事宜之首查君主立憲國成例皇室經費歲有常額議院不得減削苟非額外增加亦不須議院之協贊所以保皇室之尊嚴表臣民之愛敬用意至善現在我國試辦預算　皇室經費與國家經費尚未劃清資政院議決之時頗多窒礙茲謹擬於宣統三年提前釐定此項常額別出於國家行政經費之外毋庸經議會議決以明隆重　皇室之意

頒布行政審判法設立行政審判院

文牘 十二

謹按行政審判院爲救濟行政上違法處分而設亦憲法機關之一而行政審判法即所以規定該院之職權及行政訴訟之程敘者也原單列入第六年查現在資政院核辦各省督撫侵權違法事件多屬行政訴訟之性質此項裁判之權應屬行政審判院若長令資政院辦理恐性質混淆於事實上多所窒礙茲謹擬提前設立以清權限

頒布審計院法設立審計院

謹案審計院所以檢察決算報告爲將來憲法上必要之機關其組織及權限須以法律定之故欲設審計院不可不先定審計院法原單列入第八年惟本年既試辦預算則宣統三年分之決算報告必應交資政院議決此項審計院法擬於宣統三年頒布審計院擬於宣統四年設立以保決算之正確

頒布民律商律民事刑事訴訟律

謹案本條列舉各律與刑律同爲國家重要之法典實司法衙門審判一切訴訟之根據此等法典一日不頒卽審判廳亦等虛設原單本定以第六年頒布茲謹提前

並與刑律一律於宣統四年實行

頒布戶籍法彙報各省戶口總數

謹案戶籍法爲調查戶口必要之法律與選舉事宜又有直接之關係原單定以第五年頒布茲擬與彙報各省戶口總數一併提前

宣布憲法

宣布　皇室大典

頒布議院法

頒布上下議院議員選舉法

謹按議院法及選舉法爲設立議院直接之預備而憲法爲議院法選舉法之根本
皇室大典又與憲法有輔車之關係必須於設立議院以前一律制定原單列入第九年現在開設議院之期既確定宣統五年則以上各法自應於宣統四年六月以前一律頒布以資信守

舉行上下議院議員選舉

謹按中國地廣民衆調查選舉資格編造名簿必非一二月所能告成故宣統五年實行開設議院則選舉之事不可不於宣統四年即行開辦茲仍按照原單次序列入頒布選舉法之後庶免臨時倉猝之弊

確定預算決算

謹按原單本條列在第九年查預算決算爲議院應行議決之要端現議院年限既已提前預算決算自必於未開議院以前確定方免貽誤茲謹提前辦理

頒布召集議員之　詔

謹按本條原單未列伏讀光緒三十四年八月初一日　上諭開設議院應以逐年籌備各事辦理完竣爲期各項籌備事宜一律辦齊卽行頒布欽定憲法並頒布召集議員之詔等因欽此　聖訓周詳允宜遵守茲謹欽遵列入以昭我　皇上繼　志述　事之盛

實行開設議院

謹按本條係遵照本年十月初三日　上諭敬謹纂入　又按此次修正清單列

舉事宜以與立憲政治有直接關係者爲限此外普通行政事宜如巡警教育等項于原單所列舉者應責成該管衙門嚴定考成督飭進行不容稍涉疏懈致滋廢弛

李家駒奏考察日本財政編譯成書呈覽摺

奏爲考察日本財政編譯成書敬陳管見恭摺仰祈聖鑒事竊臣前出使日本考察憲政所有官制官規地方自治制行政裁判制度司法制度皇室制度詔敕制度均經編輯成書先後奏報在案其財政一類於上年八月將考察底稿携帶回京並由日本大藏省陸續寄稿前來經臣督率隨員等悉心編譯計纂成日本租稅制度考十册日本會計制度考四册恭繕成帙進呈御覽竊維國家財政不外制入制出兩大端制入之名類不一而以稅法爲最要制出之法規不一而以會計法爲最要臣即於此二者詳加考察日本維新以來租稅制度迭加改良會計法規屢經釐訂揆其進行之次第實可爲改革之師資謹就我國財政之現情證以微臣考察之一得爲我皇上縷晰陳之比年以來財政之困難亦已極矣財政困難之原因不一端而最著者則國家經費之增加是也國家經費增加之原因亦不一端而最顯者則國際之交通與憲政之籌備

是也。閉關之世、政主治內而不務外。其爲國也閒暇。故政費無多。自海禁大開。日與列强相接觸。於是對外之費相乘而起。如外交費。如國防費。如國債費。皆自國際交通啓之也。專制政體、但主消極不尙積極。其爲法也簡易。故政費亦無多。自籌備立憲事宜。按期進行。於是所需之費。逓年有加、如司法獨立費、如地方自治費、如教育普及費。如經濟行政費。如整理財政費。以及一切改革經費。皆自憲政籌備肇之也。歲出驟增。而歲入不濟。部臣仰屋於內。疆臣羅掘於外、內外皇皇。不可終日。持積極之論者。則謂軍國大計。不容緩圖。持消極之論者。則謂民力已殫。激將生變。平心論之。國家經費之增加。屬於世界自然之趨勢。蓋社會之文明日進。則國家之職務愈繁。職務愈繁。斯經費愈增。自然之理也。日本明治初年。歲計總額不過三千萬圓。近年預算總額。已逾五萬萬圓以上。前後四十年間。所增幾三十倍。此外各國經費增加速率亦復相等。或且過之。大勢所趨。亦略可睹矣。夫經費果能節約。則國家與一私人同。自以節約爲善。然節之至極。將舉國家必要之事業。弛而不張。此所謂消極政策。萬不行於生存競爭之世者也。今論者謂財政奇絀。當權事之輕重緩急。量入爲出。是未知計臣責任與閣臣責任之區別也。蓋國家事務。孰輕孰重。孰緩孰急。關乎政治之全局。即大政方鍼之所在、是爲內閣之職權。非計臣所能代謀。如閣臣以爲某事在所必舉。則此費在所必需。而費所從出。如何籌畫。斯爲計臣之責、不可混也、論者又謂民窮財盡、當爲休養生息之謀。不當爲竭澤而漁之計。是未知經濟行政與財務行政之區別也。今日民誠窮財誠盡矣。然其所以窮所以盡之故。由於財務行政之未善者半、由於經濟行政之未善者亦半、稅制組織之不良。稅目選擇之失當。國民負擔之不公。徵收方法之不便、此屬於財務行政之範圍。度支大臣所當有事也、至於振興實業、以開拓國民之富源、獎勵貿易。以抵制外貨之輸入。則屬於經濟行政之範圍、農工商郵傳大臣所當有事也。臣所言者。屬於財務行政之範圍。其大綱曰制入。曰制出。制入之要義。一曰租稅之收入。租稅之原則有四、其一爲財政之原則。即租稅當圖充足。及有伸縮力者是也。蓋租稅爲國家收入之大宗。不惟經常費所取資。即臨時費戰時費之增加。亦將於是乎賴。故當謀充足。又國家財政歲有變更。故租稅當具有伸縮增減之能力。否則年年改廢。年年增損。國家既不勝其煩。人民亦不堪其擾。我國租稅以田賦爲大宗。其於租稅中本乏伸縮之力。加以稅制沿習日久。窳敗日甚。所入日減。別無所資以爲調劑。此與財政原則不符者一也。其二爲經濟之原則。卽稅源之保護及稅目之去取是也。蓋租稅取自民之所得。則雖多取而不爲虐。若侵蝕其資本。則雖少取而已苛。我國稅目選擇未精。往往侵及國民之資本財產。稅源旣竭。後繼何從。此與經濟原則不符者二也。其三爲公正之原則。卽租稅之普及與賦課之均平是也。我國自昔重農。故農民之負擔特重。而爲官爲士爲工爲商則不及焉。夫租稅旣當謀普及矣。又必酌其貧富之差。定其輕重之等。故一當免課所得較少之稅。二當採用累進稅主義。三當重課財產之所得。四當力避課稅之重複。如是然後均且平。我國稅制均未注意及之。此與公正原則不符者三也。其四爲行政之原則。卽課稅之正確便宜及徵收費用之節省是也。我國關於納稅者。課稅物件與賦課徵收之監督。以及濫收之處罰。滯納之處分。訴願訴訟之規程。皆無精密法令以規定之。故胥吏得上下其手。使人民生額外之負擔。是謂之不正確。且納稅者或以穀。或以錢。納錢者。又因幣制不一。展轉折合。其不便者一。納稅之地。未經法定。往往斗粟尺布。使人民提携負荷。逾百十里。其不便者二。納期雖有定制。而胥吏輒意為先後。以便私圖。其不便者三。徵收之程敘既煩。收支之機關無別。催科之吏。因緣為奸。其不便者四。又吾國向行包徵包解之法。督撫責之州縣。州縣復委之吏胥。所耗之數。不止倍於正供之數。在國家耗其二而僅得其一。在人民貢其一。而實耗其三。是為徵收耗費與行政原則不符者四也。今將欲增加收入。必先改良稅制。而改革之根本。則首在釐定租稅之統系。考租稅統系。各國不同。有所謂單稅制度者。有所謂複稅制度者。據今世財政家之評論。率以複稅制度為優。蓋此項租稅賦課所不及者。則以他項租稅賦課之。又行某稅而此類人民負擔過重者。則更行某稅以課他類之人民。彼此相調。輕重相劑。在國家可得大宗之入款。在人民又可保負擔之均平。此複稅制度之所為優也。特所謂複稅者。決非濫加稅目為無藝之誅求也。必循租稅之原則。整理而畫一之。以成有統系之稅制而後可。歐洲十八世紀之末。稅制紛淆。其用意專以收入增多為主。至於稅源之保護。分配之均平。皆所不計。所謂無統系之複稅制也。厥後卒至紊亂。乃變計更張。至於今日統系秩然矣。我國稅制。首重田賦。而地丁租課漕糧漕折糧折耗羨等項名目不一。此外有釐金有鹽課。有海關稅、有常關稅、有土藥稅、有茶稅等項。又有雜捐。而牙稅、當稅、契稅、油稅、酒捐、漁捐、豬捐、船捐、車捐、鋪捐、妓捐、賭捐等項。不勝枚舉。殆無統系之可言。蓋自近年國債迭增。新政繁舉。每遇一事。輒籌一款。又無通行全國之法令以統一之。於是直省各自籌款。各自開捐。與日本藩制時代及歐洲中葉稅制紊亂情形無異。故卽以租稅一端而論。已足兆分裂之危機。爲今之計。非通盤籌畫。迅速清理。不足以救財政之窮。清理之策有五。其一舊稅之當改良者。如田賦如鹽課如關稅是也。此項稅目。我國沿用已久。各國通行亦廣。惟舊制疏舛。流弊滋多。以致收額日減。尤宜及時改良。如田賦。則當用純益課稅之法。不當用計畝課稅之法。無論宅地田地。一律賦課。不可偏廢。此外丈量地畝。編製台賬。皆改良田賦所有事也。如鹽課。則當行國家專賣之制。不當沿鹽商包賣之法。所有引地之改廢。鹽場之限制。皆改良鹽課所有事也。如關稅。則以收回稅關管理權及改正稅率爲主。惟事關條約。亟應爲改正之準備。其未經改正以前。則當先行返稅法、消費稅法、及政府收買法。以圖目前之抵制彌縫。此改良舊稅之策也。其二舊稅之應歸併者。如地丁租課漕糧漕折糧折耗羨等項。自日本制度言之。皆屬於地租。所宜裁併畫一。不宜多立名目。徒滋紛擾。其餘各稅。亦宜審其性質。以類相從。釐而一之。此歸併舊稅之策也。其三舊稅之應廢止者。如釐金、如統捐、如常關、如茶稅、以及煩複之雜稅皆是。釐金一項。外人稱爲內國通過稅。阻工商之發達。助客貨之暢銷。其應廢止。自不煩言。統捐常關亦復相類。茶稅一項。前有茶引之制度。後有茶釐茶捐之別名。此亦有礙茶業之發達。且收額無多。廢之爲便。此外各項雜稅。亦宜分別存廢。如牙稅、如當捐、如鋪捐、如漁捐。將來可歸併營業稅。如契稅。則或歸併入田賦。或改爲財產承繼稅。如船捐、如車捐、如妓捐、仍可列入雜稅一類。以充地方自治經費。此外則宜一律刪除。以省煩苛。而賭稅一項。尤宜痛絕。此廢止舊稅之策也。其四舊稅之當擴充者。如酒稅、如烟稅、如印花稅之類是也。此項租稅。各省或經試辦。或未實行。尤宜及時擴充。以增收入。各省酒捐辦法不一。亟宜釐訂稅章。通行全國。現行土藥稅。以禁烟之故。斷難久存。近已稅額銳減。宜以煙草稅代之。煙草固以專賣爲便。惟恐尚難遽行。可仿日本故事。先行煙葉專賣之制。印花稅章程。尚多可議。宜重加釐訂。此外登錄稅登記稅。如一時未能實行。可先擴充印花稅之範圍。以資彌補。此擴充舊稅之策也。其五新稅之應加者。夫舊稅之應歸併及廢止者如是其多。而改良及擴充者亦復不少。酌盈劑虛收入之數約可相抵。然以供將來之財用。則尙慮不足。不得不另增新稅。考各國稅目甚繁。約而言之如營業稅。如財產稅。如家屋稅。皆收益稅之可行者也。如特別所得稅。如通常所得稅。如兵役稅。皆所得稅之可行者也。如飲料稅。如物品稅。如使用稅。皆消費稅之可行者也。如承繼稅。如取引稅。如運輸稅。皆行爲稅之可行者也。惟是同一稅也。他國可行而我國則不可行。故選擇貴得其宜。又同一可行之稅也。而若者可以速行。若者不能速行。故先後貴得其當。又或同時可以並行之稅。而或則應定爲國家稅。或則應定爲地方稅。故分配貴得其平。要之以統系爲準則。以國情爲依據。是在制國用者之權衡矣。

二曰租稅以外之收入。此項收入。可分三種。其一官有財產。各國範圍。有廣有狹。大抵不外官有土地。官有森林。官有礦山等項。我國官有土地。以莊田爲大宗。皇室有莊田。宗室有莊田。八旗駐防有莊田。將來確定皇室經費。及變通旗制之時。應並規定官有土地之界限。又將來整理田賦之後。所有隱田及無主之地。亦可收爲官有。至官有森林。則各省山林川澤。向屬官家。而西北各省。森林之應歸官有者尤夥。苟經理得宜。必成收入之大宗。至礦山應歸官有與否。各國辦法不同。我國礦產雄富。外人方協而謀我。與其政府無力自辦。致啓覬覦。不如獎勵民辦。以保利權。其有非民力所能舉者。則仍由國家辦理。亦政策不得不然者也。其二官辦實業。有工業。如紡織廠印刷局之類。有商業。如銀行郵便滙兌之類。此外如郵政電報鐵路航業及各種專賣。皆官辦實業之大宗。我國現辦之郵電路輪。均稱獲利。造幣廠創辦伊始。銀行亦逐漸推行。此外應行擴充之事尙多。皆宜銳意經營。以規大利者也。其三政務公費。有司法公費。如訴訟費是。而登記公證等費屬焉。有行政公費。如考試費圖書館博物館觀覽費營業許可費之類皆是。此外罰金科費沒收金物等項。性質稍異。然亦收入之一宗也。三曰公債。公債性質與私人舉債無異。有利息有償期。故不能以爲國家收入之一種。且公債之作用。尤在通融緩急。調劑盈虛。故財政家不以爲收入。而以爲調和收支之利器。雖然、從公債之性質而言。誠不與於租稅之列。而就預算之便宜而論。則可歸於歲入之科考公債有隨意公債與强迫公債二種。强迫公債雖名爲公債。實與租稅無異。我國前此之昭信股票。實近於强迫公債。此項公債亦非萬不可行。然必事起倉皇。無從支應。

乃可偶一用之。苟屢行不已。則上失國家之信用。下紊經濟之秩序。不可不愼。若隨意公債。則有利而無害。我國今日尤有不能不行之勢。蓋因經費竭蹶之故。始言整理財政、欲行整理。則必先籌整理之費、試舉例以明之。如整理田賦一事。考日本改正地租。合官費民費共用三千餘萬圓。我國土地十數倍於日本。姑以十倍計。亦需三萬萬元以上。除民費一萬萬餘元外。政府所應籌措者約二萬萬元。即分作五年計、每年亦需四千萬元。又如整頓幣制一事。據度支部原案。限以五年。舉各省自鑄銀元銅元悉數收回。現在各省自鑄及流行之實數若干。雖不可稽、大致每省平均一千萬元。則全國約有二萬萬元。今欲悉數收回。每一元約耗十分之二。以二萬萬元計。所耗約四千萬元。此不過舉例而言。其餘改良整理一切稅制。無不須先墊鉅款者。則舍募集公債以資周轉、更有何道哉、比年以來。日言理財。而不爲根本之改革。徒事目前之補苴。凡所措施。卒歸無效。由於不籌墊款。動生顧慮之故耳。蓋凡物不能無代價。欲收重利於後。必先投資本於前、日本之於臺灣、初以五千萬元收買大租地券。以圖租稅之統一、近則地租一項、已有數百萬元之歲入。以供臺灣行政費。約略相當矣。此尤近事之可徵者也。惟是欲行公債。所當預籌者凡四事。一資源之籌畫。即如何而能使公債暢銷是也。果使國家財政基礎鞏固。信用深厚。則公債銷路自廣。可無待言。茲當基礎未固信用未厚之時。不得不先爲人民廣籌公債之用途。用途廣則銷路自廣。至用何術以廣其用途。則屬於公債政策。茲不贅。二條件之籌畫。公債有有利公債無利公債及有期公債無期公債之別、又有有擔保公債無擔保公債及內國公債外國公債之別。現在募債。自應用有利及有期條件。以堅信用。又募債所以整理行政、與興辦實業不同。不必附以擔保。既無擔保、則不問內國外國均可一律招募。以利用外資之輸入。三使用之籌畫、募債既以整理行政爲主旨。則使用之限制、及整理之方法成績所宜預定。如爲整理某項租稅而募集之公債。不得移作他項之用。此限制之法也。其整理之案。應預定遞年之辦法。及其應完之成績。逐一詳列、嚴定考成。以收實效。四償還之籌畫。現歐洲盛行永遠公債。由於民力富足。國家信用鞏固之故、非我國所能取法。自宜先行有償公債。而償還之法。所當預籌。考各國有行減債基金制度者。宜師其意、設公債償還局。專司其事、又公債既爲整理行政而設。其有將來可收厚利者。如整理田賦之類。應仿特別會計之例、預定將來收入增加之時。每年提出若干以供償還此項公債之用。是皆籌畫公債之要義也。如上所陳。以言制出。則酌劑財用。必以政治方準爲衡。以言制入。則增進財源。首以統系稅制爲要。財政大綱。略具於是矣。雖然、一出一入之間。必有法制焉以規範之。而後能得其當。此爲形式之財政、亦謂之財務行政。考歐洲財政制度之發達。以英吉利爲最早。大陸諸國、則肇於中世紀以還。所謂財政統一時代是也。當時統一者凡三事。一曰預算之統一。卽合地方分立之預算而定總預算之制度者。二曰金庫之統一。卽合地方分立之金庫而定中央國庫之制度也。三曰財務機關之統一。卽收散亂無紀之財政機關而定獨立之統一機關也。無論何國。凡財政制度之完備。必在立憲政體確定之後。蓋立憲則有議院審計院等以司監督財政之職。財務行政。乃有起色也。臣竊以爲我國財務行政。亟當改良者有二。一歲計法規之釐訂也。歲計法規者。定整理歲計之程式及辦法者也。其最重要者爲預算制度。各國每揭其綱要於憲法中。其次則預算之編製施行及決算等。則以法令規定。而總稱爲會計法規。此外又有國庫補助法稅法國債法徵收法官有財產管理法之類。皆屬財政法規。而與會計法規並行者。法規不備。財不可得而理也。我國財政紊淆之最大原因。由於預算之不立。預算要義。最貴統一。故以總預算爲主要。總預算編制之任。屬於各主管衙門。而統於度支部。總預算決定之任。屬於度支部。而統於內閣。各部不能自專。各省不自爲政。我國不然。部與部不相謀、省與省不相涉。各部與各省不相聯屬。既無統一之機關。又無編制之法程、於是中央十二部。則有十二部之預算。地方二十二行省。則有二十二行省之預算。不啻析一國爲數十國也。且自中央與地方之關係言之。則我國但有地方財政。而無所謂中央財政、以中央政府。無不仰給各省也。又自各部相互之關係言之。則我國但有特別之預算。而無所謂總預算、以度支部向不干預各部也。夫特別預算。本屬不得已之舉。日本特別會計。凡四十五宗。彼方引爲詬病。可爲鑒戒也。我國預算制度。中央總預算之外。應否另立各省預算。此與官制有關、將來應詳爲規定。今惟有舉全國財政。悉統於度支部。而以度支大臣綰收支出納之衝。至其事業性質特殊者。始行特別會計之制。嚴戒濫用。並將一切會計法規、迅速釐訂。以立施行之準。並將財政法規一律頒行、庶治人與治法相資爲用矣。二曰歲計機關之整理也。歲計機關有三。其一財務行政機關。有中央地方之別。中央機關。東西各國皆以屬於度支部。惟官有財產官辦實業則爲經濟行政。而隸於農工商等部。此外純以收入爲宗旨。及性質特殊者。如各種專賣局之類。則特設機關司之。而統由度支大臣監督之。故各國度支部通有之職權。可以預算事務。會計監督事務。制定收入法規事務、三大端括之。至於下級機關。則各國成例有二。一特設財務官。一委任地方官。此由於歷史地理及事務性質之不同。未可執一而論。若採因地制宜之制。則以委任地方官爲便。若採全國統一之制。則以特設財務官爲宜。大抵直接稅及森林事務。則宜行委任之制。間接稅及官辦實業。則宜行特設之制。其大較也。我國現制。除關稅外。各種租稅。純以地方官爲徵收機關。將來稅制改良。則財務官亦應分別特設。此財務行政機關之當整理者一也。其二財政監督機關。監督之別有三。一立法監督。卽議院預算之協贊也。學者稱爲事前監督。二司法監督。卽審計院決算之檢查也。學者稱爲事後監督。三行政監督，卽行政內部歲計之實行也。學者稱爲中權監督。現在資政院諮議局先後成立。而以議決預算爲其職權之一端。是已立事前監督之基礎。既有事前監督。

則事後監督之審計院。設立不容過遲。且其地位職權。必須獨立。與行政機關相鼎峙。乃能收效。至於中權監督。則凡屬財行政務。皆由度支大臣指揮。此財政監督機關之當整理者二也。其三收支出納機關。可分爲收入機關及支出機關兩項。收入機關。又分爲三。一命令機關。收稅官吏是也。二領收機關。金庫是也。三保管機關。亦以金庫當之。更有暫時領收官吏。及暫時保管官吏。以補金庫之所不及。其立法之精神。要在使領收保管。與命令之權。各自獨立。不相侵越。支出機關。亦分爲三。一命令機關。度支大臣及其所委任官吏是也。二支付機關。三保管機關。均以金庫當之。更有預支現金官吏。以補金庫之所不及。各國通例。大致若此。我國收支機關。渾而不析。州縣徵收以達於司。司受其成。由督撫以達於部。但使定額無缺。即可完其考成。至於各地方截銷報解之數。與實際徵收之數。是否相符。國家曾不過問。近年各省增設局所。銷耗愈滋。於是中央歲計總額。日有所減。而各省人民負擔。日有所加。正坐收支機關不分之弊也。蓋以命令機關而兼領收機關。於是有借端需索假公濟私之弊。以領收機關而兼保管機關。於是有侵吞公款暗中取利之弊。以命令機關而兼支付機關。於是有浮支公款。先後挪移之弊。以支付機關而兼保管機關。於是有長支短欠虧空逋逃之弊。各國懲貪之法。寬於我國。而官方整飭勝於我國。豈外國官吏皆賢而我國官吏皆不肖哉。則以外國法令精密。其官吏不惟不敢貪。且不能貪。我國法令疏闊。刑罰雖重。不惟不能止貪。而反以教貪。明制官吏坐贓一兩以上者流。而官典犯贓者歲輒數十百起。則止貪之道。固在此不在彼矣。收支機關。既圖分立。則金庫制度首須改良。現制、度支部有金銀庫之外。京師則宗人府外務部等衙門。直省則藩鹽各司糧關諸道各自有庫。其他各部院現款出入之專司。各府廳州縣徵收之櫃。皆無庫之名。有庫之實。當歐洲中葉。財政分立時。所謂官府金庫制度者。正與相類。今欲統一庫政。宜定國庫制度。設國庫長官。隆其職權。凡京外官府舊有之庫。悉改隸國庫長官。庶主計者不司現金。則侵挪自絕。典查者設有專職。則稽察匪難。至於我國國庫制度。將採中央國庫獨立之制。抑採各省分設國庫之制。亦與官制有重大之關係。所宜詳爲規定者。此收支出納機關之當整理者三也。夫財政一端。爲國家存亡之所寄。人民榮瘁之所關。重矣要矣。各國財政家之所經營。東西學者之所討論。廣矣博矣。臣學識謭陋。語焉不詳。見聞所及。粗知概要。第如所陳者。改絃更張。已屬非常而驚世俗。然而事變紛乘。緩無可緩。倘復畏難顧慮。舊貫相仍。則目前雖欲酌增歲入勢已不行。萬一事起倉皇。急需鉅款。不知何以爲計。言念及此。可爲寒心。日本蕞爾國耳。顧當甲午庚子二役。前後增稅者近一萬萬元。日俄戰役。增加非常特別稅二次。計二萬萬元以上。自非稅制改良。機關靈敏。安能一呼而集。安堵無驚也哉。要而論之。我國今日因時變而圖競存。不得不執進行主義而擴張事業。擴張事業。不得不增加國用。增加國用。不得不整理財政改良制度。是必有內閣統一政治於上。以握其綱。計臣經營策勵於下。以舉其職。然後治法與治人相輔而行。此則官制所關。尤爲重要者也。臣愚昧之見。是否有當。伏候聖明採納施行。大局幸甚。

未有知而不行者也
知而不行只是未知

王陽明語

中國紀事

滇督通告英兵侵佔片馬電文　今年各報開始。卽載有英人進兵。圖佔雲南片馬一事。此事由去臘。杪滇省諮議局。通電各報。謂英人進兵侵佔片馬。有窺伺川藏之勢。其實英人蓄志。固不僅在川藏。並欲窺伺麗維也。至其起事之原因。則言人人殊。有謂滇緬邊界。有匪黨聚英人越俎進兵代剿者。有謂去歲我國由雲南邊界。新發見一與西藏交通之路。旋卽派兵駐紮其地。英人指爲彼國領土。亦由緬甸派兵。駐紮其地。因而互相爭論者。姑無論有無其事。就令有之。亦不過藉口之辭。要其處心積慮。則久欲由北緬密芝那。進附滇北之背可斷言也、今得滇督李仲帥致各省督撫電文云。邊事危急。蒙拯救撥協、感佩公忠。仍懇從速。滇爲恃協貧省。政策。謀邊爲急。查滇緬界務。係屬中英國界。英緬目的注重打通印緬穿插藏地。關係至鉅。非僅滇邊、以前滇緬會勘僅及騰永。此誤彼爭。一隅起點。英執紫線、由高黎貢嶺上循雪山、直通西藏、持議極堅。抵牾數載。騰緬路事。蓄恨亦深。義於秋間。探悉英緬將佔片馬。進窺麗維。欲以兵力定界。

中國紀事　二

屢電外部告警。請其詰阻磋商。言之不爲不早。部中照會一次。英使復詞狡卸。事竟擱置。義屢擬派兵屯駐片馬。苦於要約在先。中兵不得過嶺。片馬爲中國世守治理地。却在嶺外。恐其藉口挑衅。惟有催部一面阻止用兵。一面迅請覆勘。乃兩說英均不理。月中竟發兵進佔片馬。設台築壘。驅逐教員。逼役土民。節節布置。前鋒兵隊數約二千以外。又在浪速一帶。用兵侵畧。蠻横已極。義迭以派兵上界巡邊。請旨併請飭部嚴重交涉。要求退兵。而後妥議。電旨慮生衝突。戒勿輕啓兵端。近奉部電云。已電交劉使向英政府直接交涉。先求根本解決。再議派勘。近日部中照會英使。竟置不復。出此原非得已。惟行於兵佔以後。惜其已遲。此時不先要求退兵。即與磋商解決。不獨國體無存。且恐愈肆要挾。解決仍難。昨復以嚴籌邊備。以爲磋商後盾。電請朝旨主決。尚未奉批。國勢積弱。內外均無可恃。一髮牽動全身。戰衅一開。兵事不僅在滇。經義雖愚。何敢不愼。維大局。惟籌備不可不預。疆臣責在守土。彼欲太奢。事關全界。斷非滇督所敢妄主。卽就滇論滇。既無守土官輕允讓割之理。尤無任聽縱横不予遮攔之勢。熟權統顧。以求兩全。朝廷之事也。盡力防禦。誓死以守。疆臣之責也。力之不濟。天下共見。是在朝廷與各部省策應援助。共保危疑。諸帥忠忱藎抱。急難與共。務求指授機宜。協力匡救。川滇唇齒。此事相關倍切。尤望次帥迅賜教示。云云。

英人要求桂省邕色航路權　桂林英領事。屢要求擴張南寧百色之航路權。並築停輪碼頭。曾經魏護院景桐。允爲查覆。乃英領又直接向北京外務交涉。頃已電報紛馳。商量對付之法矣。

陝省奏准改辦統稅　去年十一月間。陝撫恩壽。曾奏請改辦陝西百貨統稅。其大意謂陝西百貨釐金。自光緖二十二年改章。兩道併收。較前次分起稽征。繞越漸少。收數亦有起色。然如東路之大布棉花。西南路之水烟藥材等貨。仍由兩處或三處分收。未能概歸劃一。現司庫異常艱窘。亟應將全境釐捐。改照統稅辦法。俾征收不虞散漫。款項日漸加增。查通省原有釐局二十九處。擬將原設繁盛邊要地方各局。改爲統稅總局。其境地稍偏。收數較少等處。改爲統稅分局。酌設查驗分總卡。以防繞越。統計歸併裁撤。實改設二十七局。併謂由宣統三年正月起。一律改併。通照統稅章程辦理等語。經已由度支部核准覆奏。奉　旨依議矣。

直隸統一財政之實行　直隸因統一財政。已將財政總匯處各股合併爲一。歸藩司主政。運司副之。所有各股原充坐辦帮坐辦之候補道員。一律裁撤。改設各科每科設一科長。以候補知府以下任之。設一二三等科員若干。書記若干。均歸藩司統屬。藩運道各庫款項。統存於直隸省銀行。各衙門局所應領之欵。先由財政處核准。發給支票。向銀行領取。使收入與支出權限各分。不相混合。其釐金印花稅。改歸該處籌款科辦理。故釐稅印花稅兩局。均於去年終裁撤。又因各署局發款。或用行平。或用公砝平。或用京平。參差不一。已一律改作庫平。以九四折發。俾歸劃一云。

直督決行公債之原因　直隸公債票一案。不待諮議局核准。即於年終發行。此殆直督侵權違法之一證也。茲聞其原因。實由直隸新練之混成協軍餉。已虧欠至七十餘萬。軍士勢將鼓噪。若不給發。恐全軍生變。故與各銀行商定。先由直隸銀行擔任八十萬。他銀行擔任若干萬。以公債票作抵。方有的欵。然而先事不能預籌。臨事又敢於違法。不知諮議局將何以對付之。

郵傳部募債之沈滯　贖回京漢鐵路公債。由英國某公司引受。後前在倫敦發行。惟我國發行此公債時。其計畫係按照各國發行公債普通辦法。後購者寥寥。英國某公司乃出而引受之。現在倫敦市塲。因此次辦法。不照從前先例，故應募者不甚踴躍。太晤士報。日前屢有辯論。我國郵傳部及駐英公使。亦曾向該報聲明。惟倫敦股票懋遷公司。以此項公債名義上雖名爲中國政府外債。而實際上尙有未合。竊其用意。蓋欲以特別募債法責難我也。嗚呼國勢積弱財政上不能立信用。郵部雖欲倣照各國募債之成例。以期保我利權。其如人之不我應何哉。

華俄銀行改名之原因　華俄道勝銀行。改名俄亞銀行。前已由錫督電致政府。囑其轉質俄使。是何用意。茲聞該銀行之組織。現因與俄國諸札魯奔銀行合併。故改用俄亞銀行之名。查華俄銀行。創自一千八百九十六年。俄金資本二千三百四十一萬五千盧布。吾國政府入股本六百十六萬五千盧布。據千九百零八年十二月三十號調查。所有全部財產。已達二億二千五十七萬六千盧布。其中並有現金千五百八十萬四千四百盧布。貯蓄金五百六十一萬二千六百盧布。近又加入諸札魯奔銀行資本。二千五百萬盧布。又查諸札魯奔銀行。財產總額。已達一億八千六百九十一萬四千八百七十盧布。又其現金。四百七十二萬八千三百盧布。貯蓄金百六十萬七千八百三十盧布。今乃合而爲一。不幾令人可驚乎。揆俄人之意。欲以此銀行爲統一全國財政之一無上機關。而伸張其經營極東之勢。並操縱世界之商務。但不知置我國股本於何地矣。寄語後來之與人國合辦銀行者。須注意及之。

吉林邊界之調查 吉省邊界。時被外人侵佔。吉撫有鑒於此。乃派員調查沿邊界務。茲據東北路確實調查報告云。東北一隅。由俄之伯利迤南耶字界碑起。緣烏蘇里江。經松阿察河。西轉興凱湖。至黑背山西南之瑪字界碑止。斜長一千四百餘里。均與俄東海濱省接界。南面由瑪字界碑起。西南達細鱗河。過東清鐵路。至穆稜窩省。又折而西北。至甯安府之東邊止。約五百五十餘里。東半與東甯廳接界。西半與甯安府接界。由老邊起。直至涼水泉子。分水嶺。西緣牡丹江。至三道河渡江。蜿蜒而西北。經方正縣西岸腰嶺子。至松花江岸止。約六百五十餘里。由方正縣西界江岸起。東至依蘭府。再東至川富錦等縣。再東則臨江綏遠各府州以下。至耶字界碑。緣江曲折一千四百餘里。江北由黑河口中分。迤西爲黑龍江省界。迤東爲俄阿穆爾省界。此東北路鄰近俄疆之大概調查也。

延吉之反客爲主　朝鮮人之移住延吉者。自去年八月間計之。已達九萬七千一百三十七人之多。概爲咸鏡北道之人。其他茂山會寧鍾城等處人民。襁負而至者。絡繹不絕。據日本領事報告。謂自去年七月後。忽增二萬餘人。每日平均至延吉者。約有六十人。至今春三月間。當可更增二三萬人。惟中國人之總數。不過三萬餘人。日人避殖民之虛名。以朝鮮人爲前驅。願我疆吏速爲未雨之綢繆可也。

山西大學堂收回自辦　山西大學堂西學專齋。經前晉撫岑雲帥督同官紳。與該總理英人李提摩太訂立合同。於光緒二十八年五月。奏明開辦。現因十年期滿。由晉撫丁寶銓於去臘二十六日。奏明收回自辦云。

仰首攀南斗
翻身依北辰
舉頭天外望
無我這般人

世界紀事

財政修正案否決　英國政府已將財政修正案提出下院。下院討議二日。卒以對二百二十二票之三百二十四票大多數否決之。

保守黨之態度　英國保守黨領袖張伯倫於卜明港演說。聲言保守黨於新議會當極力反對上院否認權限制案。未論創設多數之新貴族。實爲違悖憲法。

海軍豫算與急進黨　英國政府本年度之海軍豫算案。定四千五百萬鎊。明年度更加五百萬鎊。議員中之急進黨員。非難此鉅額之支出案。極力反對。

英國之輸出入　英國正月之貿易額。輸入則增加六百七十八萬五千八百十七鎊。輸出則二百九十二萬七千七百十六鎊。

英皇誹謗事件　倫敦利卑列打新聞揭載記事。謂英皇未與現皇后美利結婚時。曾與某海軍提督之女爲不當之結婚。後經撿事總長及大訟師起訴。將被告拘留。當公判時。被告力請英皇出爲證人。惟高等法院長以非憲法所許拒絕之。旋以證據不寔卒定被告以禁錮十二月之罪。

德儲中止旅行　德國皇太子現已行抵加拉吉打。惟聞中國北方鼠疫流行。決將極東旅行。暫作罷論。擬即由該地乘軍艦回國。

普國人口增加　普魯士之人口最近調查。計四千十五萬七千五百七十三人。比之昨年大有增加。

飛行機之新成功　德國之軍用飛行機。以十二時間自哥特市。飛至蔑緇市。此距離約三百基路米突。

增收課稅修正案　德國之增收課稅修正案。是定君主與親王及內親王無自然增收課稅之義務。德國議會。以對百三十八票之百六十六票通過。

墺國海相之海軍談　墺匈國海軍大臣對匈牙利之代表陳說海軍情形。謂墺匈於千九百十五年。雖可有戰鬬艦十三艘。巡洋艦九艘。驅逐艦十八艘。水雷艇四十八艘。潛航艇十二艘。然此勢力實未充足。非於千九百二十年得有戰鬬艦十六艘。巡洋艦十二艘。驅逐艦二十四艘。水雷艇七十二艘。潛航艇十二艘。則殊難與各國爭衡。

墺外相之近東政策　墺國外相於匈牙利國議會。陳說自己之政策。謂彼意專欲謀土耳其及巴爾幹半島各國之平和的發展。及增進墺匈國與塞爾維亞之親密關係云。

德俄協商與墺國　墺國外相於議院演說。謂今日再與德俄接近。殊表滿足。至彼兩國於波斯問題。協商妥洽。將來必能確立波斯國門戶開放主義云。

英法之對土交涉　英法兩國政府。欲以巴達鐵道貫通小亞細亞。現已與土耳其政府開始交涉。惟德國現未參與此議。

荷蘭築城問題　荷蘭政府於普列斐京建築城堡。頗惹各國注意。現荷蘭政府聲言不論何國。有以此事爲擾亂國際的平和。提議附之協商或國際會議者。皆當拒絕。

俄國之義務教育　俄國議會已將普通義務教育案可決。

比國博覽會之損失　比京大博覽會之損失額計百四十四萬六千法郎。

波斯之財政顧問　波斯議會已決聘美國人五名。爲該國財政顧問員。

波斯藏相被刺　波斯之大藏大臣由議會返宅。途中被人狙擊。兇手已逸待緝。

世界紀事　四

墨國之革命軍　墨西哥之革命軍。於美國國境。死灰復燃。現已占據焦律治。形勢頗危急。美國爲保持中立。更派遣騎兵三中隊。

菲律賓之天災　距馬尼剌三十哩程之德路火山噴火。附近之村落被破壞者五。死傷無算。又海嘯突起。死是役者約三四百人。

日本之政局　日本桂首相與西園寺侯晤談。謂今日政府。非藉一大政黨。未易爲力。然深察政黨之勢力及其主義方針。除政友會外。實無可謀國政者。故政府決欲與政友會協同一致。共理國政。西園寺侯深韙其議。決諾其請。與之提携。

追加豫算提出　日本政府現提出追加豫算於衆議院。計賀英皇加冕之軍艦派遣費五十七萬六千百三十七圓。滿洲防疫費九萬八千圓。外務省所管居留中國之日本人防疫費三萬圓。陸軍省所管駐紮滿洲軍隊防疫費三萬八千圓。又滿洲鼠疫防遏費一百萬圓。

叢錄

春冰室野乘

明季京師俗尚

謝在杭小草齋集有與友人書。畧曰。長安二三月間。土膏變動。煖氣上騰。家家戶外溝瀆。一時翻浚。穢濤猥藉。平鋪交衢。人馬踐之。輒陷衣體。臭腐經月不消。觸鼻入喉。靡不眩逆嘔噦。浸成瘟疫。官署政事。無纖毫可經心目。而投刺報謁。置酒召客。及赴人招。日日相續。畧畧相牽。無寸隙也。在杭生當明季。所言殆與今日無一不同。

亭林先生獄事續紀

前載亭林先生兩札。畧見當時讞事厓畧。茲讀先生致山東大吏書一首。於此案始末言之綦詳。因亟錄之。康熙七年二月十五日。在京師慈仁寺寓中。忽聞山東有案株連。即出都門。於三月二日抵濟南。始知爲不識面之人姜元衡所誣。姜元衡者。萊州即墨縣故兵部尚書黃公家僕黃寬之孫。黃瓚之子。本名黃元衡。中進士。官翰林。以養親回籍。揭告其主原任錦衣衛都指揮使黃培。見任浦江知縣黃坦。見任鳳陽府推官黃貞麟等十四人逆詩一案。於五年六月。奉　旨發督撫親審。事歷三載。初無干涉。忽於今正月三十日。撫院審時。稟稱有忠節錄及啓禎集一書（元衡口供、啓禎集二本、皮面上有舊墨筆、寫忠節錄字樣、）陳濟生所作。係崑山顧甯人到黃家搜輯發刻者。咨行原籍逮證。據其所告。此書中有黃御史（宗昌即黃坦之父、）傳一篇。有云家居二年。握髮以終。以爲坦父不曾薙頭之證。有顧推官咸正傳一篇。有云晚與甯人游。有云有甯人所爲狀。在以爲甯人搜輯此書之證。不知此傳何人授稿。何人親見刻板。見在何處。此書得之何方。而就此握髮一語。果足以證已故二十餘年黃御史之不薙頭否。就此與游二語。果足以證甯人之即顧甯人。又即搜輯此書之人乎。且讀邸報。此書已於六年二月。曾經沈天甫出首矣。請畧言之。昔歙郡有陳明卿先生諱仁錫。以壬戌探花。官至國子祭酒。好刻古書。有資治通鑑大學衍義等書一十二種行世。其子濟生。亦好刻書。濟生已故。有光棍施明者。從海外來。與沈天甫等合夥。僞造此書。假已故陳濟生之名。而羅江南北之名士巨室於其中。以爲挾害之具。又僞撰原任閣臣吳甡一序。以騙詐其子見任中書吳元萊。奉 旨圈交部議。書內有名之人共七百名。內有寫序寫詩譏傷本朝之人五十餘名。合行查究。奉 旨沈天甫夏麟奇呂中。逃走之施明。未來之吳石林。及代主控告之葉大等。合夥指造逆詩。肆行騙詐。雖稱逆詩從海外帶來。茫無憑据。又云。編詩之陳濟生。久經物故。而從海外帶詩之施明。又經逃走。此等奸棍嚇詐平人。搖動良民。誣稱謀叛。以行挾害。大干法紀。爾部即將沈天甫夏麟奇呂中葉大。俱行嚴審擬罪具奏。逃走之施明。未來之吳石林。俱著嚴行緝拿。獲日一併擬罪具奏。刑部審得沈天甫等供稱騙詐吳中書銀二千兩未給。將此書出首。欲圖三品前程。按此語、則告密之人、悉膺顯官、宜乎文字之獄之日繁也、是實。奉 旨將沈天甫夏麟奇呂中葉大四人。於閏四月二十二日。押赴西市處斬。施明吳石林。緝拿未獲。今元衡所首之書。一百二十餘葉。與沈天甫之三百一十六葉者。刪去雖多。而詩即啓禎之詩。傳即此詩之傳。編造之人。卽陳濟生。其爲一書。不問可知也。恭繹 明旨。不宜曰編詩之陳濟生。而加以又云二字。又云者。據沈天甫之所云。是已故之陳濟生。 聖明猶燭其誣罔。而元衡欲以此牽事外之人。而翻久定之案。其南北通逆一稟。云據各刻本。

叢錄　四

山左有丈石詩社。有大社。江南有吟社。有遺淸等社。皆係故明廢臣。與招羣懷貳之輩。南北通信書中確載有隱叛與中興等情。或官孼通奸。或匹夫起義。小則謗毀。大則悖逆。職係史臣。宜明目張膽。秉筆誅逆。故敢昧死陳揭。逆刻種種罪。在不赦。北人之書。創我　廟號。仍存明號。且感憤乎鴟張虎豹乎王侯。南人之書。以我　朝爲東國。爲虎穴。以僞王爲福京。爲行在。北人之書。曰斬虜首。（黃培刻郭汾陽傳中、有斬首數千級捕虜五千人語、乃子儀破祿山紀功之詞、）擁胡姬征鋏嶺。（黃培詩有云、怨女金閨裏、征夫鋏嶺頭、）殺金微。又有思漢威儀。紀漢春秋。南人之書。有黃御史握髮一傳。又有起義。有舉事。有勸衡王倡義。及迎魯王浙東王上益王等事。又有吳人與魯藩舟中密語。又有平敵將軍。有懸高皇帝象痛哭。及入閩入海等事。北人之書。有舍章館詩集。友晉軒詩集。夕霏亭詩。郭汾陽王攷傳。南人之書。有啓禎集。卽忠節錄。歲寒詩東山詩史。仿文信國集子美句百八十章。其北人則黃培所刻十二君唱和序跋等人。其南人則啓禎集所載姓名籍貫。俱在刻本中。約三百餘人。是元衡之意。不但陷黃坦陷顧甯人。而並欲陷此刻本有名之三百餘人也。不知元衡與已斬之沈天甫逃走之施明。何親何故。何以得此海外帶來之書。而前唱後和。如出一手。其與不識面之顧甯人。刻本有名之三百餘人。何仇何隙。而必欲與黃氏之十二君者。一網而盡殺之。推其本意。自知以奴告主之罪。律所不赦。欲別起一大獄。以陷人而爲自脫之計。遂蹈於明旨所謂嚇詐平人。搖動良民。誣稱謀叛以行挾害者。而不覺也。天道神明。不僭不濫。今于三月四日。束身詣院報到。伏聽審鞫。至致唆陷害別有其人。尚容續布。統唯詳察。

江南布衣顧甯人頓首。

紀亭林自書詩卷

嘗見亭林先生自書所爲詩十首。其中字句。多有與集本不同者。彙錄於此。以斠同異。

赴東六首

萊人姜元衡。訐告其主黃培詩獄。株連二十餘人。又以吳郡陳濟生忠節錄二帙首官。指爲炎武(集作余)所輯。書內(集作中)有名者三四百人。炎武在都(集作余在燕京)聞之。亟馳投到。幽(集作頌)繫半載。撫院劉公審鞫。卽去年奸徒沈天甫陷人之書。(集無此十八字)得蒙(集作覺得)開釋。因有此作。

人生中古餘。誰能免尤悔。況余庸駑姿。側身涉危殆。竪窬起東隅。長鯨翻勃澥。斯人且魚爛。士類同禽駭。稟性特剛方。臨難詎可改。偉節不西行。大禍何由解。 行行過瀛莫。前途甜廣川。所遇多親知。搖手不敢言。爾本江海人。去矣自足（集作足自）全。無爲捋（集作料）虎須。危機竟不悛。下有淸魚水。上有蒼浪天。旦起策青騾。夕來至華泉。 苦霧凝平皐。浮雲擁原隰。峯愁不注高。地畏明湖溼。客子從何來。旁皇市邊立。未得訴衷情。己就南冠縶。夜半鵂鶹鳴。勢挾風雨急。廷尉望山頭。（集作枯魚問河魴）嗟哉亦何及。 荏苒四五日。乃至攀髯時。夙興正衣冠。稽首向陵（集作園）墀。詩人岸獄中。不忘恭敬辭。所秉獨周禮。顛沛猶在斯。北斗臨軒臺。三辰照九疑。可憐訪重華。未得從湘纍。 羲仲殷東方。伶倫和律管。陰厓見白日。黍谷回春煗。柔艣下流澌。輕車度危棧。草木皆欣欣。不覺韶光晚。大造雖無私。薰蕕不同産。奈此物性何。鳩化猶鷹眼。 天門詄蕩蕩。日月相經過。下闋黃雀微。一旦決網羅。平生所識人。勞苦云無他。騎虎不知危。聞之元彥和。尙念田晝言。此舉豈足多。永言矢一心。不變同山河。

王官谷

士有負盛名。卒以虧大節。咎在見事遲。不能自引決。所以貴知幾。介石稱貞潔。唐至信昭（集作昭宗）時。干戈滿天闕。賢人雖發憤。無計匡杌隉。邈矣司空君。保身類明哲。放逐歸山阿、閉門臥積雪、（集作墜笏洛陽墀歸來臥積雪）視彼六臣流。恥與冠裳列。遺象在山厓。清風動巖穴。堂坳一畝深。壁樹千尋絕。不復見斯人。有懷徒鬱切。

常熟縣耿侯橘水利書

神廟之中年。天下方全盛。其時多賢侯。精心在農政。耿侯天才高。尤辨水土性。縣北枕大江。東下滄溟勁、水利久不脩。累歲煩雩禜、疏鑿賴侯勤。指顧川原定。百室滿倉箱。子女時昏聘。洋洋河渠議。欲垂來者聽、三季饒凶荒。每與師旅倂。（集作庶微每隔幷）誰能念遺黎。百里嗟懸罄。況此戎寇餘。（集作況多鋒鏑驚）早夜常奔迸。上帝哀惸嫠、天行當反正。必有康食年。河雒待明聖、自非經界明。民業安得靜。願作勸農官。巡行比陳靖。畎澮遍中原、粒食詒百姓。

郭筠仙侍郎遺詩

郭筠仙侍郎使英歸國。奉　命巡撫廣東。未滿任。與總督瑞文莊麟及左文襄。以政見齟齬。抑鬱不樂。竟乞病歸。臨行賦四詩留別士民曰。浩刼東南未息兵。遭時我亦忝專城知民疾苦眞慚位。與世乖違敢近名。埽葉文章勤拂拭。斷虀心事劇分明。三年尺寸曾何補。孤負深宵對短檠。世事江河日夜流。古人先我有深憂。輸琛西海猶唐典。鼓擢南宮但越謳。犀首直須無事飲。鳶肩豈信有功侯。六條行部吾安放。虛擁旌麾學督郵。積雨翻成暟暟陰。刺桐拂檻影蕭森。粵臺頑洞龍蛇窟。虞苑銷沈草木林。無縱詭隨民病亟。是何濡滯主恩深。誰言脇附戈矛起。慙媿平生取友心。襄遲聞道未名家。生世波瀾豈有涯。新漲光陰過小麥。故山夢痳見秋瓜。人才邱壑違壓軌。歸計滄江理釣槎。滿目瘡痍心未展。更餘情思寄蒹葭。

京師謔聯

都下士夫最工以聯語謔人。咸豐庚申。京師失守。於時瑞相國常爲步軍統領。有某者爲撰一聯曰。三國謀臣。巴夏禮。八門提督。瑞芝山。蓋英法美三國聯軍內犯。而英酋巴夏禮。銜下獄之恨。實爲之謀主。步軍統領。俗稱九門提督。西兵從東直門入。則九門僅餘其八也。

文苑

游天童因呈寄禪上人

癭公

祇役苦炎威涼飇覓山牖天童渺何許欲往但搔首午氣勢無逭臨流聊自救一葉從所往清風與之守遠林日已沈大月皓如晝平險雙鏡動文縠千波皺螢鐙亂漁火蛙鼓催鳴漏科頭臥船唇仰面數北斗夢迎風露深一枕試曲肘驚眼明朝暾維舟已谷口僧將箯輿迎幷挾嵐光誘魚磯漿谿童麑籬立村婦山泉奮秔稻畦缺補蔬韭巖居爾何娛不識胥徑宥叢篁翳高厓呼吸涼雲受距剎尙十里山容歷如繡連峯翠逶迤聳秀失培塿高鬟恣萬態妍枝無一醜妙績赴我前一晌落輿後心知難追摹延景疲左右秀嶺忽當面萬綠入懷袖危礴巇林杪俯氣狎猿狖川原劂列罫豁若揭蒙蔀初疑靈境竭忽笑蠡測陋踰嶺闕前扃下趨落深臼一輿山所闉折旋變昏晝林靄綠如瀉界白但巖溜高松排空來蚪柯恣蟠糾數里深列衛大材足堂構睥睨數百祀儻借佛力佑豈感斤斧赦直犯風雷鬥天半萬玉鳴強聒笙璈奏渺不覩匹練但見雲气覆

文苑 二

四山青濛濛。大竹森千畝。據高此聚族。厚積非自寇。崇峯破天慳。太白鎮地紐。千厓朝所尊。肅肅誰敢友。禪關豁雄深。巖穴儼齊壽。琳宮僭霞起。秘閣銜瓊鏤。奎章先朝煥。經藏勝代有。緇徒嚴戒律。廣座洪鐘扣。寄師出家雄。異材挺天授。行脚半天下。奮髯氣抖擻。宏交盡人豪。投詩忽篋杻。思力幽扃破。高論玄穹剖。眞宰一何私。爲師闢靈鷲。噫余困塵鞅。老鶴笑顏厚。入山豈不深。信宿行太驟。歸舷袖巖雲。合眼飛泉吼。

漢上遇海豐尙書招同逢馥階觀察劉樵山別駕楊壽彤大令探江南諸山以詩

紀行十首錄七　曼陀

發船夜半月偏慳。曉起俄經數百灣。不道飯時湓浦過。柁樓忘却看廬山。

金陵木落亂鴉啼。城北城南雪作泥。火急探山眠不得。一絲寒日過青溪。

路入姑蘇分外幽。寒花嬌煞水邊樓。鐵厓獨憶傷心處。一角黃沙是虎邱。壽彤言邱久荒

壞塔當風欲語誰。金山走馬已多時。千秋玉帶無人識。惟有高宗數首詩。

夢外焦山一點青。曲江詩思太泠泠。旁人錯認劍南叟。踏雪來尋瘞鶴銘。

訪徧重巖鶴不驚。山僧携卷乞題名。夜闌未肯匆匆去。坐斷爐香待月明。

車中裁盡一甌酒看徧江南雪後山今日漢家求治急子房難得片時閒

西湖雜詩

愻　齋

殘年泛泛任虛舟也作西湖十日留卅載童心悽不返余官巷北阿姨樓（辛巳來游館于余官巷金氏姨母家今後人移湖墅矣）

游船平淺泛艖舺隔一牛鳴路轉紆消得桑蓬殘習否中流容與數鷗鳧

山僧自說賓王裔墓祭都歸處士家天壤偶然名氏紀南枝雪綻岳墳花

雪湖遊罷思月湖月來可惜雲模糊天公不請亦饒假放汝烟波充釣徒

過眼滄桑記總難酒悲萬事觸汍瀾西湖枉是銷金窟一勺誰知滄海寬（客談國債事有感）

百井澄潭水不靈龍虛龍服兩疑停楊枝一滴人天雨八部何妨隱相聽（龍井）

江門帆點夕陽明江上愁心向晚生我寄悲懷東海若要回胥種蕩蓬瀛

郎當嶺上擔郎當蜀道難窮在故鄉絕頂一迴舒望眼近收湖色遠江光（關嶺）

湖沙眇莽月冥濛可有千潭一印通輸與老人探夜壑飛來原在戶庭中（張祠小洞玲瓏幻絕借石卿冥索得之而證剛踏月不歸）

文苑 四

法語分明老衲親。慈容稽首淚沾巾。百年謫譴行當滿。歸作搬柴打飯人。

身行萬里十三州。洗脚入船浮即休。塔影山房思塔射。觀河還見昔人不。

令子身當之。以彼所施害人之計。有非子之所能料者。彼固不肯于青天白日之下而報怨。而惟是陰行詭計。以中人於不覺。且其人更不須自露踪影者也。曰子言何紆迴隱約如是。令吾難明。盡明語我。子所指者究爲何人。其結黨橫行之大盜耶。抑脅勒取財之兇徒耶。子何憚而不具告我。無已。則但令吾知其人之名氏可乎。曰吾不能言。蓋吾亦未知其名氏也。曰吾友此語眞令人無從捉摸矣。吾不能不謂子之故作難題以戲弄我也。曰子不見吾神悚氣懾之狀態乎。何乃云戲也。曰誠然。子之神色惶怯。身軀顫動。飄搖如風葉。吾亦詫遺囑之發見。何以致子惶怯不甯如是。然吾卒不解其故。子見而女驟獲巨貲。應當喜慰者。而乃聞此遺囑。反若震恐更甚於刑徒之聞執法者宣布其罪狀之時。則此中必有奇異莫測之故也。曰子既知此。何尚强吾明說耶。曰已矣。吾今不復强子。雖然。吾猶冀子之回心轉慮。自悔其拒吾力助之非計。則吾猶將有以匡扶子。吾爲子之故交子。其念之。

姌娜聞之不禁感泣。握剛騰手而無語。默思久之。乃決計曰。彼兇人之要吾緘默。畏敗露耳。吾今更不語及當時所目睹之情狀。但婉轉說其餘諸事。此賊當不甚措意。且其人但工陰賊。非光明磊落之男子。殆不過一恇怯之徒。但能賊殺弱女子。未必竟敢與剛騰抗也。則聞剛騰復言曰。姌娜。今何如矣。吾其終得藉手以左右子乎。姌娜乃應曰。恕我遲迴之咎。吾心棼如亂絲。至不暇審度事理。今承子之勸導。稍得寗謐。今具告子。曰。甚佳。此乃爲計之得者。子且寗心壹志。爲吾詳言其秘密。吾將傾耳以聽也。曰。兩日來報紙。子亦曾讀之乎。曰。吾初回巴黎。未甚留意于國家政事也。曰。雖然。子必已閱巴黎瑣事。當知數日前般提衢路有一婦人猝然而死也。曰。噫嘻。吾知之矣。非在羅甸婦家中猝死者耶。羅甸婦其人。子當能憶之。吾聞此婦則死於羅甸之香巢中。而遺軀則陳列於停屍場也。其事與子有何關涉。子且言之。曰。吾今晨經過停屍場。偶入觀之。見此婦陳屍其中。細辨之。卽迦爾尼夫人也。曰。寗有是事。以英國之貴婦人。何至陳屍於停屍場耶。又何至死於叢垢納污之地耶。曰。吾初亦以爲偶然相肖之人。或至誤認。既而審之。確知其非誤也。曰。有是哉。是誠可異。既如子言。則迦爾尼爵夫人之死。固不難證明。子但當叩記室之門。具言其實斯可矣。曰。吾不敢。爲此。吾爾時見之。惶駭已極。倉皇奔出。然猶幸吾之未曾孟浪。蓋吾歸家後。未及數刻。卽有人將一小包裹來。啓之。則見此簽匣。及匿名書函一紙。具在其中。曰。其書安在。

盡畀我閱之。曰吾已焚之矣。曰此着殊誤。蓋循此手跡。便可偵得秉筆者之爲誰也。曰已矣。子且聽之。其書畧謂今以汝女之肖像畀汝。倘誠欲汝女之壽命延長。則愼毋告人謂已身實識此死婦。但任其名氏湮沒。長埋荒塚。庶乎其可。設不肯緘默而洩露此婦之名。則汝女德理斯。將不得其死云云。剛騰曰。其書更無一語及此遺囑耶。曰無之。倘非子誤觸其開闔之機。吾終末由知迦爾尼夫人之有此遺囑也。曰付此物與子之人殆亦茫未知此。苟其知之。必不肯以篋匣畀子。蓋其人之行事如是。斷不懷好意以待子也。然子遂怵於其恫喝之詞。未免太愚。子盍公然指認此死婦。且徑呈其遺囑於當道。雖此婦稍蒙垢辱。一經指認。不免於迦爾尼阿弗爾兩家之顏面均有所傷。然此自是死者之失。其過不在子。唉。子何搖首耶。吾知子意。子殆謂此舉有辱德理斯父族之聲名。終不忍爲耳。子誠長厚矣。然若女之利益。尤當顧惜。倘子終不自言。吾願爲子代行之。子意云何。曰子若何行之耶。曰是無難。吾將徑詣停屍塲審視其屍。此婦生前既嘗涸跡於巴黎。吾則自謂昔曾會見彼其人。實爲迦爾尼爵夫人。當事者倘未敢遽信。便可請其函詢死婦親屬於英國。而證吾言之非謬也。夫人之身故既已確實。則子之呈遞遺囑。更復何所顧慮。他日而女嫁夫。至婚夕。子乃以此遺產畀之。謂其身已甚饒富。彼將不復問此巨貲之所由來矣。子謂吾之策何如。姌娜聞此。惟有點首稱善。剛騰復曰。既如此。吾當急往停屍場。遲恐閉門矣。吾不久便回。至其詳細計畫。俟今夕吾人會食時更商搉之。噫。子毋畏。吾將與子飲於僻遠之酒樓中。不虞相識者之窺見。惟子須有日介紹吾見若女。斯可矣。言畢。遂去。姌娜默計。茲舉終不免觸忤此陰險之兇徒。想彼方眈眈伺己。疑長倫或知吾輩之行事。未必遂肯干休。不禁中懷慄慄而危懼。

第五回　暮色馳驅幽居覘嬌女　天眞爛熳憨態逑情人

巴黎都會之外。有幽僻之一區。既經霜西里斯公園。復過觀象臺。乃至其地。蓋在都鄙之間也。其地有小岡阜。坡陀蜿蜒。林木葱蔚。綠陰中時見屋宇。則道旁之學校也。病院也。人家之別墅也。此處道路修闢。廣衢蕩蕩。名曰意大利衢路。可以直達鬧市。白晝時有車馬往來。岡上有小樓數楹。綠窗粉壁。外環以花圃。立園門可遠眺毘浮理河山水清幽。別饒勝概。此宅乃阿弗爾貴爵與姌娜私暱之時。購以居之者也。其女德理斯卽生長于斯。阿弗爾貴爵既猝逝于英國。姌娜貧無所依。馴至失足風月場而託其愛女于至友倔突兒居此代任教養之事。倔突兒姓博辣賓氏。貧居貌寢。自矢不嫁。夙以教授爲業。凡文史音律繪事女紅烹飪。靡不嫻習。既爲德理斯保姆。教誨殷勤。防閑周密。克盡厥職。直不啻女也。母者。女遂呼之爲阿姑。二人相依爲命。十數年如一日。倔突兒性迂謹。憎惡男子。凡涉男女愛情之書。均不使德理斯寓目。崇尙德育。平時約束甚嚴。而于姌娜之放浪形骸。轉不之怪。蓋憫其窮而無依。不得已而出此。爲鞠育其女計也。姌娜初時每晚一歸視女。久之則來復日必歸。杜門經日不出。以敘天倫之樂。歸時則仍着寒儉服。附載客之大車而來。儼然一商肆傭工婦女。女問之。則答曰身爲司帳于碧士路。圖黎爾君之衣飾肆中。且附有該肆之股本者也。蓋預爲將來積資遺女地步。俾其愛女可以無疑。德理斯遂亦深信其母之言。德理斯雖生長郊野。然饒有大家氣度。身裁亭亭。姿容美好。禀受其父英國人之氣質。喜動作。酷愛游戲。又承其母之遺傳種性。心思活潑。剛決能斷。遇事直言傾吐。毫無隱飾。其胸次浩浩落落。洵所謂貌如其心者。然性至孝。久不見母歸。輒思姌娜自往停屍場而後。知此兒徒已知其有女。慮復歸者。倘此賊跟蹤而來。將跡得其女之所在。由是不敢遽歸。適值剛騰來訪。細訴衷曲。

剛騰又連日爲謀遺囑事。而既得此石交。舊情重敍。遂致羈絆多日未歸。偃突兒見姆娜數日不來。不解其故。惟有竊訝。德理斯念母。更切憂思。雖數日不見。已不啻經年之長別矣。日者爲星期六日。薄暮。晚餐罷。二人無聊。同至園中。徙倚於園門眺望。偃突兒旋坐於休息椅上。從事編織。德理斯則或由園門奔就其保姆。或由保姆身畔奔向園門。往來趨走。輕疾有如飛鳥。園外遙望斜坡下。是爲哥維薩路。行人來意大利衢路。必由此坡而登。然此間闃寂。過客甚稀。德理斯遙望良久。忽高呼曰。阿姑速視之。一高車方止於哥維薩之路隅也。得毋阿母歸耶。否否。阿母歸來。必附載客車至站而止。然後徒步而登者。咄咄。車門啓矣。其有人下耶。噫。一夫人行也。偃突兒呵之曰。聽此夫人行自去。干汝何事。汝盍歸來安坐我側。毋瞠目久視路人爲也。曰吾非視路人也。此間固鮮行人者。吾立此遙望。欲得早數分時見阿母耳。曰而母今夕未必定歸來。曰母若不來。我將往碧士路覓之。便爲彼肆主言。謂我爲華都氏小娘。彼殆不至摽諸門外。曰汝愼毋爲此孟浪事。曰然則母何以多日不歸視我耶。曰而母殆以肆中有事。未遑歸耳。彼肆中往來人雜遝。故而母堅囑我毋或偕汝詣之。汝寧未之知耶。曰雖然。吾亦欲藉此一觀巴黎繁盛都市之人物耳咄咄。此夫人行既下車。方與御人語。若命之去也。吾意彼乃直來此間者。怪哉。何以吾母耶。噫。果阿母歸也。吾初未敢遽謂爲吾母歸來、以母首戴女帽。爲吾前此所未嘗見者。且手持紅綢傘、亦爲吾向所未見之物也、倆突兒聞之。急舍其編織物而起。欲出園門。視其信否、而德理斯已疾趨坡下。躬迎其母、倆突兒止之不及。惟有倚門遙詈。責其徒之放縱而已。德理斯亦不之顧。奔至坡下。環抱母頸。母亦抱持而吻之。德理斯曰。阿母至今始來耶。忍哉母乎。經過一來復日。而曾未一歸視我也。我盼母久不至。心殊怨望、今得見阿母歸來。幾欲逃去潛匿。致阿母徧覓。似此方足報阿母之漠視我耳。姍娜曰。汝何輕身離家門。殊有不合。以汝若斯之年齡。非復小學生徒此。更不當奔走于衢路間也。曰。使我奔走衢路。亦母有以致之者耳。母今日倘仍不歸。我且遠出而覓母。豈第如此耶。今幸見母歸來。吾復何求、母且容我攙扶。同歸宅去。母今歸來。與我儂共處。須待下星期一日。始復他去矣。其不然乎。曰。今茲未能。即夕卽須返肆中。蓋今爲月盡日。事繁待理。恐明朝來復日。亦未能偸閒來此也。曰。如此盍與我偕往。吾今者精習于會計。吾能助母矣。曰。是惡可者、兒非肆中人。苟橫來相干。主人將不悅也。兒少安毋躁。今有告汝好消息。足以稍慰汝懷。吾不日將辭職歸家。不復藉此以資生矣。曰。此語吾殊樂聞之。母今後可與我共處。自今以往。我儂更不相離。曰。與兒共處。以待兒婚嫁而後已。曰。何此便當永相依。吾觀毋今茲之服飾。便知毋將遷移其境況也。曩日服玄衣。妝飾寒儉。今衣藍色之衣。且覆草編之女帽。上有蛺蝶以爲飾。涼傘亦加緣邊。紅豔可愛。手韜直套至肘間。綉履亦以花草點綴。與裙裾同用一色緣飾。毋今較往常尤覺美好也。娳娜不禁赧顏。彼蓋方與剛騰宴。能未及變服。便順道歸來。故濃妝如是。乃强笑曰。汝何留心人之服御至於如是。倔突兒安否。數日來有何意外事耶。曰。倔突兒無恙。植物園之猿猴麋鹿亦無恙。吾固日日往視之者。阿母且告我。適來之華麗之車。其肆主之物乎。娳娜愕然曰。何處有華麗之車。曰。毋適間乘之而來者。吾見毋自車下。語其御者。未嘗給以値。便麾之去。知非僱來者也。娳娜始恍然。蓋此乃剛騰長僱之車。彼乘之而來。不虞其女立於門外。遂窺見之也。乃應之曰。此車爲一上流男子之物。彼本吾友。吾將導之來。令汝識之也。曰。果如此耶。家中從無男子蹤跡。此人若來。則眞吾家所創見也。雖尙有一老園丁。此亦男子。然彼固不足算者。母倘爲偶突兒言之。彼將不歡。其人不樂見男子者也。母女相將行。漸及園門。偶突兒方立待娲娜語之曰。吾欲與子有所密語。復謂德理斯曰。吾兒且看花去。德理斯曰。母教我他去耶。曰。汝可暫去待吾與偶突兒語畢。再來。德理斯乃趨就牆下。視其手植之玫瑰花。娲娜引其心腹故人。趨至對面之涼亭上。細語之曰。吾有要事奉商。阿弗爾貴爵之妹。今已死矣。遺囑以巨款遺德理斯。數逾二百萬佛郎。其親屬於此遺囑或不無爭論。倘須觀變而行。然德理斯固有之權利終未易剝奪。此遺貲當終爲德理斯所有。倘事果有成。子謂我以後各事當如何措理。偶突兒聞之。並無驚喜色。徑答之曰。事若成。吾將勸子作速爲彼擇嫁。曰。吾意亦如是。然德理斯殊未審己倘一諸姑今使之承襲其巨產。亦當爲彼明言之乎。果須明言之。則彼必向吾問其姑之由來。是則吾向日之所深秘不宣者。今皆須具告之矣。曰。子終須有不能不告彼之一日。惟在遲速間耳。子如今茲不欲遽告彼。則暫秘之。亦無不可。然吾須爲子譬告。觀彼近來之情景。殆有不可終日之勢。子前次歸來。吾即欲爲子言之。因見子神氣頹喪。且匆匆便去。故未爲子言耳。曰。吾因聞迦爾尼夫人之死耗。未審確否。故鬱悒如是。曰。已矣。吾今告子。子之女兒年己長成。又不幸顏容過于美好。所經行之處。人皆屬目。以是之故。吾眞不願與之偕行。亦更不敢久肩此保傅之重任也。姌娜瞿然曰。何爲者得勿有他故耶。曰。何爲不然。嘗有一男子。繞屋徘徊經久不去、曰。誰見之。曰。園丁法蘭莎見之。吾亦曾於窗間見之。然日來則已不復見。今姑勿深論。此惟吾所慮者。若女之近狀。彼殆與不知誰氏之惡少年。情根暗種也。夫何者爲癡情。斯固吾所不解。吾但覺而女邇來情況。大異昔時。常若恍惝迷離。有如醉夢耳。思爲子告其詳。子又多日不歸。吾欲自向而女究詰。又自知無益。以彼但能向子據誠相告耳。姌娜大憂。乃曰。吾立往問之。遂離却倔突兒而趨就其女。女方束花爲球。謂母曰。母不欲令我久待。愛我殊甚矣。吁。我有多少事欲爲母告。且欲請質於母。今匃母先受此玫瑰花球。是皆吾所選擇其最佳者也。園丁法蘭莎。於植物學殊有所知。彼謂此種花。其名曰大公爵查爾云。然則花亦有爵秩者乎。語及爵秩。吾又別有所憶。母且告我。何爲子爵耶。姌娜大異之曰。汝問子爵耶。曰。然。我知子爲貴顯之爵秩。惟不知是否在公侯之上耳。曰。次於斯二者。雖然。汝何爲獨以是爲問。曰。以吾識得一人。曰。汝識一子爵耶。從何識之。盍語我。來。曰。吾識之於植物園中。

●太倉中斌學堂監督兼歷辦普通震旦校務閻君冠塵服自來血之後精神倍增舊病全除之保證書

五洲大藥房主人執事敬謝者鄙人自東瀛游學因病歸國瞬將十年歷辦普通震旦校務並獨力担任創辦中斌公學一所學生日見發達一切校政敎科鄙人均有監督之責祇以舊患痰喘逢寒必發深受其累去秋在太倉中英大藥房購服自來血四瓶功效甚速鄙人素不信醫藥自服之後精神倍增日下舊病全除面部紅光大來日漸肥胖一切校務勝任愉悅爲此敬告中外學界全人之同病者庶得早占勿藥也專鳴謝悃即頌○○日祉

自來血價目大瓶二元小瓶一元二角每打二十元十二元託局函購原班回件凡各界諸君如蒙惠顧須認明全球老牌商標每瓶附有値洋一角之認眞劵一張五彩保證書一本方是眞的

●總發行所上海四馬路老巡捕房對門五洲大藥房

抄登

癆病獲救

廣東有患癆病者服韋廉士大醫生紅色補丸而獲奇效

男女老幼每年爲癆病致命者不知凡幾當夫能生新力新血之韋廉士大醫生紅色補丸之良方未嘗尋獲以前大抵以癆病爲不治之症自有此丸以來二十餘年中所救活天下各國之患癆病者已不勝枚舉矣韋廉士大醫生紅色補丸雖不能盡治一切之癆症然病根尚未深入膏肓者苟能及時服之則其奏效之速有非常之神奇者矣試觀龍君景雲一症自可爲之確證焉龍君爲廣東南門太平山四十六號太平宮蕃茱館主人嘗承來函云○五年前余身甚軟弱心殊憂急漸致口吐腥血胸甚疼痛癆病之狀畢露面無血色背常痠疼艱於行動屢欲臥床休息數日頭痛頭暈夜不成寐幾成癡癲家人見此情形甚爲驚惶急延中西醫診治試服多藥絕無效驗更覺惶急萬分醫士謂余病屬肺癆無藥可治如此情形三年之久親戚失望皆謂莫挽幸在危急之秋從友人處聞得韋廉士大醫生紅色補丸曾治癆病之患余雖無屬望然姑將是丸試之試服之後一若立見功效心甚驚異未幾頭痛胸痛吐血皆止用是連服無間精力漸增身長肌肉憔悴之顏轉爲華色此二年前事也從此百病消除身享康健之樂特誌數行以伸謝悃○觀以上所言欲使諸君注意醫治龍君之疾者乃二十餘年天下馳名大英之補血補腦韋廉士大醫生紅色補丸非若世之假冒紅補丸紅補片紅補藥水爲無恥之徒所兜售以圖漁利者所可比也

廣東龍景雲君服韋廉士大醫生紅色補丸而獲奇效

治愈龍君景雲之疾者

DR WILLIAMS' PINK PILLS FOR PALE PEOPLE

即韋廉士大醫生紅色補丸也

要買眞韋廉士大醫生紅色補丸

堅拒一切冒充隱缺假丸

此眞韋廉士大醫生紅色補丸曾治愈胸隔軟弱 腰背疼痛 臀尻痠痛 肝胃氣痛 血薄氣衰 腳氣衝心 山林瘴氣 乾濕癬癩 瘰癧疔疹 癆病初起 少年斲喪 皮膚諸症 氣管發炎 陽萎不舉 哮喘咳嗽 左癱右瘓 風濕骨痛 跳舞瘋病 以及婦女月信不調氣鬱不舒男子操勢過度吸食鴉片或因他故損傷身體者一服是丸立得強健復元之效

韋廉士大醫生紅色補丸中國各處藥局凡經售西藥者均有出售如疑假冒可直向上海四川路八十四號韋廉士醫生藥局中國總發行函購或向重慶白象街分行函購亦可

價銀每一瓶大洋一元五角每六瓶大洋八元遠近郵費一律不取

大清郵政局特准掛號認為新聞紙類
日本明治四十三年二月十三日第三種郵便物認可

每月三期逢壹日發行

宣統三年正月念一日

第二年第貳期

愛理士紅衣補丸

治愈體質羸弱胃神鈍疲承王君欽明惠來證書玉照

鄙人體質素弱食息疲倦動輒勞頓病從中來常見各報所登 貴藥廠**愛理士紅衣補丸**能療百病曾購兩瓶試服之下果然效驗如神茲祈再發半打附上小影一張亦祈列入報端以質諸同病者鑒

福州乾記洋行帳房王
欽明頓

各埠大藥房均有發售
倘內地無從購買請函
至上海四川路一百十七號總批發所購辦即班回件
郵費不加震寰藥廠啟

國風報第二年第二號目錄

宣統三年正月念一日出版

編輯兼發行者　何國楨

發行所　上海福州路　國風報館

印刷所　上海福州路　廣智書局

定價表　報費先惠閏月停刊

項目	全年三十四冊	半年十七冊	零售每冊
報資	六元五角	三元五角	二角五分
郵費	全年一元	半年五角	每冊三分
	歐美每冊七分	日本每冊一分	

廣告價目表	
一面	十元
半面	六元

諭旨

正月十一日內閣奉 上諭二月初九日祭 社稷壇遣載功恭代行禮欽此

同日內閣奉 上諭張人駿等奏蘇州等屬秋收歉薄請將應徵錢漕分別蠲減緩徵一摺江蘇蘇州等屬入夏以來霪雨連綿河湖泛漲田禾被淹伏後又復亢晴收成更形歉薄若將應徵錢漕照常徵收民力實有未逮加恩著照所請所有長洲等二十八州廳縣拋荒坍廢等田銀米震澤等七縣被淹無收田銀米宜興等二縣被淹無收田下忙條銀及漕米丹陽縣被淹無收田下忙條銀靖江縣被歉無收漕田銀米同蘆田課銀崑山等二縣拋荒蘆價田條銀一律全行蠲免長洲等廳縣歉收田條銀漕米各等項均著分別減免以紓民力餘著照所議辦理該督等即照所奏詳細開明區圖村莊頃畝及應行蠲免細數刊刻謄黃徧行曉諭務使實惠均霑毋任吏胥舞弊用副朝廷軫念民艱至意該部知道欽此

十三日奉 旨廂黃旗護軍統領印鑰著英信暫行佩帶正白旗護軍統領印鑰著都凌阿暫行佩帶欽此

十四日內閣奉　上諭度支部奏請簡直隸清理財政正監理官一摺江蘇候補道沈邦憲著賞加四品卿銜充直隸清理財政正監理官欽此

十五日內閣奉　上諭度支部奏試辦全國預算擬定暫行章程并主管預算各衙門事項分別繕單呈覽又奏維持預算實行辦法各一摺上年資政院議決試辦本年歲入歲出總預算案會同會議政務處具奏當經飭令京外各衙門極力削減浮濫各款如實有不敷必須敘明確當理由具奏候旨所以重財權示限制也茲據該部奏陳各項辦法尚屬切實著即照所議行現在振興庶政濬闢財源部臣疆臣各有責任朝廷一秉大公於此中情形久所洞悉嗣後京外各衙門務當同心協力彼此加意籌維凡經常用項應即按照認定數目酌劑盈虛慎重出納毋使有絲毫浮費遇有特別重要事件籌有的欵方准酌議追加至各省每辦一事即責成該省先籌一款款集而後事舉切勿徒託空言總之部臣專司稽核規定固不得不嚴疆臣力促進行籌備亦不容少緩要在內外互相維持各任其難以冀款無虛擲事不誤期爾諸臣其共勉之欽此

十七日內閣奉　上諭張人駿等奏江甯等屬秋禾被災請將新舊錢糧分別蠲緩一

摺江蘇江寗等屬上年入夏以後連遭陰雨湖河泛漲田禾多被淹浸收成歉薄若將新舊錢糧照常徵收民力實有未逮加恩著照所請所有被淹尤重之邳州睢寗二州縣及上元等六縣並山陽等二十六州縣廳同淮安等四衛屯田歸併各該州縣被災田地應徵上年地丁等項錢糧均著分別蠲緩其各州縣廳衛節年未完原緩遞緩各款均著分別展緩帶徵以紓民力該督撫卽照所奏詳細開明區圖村莊頃畝數目刋刻謄黃徧行曉諭務使實惠均霑毋任吏胥舞弊用副朝廷軫念民艱至意餘著照所議辦理該部知道欽此

十八日內閣奉　上諭副將用補用叅將張紹曾著充陸軍第二十鎭統制官欽此

同日奉　旨繼祿現在穿孝所管正紅旗蒙古都統著色楞額兼署欽此

十九日內閣奉　上諭張鳴岐電奏請調廣西勸業道胡銘槃丁憂陝西鳳翔府知府尹昌齡赴東差委等語胡銘槃著開去廣西勸業道缺並知府尹昌齡均發往廣東交張鳴岐差遣委用該部知道欽此

二十日奉　旨松年著賞給委散秩大臣宗華廣俊均著賞給頭等侍衛在大門上行

走欽此

同日內閣奉 上諭廣西勸業道員缺著趙從蕃補授欽此

交旨

正月十八日軍機大臣欽奉 諭旨陸軍部奏遵保江南製造局鍊鋼槍子藥水等廠出力各員分別請奬繕單呈覽一摺著依議又奏請奬滬局道員張士珩等一片張士珩著賞給四品卿銜張錫藩著交軍機處存記又奏滬局總檢查洋員哈卜們請奬寶星一片著外務部查核具奏欽此

十九日軍機大臣欽奉 諭旨左翼監督麟光奏關稅一年期滿正額無虧盈餘未能足額開單呈覽請飭部核議並盈餘銀兩應交何處一摺著度支部議奏盈餘銀兩交廣儲司欽此

同日軍機大臣欽奉 諭旨右翼監督兜欽奏關稅一年期滿正額無虧盈餘未能足額開單呈覽請飭部核議一摺著度支部議奏又奏歸還部墊銀兩一片著依議該部知道欽此

論說

僥倖與秩序

滄江

國之亂也不必其敵軍壓境候騎烽火相屬於路民騷然相驚避也不必其羣雄割據天下鼎沸相糜爛而戰也不必其羣盜滿山椎埋剽掠率土之良不得安枕也但使人人有不慊於其上不安於其職之心則社會之秩序遂破而亂象遂不可以收拾民之爲道也才智相什則卑下之伯則畏憚之千則役萬則僕自然之符也故在治世其爲十人長者必其有以長於十人者也爲百人長者必其有以長於百人者也爲千萬億兆人長者必其有以長於千萬億兆人者也夫必有以長於人然後長人則居人上而不以爲忝人有所長於我然後長我則爲之下而不敢怨社會之所以能大小相維各率其職者胥恃此也是故人有爲一官之長而我爲之屬也人有爲一業之主而我爲之從也必其人之學識有以優於我也否則其才略有以優於我也否則其閱歷有以

論說 二

優於我也否則其忠勤任事積之既久而有以爲人所敬信也我而欲其地位而欲進而與之並也則亦惟夙暮孜孜思所以濬吾學識廣吾才略厚吾閱歷或積吾忠勤以蘄人敬信而已舍此則更無他途可以自致故今世號稱治安之國其民自幼而就傅則父詔兄勉務使之能學成一業以期自立及其長而執業於社會也其僅卒業於中小學以下者則服普通庸役以自贍其已受高等教育者則或應試驗以爲各官廨之中下級學習官吏或受汲引而爲各銀行公司之中下級職員或從諸先輩之後而爲之記室其俸薪則月僅受十數金其地位則受人之指令約束而不許逾尺寸也然而莫或觖望者則以彼居吾上者所任之職良非吾所能勝易地以處則折鼎覆餗之患其遂不免吾毋寧忠於吾職迨吾於分內之事既獲乎上而信乎朋友其有奇才異能終不患無道以自表見如錐處於囊之難閟其末也夫是以一國中公私上下無不舉之職而人皆淬厲向上無已時今吾中國則大有異於是人人皆竊竊私議曰若某某者猶可以爲軍機大臣則亦誰不可以爲軍機大臣若某某者猶可以爲尙侍督撫公使則亦誰不可以爲尙侍督撫公使若某某者猶可以爲各重要局所各大公司之總

辦則誰亦不可以爲總辦若某某者猶可以爲大學堂高等學堂之專門教授則誰亦不可以爲教授吾始以爲凡地位居我上者其聰明才力歷練必有以逾於我夷考其實則不過與我等耳或反乃不如我似此而欲生其敬服之心焉決不可得也與我等者或不如我者而反居我上欲人人皆安其遇而忠其職焉決不可得也求其故而不得則曰是命耳運耳此種種迷信之所由生也夫命與運則常在不可知之數者也彼命運能如是安知吾命運不能如是於是人人生非分之求此微幸心所由生也吾先哲有言自求多福在我而已西哲亦言人恒立於其所欲立之地此最鞭辟近裏之言也若夫迷信命運者則異是以謂命運常能制我而非我所得自爲也於是乎委心以聽諸制我者則倚賴根性所由生也倚賴人則常畏人畏人則惟勢利是視而所以謟瀆者無所不用其極此寡廉鮮恥之風所由生也夫在治安之國學焉然後受其事能焉然後居其職無學無能則終身爲人役人亦孰敢不自勉今也不然不知兵而任以兵不知農而任以農不知法而任以司理不知教育而任以教育不甯惟是一人之身今日治兵明日司農又明日司理司教育不甯惟是一人之身同時治兵同時司農司

論說 四

理司教育在其人曾不問以不勝爲患而舉國亦視爲固然莫之怪也是故執途人而命之割雞則謙讓未遑者什而八九何也以吾未學操刀吾患不能也執途人而命之爲宰相爲大將軍爲方鎭爲監司守令則夫人而敢承何也舉國人共以此爲不學而能者也夫既已盡人不學而能則吾卽學焉而所能之有以加於彼者幾何卽有加於彼曾不足以爲吾身之輕重然則吾之厲於學徒自苦耳此不悅學之風所由生也無所謂職故無所謂溺職無所謂事故無所謂僨事無所謂紀故無所謂干紀人人各自適其私而已此不尊重法度之習所由生也不學而可以能溺職僨事干紀而可以無罪則人亦何必忠於厥職故相率縱情於飲食男女絲竹博奕此荒嬉怠惰之習所由生也荒嬉怠惰恒苦不給則必求自進其地位而地位之所以進不恃學不恃能不恃忠職守法而別有所恃則鑽營奔競之所由生也人人皆鑽營奔競而有限之地位終不能盡應其所求不得不排他人以自伸此陰險傾軋之所由生也傾軋不得則嫉妒之所由生也嫉妒心之初起則以施於與己偪處者而已及其蒸爲習尙而惡根性深入於人心則凡見人之有一技者必媢惡之其立身行己稍有殊於流俗者則視若九

世之仇必屠殺之而始爲快屠殺之不必其有利於己也當前適意而已此涼薄狠毒之風所由生也稍自好者稍有技能者稍忠於職務者終已不能自存於社會則亦惟頹然以自放此厭世思想之所由生也賢者既末由潔其身能者既末由用其長馴善者既末由安其業相與皇皇惴惴不知安身立命於何所卽彼寡廉鮮恥鑽營奔競嫉妒傾軋者流其用盡心血所得儻來之地亦不知被人攙奪之當在何時其皇皇惴惴常若不自保則亦無以異於人也舉國中無賢無不肖無貴無賤無貧無富而皆同此心理譬諸泛舟中流不知所屆此全社會杌隉不甯之象所由生也嗚呼今日之中國豈不然哉豈不然哉孟子曰上無道揆也下無法守也朝不信道工不信度君子犯義小人犯刑國之所存者幸也又曰城郭不完兵甲不多非國之災也田野不辟貨財不聚非國之害也上無禮下無學賊民興喪無日矣嗚呼何其言之一似爲今日言之也吾每讀此未嘗不悁悁然悲慄慄然懼也吾又知國中賢士君子與我同茲懷抱者之不乏人也雖然徒悲徒懼終已何益伊古以來一國習俗導之趨下與引之向上恆數人而已爲習俗所戰勝而不能戰勝習俗則無貴乎豪傑之士也吾觀吾國史則每當

混。濁。泯。棼。之。既。極。而豪。傑。以。興。然則。深。山。大。澤。中。蓋必。有。人。在。吾何。悲。焉。吾何。懼。焉。

時評

中俄交涉與時局之危機

滄江

一 自由行動之文牒

宣統三年正月十八日俄人藉光緒七年伊犁條約爲口實肆種種無理之要挾迫我覆答其牒文中聲言苟不饜其欲則彼將爲自由行動我國受他國自由行動之文牒此其第二次矣昔日本爲安奉鐵路事嘗以自由行動脅我我無以拒也而一切惟其所欲爲坐是世界萬國益有以窺我之不競而相率以此道加諸我俄人今茲之無狀則亦師日本之故智而已**夫自由行動非他即絕交之謂也**國與國對立各有其主權所及之領域於他國領域內而欲有所行動除條約所許之範圍外絲毫不能自由此國際之通義也於他國領域內而自由行動惟交戰時得行之故自由行動之文牒質言之則挑戰之文牒也凡國家而被他人以此種文牒相加者苟有

時評 二

血氣則不能不出於一戰而我國之決不能與人一戰則普天下所共見也此自由行動文牒之相加所以一再而未有已也

二 俄人最近對外政略之變遷

俄人之侵略主義受自大彼得歷二百餘年而至今未始有變而其進取之方嚮則其一在巴爾幹半島其二在中亞細亞其三在中國而在中國者復有二途東則滿洲西則新疆及蒙古其在巴爾幹半島者命之曰近東侵畧其在中國者命之曰遠東侵略而俄國之近東侵畧政策與遠東侵畧政策恒迭相消長此最近歷史之所明示也俄人自俄土戰爭以來狡焉日思啓於巴爾幹半島及柏林會議以後而其鋒漸挫乃一轉而向於遠東西伯利亞鐵路與東清鐵路既成方當一舉奮飛而遽蹶於日俄戰役戰敗之後而其外交上生一大變動焉則親英政畧是已俄與英本世仇其相疾視者垂百年比乃日相接近至一九〇七年遂有所謂英俄協約者出現舉數十年來相持不下之爭端互讓而解決之俄廷之主持此策最有力者則其外務大臣伊士倭爾奇

也。故數年以來。俄人集其兵力於歐境。將藉英助。以再逞志於近東。英人亦欲利用之以共敵方張之德。意志於是歐洲外交之大局。所謂三國協商（英法俄）與三國同盟（德奧意）對抗者。爲舉世之所注目。而遠東問題。反若藉以小康。此一年前之形勢也。及前年之末。奧人突然蔑視柏林條約。舉坡士尼亞赫斯戈維納二州以合併於己國。俄人殫其力之所及。欲以干涉之。而伊士倭爾奇遂爲奧相埃連達所賣。袖手而末如之何。夷考其實。則奧人全恃德國同盟之後援。當合併之議初起。德皇親貽璽書於俄皇。公然出以恫喝。俄之屈屈於德。非屈於奧也。自茲以往。俄人深有感於疏德之不利。漸卽而與之親。而歐洲外交之大勢。又將一變。去年十一月（陽歷也下同）伊士倭爾奇忽免外務之職。出爲法國公使。親英政策之張本人去。識者固有以窺俄英國交之將變矣。果也十二月。而俄德兩皇會於砵丹。俄人忽承認德人巴克達特鐵路之權利。且許其與俄之波斯鐵路相聯絡。於是俄德之新睦。益暴著於天下。**徵諸史蹟。凡俄德交驩之時。卽俄人有事於東方之時也。**況當俄日新協約方成。俄人於滿洲方面。不畏日人之議其後。而巴爾幹方面。今方漸收其鋒。波斯方面。又爲英俄協約所束縛無大展布之餘地以彼野心蓬勃之俄國其必將更求奮飛於他方面既洞若觀火矣故吾黨嘗論此事謂其影響行且及於我國而遂不料其發之竟如是其驟也

參觀拙著將來百論論三國協商之將來俄德協商之將來諸條〇編者案將來百論篇之原稿久寄到上海限於篇幅未能全文刊布今將此兩條提前登於本號可參觀

三 俄國在新疆蒙古方面之勢力

今茲之事發之雖驟然所由來實甚遠稍留心時事者當知俄人之處心積慮非一日也今得取俄國在新疆蒙古方面之勢力論其概畧

(一) 邊境鐵路　俄國以鐵路爲侵畧遠東之武器而疇昔之壓我東北部者則西伯利鐵路及東清鐵路也今茲之壓我西北部者則新中央亞細亞鐵路也今請將新中央亞細亞鐵路示其形勢

第一線　由西北利線之格爾斡驛起(在多波爾河畔)東南行經厄摩靈士克及些米巴蘭丁士克兩州以達於哥巴爾哥巴爾距伊犂僅二百啓羅邁當耳

第二線　由格爾斡迤東之阿謨士克驛起沿伊爾的蘇河經些米巴蘭丁士克州

直達阿爾泰士克。阿爾泰士克。即與我蒙古西境緊接者也。

第三線　自額爾齊斯河畔設巴爾拿威支線以東接於我境復自巴爾拿威北行達阿北河。還接西伯利線。

此三線共延長八千啓羅邁當。而其東南端皆接於我國境。其用心所在。蓋路人皆見也。夫俄國在中亞細亞之屬地。厖大遼廓。築鐵路以便其交通。原屬統治政策上所當然。不足爲怪。（俄領中亞細亞。北與西伯利亞及歐洲本境相接。東鄰我蒙古及新疆。南界阿富汗斯坦及波斯。西濱裏海。廣袤殆當德意志帝國之七倍。人口僅八百萬。全數皆奉回教。與我回部之習俗大相類。其行政區域則分爲七州云。）所異者。彼其在此境內本已有一大鐵路。起阿倫布克經塔思干迄安集延。長一千九百啓羅邁當。於四年前方始告成。今忽築此新路。殆與舊路成平行線。曾不以疊床架屋爲病。而此新路所貫之域。乃在奇爾基士之大曠原。在該境中人煙最稱稀薄。然則此新路者。就政治上生計上論之。可謂絕無價值。而彼顧乃不惜糜重帑以急就之。其目的所在。豈不昭然若揭矣乎。故當此新路之議初起也。其最有力之報館「那威阿烏黎米亞報」（此報實俄國之半官報。其所主張。各國殆皆認爲卽俄政府之意思。）論之曰。「若一旦有事於遠東。爲作戰上利便起見。此路實萬不可少」蓋已公言其目的所在毫不自諱矣所尤奇者此新路自去年三月決議起工而尅期以今年六月完成**一若專以伊犁條約期滿改訂之時日為標準者然**（此次之事變。全由改約問題。制我機先。下方別論之。）使我當局而稍有人者則於一年以前必能早料有今日之事此其徵兆之顯著固不僅如月暈礎潤之於風雨而已

（二）住民及商業　今茲爭論之地域亘於天山南北路及外蒙古之全部而在此諸地我國雖於名義上有統治權實則俄人之勢力日駸駸駕我而上試述其概其在新疆一帶俄國領事館所在地雖僅有伊犁、塔爾巴哈臺、烏魯木齊、喀什噶爾、四處而其政治上生計上之權力實奄及全部蓋俄國臣民其移住於伊犁附近各地土著以從事農業者與夫游牧於天山北路各處者其數雖不能確知據專門地理學者所調查**謂最少亦當在十萬人以上**夫俄民則曷為而相率移住於此地且曷為而得自由雜居無所於閡乎蓋伊犁一帶在中亞細亞全部中稱最饒沃其與俄屬土耳其斯坦（即俄屬中亞細亞七州之總稱也）豐确相去不啻霄壤而彼地住民

自始未嘗有國家觀念逐水草遷徙以爲常加以其種族宗教言語習俗率皆同一國籍雖異而彼此雜居可以耦俱無猜（我新疆土民與俄屬土耳其斯坦人民大半皆回族回教）而據光緒七年伊犂條約所定則明許俄民以治外法權而於土地所有權又未嘗嚴立專條以爲限制（今茲俄人要索之六條件。此即其二也。）於是俄人乃利用之日獎厲其民之越境雜居且誘吾民使入俄籍而予之以同等之權利彼既置總領事以統轄凡有俄籍之民復頒自治制選其民爲村長里長等以資統攝以是天山諸路俄國式之村落星羅棊布我官吏惟利是視且以無動爲大以是爲固然莫或一過問也此俄人勢力所由滔滔侵入而莫知所居也

其農民及游牧民則既若彼矣商民亦然於新疆省內各要鎭到處潛植其勢總數雖不可知最少亦當在一萬人以上蓋伊犂畧占其半殆五千人塔爾巴哈臺次之約二千人喀什噶爾約千人烏魯木齊烏什各數百人其他各都會

大率亦皆有數十人云。我國商業上之智識。本出人下。而邊地商才缺乏更甚。而彼多數之俄商。率皆自歐洲本境來（與農民游牧民之由土耳其斯坦移住者不同）。智識經驗。悉優於我。我與之遇。蔑不敗矣。**以故全省商權殆盡握於彼輩之手**。彼輩所輸入本省之總額。每年在一千萬兩以上。（內一半經伊犁。其他一半經塔爾巴哈臺及喀什噶爾。）其主要品則更紗鐵器陶器等。其所購致於本土者。則家畜羊毛茶葉。大率以製作品易我原料。此商業情形之大概也。

夫商業恒託命於金融機關。此稍明斯道者所能知也。我國在新疆省內。公私之金融機關。一無所有。而俄人則於伊犁塔爾巴哈台烏魯木齊喀什噶爾四處。皆有華俄銀行支店。其他重要都會。皆有代理店。我國貨幣紊亂。在省中曾無一畫一通用之交易媒介品。故俄國之盧布。與華俄銀行之鈔幣。其效力之及於彼地者。殆與國幣同視。故就政治上言之。新疆雖儼然爲我領土。**就生計上言之。其不全化爲俄國領土者。抑幾希矣。**其他若郵政電報。皆爲政治上生計上重要機關。而俄人則在甯遠城有一電報總局。線路直通其國境塔爾巴哈臺喀什噶爾皆有電報分局凡各都會皆有郵政局其設備之周密遠出我上。又如境內道路大率皆由俄人手闢自蒙古至俄東南境自伊犂至土耳其斯坦。疇昔僅有羊腸小徑足爲商家通行之路者今多成爲大道。卽如由塔城抵俄屬之些米巴蘭丁士克（俄屬土耳其斯坦七州之一。與我接境者也。）前此駱駝湍行不能成列今則砲車方軌綽然有餘實俄人所自爲也。而所以致此者率皆由我官吏放棄權責使然。試舉其一例前此由喀什噶爾西入俄境有喀喇鐵列克達坂其高實拔海一萬二千零七十尺險峻不良車馬。俄人要求喀什噶爾道使迤北經圖魯噶爾特坂別闢一道我以費無所出向華俄銀行借三萬兩充之。俄領事立與承諾且聲言此路彼此交利不敢索償以是市恩於我。此前年事也則俄人所以攬取實權之術略可覩矣。由此觀之俄人之在新疆直視之爲彼國領土而心目中殆無復中國主權蓋已久矣。

時評

其在蒙古一帶俄人農業商業上之勢力雖不如新疆之顯著然其處心積慮以圖進取則又甚焉俄本希臘教國而以佛教護法自居其於庫倫之哲布尊丹巴呼圖克圖（即所謂活佛也其勢力亞於達賴喇嘛）所以籠絡之者無所不至又愚弄達賴喇嘛而爲其國人德爾遮氏以重金運動得列職爲堪布（堪布者達賴部下之行政官也德爾遮氏俄屬中亞細亞布里逸州之人也）每年給以莫大之機密費其懷柔達賴非爲西藏也爲蒙古也彼蓋以宗教上之權術深結蒙古王公之歡心而復以金錢之力隨其後比年以來蒙古王公之負債於俄國者其數蓋不知凡幾今所播殖其穫實蓋期於後也

俄商在外蒙古一帶之勢力其進步亦一日千里據昨年所調查其總數己在二萬人以外蓋烏里雅蘇臺千四十七人葛須七百人科布多千五百八十人其附近地方四千人庫倫二千八百人其附近地方五千六百人貝加爾州一帶二千五百人其他散在各墟落者尙二千餘人云此外尙有屯駐各地小部隊之兵士定期來往之隊商與夫探險游歷者每年總在五六萬人內外而蒙古人之入俄籍者且歲不計其數（我政府前年頒國籍法嘗譯之示俄吏其意即以防此然收效僅矣）

俄人之儼視蒙古爲懷中物

固不異新疆矣

（三）兵力　俄人在新疆蒙古一帶之兵力其厖大實有足驚者其在西伯利亞一帶（即德謨士克以東）本有十一鎮（一鎮凡一萬八千二百餘人）在土耳其斯坦一帶本有四鎮及去年日俄協約既成無復東顧之憂乃將原駐黑龍江北岸之六鎮調至貝加爾湖東岸合計**俄兵之壓我西北境者其總數殆將及四十萬**去冬且以兩鎮在我庫倫地方舉行大操**瞷然若忘領土主權之誰屬也**而我國邊防言之實令人顏汗彼挾此以示威於我其如以千鈞之弩潰癰矣

四　今茲威脅之動機

俄人在新疆蒙古各處之勢其瀰漫充實固若彼乃其忽發於今日且更不從容折衝而輒出於無理之要挾者其動機又可得言焉

第一　俄人在新疆蒙古其實際上既擁有爾許勢力然名義上爲我領土則彼之

時評

施設仍不免種種障礙故特為無理之要挾予我以不能受我若與抗則彼竟藉口開釁挾大軍深入占領諸地易其主權

第二 我若悉從其請彼固無用兵之口實然其既得權既緣此確保未得權亦從此伸張益可增大其實力而收果於數年以後

第三 光緒七年之伊犂條約以今年七月二十五日滿期照例欲有改訂須於六個月前互相知照據此約文則我之權利所損本多俄人慮我提出改正條件致費唇舌乃為先發制人之計誣我以不守條約使我無復要求改約之餘暇

第四 前此安奉鐵路事件日人加我以無禮我受之而不能報俄人有鑒於此乃利用我茹柔吐剛之劣根性悍然蹴踏之無所假借

第五 俄國哥士羅夫之蒙藏探險隊與梭巴黎夫博士之蒙回探險隊皆以去年末竣事歸國其度支大臣哥哥福緇夫亦新巡閱極東而歸其進取方針於茲決定

第六 俄人侵畧之鋒前此既挫於滿洲今茲復頓於巴爾幹憤懣無所洩亟欲取

償於他方面。

第七　新與日本締結協約。其在滿洲方面。無復東顧之憂。因得專力以謀肆其西封。

第八　俄德兩皇會合之際。殆有祕密之成言。俄人於波斯方面。以權利予德。德人必有所以援俄者相酬報。俄人得此奧援。不復憚他國抗議。可以惟所欲爲

五　今次威脅之條件與其無理

今次俄國所藉口要脅之條件。吾所知者。僅據外報譯電。未嘗得見原文。要其崖略。則有六事。

一　關於增設領事者　於現有領事之外。更在恰克圖張家口烏里雅蘇臺哈密科布多古城烏拉圭庫車承化寺等處添設之。

二　關於課稅者　彼在我國境要求有徵課保護稅之權利。而謂我所須茶葉專賣制度。有悖自由通商之約。

三 關於治外法權者 彼謂我地方官吏。對於有俄籍之人民。常拒絕其受混合裁判之權。

四 關於土地所有權者 彼以我對於彼。常限制其臣民購地建屋之權利。

五 關於領事權限者 彼謂我對於其領事應行之權、動加侮辱。

六 關於界務者 俄人以泰紐拉山為滿俄分界。我則以伊西司克山為分界。

此其大概也。就中界務一項。非有專門智識。不能斷其是非。吾誠不敢贊一辭。其他各項。內中有關於事實者。其事實之有無。非可以空言武斷。吾亦非敢妄自袒護。今惟據條約原文。合以吾所知者。以證俄人要挾之無狀焉。

第一 關於添設領事者

伊犁條約第十條云。俄國照舊約。在伊犁、塔爾巴哈臺、喀什噶爾、庫倫設立領事官外。亦准在肅州即嘉峪關及吐魯番兩城設立領事。其餘如科布多、烏里雅蘇臺、哈密、烏魯木齊、古城五處。俟商務興旺。始由兩國陸續商議添設。

此約文之要點有二（其一）則將來得添設領事之地。指定五處也（其二）則應添設與否俟商務興旺後由兩國商議也今俄人要求設領事之地有九處之多全軼出於條約所指定範圍之外背約之責全在俄人實天下所共見卽在遵約應設之處仍必須以商務興旺為前提現在商務果已興旺與否此屬於程度問題彼我各執一是固無足怪然約中明云商議則其間儘有商議之餘地若商議不決以付諸海牙之居間裁判亦所宜然今俄人乃突然藉此為口實以自由行動相恫喝其蔑視國際上之禮法不亦甚耶

第二　關於課稅者

伊犁條約第十二條云俄國人民准在中國蒙古地方貿易照舊不納稅其蒙古各處及各盟設官與未設官之處均准貿易亦照舊不納稅幷准俄民在伊犂塔爾巴哈臺喀什噶爾烏魯木齊及關外天山南北兩路各城貿易暫不納稅俟將來商務興旺由兩國議定稅則卽將免稅之例廢止

我國與列國所訂約稅率皆被限制其損我主權已甚此約所規定乃至並徵稅權而無之其吃虧之大固不待論但既有此約以我國官吏之巽懦何至敢公然背棄妄有所徵故俄人責我背約以事理推之可以斷其必無者也乃觀俄人之設辭則

有深可詫者。「那威阿烏黎米亞報」。俄國之半官報也。其論著常代表彼政府之意見。今據本年陽歷正月廿八日該報所言云。該報此文發表後旬日卽有今茲之事

北京政府將伊犂及塔爾巴哈臺之茶專賣權專畀諸一新設之公司。其結果使俄人運茶之業自然中止。夫一八八一年之中俄條約（案卽伊犂條約）明許俄商以在長城外貿易之權。今該約第十二條儼然尙存。清政府乃悍然敢剝奪吾俄人之權利云云。

嘻。此卽俄人所指爲我國悖約之論據乎。其無狀亦甚矣。凡一國政府賦與其國中一私人或一法人以某種特權。此常有之事。而他人之通權。不能謂因此而遂剝奪也。他勿具論。卽以茶業言之。我國凡販茶者必須領有茶引。此卽數百年來相傳之一種特權專賣制度。俄人疇昔之運茶者。果能不轉販之於茶商而直向茶農採辦乎。又能於領有茶引者之外而別得一種自由之茶商以資交易乎。今之專賣公司亦茶引之變形而已。前此販之於領有茶引之茶商。今茲販之於領有專賣權之茶公司。兩者亦何所擇。而必是欲以違約之責歸我。其亦詖辭而已矣。

此課稅問題。所爭論者。不徒在我國之課稅權而已。卽彼國之課稅權。亦其一也。此

權限之根據則在光緒七年改訂中俄陸路通商章程之第一條其文曰

兩國邊界百里之內准中俄兩國人民任便貿易均不納稅

據此約文則在邊界百里之內不惟俄商對於我享有免稅之權利也即我對於彼所享權利亦應同等乃俄政府蔑視約文擅向我商民抽入口貨物之保護稅我政府據約與爭謂須俟今年改約後乃能議及此實吾國重友誼守信義之明證俄人既無可置辯曖昧閣置今無端乃謂我限制其自由課稅損彼主權曾亦思此非我之限制彼實乃由彼全權大臣所訂之約經彼君主畫諾而自設限制者乎夫以條約上交讓之事項而指爲友邦之侵我主權則天下萬國之主權亦安有一焉而不被侵者人之相處惟忠恕乃可久國交亦何莫不然則試問俄之所以施於我者我還以施諸彼其能受焉否也

第三　關於治外法權者

此亦爲伊犂條約第十條所規定我雖茹痛固末如之何俄人謂我侵害此權其事實之有無非吾輩所得以空言爭然前此因國籍法未頒定俄吏常誘我善民入彼

時評

籍以骫法而抗長官凡此等事抑又有不能盡爲吾咎者矣

第四 關於土地所有權者

伊犁條約第十條云按照一千八百六十年即咸豐十年北京條約第五第六兩條應給予可蓋房屋牧放牲畜設立墳塋等地嘉峪關及吐魯番亦一律照辦

又第十三條云俄國應設領事官及張家口准俄民建造鋪房行棧或在自置地方或照一千八百五十一年即咸豐元年所定伊犁塔爾巴哈台通商章第十三條辦法由地方官給地蓋房亦可張家口無領事而准俄民建造鋪房行棧他處內地不得援以爲例

咸豐元年通商章程第十三條云俄商往來貿易存貨住人必須房屋即在伊犁塔爾巴塔臺貿易亭就近由中國指一定區令俄商自行蓋造以便住人存貨

咸豐十年北京條約第六條云試行貿易喀什噶爾與伊犁塔爾巴哈台一律辦理在喀什噶爾中國給與可蓋房屋建造堆房聖堂等地以便俄商居住並給與設立墳塋之地並照伊犁塔爾巴哈臺給與空曠之地一塊以便牧放牲畜

又伊犁條約第四條云俄國人在伊犁地方置有田地者交收伊犁後仍准照舊管業其伊犁居民交收伊

十八

犂時入俄國籍者不得援此爲例。

綜繹以上各條文其嚴正之解釋可得三端（其一）俄人得建造房屋住人存貨者以商民爲限其他若農民耕地約中未嘗許可（其二）俄國人蓋房屋用之地係由中國指定給與則凡非經指定給與者應不得擅行購置管業觀伊犂條約第四條聲明在交收前置有田地者得照舊管業然則除此例外其他應皆有待於指定給與（其三）即從廣義解釋引伊犂條約第十三條中有「或在自置地方」一語作爲准其自置之據（此條中此一語。實甚突兀無根。因偏查前此各種條約。從未有許俄人在中國境內自置田地之明文也。若從狹義解釋。則此語應專指本約第四條所規定之事項而言。）則其範圍亦僅限於設有領事之地方且約文尙申言除張家口外他處內地不得援以爲例實已斬釘截鐵更無可容疑議之餘地今俄屬土耳其斯坦之農牧人民私圈田地耕住者以十萬計而商民在約定通商地段外（即領事駐割地域外）復任意占地蓋房我國官吏瞢昧孱弱漠視不較殆同默認其罪誠不可勝誅而俄

政府縱容其民使任意蹂躪條約且從而獎厲之曾是

時評　二十

文明國對於友邦之義務而宜出此耶　那威阿烏黎米亞報痛詆我新置阿爾泰州之州長謂其擅將俄民所建房屋拆毀指爲顯背條約吾誠不知該報所據者爲何種條約而俄民果以何種根據而得有建造房屋於阿爾泰州之權利也嘻天下顛倒是非之論至是而極矣

第五　關於領事權限者

俄人公牒有謂我國官吏不尊重其領事權限之一條吾未見原文不知所指者爲何事其虛實是非無自臆斷顧以吾國近年官吏對外交際惟事圓滑謂其肯悍然侮辱外吏殆爲情理所必無據那威阿烏黎米亞報有一條稱俄政府於去年派有承化寺領事就任我國官吏以未奉公文不肯待以外交官之禮該報指爲暴慢不遜吾不知俄政府今次所抗議者是否即指此事（諒未必荒唐至此耶）**如信然也則吾以爲俄人心目中眞不復知有國際法爲何物也**夫卽在伊犂條約所許設立領事之諸地猶必須俟兩國商議決定後乃能設置況承化寺

始終未嘗有議設領事之事而俄廷乃以單獨之意思突然派往而責人以不接待若是則國際條約皆成無用之長物矣復何取僕僕締結爲哉

第六　關於界務者　吾未經研究且無確實之資料供參考不敢置議

以上畧舉俄人要挾之諸點而就吾所知者以辨其誣罔實則吾於此方面之事實前此曾未能悉心研核所能道者不逮萬一其謬誤之多更所難免而要之俄人之顯然加我以無禮則章章不可掩也昔晉侯使呂相絕秦舉凡晉人違信背義之事悉反其辭以入秦罪吾於今茲俄人之通牒見之矣德故相俾士麥有言天下安有公法惟有黑鐵耳赤血耳始吾以爲過今乃信之

六　我國所以待之者如何

我國所以待之者如何嗚呼蓋難言之矣夫人以橫逆加我既至此極彼其意凡以挑戰而已**不能一戰則我固有正當之權利終無術以瓦全**然此事顧爲我今日所致齒及乎現在屯駐蒙疆之舊軍其數之寡單其內容之窳敗不

足以當敵軍之一蹴誠不俟論而所謂新軍者又未嘗有一鎮一協在邊境萬里調遣云何能致卽曰可致而此有形式無精神之新軍又可以一戰乎是故以武力擁護權利雖有國之天職而吾國今日則非惟不敢有此言且不敢出此言非惟不敢出此言且不敢動此念也耗矣哀哉

不能戰而思其次則惟有提出於萬國保和會以求居間裁判雖然是果能有效乎列於保和會之國雖數十然其對於遠東問題有發言權者實僅六國法則俄之同盟國也英則對於遠東問題與俄夙有協商者也日本則與俄新爲協約者也德則與俄交驩最新者也夫俄日俄德之間據道路所傳言咸謂其別有密約今茲俄之發難其是否先與德日有成言尚未可知若英法者宜若無他顧何以適當俄人發難之時而英法之在雲南英之在西藏乃先後迭

起而乘我謂其間無相互之關係孰能信之其超然立於局外可望其稍存直道者惟一美國亦安見其肯出死力以衛我藉曰能之以一敵五其效幾何嗚呼不能自振而希他人之我庇亦無往而不窮已耳

然則我政府之所以待之者豈待問矣其必悉棄擲我正當之權利而一切恣其所欲求也即稍進焉亦不過於一二小節勉與磋商乞其於無關緊要之節目畧爲讓步以還我體面於萬一也夫如是也則目前之暴風疾雨固可休息而政府亦得以偸安一年數月無損其黷貨怙權酣嬉歌舞之本業而俄人在西北之勢力乃益深根固蒂而不可復拔矣而他國之效尤繼起者又安知其所終極詩曰我生不辰逢此鞠凶又曰夭之沃沃樂子之無知嗚呼吾尚何言

宣統三年正月二十四日稿

編者案本文以二月初一日寄到本編輯所據近日各報所載則我政府已具公文回答今將彼我往復公文別登於本號特別紀事門可參觀

編者識

著譯　壹

預算制度概說

明水

豫算者、憲政之命脈也。無豫算則憲政精神將無所麗。故今世界中凡屬立憲之國、於豫算制度未嘗不審慎詳明也。今者、我國亦將進於立憲、而第一次之資政院、度支部亦嘗提出豫算案矣。雖在籌備之時、未可與完全立憲國比、然轉瞬即屆宣統五年國會之開、豈其遼遠、顧安可不取最重要之豫算制度、而悉心討論之、以期舉憲政之實乎。雖然、不佞於斯學造詣尚淺、且豫算不惟於一國財政關係至密、即行政、生計、亦動相牽涉、故就廣義之豫算言之、其範圍幾無涯涘、非專精之士、未易輕道、益非不佞所克勝任也。今惟刺取名家學說、擇其有關制度者、紹介於我國人、亦以副本報輸入常識之義、廣斯旨於全國人爾。若夫鈔胥稗販之誚、不佞固知悉矣。

著譯

第一 總說

世界中無論何國。苟其爲立憲政體。則論爭最劇。關係最重之問題。未有若豫算之甚者也。試取泰西諸國史讀之。專制之政何以一旦摧壞。立憲之制何以一旦成就。窮本探源其動機豈非發自政府歲計之不足耶蓋歲計不足則上之取於民也必苛苛則民怨而革命之禍終不可免於是民黨乘勢立法以限制政府凡租稅非合於民意者不許徵收政府每歲宜將豫算案公布國人然無一機關以經理之則亦徒託空言耳故以此權畀諸國會冀舉監督行政之實立憲之成實由於此此徵諸已事而歷然不爽者也然其後憲政之行非不甚久而豫算問題仍爲衆矢之的聚訟紛紜今猶如昨不特此也國運益進步財政益膨脹人民智識益發達則豫算重要之度亦與之爲比例差政治上之風潮也內閣之更迭也議會之解散也其原於豫算者蓋什而八九也

夫然欲爲一完全之立憲國民安可置此事於不問哉

雖然豫算問題其範圍甚廣今所欲論者則專就制度言之如豫算宜如何準備如何籌製如何提出如何議定一一闡明其原理而究其利害得失若其內容固從省略讀者不可以其爲粗迹而忽之也蓋豫算之要前固言之矣故制度之善否於憲政前途至爲關鍵苟制度不得其宜則豫算必膨脹豫算膨脹則經費自冒濫經費冒濫則行政必致腐敗而國會之權能日損其究也不僅不能達豫算之目的而已且致政論之

紛擾焉釀國家之大變焉是豈豫算之過哉故欲使一國財政豐裕充實有條不紊則豫算內容之宜適當緩急之度宜得中固已同時豫算籌製議定之方法亦宜整齊完美不然縱令內容出自精心結撰而以制度不備之故亦不能爲用所謂工欲善其事必先利其器也

豫算制度之重如此故各國皆以憲法規定之如豫算宜每歲議定也右院（俗稱下院）有先議權也議定之制限也豫算不成立之權宜法也皆豫算制度之犖犖大端也不甯惟是諸國又以憲法爲未足或於會計法中之一部分或特設豫算法規以詳細釐訂其制焉至於議定豫算則有議院內部所規定之議事規則以明其次第方法而此等成文法外復各有其歷年慣例亦宜斟酌蓋如是其嚴明而繁細也故豫算制度之成實由種種合成文法與種種不文法相結集和合然後底於美備也且也各國之政體國勢各國民之風尚未必悉同也則又宜參照自國之情以爲因革損益此所以豫算制度之要各國皆同而豫算制度之實各國不能無異也

豫算制度因國而殊固已然亦有共通之原則焉蓋豫算由立憲而生既已號稱立憲

則憲法上之原則不能不具備　如豫算必每歲議定右院有先議權籌製權在政府等自非例外咸宜奉爲圭臬也於此憲法上之原則外　復有財政上之原則　亦爲諸國所共有者如豫算科目不宜太細以防豫算之膨脹會計年度開始期宜擇歲入豐饒之時議會不能有增加歲出之發案權是也　要之豫算制度以國情慣習言則各國不能無異同以學理言則有歷古今中外而不可渝越之原理原則　此豫算制度所以宜比較研究也

泰西各國之豫算制度其源發之民權故與國會之設憲政之始有密切之關係西人有恒言曰總攬一國財政之人卽左右一國政治之人也又曰　立憲政體者理想也使此理想現之於實則豫算也　觀此言亦可知其國民心理之所在矣請得取歐美名邦豫算制度之起源及其特質而論之並及日本制度焉

一曰英國

英國者開國會最早行憲政最先而籌製豫算最初之國也考其所自

則人民有租稅承諾權。（人民不承諾則政府不得收稅也）遠在一二一五年約翰王之大憲章已明認之。其文曰。一切租稅以及補助金非得王國之國會畫諾。不能課之。（憲章第十二條）至一六二八年查里士王亦確認此權利而規定於權利請願第十條。然查里士解散一六三一年之國會後。從不召集。雖一六四〇年復開一次。以大失民望。故遂於一六四九年橫死斷頭臺下。而一六八八年之大革命亦種因於是。經此次革命後。英國豫算制度乃確定不移。其條文有曰。

（一）一切租稅非得納稅者之同意不得徵收。

（二）國會監督一國之財政確保承認之權。（英國當里查德二世時（一三七七年—一三九九年）議會已有議決租稅及要求提出經費豫算權至革命後始更明確耳）

（三）因議決豫算故每年宜召集國會。（前此之國會於國王即位之初召集之使明認其在位中徵收一定租稅之權利至一六八八年豫算上別經費為兩種一為永久費之性質以固定資金支辦之一為每年宜得國民同意之經費故須歲歲由國會議定也）

然觀今日英國之豫算制度。大體皆墨守舊制。即籌製豫算之權。在度支部大臣之手。度支大臣得各部大臣所提出概算書。（陸軍海軍兩部不在此例）可任意取捨。而編為總豫算。其總豫算之大別則（一）陸軍豫算（二）海軍豫算（三）陸軍工廠預算（四）各部豫算（五）收入各廳豫算之五種又有（一）年金公債之本利償還費（二）皇室費（三）文武官恩給（四）一定之獨立官（如法官之類）及公使薪俸（五）外債利息等前五種所謂支給費（Supply service）每歲由議會議決者也後五種所謂固定資金（Consolidated fund service）苟法律不變則此項經費亦不許增損故純在議會議定權之外也至彼豫算分科之法亦極粗略凡陸海軍兩部之豫算其各項中（豫算案有欵項目之分）有時竟許挪用亦他國所未聞也豫算案每年二月（指陽歷下同）提出右院由全院委員會以審察之特議歲出時則稱爲支給委員會議歲入時則稱爲財源委員會會名雖異要之皆彼六百餘之議員耳至四月上旬卽會計年度開始之前後度支大臣親至委員會中演說其財政政策歲以爲常卽所謂膾炙人口之豫算演說是也右院議後左院雖無修正權然必至八月始由君主裁可而公布之蓋豫算案約在會計年度開始後五閱月乃成立此實英國豫算制度之特奇也然自會計年度開始至豫算案成立之間國家一日不可無經費也則有所謂假支出案（Ways and means act）者以供暫時之

用眞英國獨有之制矣。要而言之。英國豫算制度。墨守舊習。不肯稍事更張。以英國人尊重秩序之精神行之。故成績甚佳。而流弊不大。雖然其制度實未盡善。他國所不可則傚也。惟豫算議定之時期。分固定費豫算與支給費豫算。議院不許有增加歲出發案權。則未嘗不可爲他山之石耳。

二曰法國

法國人民租稅承諾權。以一七八九年大革命後明認之。自頃以來。法國憲法雖頻變更。獨於此事終始如一。一七八九年六月十七日之憲法議會。其決議有曰。凡國課非得國會之自由同意。不得徵收。同年八月二十六日之人權宣言。亦明著此義於第十四條。又一七九一年之憲法。亦規定每歲召集議會。議決租稅。蓋立憲的豫算制度。於此時已肇其端也。雖然當時所最置重者。在議決歲入。而歲出不與。雖革命時之憲法。於經費一節。亦曾載在明文。謂當得國會之同意。惟彼時戎馬倥傯。財政略無秩序。故於豫算之原則。未能悉行。卽有議及者。亦僅於歲出總額。稍加討論。而分科分目之事。殆於絕無矣。後此不知幾經變革。乃成今日之制耳。

法國現行之豫算制度。其籌製之權。雖在政府。惟度支部大臣無修正各部豫算之權。其更奇者則豫算案當前一年提出如今年正月起所執行之豫算案（法國會計年度正月至十二月）於昨年正月即須交往右院。此眞各國所未聞者矣。而右院議決豫算之期亦甚遲延。多有至年度開始時始確定者。其兩院議決權與英國異。兩院平等。右院所議決者。左院得修正之。惟事實上左院常讓右院耳。其豫算全部。雖分歲出歲入。然全部皆可自由議處。不似英國之有限制也。又議員有增加歲出發案權。近年乃立法限之。至豫算案則認爲法律之一種。而豫算委員會之組織。則採制限委員制也。

法國之豫算制度。民主國之常也。其權力往往偏重右院。故種種弊害皆緣是起。而優越之點則實令人苦難尋覓。不特此也。法制之最惡者。**莫如會計年度開始期。蓋會計年度必以歲入豐饒時開始。此豫算制度之原則也。** 而法乃以之與曆年併爲一談。不亦謬哉。要之法制不惟不可學。且宜視爲殷鑑也。

三曰、普魯士。普國立憲的豫算制度之發生。與前述英法兩國稍異。其撰。蓋普無所謂人民租稅承諾權。一八四八年十二月五日之憲法。實由威廉第一所欽定。普國國會之得有豫算議決權。亦由此欽定憲法自然發生。初非有不得已之苦。人民起而要求之者也。普國前此亦嘗有類似於豫算者。如一六八八年腓力特列第三時。宰相克尼好先之所籌製。以其形式觀之。頗類豫算。然其實不過行政內部之規定。非今日所謂立憲的豫算也。又一八二一年。曾公布一種豫算表。然未嘗經議會協贊。亦與今制殊科。迨一八五〇年改正一八四八年憲法後。豫算制度乃大備。此即普國現行之憲法也。其第九十九條有曰。「國家歲出歲入每歲豫定之。而籌歲計豫算。此項歲計豫算每歲以法律確定之。」然則即以此年為普國豫算之起源。無不可也。

普國豫算制度沿革上。有一最著之變異。即由一八六二年至一八六六年之憲法爭議是也。請陳其略。一八六二年。普王威廉第一。聞其相俾士麥擴張軍備之言而甘心。以經費要求右院。右院反對者占多數。不能通過。俾士麥乃撤回該豫算案。交左院議之。竟得施行。於是大起爭論。謂俾士麥違背憲法。蓋普國憲法第六十二條。其文為一一切法律。必宜得國王及兩院之一致」而普國豫算。形式上視之爲一種法律。故違憲問題。忽囂囂於國中也。一八六三年俾士麥在右院演說曰。凡法律非得君主及兩院之同意則不能成立。豫算法亦法也。故亦須三者之同意。斯固然矣。然三者（指君主左院右院也）之中苟各持之有故言之成理。必欲始終貫徹其意見而不肯少讓。則所謂和衷共濟者。一變而爲氷炭不容。再變而爲權力相尙。今者誰握實權。卽誰實行其意見之時也。何者。國家之活動。不可須臾止息。則豈容爭意見者之長此氷炭也云云。嗟夫。俾士麥之言。可謂快人快語也矣。然以俾公之材之識之熱誠行之。又以普國當日情勢。實非擴張軍備不可。故雖違憲而其心亦爲人共諒。且卽賴此以成統一之功。孟子曰。有伊尹之志則可。無伊尹之志則篡也。斯言俾公當之矣。後普國由一八六二年至一八六六年。皆行未經右院同意之豫算。直至一八六六年始漸和解。雖以俾公之强。亦不能不求事後承諾。（事後承諾者政府行未經議會議決之法案至開議會時可求議員承諾其前此所行爲非違法所謂解除責任是也苟不得承諾則政府不能不負責而辭職也）此眞他國所未見之先例矣。

普魯士現行豫算制度。卽由彼國現行憲法。及一八九八年之會計法所規定也。籌製豫算案之權。在度支部大臣。以每歲正月。提出右院。其會計年度之開始期。則四月初一日也。右院對於豫算案。不僅有先議權而已。且有優渥之權利焉。其議決豫算案。兩院皆須經豫算委員會。而豫算爲一種法律。又議會無議決全部豫算之權。苟歲出屬於法律上私法上之義務者。則議會不得增損其歲入則不問豫算案成立與否皆得徵收。

普制不與議會以過分之權。且歲出中有一部分（即上所謂法律上私法上之歲出也）議會不能有自由議決之權。此制與法絕異。而亦普國國體有以使然也。綜觀普制。尚無大弊。而美國學者。乃謂德國議會。於監督豫算權。不免幼稚。此本因乎國情。無可相非者也。然較諸美制之弊病百出者。猶優勝萬萬乎。惟普制亦不能謂爲盡善。如豫算科目分析太微。即其一端也。

四曰。**美國**。泰西諸國。其豫算制度及豫算沿革。有與普魯士大異者。則北美合衆國是也。美之所以爲一獨立國。所以須布憲法。純由獨立戰爭之結果。此不待言矣。然其獨立戰爭之動機。實因母國英吉利。不諮詢於美洲各殖民地之議會。而妄課租稅也。緣是而華齊尼爾首反對之。次爲紐約之委員會議。皆一八六五年。復次則有一七七四年費爾特費之權利宣言。乃於一七七六年六月四日宣布獨立。而一七八三年之條約英亦公認美爲自主國。至一七八七年而制定合衆國憲法。於是乎因此民主的憲法之結果。而立憲的豫算制度。亦同時發生。

今考美國豫算制度。其最大之特色。**在使國會之右院全負豫算之責也**。議決權無論矣。即籌製之權亦在右院。合衆國雖未嘗無度支大臣。然度支大臣之對於豫算。惟有財政報告。以供右院籌製豫算之資而已。其審查豫算之委員會亦與諸國制度不同。不僅歲出歲入各異其委員也。即歲出各項中。又各從其類而分爲數委員會焉。是亦美國所獨有也。至對於豫算案兩院之關係。則憲法本規定左院有修正權也。

竊嘗論之。美國豫算制度。最帶民主之色澤。故不免有議會專權之譏。雖然。一國之法制。與其立國之沿革。動生關涉。縱令豫算制度。弊害叢生。然其害苟因憲法而起者。則欲根本匡救。其道甚難。惟宜有法以緩和其弊耳。苟弊害而與憲法了無相關。則所謂

傷及國體之事無自而生是眞宜變易舊制而不可膠柱以求也如美之委員會分立一事是已

要之豫算制度於民權發達之國其弊殊多蓋動卽恃勢以逞其專恣也 **如人人能有交讓之精神以互相節制**則自可利餘於弊若英國者正立憲國民絕好之模範矣畢竟一國之制度其善美與否 **不在法而在人** 古訓所以有治人之說也他制且然況豫算於政治上有重大之關係者乎

五曰、**日本** 日本古代亦無所謂豫算也有之自彼明治變法始其沿革甚繁不及贅述惟彼初辦之時事屬草創未有可觀至彼明治十八年公布歲出入豫算條規二十一條後復詳定籌製豫算之法及分歲出歲入科目爲款項目節之四項而各款項所定之額以禁止挪用爲原則豫算制度之體裁至是始明備也

日本豫算制度與泰西諸國最異之點則不以豫算案爲一種之法律也故其憲法第六十四條但言「國家歲出歲入歲編豫算經帝國議會之協贊」而已此於豫算學

理尤適合。不可謂非日制之一特色也。至籌製豫算之權。亦在政府。據彼會計法第二條所載。則租稅及其他一切之收入。名爲歲入。一切之經費名爲歲出。但歲入歲出必宜編一總豫算。雖然其特別會計。及追加豫算。則會計法所定。編之於總豫算之外。而今日日本之特別會計。其數在三十以上。皆各成一豫算也。

至其籌製豫算之次第。則各部大臣。歲製一歲入歲出概算書。送交彼所謂大藏大臣者。（日本大藏大臣即吾之度支部尚書也）而大藏大臣。得此概算書後。對照整理之。製一歲出入總概算書。而提出於內閣會議。經內閣協議後。乃決定其額。各部大臣即據內閣所議定者。別製一各部豫定經費要求書。大藏大臣則製歲入歲出總豫算案。復經閣議。然後提出議會。其閣議所決定之總概算書。多在十月十一月之交也。

日本豫算案形式。大別爲歲入歲出兩種。更分爲經常部臨時部。其歲入則直分款項。而歲出則先分各省所管。然後分款項也。款項者。議會所議決之科目。不能彼此挪用者也。有因行政上便宜之故。而於項下復分目分節者。豫算則無此區別也。款之分類。多因官衙別之。項之分類。多因事項別之。至其會計年度。則以每歲四月朔爲開始期。

議會之開。以三個月爲常。故恒例必於十二月中召集也。其豫算議定權之範圍。憲法載有明文。凡皇室費、繼續費、(繼續費者如國家定修一大戰船須五年竣工其經費則自第一年議決後不能忽爾增減也)以及憲法第六十七條之經費。在自由議決範圍之外。所謂憲法第六十七條之經費者。則既定費、(憲法上屬於君主大權諸事項所生之經費是也)法律費、(前此法律條文中所規定之經費如議院法中所言之議院經費是也他例是)義務費也。(如公債利息及其他私法上契約所生之經費是也)其範圍極廣。款額幾占歲出之一大部分。凡提出豫算時。大藏大臣必有說明演說。而右院則以二十一日爲期。交豫算委員審查其豫算。委員之數。右院六十三名。左院五十四名。兩院議決權雖復相等。然右院常有先議權。與各國同。豫算案既經兩院議決後。則由君主裁可公布之。豫算不成立之時。可施行前年度之豫算。亦日制一優點也。上所述者。各國豫算制之大凡也。其長短得失。論斷固甚粗略。請自此以下。分篇詳述之。

(此章已完)

宣統三年上元稿

著譯 弍

歐洲外交之大勢

繫匏

一 三國同盟

德墺之對外政策。邇來互相倚助。協力進行。此固兩國之利害關係使然。而其影響，遂波及於歐洲政界之全局。昔年以摩洛哥問題。開會議於阿遮斯拉。德藉墺援。至占優勢。迨千九百八年之末。墺國蔑視柏林條約，合併波士尼亞赫斯戈維納二州。各國雖力抗異議。而卒莫敢誰何。亦全恃德國爲之後援，克飽所欲。當時德皇威廉二世之漫游維也納。不憚公言於衆。謂朕磨刃以須。以立於墺國之背後，故雖以梟悍猛鷙之俄。亦不能不忍氣呑聲。俯首相讓。雖今日墺國之舞臺。實爲皇嗣腓治男及外相伊靈打所左右。力自振奮。不甘爲德之奴。然其對外關係。則固樂利用彼此共同之利害。引德以爲援。故其同盟之固結。當有加無已。實可斷言也。

至德墺意之關係則又何如乎近數年間意大利傾其全力以固東境之防既大增亞德里的海上之海軍力復於東北國境不惜耗糜鉅款以建築要塞即於卑尼士及勃林直薛諸港之防備亦不遺餘力其腐心併力以經營此軍備者非防他國乃防其同盟之墺也而墺國深察意大利之用心亦肆力於軍備之擴張以相頡頏夫以同盟國而猜疑嫉視至於此極雖曰至奇然繹其原因殆無足怪蓋北意之人民於意大利獨立以前久爲墺壓呻吟痛苦莫可言狀歷史上之怨恨迄今弗衰此一因也其第二因則墺意之間爲此「大意大利主義」久生嫌怨彼二國者於前數十年間已互相轢軋幾等世仇訂結同盟本非所欲只意國以與法爭北亞非利加之焦尼士切齒法國特求同盟於德以爲對待然當時德墺實爲同盟以聯德故不能不與墺結故即至同盟成立而後彼兩國人民爲此「大意大利主義」所生之敵愾心比之曩日未嘗或熄也其第三因則關於亞班尼之西部及亞德里的海之爭三十年來意大利之狡謀日注於亞非利加之北部其最垂涎者則爲焦尼士然卒爲法所攘奪志不得逞鑒此失敗作亡羊補牢之計遂東其馬首以向於歷史上經濟上及軍事上有絕大關係之

巴爾幹半島於斯時也意大利既欲雄據亞德里的海以歸其勢力範圍勢不得不於其東岸之亞班尼防他人之侵畧然墺國國情適當其反彼爲發展其海上之勢力斷不容意大利於其最重要之亞德里的海及亞班尼有所覬覦即如墺國最近之合併波赫二州其長驅南下以圖巴爾幹之野心已所共見雖墺意互約維持巴爾幹半島之現狀暫保平和而兩國之嫌隙自此日深矣

意大利既與其同盟之墺國爲劇烈之爭而自十九世紀之末意已棄亞非利加而謀巴爾幹半島則其聯德敵法之政策已成贅疣且主張排法之克利斯卑旣死意國之對外政策一變及千九百二年關於地中海之協商意國遂捐棄前嫌與法握手英爲舊好固無俟言卽關於巴爾幹半島問題俄國亦深察時局樂與提携是意國政府之外交表面上雖極力維持三國同盟然實際已轉而爲三國協商矣且其國輿論亦力斥三國同盟之非當千九百八年之議會其反對黨疾聲大呼謂以戰爭脅我者意大利之同盟國也以詭謀陷我者意大利之同盟國也三國同盟固不能與意大利以何等之利益實亦不適於歐洲之現勢故我等不急脫離將貽噬臍之悔然意國政府以

同盟若解則意墺之關係尤苦於調和且遽爾破壞三十餘年之歷史至使歐洲勢力均衡之基礎忽至動搖仍非己國之福故有所瞻顧不敢明目張膽遽生異議也是三國同盟將來於形式上卽可保持然同盟之性質已異曩昔卽謂為德墺同盟亦非過言也

二　三國協商

鐵血宰相俾斯麥統一德意志後之守成事業以擠法國於孤立為唯一之目的迨至二十世紀德國竟受擠法之報反孤立而無援三國協商者卽英俄法為對德勢力均衡而成立者也英國之蘭士打雲及法國之的卡撒謀此最與有力彼二人者既先後去位重以英皇愛華七世之崩逝三國協商更失一元勳論者疑此協商或將解體雖然三國協商非因人而成立乃應時勢而發生三國咸感其必要固未易遽爾動搖也當英法協商之始頗為世疑然其效力一試於日俄戰爭再顯於摩洛哥問題三見於最近之土耳其問題勢力之偉至聳天下之觀聽此外英俄邦交自千九百七年之協約成立以來已表親睦迨翌年兩國君主之會晤而二國政策之一致至見於近東問

題矣。

論者或謂英法協商。可一進而爲同盟。以爲德抗。此實闇於時局者之言也。夫德爲英法共同之敵。持此論者當執此以爲理由。不知法國若與德搆兵。勝敗之數。決之陸戰。以今日英國之陸軍。其於陸上。終不能爲可恃之同盟國。蓋英國之陸軍。養兵既少。且其價値遠非歐洲大陸陸軍之敵。故英國若非步武大陸各國。採用强制兵役之制。其毫無爲法同盟之價値。不待智者而知也。若就英國而論。法國近日雖極其國力。以謀新海軍之擴張。微論其完成之日。渺渺無期。即令計日程功。如期成立。然以英國海軍之高視濶步。恐未肯卽謂法國之海軍爲可恃也。設一旦英德互逞干戈。藉法國陸軍之力。以補英國軍備上之缺點。於英固有大利。英人仇德之心。於利害上感情上。均數倍於法。故英人之希望變協商而爲同盟者。遠過於法。然法人較量得失。熟權利害。恐未必遽肯相從。故歐洲之政局。苟非根本上之變更。英法兩國之關係。當至協商而止。更難有所附益矣。

三　三國同盟對於三國協商

著譯

英德交惡。實始於千九百一年英皇愛德華七世即位之頃。其交惡之原因。雖複雜異常。然其主因實由德國欲奪前世紀以來英國所占政治上殖民上經濟上之勢力。而爲己有。德皇蓄謀既久。故時號於衆曰。德國之將來實在海上。於是千八百九十八年首行第一次之海軍政策。迨千九百年九百六年九百八年。三回擴張。近復以大擴張案提出議會。併力經營。殆有日不暇給之勢。故英國爲維持帝國之地位。萬不能熟視無睹。自千九百五年以迄今日。卽自由黨內閣亦謂對德國防之不可弛。此其集艦隊之精萃於北海。更於此方面增築軍港之所由來也。彼自由黨內閣向以軍費過鉅苦累國民。素主限制。屢以此問題與德交涉。而德人不應。昨年二月。英皇特至柏林親晤德皇。以圖英德之調和。亦以失敗終。故英人之嫉視德國益甚。而恐怖之心。亦與嫉視之念同率而增。現內閣首相愛斯葵士。靜覘國勢。俯察輿論。遂宣言維持英國素所抱持之二國標準主義。誓應德國最近製艦力之進步。以相抗衡。邇來英國士夫。非無持偏宕之詞。急激之見。謂與其竭精殫力以競爭軍備。不如冒險犯難。乘德國海軍羽翼之未成。加大打擊者。然英國之不能與德一決雌雄之故。非軍備之不充。乃國勢之所

六

限蓋島帝國中農業上之生產既頗缺乏苟有兵事勝敗問題只居其次而食料及工業之原料供給上實感非常之痛苦況有南阿戰爭之經驗戰爭影響及於經濟之可畏爲國人所銘心鏤骨者哉不甯惟是英若與德戰幸而獲勝固可喜也苟一失敗則海上之威權掃地而盡帝國之瓦解實在意中且卽令稱雄海上而不有強大陸軍之英國終不能長驅直入以搗德國之中堅是戰爭之目的終不可達此主戰論之所以可坐言而仍不可起行也英爲守成之國而德爲進取之國進守之勢既異英國對德之外交所爲煞費躊躇者職此故也

法之對德則又如何夫十九世紀之末法蘭西之海軍實占世界之第二位當時俄法同盟足以敵英綽有餘裕不幸今日百事廢弛既無雄飛海上之偉圖只立於防禦之地位且以人口之增加率逐年低減即其向可一戰之陸軍衡之德國亦多媿色雖國勢之盛衰本難逆料然此十年間法之不敢與德搆釁實可斷言也

至若俄國自日俄戰爭後瘡痍雖已漸復且以有日俄協約與英俄協約雖可舉其兵力集中於歐境然彼於近東遠東野心勃勃別有所圖於歐洲之天地初無試大飛躍

之餘暇且其海軍波羅的海之勢力已一掃而空卽於黑海方面比之土耳其猶恐不及此後之俄國不至守退嬰主義已屬厚幸遑暇與德相角逐耶

由此觀之三國協商比之三國同盟其勢力不可謂非稍絀觀於最近之外交如巴爾幹半島問題及波赫二州之合併卽其試金石也夫波赫二州之合併實蹂躪柏林條約之一部彼與該約有關係之英法俄三協商國特開列國會議研究此問題墺雖贊成會議之開然力拒將合併問題付之列國會議遂與俄國大生衝突當時德國非獨與其同盟以外交上之援助且集中兵力於俄國國境示俄國若越墺境則德將直衝波蘭然者德皇復貽璽書於俄皇公然出以恫喝俄皇亦終爲其所屈忍辱受命至留所謂千九百九年之屈辱於俄史而不可滅磨卽如最近土耳其問題亦足以窺三國同盟對三國協商之一斑土耳其革命以前土國政府惟德墺之言是聽其勢力本非他國之可比及革命既告成功青年土耳其黨力親英法且墺國合併波赫二州於土國革命之進行頗與妨碍故德墺對土之勢力忽至失墜及駐土之德國大使麥沙爾鼓其蘇張之舌以行其狡謀遂令土國政府卒遠英法而與德親善卽土耳其及羅馬

尼亞軍事協約之成立。德國運動之力。實居其半。故此後巴爾幹半島德墺勢力之發展。正未有艾也。

俄國既知三國協商之不足以抗三國同盟。於是對德之外交。亦爲之一變。俄國之外務大臣伊斯倭爾奇者。以三國協商爲俄國外交之基礎者也。後鑒於種種失敗。遂復取聯德之策。去年十二月俄皇特於砵丹訪問德帝。協議巴克達特鐵道聯絡將來俄國敷設波斯之鐵道。曩者俄以巴克達特鐵道非獨於哥卡沙士妨俄國之利益。且與積年俄國所計畫之波斯鐵道利害實相衝突。故於德國斯議。久以直接間接阻其進行。今僅以兩皇會於砵丹之結果。微獨不反對此路之敷設。且贊成波斯鐵道之相聯。其中交涉雖非外人所可遽聞。然俄國之讓步。實可爲親德之明証也。英國從來亦以此鐵道於中央亞細亞妨碍其本國之地位。故德俄協商最所不喜。然數月以來未聞異議。殆亦迫於事勢有不能不讓步之故存其中歟。是德俄二國之新協商。卽謂德國外交之一大成功。殆無不可。然三國同盟與三國協商二者之間不能保其勢力之均衡。亦可概見矣。

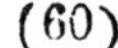

著譯

十

文牘

度支部奏試辦全國預算擬定暫行章程並主管預算各衙門事項摺

奏爲試辦全國預算擬定暫行章程並主管預算各衙門事項。繕單恭摺具陳。仰祈
聖鑒事。竊維憲政籌備理財最難。國會提前。預算尤急。上年正月間。臣部以試辦宣統三年預算。酌定冊式例言。奏請　飭下京外各衙門。依式填註。業經臣部彙齊覆覈。編定歲入歲出總分各表。由內閣會議政務處交資政院覈議。照章會奏。奏　旨欽遵在案。伏查上年試辦預算。事屬創始。本難遽言完備。然因清理而漸得贏虧之實。亦由練習而始知條理之疏循。是以求改良。誠惟臣部之責。臣等督率員司。詳加研究。約舉辦法。其要有三。一爲規定行政之統系。上年爲試辦各省預算。故以一省爲一統系。本年爲試辦全國預算。當合全國爲一統系。各國歲出預算。皆以行政各部爲綱。以事爲目

唐宋會計錄。分析軍民。用意略同。現擬歲入各類。均歸臣部主管。以符統一財權之義。其歲出各款。則遵照欽定行政綱目。以所列各部爲主管預算衙門。凡各省應編國家歲出表冊。皆分別事項。造送主管預算各衙門。覈定編製。而仍以臣部總其成。此外在京各衙門。亦仿各省之例。以類相從。造送主管預算各衙門覈編。其關於　皇室事務各衙門預算分冊。仍暫送臣部彙編。俟　皇室經費確定後。卽專歸內務府主管。如此則全國用款。展卷瞭如。而支配統計。亦不致漫無憑藉。一爲暫分國家歲入地方歲入。中國向來入款。同爲民財。同歸國用。歷代從未區分。卽漢之上計。唐之上供留州。但於支出時區別用途。未嘗於收入時劃分稅項。近今東西各國財政。始有中央地方之分。然稅源各別。學說互歧。界畫既未易分明。標準亦殊難確當。現既分國家地方經費。則收入卽不容令其混合。業經臣部酌擬辦法。通行各省。列表繫說。送部覈定。並於預算冊內。令將國家歲入地方歲入。詳究性質。暫行劃分。仍俟國家稅地方稅章程頒布後。再行確定。一爲正冊外另造附冊。預算原則。必以收支適合爲衡。周官九式。義主均財。蓋必驗其盈虛。而後可施其酌劑。中國現在庫儲奇絀。故經常之款。必有定衡。而新政一切要需。亦未容預爲限制。此次所擬辦法。於編製總預算案之先。將歲出與歲入。酌量支配。以待內閣會議政務處協商。至新增特別重要事件應籌之欵。則另編附冊。隨同正冊造送。而區分緩急。覈覆准駁。仍由主管各衙門。與臣部分別辦理。蓋正冊取量入爲出主義。以保制用之均衡、附冊取量出爲入主義。以圖行政之敏活。此則立法之微意。用權之苦心。當爲內外官民所共諒者也。要之預算法繁事重。决非旦夕所能完成。考英法普等國之有預算。皆遠在百年以前。非隨憲法而起。而普國國會旣開之後。猶有所謂黑暗預算時代。近漸精審。尙遜英法。况普國之國有財產。占歲入之九成。英法之法定款目。過總額之強半。現當圖始之初、原少固定之款。不難取資彼法、要貴適我國情。臣等竊本斯恉。謹酌擬試辦全國預算暫行章程二十八條。特別會計暫行章程九條。並規定主管預算各衙門事項。分繕清單。恭呈　御覽。伏懇　飭下京外各衙門。自本年起。一律遵辦。臣等仍當體察情形。隨時修改。以期完備。所有試辦全國預算。擬定暫行章程、並主管豫算各衙門事項緣由。理合恭摺具陳。伏乞　皇上聖鑒訓示。謹奏。

謹將酌擬試辦全國預算暫行章程繕具清單恭呈御覽 第一條 自宣統三年起試辦全國預算悉按照本章程辦理 第二條 各省應編國家歲入預算報告冊地方歲入預算報告冊並比較表送度支部限於四月十五日以前送到 各省文武大小衙門局所應編造國家歲入地方歲入預算報告分冊並比較表限於二月初十日以前送清理財政局彙總編製 第三條 在京各衙門及所轄各處直接徵收之款應編造預算報告冊及比較表限於四月十五日以前送度支部 第四條 度支部彙齊在京各衙門歲入預算表冊及各省各邊防送到國家歲入預算表冊覈定編製全國歲入總預算案並將上年預算歲出總數冊咨送內閣會議政務處協議分配奏飭各主管預算衙門分編歲出預算報告冊主管預算衙門如下 外務部民政部度支部學部陸軍部海軍部法部農工商部郵傳部理藩部 第五條 各省應編國家歲出預算報告冊地方歲出預算報告冊並比較表按照各主管預算衙門所管事項分別咨送各該主管預算衙門並將全分表冊咨送度支部統限五月十五日以前到部 各省文武大小衙門局所應編造國家歲出地方歲出預算報告分冊並比

較表限於三月初十日以前送清理財政局彙總編製　第六條　在京各衙門應編造歲出預算報告分冊及比較表按照主管預算衙門所管預算事項限於五月十五日以前咨送各該主管預算衙門主管預算衙門所管事項另行規定　第七條　各主管預算衙門應將京外送到該管事項國家歲出預算表冊連同本衙門及所轄各處歲出經費按照內閣會議政務處協議分配之數覈編所管歲出預算報告冊及比較表限於六月底送度支部　第八條　度支部彙齊各主管預算衙門所編歲出預算報告冊及本部所管預算報告冊編製全國歲入歲出總預算案奏交內閣會議政務處覈議後送資政院議決　第九條　主管預算衙門因新增特別重要事件致所管預算歲出之數不能適合於內閣會議政務處協議分配之數另編歲出預算附冊限於六月底送度支部一併奏交會議政務處覈議後送資政院議決　第十條　度支部將各省送到地方歲入歲出預算報告冊覈對後電咨各省編製地方歲入歲出預算案送交諮議局議決仍將議決全數咨報度支部並按　第五條分咨各主管預算衙門　第十一條　各省編製地方預算案如歲出之數逾於歲入之數另籌本省

地方歲入經度支部認許後得連同地方預算案提交諮議局議決　第十二條　海關常關之歲入歲出應由各省清理財政局另編造預算報告册及比較表按限送度支部　第十三條　凡京外一切撥款領款協款解款均係重收重支應另編專册按照額收額解之數及近三年實收實解之數詳細開列並將案由逐款聲叙隨同歲入歲出預算報告册送度支部覆辦　各關解款協款均照前項辦理其解本省之款並作爲協款　各省鹽務款項除由行鹽省分自行徵收之釐捐加價等項應列作各該省歲入外其由產鹽省分及鄰省代收轉解之款各該省應各列專册若係產鹽省分統收分撥者應即作爲協款　第十四條　預算歲入歲出各分經常臨時兩門按照此次所頒册式詳細編訂分類說明大概情形其款項子目應說明經費所需之理由註於摘要格內　第十五條　凡預算之收入支出有定額者照定額預算無定額者用推測方法以三年間平均之數爲標準其有應增之歲入歲出不能用推測方法者得酌量估計並申明估計之理由　第十六條　預算册內出入各款暫按照各該處原收原支平色折合庫平足銀一俟新幣發行即按照幣制則例折合國幣計算銀以

兩爲單位國幣以元爲單位　第十七條　京外衙門在宣統二年以前借用國家公債地方公債業經奏准有案者如係未經足收准將應收之數列入歲入臨時門如應分期攤還或定期償還者亦准將應付本利列入歲出臨時門　第十八條　預算表冊所列款項均應滿收滿支不得將出入數目互相抵除　第十九條　歲出預算遇有廉俸公費餉乾役食之類應註明員數名數及每員每名月支之數其有採辦工程等項應將工料價值分別註明　第二十條　凡例應減平減成之款應按實數估計仍於摘要格內註明額支若干扣減若干以備查核　第二十一條　京外各衙門所辦事項須繼續一年以上者應預定每年支出之額並將繼續費總額註於摘要格內

第二十二條　主管預算衙門有必須編製特別預算時在會計法未定以前應按照度支部所定特別會計暫行章程辦理　第二十三條　度支部得就國家歲入情形酌設中央及各省預備金額編入總預算案　第二十四條　京外各衙門收放本色米穀豆草等項應另編預算專冊及比較表隨同正冊送度支部並將支放本色表冊另造一分咨送主管預算衙門　第二十五條　預算歲入歲出比較表暫以奏定

宣統三年預算之數列爲比較　第二十六條　京外造送各種預算表册惟雲南貴州四川廣西甘肅新疆六省得較本章程第二條第五條到部定限展緩十五日　第二十七條　各邊防將軍都統大臣應編歲入預算報告册及比較表限於四月十五日以前送度支部歲出預算報告册及比較表限於五月十五日以前送度支部及主管各預算衙門惟庫倫烏里雅蘇台科布多阿爾泰伊犁塔爾巴哈台西寗西藏川滇邊務等處得援照第二十六條限期辦理　前項歲出預算報告册表除按照事項分別咨送各主管預算衙門外其將軍都統大臣衙門行政經費及無可歸類之出款另册咨報理藩部覈編撥款協款應照第十三條辦理　第二十八條　本章程未經規定事件仍按照清理財政章程辦理

謹將酌擬試辦特別預算暫行章程繕具清單恭呈　御覽　第一條　凡內外官辦事業有固定資本及運轉資本者得按照本章程辦理　前項固定資本指土地房產機械輪船物料器具等項而言運轉資本指營業資本而言　第二條　特別會計之種類限定如左　一印刷局　二造紙廠　三造幣程　四官銀行　五整理貨幣

資金　六路政經費　七電政經費（郵傳部直轄之電報電話均包此內其由各省官辦電話仍列入地方預算內官業收入支出中毋庸作特別會計）　八郵政經費（文報局軍塘驛站附）　九船政經費　十官辦礦務　十一官辦墾務　十二官辦森林　十三官辦漁業　十四官辦各製造工廠　十五官辦畜牧　十六官辦製造軍裝軍火局廠　第三條　凡特別會計盈虧之數由度支部酌量情形分別編入總預算　第四條　凡特別會計之資本金及公積金應於冊內說明沿革及其運轉之方法　第五條　凡特別會計固定資本得將其物品價格估計貨幣開列以計算其事業之盈虧　第六條　凡特別會計有必須借入短期借款者須報明各主管衙門及度支部覈定　第七條　特別會計之核定及其期限統照此次試辦全國預算暫行章程辦理　第八條　本章程未盡事宜由各該主管預算衙門編定特別會計各種細則分別辦理　第九條　本章程自宣統三年正月起各主管衙門及各省督撫均應按照辦理

謹將主管預算衙門所管京外預算經費事項繕具清單恭呈　御覽　計開

歲入門
凡京外歲入預算統爲度支部所管
歲出門
度支部暫管預算　內務府經費　宗人府經費　中正殿念經處經費　頤
和園經費　東陵承辦事務衙門經費　西陵承辦事務衙門經費
奉宸苑經費　太醫院經費　武備院經費　上駟院經費　鑾輿衛經費　御鳥
槍處經費　上虞備用處經費　領侍衛內大臣處經費　稽察守衛處經費　實錄
館經費　崇陵工程處經費　奉天　三陵衙門經費　蘇杭織造衙門經費　各省
看守　行宮經費　各省例貢費　以上經費均關　皇室事務在　皇室經費
未奏奉
欽定以前一切預算事項應暫由度支部承管
外務部所管預算　本部及直轄各處經費　在外公使館經費　各省交涉使或洋
務局經費　各省臨時接待贈答費
民政部所管預算　本部及直轄各處經費　欽天監經費　京師禁烟公所經費

各省民政司或巡警道經費　各省警務公所經費　各省禁烟公所經費　各省祭祀費　各省時憲費　各省慶賀費　各省補助地方民政費　各省臨時調查戶口費　各省臨時旌賞費　各省臨時祭祀費　各省臨時補助地方民政費

度支部所管預算　本部及直轄各處經費　軍機處經費　內閣經費　內閣會議政務處經費　資政院經費　憲政編查館經費　吏部經費　禮部經費　都察院經費　給事中衙門經費　翰林院經費　方畧館經費　國史館經費　內繙書房經費　稽査欽奉　上諭事件處經費　鹽政處經費　稅務處經費　崇文門稅務衙門經費　左翼稅務衙門經費　右翼稅務衙門經費　倉場衙門經費　變通旗制處經費　各省督撫衙門經費　各省藩司或度支司及財政公所經費　各省糧道衙門經費　各省巡道衙門經費　各省各廳州縣衙門征收賦稅經費　各省鹽務衙門局所經費　各省鹽務官運經費　各省釐捐各局卡經費　各省調查局經費　各省官業支出（此指度支部所管不入特別會計者而言）各省清理財政局經費　國債　全國預算金　造幣廠經費（以下均特別會計）造紙廠經費　印刷局

經費　整理貨幣資金經費

學部所管預算　本部及直轄各局館學堂經費　貴胄法政學堂經費　補助京外各學堂經費（此指不入國家預算之學堂而言其已編預算各學堂如有由部撥補之項應由學部列入撥款專册）各省提學司衙門經費　各省學務公所經費　各省大學堂經費　京外派遣學生留學日本五校經費　京外派遣學生留學東西洋經費（以官費爲斷其由地方公費所派者入地方預算）各省學宮費　各省補助地方教育費

陸軍部所管預算　各部及直轄學堂營隊近畿陸軍各鎭經費　軍諮處經費　貴胄陸軍學堂經費步軍統領衙門經費　禁衛軍經費　武衛軍經費　滿蒙漢八旗營經費　兩翼八旗前鋒護軍營經費　圓明園護軍營經費　內火器營經費　外火器營經費　健銳營經費　善撲營經費　虎槍處經費　嚮導處經費　軍馬南北分監經費　左右兩翼牧羣經費　各省旗營經費　各省防營經費　各省陸軍經費　各省礮臺經費　各省陸軍學堂經費　各省卡倫經費　各省牧廠經費

各省陸軍開辦經費　各省營房礮臺臨時營繕經費　各省臨時操防經費　各省舊軍裁遣經費　各省兵差經費　各省製造軍裝軍火局廠經費（特別會計）

海軍部所管預算　本部直轄各處經費　駐紮各國人員經費　各省水師經費　各省軍艦經費　各省船塢或船廠經費　各省海軍學堂經費　各省軍艦臨時經費　各省船塢或船廠臨時經費　各省軍港臨時經費　各省臨時操防經費

法部所管預算　本部及直轄各級審判檢察廳經費　大理院經費　修訂法律館經費　法律學堂經費　各省提法司經費　各省各級審判檢察廳經費　各省監獄及罪犯習藝所經費　各省遣流質發及解勘經費　各省司法教育經費　各省審判檢察廳開辦經費　各省監獄及罪犯習藝所開辦經費

農工商部所管預算　本部及直轄各局所學堂經費　各省勸業道衙門經費　各省河工或海塘經費　各省官業支出（此指農工商部所管不入特別會計者而言）　各省補助地方實業費　各省臨時補助地方實業費　各省官辦礦務經費（以下均特別會計）各省官辦墾務經費　各省官辦森林經費　各省官辦漁業經費

各省官辦製造工廠經費　各省官辦畜牧經費

郵傳部所管預算　本部及直轄各局所學堂經費　各省補助商辦鐵路經費　郵政經費（以下均特別會計郵政經費內包括軍塘驛站及各省文報局經費）電政經費（郵傳部直轄之電話局統併入內其各省官辦之電話局仍列入地方預算冊冊庸作特別會計）船政經費　路政經費

理藩部所管預算　本部及直轄各處經費　各邊行政經費（此指不屬各主管預算衙門各費而言）

特別紀事

最近中俄交涉記

茶圃

我國與俄國通商垂二百餘年。其間所訂條約。幾可盈束。然大抵。咸豐以前。我國。國勢尚强。所訂諸約。我國占優勢。咸豐以後。國家多難。且又有聯軍之役。俄人乘時思大展侵掠政策。於是所訂諸約。遂被俄人占優勢。然其損失。亦未有如光緒七年（即一千八百八十一年）收還伊犁條約之甚者。查伊犁條約所由起。緣同治間新疆回族倡亂。於敖罕喀什噶爾。俄人藉自衛邊境之名。代我勦賊。乘勢進兵佔據伊犁。其後左文襄西征。蕩平回部。　朝廷擬索還伊犁。業與駐京俄使磋議者屢矣。時當事者不察。以崇厚爲全權大臣。出使俄國。崇厚顢頇。竟以帖克斯川外平原地盡畀以與俄人。凡俄人要求有關於通商權利者。無不允之。崇厚歸。　朝廷怒其喪地辱國也。遂置之於獄。繼而以出使英法意比大臣曾惠敏紀澤承其乏。惠敏拜是命。又値崇厚失敗之後。方擬用全力爭還崇厚所失地因置重於界務而於關係通商各事不得不稍爲鬆勁矣。雖然此非惠敏之過也關係通商各事有爲舊約所曾有者有爲崇厚原約所允許者有爲俄人所新要求者惠敏固嘗力爭之爭之無效於是不得不稍爲改輕以留爲後日改約之地步此則惠敏之苦心也此條約既成俄人之欲在蒙古新疆發展其勢力者遂援之以爲根據今將該條約之重要事項與夫關於今日所要求之點摘錄之如左。

第十款云。俄國照舊在伊犁、塔爾巴哈臺、喀什噶爾、庫倫設立領事官外亦准在肅州（即嘉峪關）及吐魯番兩城設立領事其餘如科布多、烏里雅蘇台、哈密、烏魯木齊、古城五處俟商務興旺始由兩國陸續商議添設（此二語由曾惠敏爭回者）俄國在肅州及吐魯番所設領事官於附近各處地方關係俄民事件均有前往辦理之責按照一千八百六十年即咸豐七年北京條約第五第六兩條應給與可蓋房屋牧放牲畜設立墳塋等地嘉峪關及吐魯番亦一律照辦（後畧）

第十一款云。俄國領事官駐中國遇有公事按事體之關係案件之緊要及應如何作速辦理之處或與本地方官或與地方大憲往來均用公文彼此往來會晤均以友邦官員之禮相待兩國人民在中國貿易等事致生

事端應由領事官與地方官公同查辦如因貿易事務致起爭端聽其自行擇人調處如不能調處完結再由兩國官員會同查辦(後畧)

第十二欵云 俄國人民准在中國地方貿易照舊不納稅其蒙古各處及各盟設官與未設官之處均准貿易亦照舊不納稅並准俄民在伊犂塔爾巴哈臺喀什噶爾烏魯木齊及關外之天山南北路各城暫不納稅俟將來商務興旺由兩國議定稅則即將免稅之例廢棄(此數語亦由曾惠敏爭回者)(後畧)

第十三欵云 俄國應設領事官各處及張家口准俄民建造鋪房行棧或在自置地方或照一千八百五十一年即咸豐元年所定伊犂塔爾巴哈臺通商章程第十三條辦法由地方官給地蓋房亦可張家口無領事而准俄民建造鋪房行棧他處內地不得援以為例(此數語亦由曾惠敏爭回者)

觀此四款則俄人之對於設置領事權與夫領事裁判權及一切之自由貿易納稅權暨土地所有權家屋所有權皆可藉此以為口實乃由光緒七年迄今已三十年矣三十年中俄人無異詞獨至今日而始發難者何哉是又不可不知俄人侵掠之歷史

俄人自彼得大帝以來常抱一席捲歐亞之雄心而建成一大帝國者也前者欲圖出地中海於是有巴爾幹半島之爭後為英法列強所厄禁令俄艦不得出黑海於是俄

人侵掠之野心一挫繼而欲圖出中亞耽耽於阿富汗西藏之旁英人恐其有妨於印度也出全力以制之於是俄人侵掠之野心又一挫俄人知歐洲列强之不可與競也乃轉而欲伸張於極東經營西伯利亞鐵路要求我租借旅順大連駸駸乎有作東亞主人翁之勢矣不謂有日本者出而阻之甲戌一役戰艦殲夷殆盡俄人遂不得南下焉至是而俄人侵掠之野心凡遭三頓挫矣雖然俄人未嘗緣是而少衰也以爲西擯於列强東擯於日本然其地有爲列强與日本勢力所不及者則莫如蒙古新疆一帶於是不惜百計經營之待經營既定然後乘機發難此實積年俄人之蓄謀也據日本人云俄人已於二三年前即有新中亞鐵路建築之計畫其所擬之路線有三一自西伯利亞鐵路科爾根車站取東南方向横斷阿克莫林斯科及塞彌巴拉欽斯科兩州至距伊犂二百基羅邁當之哥拔爾二自科爾根之東翁斯科站沿伊爾怯休河經塞彌巴拉欽斯科達於接連蒙古西境之阿爾泰斯科三自伊爾怯休河畔另展一枝路向接中國所屬之巴拿更自巴拿北達於阿別河是俄人計畫之路綫皆與蒙古新疆各邊境相接俄人之有事於蒙新非一朝一夕之故也前此所以未卽發難者特以

計畫未成少聊緩之耳今年七月間爲伊犁條約滿期之日俄人乘迅雷不及掩耳之際霹靂一聲遂有此半文宣戰書之照會今將其照會譯錄如下。

俄照會云。俄政府以近時中俄交涉中政府頗不以一千八百八十一年商約爲然。中政府及各地方官。毫不注意條約之細則。且有時任意違背條約內原文。然俄政府以中政府對待此約之行爲。實有不能交好之情。故俄國政府。應詳細辦明。並請中政府將願否遵照一千八百八十一年條約內容。及中俄各條約之總綱辦理等意見。作速復答。

第一 一千八百八十一年條約以各項國際協約。除華俄交界五十俄里外。並未限制俄政府在中俄交界貿易納稅之自由。凡在兩國陸路邊界五十俄里內。中俄兩國彼此運出輸入物品。一概無稅。

第二 俄人在中國境內。有治外法權。故吏治裁判交涉。專屬於俄員。若遇民事訟事。如華俄人之交涉。須由中俄會審解決。

第三 蒙古及中國長城之外。以及天山左右。俄人有權自由往來居留及貿易。貨品一概無稅。亦不得以專利或禁止限制其通商自由。

第四 俄政府除已設之領事外。有權在科布多哈密古城。設立領事。雖云此權須經中政府認可。惟現在各該城華俄商人每有興訟之事。顯然不能不實行此權。

第五　凡設領事之處。中國地方官聲明承認。遇有華俄爭辨之事。不得推辭。與俄員公同裁判。

第六　蒙古及長城以外各城。俄政府有權設領事署。卽庫里得日楚古賁克庫倫烏里雅蘇台喀什哈爾烏魯木齊科布多哈密古城。以及張家口等處。俄人有權置地建築。

爲此俄政府特照會中政府。若不承認以上各欵。或一欵不欲。卽可謂之中國不欲遵守前約。敦固善鄰。如此俄政府卽可自由進行。以便申明條約權限。

俄國政府照會之蠻橫如此。無怪乎西報目之爲半文宣戰書。然細繹該照會之內容。其所以斷斷責我不守伊犁條約者。第一爲征稅問題。第二爲設置領事問題。第三爲裁判權問題。第四爲土地與家屋所有權問題。其最輕者則爲兩國官員會晤禮節問題。（第五款疑卽包此、觀下文中國覆文卽可想見、）除最輕之一欵外以上四款皆與國家國民有直接之利害。我國所當提議修改者也。該約第十五條云。十年限滿前六個月未請商改。應仍照行。尋繹此條之意。則每屆十年滿期。不論何國皆有商請修改之權。今自訂約以後。計之已閱第三次之十年矣。前第一次與第二次吾國未嘗商請修改已屬失機今屆第三次吾國應有提議修改之權利微聞去年冬吾國駐俄欽使薩蔭圖曾照請俄外部修改而京師亦有改約研究會之設俄人知此事之必有變動也於是乘我無備以兵力脅之夫論國際交誼就令催促履行條約原不必以兵力示威況此條約將屆滿期之時乎俄人不催促履行於三十年中而催促履行於將滿之日在俄人為放棄權利矣嗚呼俄人其用心至狡其手段至辣今茲此舉非因吾國有修改之意而故以一嚴厲之照會摧抑吾國使之不敢爭回利權一面為維持現行條約計又一面為推廣條約外之權利計哉吾國外務部經此一大打擊對於從前修改條約挽回利權之熱心恐因之澌滅殆盡矣茲將外務部覆文錄後

外務部覆文云　中國外務部大臣將宣統三年正月十八日俄國公使大臣呈來之照會詳細閱讀今謹按次序照覆如下

一　中俄兩國交界一百里以內准兩國商民輸入本國貨物免予徵稅一節已照條約實行至俄國照會所述中國限制俄國於一百里以外之地徵收貨稅一節其詞殊不明晰若以宣統元年十一月二十三日中國照會為言則當知此乃徇從華商之懇求代請俄政府斟酌商情展期實行徵稅以示友誼耳且俄政府當時大有准

請之意。故不當誤會中國有限制俄國徵稅之心。

二 俄民在中國境內。關於民事刑事之處。分光緒七年條約第十一欵。已明白規定。向來照約辦理。外務部未嘗別抱異見。

三 光緒七年條約第十二欵。規定俄民得在蒙古指定之處。從事貿易。目下並不納稅。並准俄民在伊犁塔爾巴哈台喀什噶爾烏魯木齊。及長城以外。天山南北各城。一律貿易。亦暫免納稅。並規定俟異日商務興旺。必要徵稅之際。可由兩國商妥。將免稅條文註銷。約中並載明俄民於上開中國各地。准將貨物自由運出輸入。此皆該約規定之欵。中國已嚴遵約中開列各端辦理。

四 科布多哈密古城三處設立領事一節。光緒七年條約第十欵。曾經載明。以上三處。須俟商務興盛。及經中政府許可後。始可設立。如以上三處調查目下情形。商務確有興旺之徵。則中國自當允許俄國設立領事署。惟兩國政府。當照光緒七年條約第十二欵載明之言。先行查視商務實在情形。斟酌辦理。

五 中國地方官。與俄國領事會晤一節。光緒七年條約第十一欵。業經規定。其禮節當依據友邦官員。互相應有之尊敬。及按同等品級普通之習。訂定禮節。總期彼此滿意。至中國官吏與俄國領事會審定案。互起爭議一節。應照條約第十一欵辦理。外務部已續飭地方官。特別注意此點。

六　張家口及其他數處。按照條約俄國固有設立領事之權。仍當遵守光緒七年條約第十三欵辦理。

以上六條。中政府於俄國應享之條約權利。並未有所拒絕。中國地方官與俄國領事。往往于交際上不能和洽。外務部遇有此項情事。無不飭令地方官消除偏見。妥爲調停。從未漠視不顧。今兩方面持論既異。彼此必有爭議。然此亦國際交往常有之事。不能指爲不遵條約。且此等事件。中俄兩政府可以時相妥商。俾得公允之解決。至俄國照會所述中政府不欲遵守條約與俄敦睦友交之言。實屬令人難解。又謂俄政府可自由進行。以便重得條約諸權利云云。此種言詞。非敦固兩國交誼之意。不意俄政府竟以如此態度。對付中國。良足令人抱憾。今請俄國公使。將中國覆文。報告本國政府。並請申明中政府之政策。凡事無不按照條約而行。且中政府對於各事。極願嚴遵條約各欵。和平調停。俾可保全兩國應享之權利。及敦固兩國目下之友誼。

此外務部之覆文也。細繹覆文之意。仍根據光緒七年伊犂條約。逐款解釋。至於修改之意。則片言未之敢在。俄人視之。或有謂爲滿意者。或有謂爲仍陸續調兵。另有隱圖者。然以記者測之。則竊疑俄人以萬鈞之力。而强我答覆。未必以一紙空文。驟能令其煙消霧散。何以故。以俄人故有圖謀於新約之後者也。俄人之迫我以種種也。勢不能不另立新約。新約若立。勢不能防我另有相互之條件。以要挾之。否則另有相當之條件以抵制之又不然則另有消極之條件以限制之此三事者實俄人之處心積慮以防我然亦吾人之所最宜注意免被俄人之再愚者也何謂相互之條件也如覆文第一款云俄人責我限制俄國在百里外徵收貨稅此項貨稅不知其爲出口稅與進口稅又不知其爲直接稅與間接稅然俄人既可以收我華人者我亦可以其道還收諸俄人此其相互者一第五款云中國地方官與俄國領事會晤禮節按領事品秩本甚微中國地方官與之會晤宜各按品級待遇此其相互者二至於相當之條件則如何按第三款云要求免稅第四款云要求設立領事夫征稅與設立領事約文內均有規定謂俟異日商務興旺時再議今俄人既以添設領事爲請是明認商務興旺也彼亦知商務興旺約文內尚有將免稅條文註銷之一語在乎彼若以添設領事來吾即以設關征稅往是亦抵制之一法也至若第二欵之領事裁判權與夫第六款之置地建屋權(按覆文中未見有此項答覆然來文既有此語故併論及之)則宜以消極之條件限制之其一對於領事裁判權宜斟酌會審之制夫所謂領事裁判權者謂彼國人與彼國人訴訟之事件歸彼國領事審訊之謂也至於彼國人與我國人之訴訟事

件則不得不用會審之制但會審之制據上海租界所現行者其範圍頗廣漠而無限制例如華人與洋人訴訟事件其會審之宜也至同是華人而其一造爲受傭於洋人者彼領事即出而干預是侵我司法權也又如既有條約既設領事之國民由條約之國之領事出而會審猶可言也若無條約無領事之國民則宜完全受治於我國法律之下以保我法權今上海所行仍有由外國官陪審者是又侵我司法權也記者以爲將來如訂新約凡裁判權之有關於此二項者宜限制之俾我猶得保其法權之一部份此蓋於無可挽回中而畧示之限制者也其二則對於置地建屋權夫置地建屋者即國際私法中所規定外人之土地所有權與家屋所有權現今各國通行之國際私法凡對於外人之土地家屋所有權有取限制主義者有取不限制主義者全視國民經濟文明之程度以爲衡如外國人與內國人之經濟文明程度不甚相遠也則取不限制主義凡外國人之居留內國者皆得享有土地家屋所有權此歐洲各國多已行之如內國人之經濟文明程度遠不及外國人則宜取限制主義外國人之居留內國者不得享有土地家屋所有權日本從前經已行之（按日本從前凡外國人不得享

有土地所有權、其有曾經置買者、則改爲永久租借權、然近亦豁免、）卽今日俄國仍取此主義可知此等爲財產上一部份之特權不容輕假外人者今俄人既要求我此權如能行相互之法則彼可以在我國置地建屋者吾亦可以在彼國置地建屋然理論上雖如是而實際上恐亦無補何以故以彼國民之居留我國者多而我國民之居留彼國少也職是之故則取相互之行爲不如取消極之限制消極之限制又如何曰是宜劃定一區域以爲彼國人之居留地凡一切置地建屋皆在其範圍中至於該區域內之行政權如警察衛生與夫道路工程等事項均由我操庶不致如現在各省租界之漫無限制此又於無可挽回中而畧示之限制者也夫有相互之條件有相當之條件有消極之限制三者備具然後可以修改新約今俄人雖云滿意然觀其汲汲增兵安知不以兵爲將來修約之後盾倘無預備則俄人將來修約其要求溢出於原約之外我因無詞以對之即就原約而促我實行我之損失固已多矣今日我國上下又安可不於此點加之意乎。

中國紀事

郵傳部之大整頓 郵傳部與度支部外務部等同稱腴部。各員司薪水比各部爲優。久爲京曹所側目。去歲趙侍御熙有奏參鐵路局長梁士詒之事。有旨交盛宣懷查辦。盛尙書於是先將鐵路局長撤換。繼又將圖書通譯局與交通研究所一併裁撤。計裁去此二局所。年中可省三十萬之譜。而被裁之員。殆至百人。亦一時之轟天雷也。茲摘錄盛尙書奏覆參摺大意錄後。覆摺畧謂梁士詒向來辦事認眞。勇敢有爲。惟因身兼數差。以致人言嘖嘖。應請將其各差撤銷。以息浮言。至鐵路總局爲行政機關。路政司爲司法機關。性質迥不相同。非特不能裁併。且將來尙須添設郵政電政船政各總局。然後本部行政機關。方能完備。若謂鐵路總局爲虛糜。則路政司亦何嘗不虛糜。若謂鐵路總局爲專擅。則路政司亦何嘗不專擅。特視乎其用款用人之何如耳等語。又聞該摺。請將四局司員。將來概作爲實官。與四司並立云。

學部奏報全國教育進步之比較 學部奏定籌備清單內開。宣統二年爲始。每年編造全國敎育統計圖表一冊。通行各省以資比較。茲居應辦第二次統計之期。業經該部於去年終。專摺具奏。略云。查閱此次圖表與上次圖表兩相對照。不無進步之可言。一各省學生人數。上次統計一百零一萬三千五百七十一人。此次統計一百二十八萬四千九百六十五人。計專門學生加多三千九百五十一人。實業學生加多四千九百二十三人。普通學生加多二十六萬五千六百四十四人。以上三項共計加多二十七萬四千五百一十八人。惟師範學生一項減少三千有奇。考其原因。實以興學之始。各省因師資缺乏。暫設師範簡易科及講習所傳習所等。寬收學生。迅速造就。以應一時之需。至光緒三十三四年間。此項學生畢業日多。漸敷分布。遂將簡易等科次第裁撤。而注全力以辦完全師範。故學生名額雖略減。而學科程度則加深。至京師學生人數。上次統計一萬一千四百一十七人。此次統計一萬五千七百七十四人。約計加多四分之一。此學生人數增加之大概情形也。一各省學堂處數。上次統計三萬五千七百九十七處。此次統計四萬二千四百四十四處。共計加多六千六百四十七處。至京師學堂處數。上次統計二百零六處。此次統計二百五十二處。約計加多五分之一。且上次所報學堂。官立爲多。此次所報學堂。公立私立。較官立爲尤多。可見民智漸開。教育易於推廣。此學堂處數增加之大概情形也。據此摺觀之。則去年與前年較。似畧有進步。然以中國之大。而祇有此數。亦太自慚矣。

滇緬界務近聞 英人近日進兵侵佔片馬。業經滇督李經羲有電致外務部。請轉照會英使。先退片馬之兵。然後會勘界務。茲又聞李督有電致軍機處。請代奏。謂願開去總督職任。躬往查勘。有 旨飭滇川二督。各派妥員先行履勘。李督復有電力爭。謂野人山毘連滇川藏三省。斷非省派之員所能解決。且又聞英使有堅執從前石革道鴻韶與英領事烈敦。會勘成案辦理之說。果爾則滇省界務。恐未易和平了結也。

俄疆吏對於滿洲之疑慮 俄國阿穆爾省與我黑龍江省爲隣。該省新任之行政長官觀達斯基。前曾到阿穆爾沿邊一帶。實力調查。迨赴任後。即將該省與滿洲之關係情形。條陳於俄政府。今錄於後。亦可見彼中疆吏治邊政策之一班也。該條陳云(一)阿穆爾沿邊移住華人。已達六萬五千之譜。沿海洲亦有六萬九千餘人。皆以開礦耕地。或小本營業。及私販貨物爲生計。更有迫不得已。流爲賊匪。貽害地方。且俄人移入該省者。較之華人日少。倘一朝遇有事變。何以待之。(二)黑龍江左岸物產豐富。右岸不足與較。每年由滿洲輸入之糧石牲畜日多。俄人舍此。則無以自存。倘一朝感情傷變。斷絕運糧。則沿邊之人。皆陷於飢饉。又將何以待之。(三)阿穆爾陸軍糧食。每年約加三百五十萬鋪。得將來逐年以簡。已可預料。各埠人口。及金礦工人。移往日衆。返觀俄國農業。阿穆爾省開墾之地。不過十八萬坰。沿海洲亦不過十三萬坰。若此渥濟。安足以塞漏巵耶。(四)滿洲輸入之牲畜。利亦至厚。其價値每年約三百萬元有奇。此外由蒙古輸入羊毛獸皮鷄蛋等貨。亦在百五十萬元以上。計總額達四百五十萬元。其中有三百萬元。爲阿穆爾及沿海洲所溢出。不知將何以抵制云云。

法人測繪高州之駭聞　日前粤督張鳴岐有致外務專電一通。係報告法人帶同越南工人。在高州府屬一帶。自插標記。沿途測量者。此事關於國防甚大。請向駐京法使嚴詰。外部各堂閱之。循例照會法使。法使亦循例答覆。謂因新年改繪輿圖。並無他意等語。夫高廉雷欽。法人素視爲囊中物。該四府之形勢。久已瞭如指掌。此次之測繪。殆亦精益求精之意而已。

新訂限制華工往秘條約　秘魯限制華工一事。茲經中秘兩國外部。商言辦法九款。會同簽押。該條如左。（一）中國政府、願行停止出口工人來秘。（二）華人往秘、先到本省總商會報明。請發護照、（三）商會查明出口人。是否到秘、以苦工自給、若確非此項工人。且有殷實人具結。即代勸業道發給護照。（四）來秘之人。領得護照、先到駐中國或香港秘領事驗押、繳費一磅、約合銀十元、（五）由秘回華、如欲回秘。祗須先到中國領事署報明。領取護照。由該領送秘外部驗押。然後發給。（六）凡領有護照。自中國到秘時。由船政官驗明註銷、（七）此証明書所指工人。係專指無業之人。到秘營謀苦力工作者而言。餘概不限制。（八）婦女孩童及官員隨從。不必請領護照。（九）華人在別國。除工人外。均可來秘。可即向該國使領處。或代理華人事宜處。請給執照。若無此項官員。則秘領事亦可發照。祗准收費五元。約內並聲明前五月十四號呈押四百磅之苛諭。已無效力。及即札行駐香港與駐中國領事船政官等。遵照以上各節辦理。其餘反對此証明書者、概行廢除云、

奏請贖回藏邊電線　駐藏大臣聯豫。日前曾上一摺。奏請贖回藏邊電線、畧謂自光

緒三十年。英兵入藏。隨設各路電線。嗣後藏中緊要電件。均須由該國線路經辦。甚非愼重交涉之意。現奏定自修電線。已由拉薩設至江孜等處。惟自印度邊界之亞東關。(卽靖西關)至江孜一段。尚由英人修接。俟其工竣時。擬由我國備價收回。其費請由部撥。並請飭外部。先向英使交涉云。

●海軍部籌設海圖局　海軍處近以籌辦海圖事。咨商臨海各督撫。會同妥爲議辦。其大致。擬擇一要地。設一總理繪圖處。管理測繪海圖各事。其餘卽於南北閩粤各洋分設廠所。由各省籌認經費。實行擴充繪圖事務。儘五年內海軍艦隊成立時期。一律辦妥。夫以吾國閩粤各洋島嶼林立。至今尚無一精細詳確之海圖。至令爲人所占有。及其被人占有也。則不惜出九牛二虎之力以爭回之。如粤省之東沙島者。蓋不知費幾許交涉矣。然則海圖之緊要。豈惟關於國防卽領土一方面。亦與有關係焉。願當道速起而圖之。

世界紀事

上院否認權案 英國上院否認權廢止法案。以對二百二十七票之三百五十一票通過下院之第一宣讀會。

英國陸軍豫算 英國本年度之陸軍豫算。共二千七百六十九萬鎊。比之昨年。減少七萬鎊。其中操舵氣球及飛行機經費計八萬五千鎊。

愛爾蘭自治案 英國下院以對二百十二票之三百二十六票。否決愛爾蘭自治案之修正案。

德國陸軍之擴張 德國之陸軍擴張法案。經已提出於帝國議會。各政黨皆甚贊成。

德國海軍之目的 德國海軍大臣於帝國議會。關於海軍豫算。演說一回。謂德國海軍。初無侵畧他國之目的。只他國攻擊德國時。不可無抵抗之實力。且當有令他國恐怖之雄威。全體議員皆然其議。

德國人口調查 德國人口日見增加。較之五年前之六千六百四十萬千四百八十九人已增至六千四百八十九萬六千八百八十一人。

法國內閣瓦解 法國比利安內閣之取締宗教團體。及政界融和政策。大爲急進黨反對。於議會信任投票。政府黨僅得十六票。故其內閣勢將瓦解。

減縮軍備與法國 法國社會黨提議與英德兩國。開減縮軍備之交涉。外務大臣壁匈於元老院演說。極力反對

葡國之騷擾 葡萄牙之同盟罷工。勢復洶湧。共和黨政府窮於對待。舉國騷然。

王黨之運動 葡國之王黨運動恢復王權。頗得勢力。政府正日籌鎮壓之策。

中俄交涉與外論 俄國以千八百八十一年之中俄陸路通商條約爲口實。向中國要求種種權利。且公然出以恫喝。（詳本報特別紀事）倫敦泰晤士報謂今回之中俄問題。據俄國所示之爭點。初無執强逼手段之理由。每日報則非議俄國向無抵抗力之中國。試其蠶食。至士丹達報則引用其國政府與中國官吏交涉之困難。認俄國今回之行動。實爲至當。巴黎各新聞則初無特別之批評。只云俄國此舉。對於極東與歐洲之現狀。極有關係。德國各報則希望中俄之紛議。從速平和解決。

中俄協商新稅則　中俄問題。行將解決。俄國宣言擬按照千八百八十一年之條約第十六欵。與中國協訂新稅則。

俄國之海軍　俄國內閣會議。欲自千九百十年至十五年。建築戰鬬艦四艘。豫算約需千二百萬鎊。要求國會承認其支出。

俄國財政之寬裕　俄國國會宣稱千九百十一年俄國之國帑。可餘四千三百五十萬羅卜。

土國豫算與軍費　土耳其大藏大臣提出豫算案於議會。聲言此二年間。可得豫算之均衡。國用全額三分之一。雖充海陸軍費。實非過當之比例云。

萬國衛生會議　法國以陽歷五月開萬國衛生會議於巴黎。以研究黑死病及霍亂症為主云。

波斯之外交　波斯外務大臣在國會演說時。以極懇摯極平和之詞。論述俄事。此舉足為波斯外交改變方針之徵兆。

美加合併提案　紐約之共和黨代議士邊訥提出議案於下院。欲與英國開始美加合併之交涉旋以大多數否決此議。

巴拿馬運河要塞案　美國之豫算委員會已決議支出二百萬圓美金供建築運河砲台之用一百萬圓購置大砲。此實大統領塔虎脫於巴拿馬運河要塞案博第一回之勝利。

太平洋艦隊計畫　美國海軍卿美也於紐約演說。謂巴拿馬運河開通後。政府當於太平洋上常置以戰鬭艦而成之艦隊。更於檀島之眞珠灣。桑港之金門灣及華盛頓州之舍路港口。從新整頓。俾足收容該全艦隊云。

日美新條約　日美新條約。美國上院。經已批准。日本人頗表滿足之意。

預算案通過　日本下議院。已將明治四十四年之預算案通過。

叢錄

春冰室野乘

春冰

高菰村之大節

高菰村奉常名層雲字二鮑華亭人由進士歷官太常寺少卿正色立朝諸貴人皆嚴憚之國初定制大臣見諸王皆長跽白事雖宰相猶不得免康熙時　孝莊文皇后上賓詔王大臣集議喪禮諸王皆端坐午門外閣臣列跪于前時武定李文襄公年老不勝儽議畢竟踣地不能起菰村乃抗章謂古者三公於君前尚坐而論道何況諸王且集議喪儀尤非大臣致敬之地亦非諸王踞受之時閣臣既當自重諸王更不應倨慢失人臣禮書奏同列皆爲縮頸賴　聖祖神聖卒用其言令大臣見王貝勒不得引身長跪著爲令由是宰相六卿始得與諸王鈞禮旗軍屯田江淮所至繹騷菰村奏請急停罷以甦民困議政王大臣閱其奏皆大怒將請　旨治罪　上獨嘉納之立命

停止。菰村工。詩。餘事畫山水。亦超逸入倪黃室。嘗奉　詔畫屏風四幅。置諸澹寧居御座側。高文恪有韻竹軒侍直詩曰畫橋西望水中亭。疑有魚龍出北溟。領略瀛洲舊蹤跡。十年墨瀋在雲屏。卽指此畫也。

紀漳南俠士

漳南俠士者。乾嘉間人也。姓李氏。名越尋。爲大名諸生。所居村名紫庄。少讀書穎悟。勇力絕人。精技擊。甫成童。補邑弟子員。及壯。苦家貧。棄舉子業。爲人保標。遂以俠聞州里間。常著短衣。不掩骭。佩兩刀。跨馬。人莫敢攖者。紫庄有嫠婦某氏。薄有資。撫子女。誓不嫁。夫叔某利其財。陰欲圖之。內黃土豪侯六。涎某氏色。以金賂某。某竟潛鬻之。爲六畫策。俾夜分以彩輿來。伏庄側古祠中。已則俟天曉。紿婦出。旣出。數十人突從祠中起。婦驚。急返其家。門已扃矣。數十人者。遂篡取婦。納諸輿。舁之去。婦子已十餘歲。聞警亟赴援。輿去已遠。無如何。則走越尋所。乞拯。越尋以六有勇名。猶豫未遽應。子伏地不肯起。泣愈哀。越尋慨然曰。是誠在我。不歸汝母。吾不生還矣。遂出召其徒曰。吾素以俠名。人奪吾村婦而不克救。何俠之與有。藉曰鳴諸官。彼墨墨肉食者。但知納賕耳。六富而吾竇勢決弗敵。彼且先發制人。行與婦成婚矣。計不如生刼之。卽婦不可得。縛六歸。終當全婦節。衆應曰諾。遂以二十七人往六所居、去紫庄二十里。比至日已暮。越尋佩刀直登侯氏堂。六方張筵享賀客。酒數行矣。驟見越尋佩刀來。皆愕眙。越尋厲聲叱之。皆退走。覓梃刃相拒。顧倉卒不可得。越尋指揮其徒直入內室。六已匿婦草屋中。集家衆。謀迎敵。策未決、而越尋已至前。左手把其腕。右手拔佩刀。叱曰。爾知紫庄有李越尋耶。乃敢掠吾村人婦。今何在。速出以歸我。六猶紿曰。婦早逸去矣。越尋愈怒。叱其徒縛六。反接之。縛甫畢。六之黨已持械來奪。越尋令二十七人爲圓陣。持械外向。而己立其中。以佩刀礪六項。曰。吾此來固不擬生還矣。敢前者。吾先斬此獠。然後與汝等一決。衆悉喪氣。木立莫敢前。越尋鞫婦匿所。六終不肯承。乃曳之出。未及門。聞婦哭聲出草屋中。乃破關扶以出。使二十七人擁之行。而己曳六以殿。衆亦莫敢追者。至半道。始縱六歸。語之曰。李越尋非畏事者。汝欲相報。當以詰朝來。六唯唯不敢對。鼠竄去。越尋至庄。以婦歸其子。已夜分矣。六自是喪膽。不敢復爲暴鄉里。鬨今畿南之人。猶有能道越尋軼事者。

書內黃捕盜案

畿南故多盜。盜必以吏胥爲逋逃主。內黃有刑房吏某。虎而冠者也。居縣之楊村。設肆於門。以鬻棉花爲名。陰實窩羣盜。乙酉秋。有盜五人。謀行刼於運河之陽。過楚王鎮。會食縣隷司聲家。聲護之。度河入大名境。刼諸生陳某家。殺生。罄其貲去。復歸於聲。越日然後去。陳生子術雷。以狀白縣。令出批嚴緝。術雷復乞其戚友爲助。蹤跡十餘月。賊竟不可得。陳生有所善曰劉五者。居近楊村。諗知刑房吏所爲諸不法事。心疑焉。久之。乃偵知吏弟之族陳二。在棉花肆爲夥者。實五人之一。密以語陳氏。時大名捕役四人。方在陳氏家。術雷遂約與偕往掩捕。役欲入城白內黃令。索批而後往。術雷不可曰。今出其不意。賊或可得。若待官批。賊聞風竄久矣。役不得已從之。術雷復邀其族人霆及賣藥人某四郎同行。劉五爲嚮導。推車載錢。僞爲購棉花者。霆雖諸生。而素嫻技擊。乃與五先入。陽稱先驗貨色。實陰識陳二狀貌也。議價既定。請出召商侶共來驗收。遂去。五以陳二衣色狀貌告霆。即徑歸。時日已莫。霆與衆推車入村。留一役俾守門。而已率三役入肆。甫及門。陳二已覺。奔而出。三役不識二。二縱之去。霆皇遽。恐失盜。急大呼追之。術雷適至。張兩手抱持二。二出刃格去之。疾躍出門。四郎手藥銼自外入。二躍急不及避。額觸銼。傷而仆。方轉側欲起。術雷各出刃連斫之。始伏不動。初霆之大呼追賊也、刑房吏已鳴銃。聚其村人械而集者。且百餘人。吏反誣霆等行刼村人。故不知吏窩盜事。信其語。遽出刃嚮霆等。役亟自白我大名縣役。奉官命來捕盜者。衆不顧。械刃雨下。霆等勢不敵。且鬥且奔。夜陰晦。不辨徑。二役皆被禽、吏縶赴內黃。誣爲劫賊。役亟自申理、縣官索觀其批。顧四役共一批。適爲逃者持去。急切無由自白。令大怒。叱搒掠之。役備受五毒。堅不肯誣承。逃役歸訴於大名。令急行文關提陳二刑房吏。爲之申救。令爲所熒、竟不理、然二亦傷重。不能遁。大名令故有能名。乃致書內黃令。備述其事、且曰。若必不肯遣陳二、吾且申報總督入奏矣。內黃不得已、使二往。霆雷慮賊黨衆多。且中路篡去。乃親護之行、因脇以刃。二具吐實。供同盜姓名及贓物所質處。雷即馳至典肆。納重貲爲質。而持其贓物。詣縣爲證。於是二不俟刑訊。具伏。即更繫四盜及刑房吏。四盜先後成禽。刑房吏卒以令所親信。百計匿之。竟不獲。案既結。吏切齒劉五。嗾其黨使屠五家。五聞之。乘夜率妻子逃去。終身不敢歸。

叢錄　五

龔端毅遺墨

龔端毅與錢牧齋、同爲貳臣。皆以文學睥睨一世。牧齋集晦而復顯。幾於家有其書、而端毅三十二芙容齋集。未遭禁錮、乃若存若沒。藏弆家幾不能舉其名。文辭之傳後與否。其亦有定數耶。嘗見端毅入都時。與紀伯紫一札云。弟仗芘布颿無恙。中秋後一日抵都門矣。銅駞蕭瑟。一往愁人。松桂北山。不勝林慚澗媿。悔此小草。困彼飄蓬、唯時詠京洛多風塵素衣化爲緇之句以自愧耳。感念知已深情。何時能去於懷。塵海茫茫。求我同心人、何可一二得也。浮雲黃鵠。合併何時、失其守者其辭屈。沈吟不斷、草間偸活。信乎脫屣妻孥之非易也。端毅又有與方與三一書。文詞悽麗。亦有六朝風格。書云、子長足跡遍天下。而其文始奇、子美夔州以後、詩境益老。子厚播遷。非人之境。而諸記與山水並傳。子瞻海外之游。宜云奇絕快平生。儋厓萬里。桄榔一宿。竟是筆墨閒縱橫光怪之所變現。舒亶李定諸人。皆著作之功臣。而杖屨之益友矣。然此皆游方之內者也。足下奉侍兩尊人。與諸昆季。破帽銕鞍、寒沙苦月。指圭景外之星辰。問鴻濛前之天地。凡所經涉。關河形勝。風土人物。方言往蹟、險譎奇掰、率世人耳目所未經。亦意想所未設。如華嚴國土。身雲現涌。層層剝換。子雲握槧。累油素而難窮。博望鑿空。驚蒟醬之乍見。不足方斯汗漫。狀彼嶔奇矣。今幼安浮海之船。已歸故國。初明夢中之路。頓失天涯。回思關吏鬪雞。柴車出塞。感漂零於絕域。聚悲喜於一家。短詠長謠。當歌對酒。迷離嗚咽。日月如小刼之不可追。詩卷長留天地閒。濺淚驚心。感花惜鳥。與故人好友。留連情話。歷數昔遊。頓還烏鵲之星。再覩觚棱之日。頌國恩之浩蕩。悟天道之平陂。此不當與古人僅較工力於含毫拂素之閒也。乃其音節頓挫。鑱劃蒼凉。寫難狀之景。如在目前。摭稗官之言。都歸大雅。置之古人中。故當高踞浣花一座。豈止與玉局老人抗衡而交綏乎。獨是足下既返玉門。而漢槎尙淹留沙磧。讀其篇章。淒麗哀動。心魂子山之賦江南。孝穆之序玉臺。殆無以踰。才人薄命。有識同悲。中郞所繇。寄賞於焦桐。昌黎所以興嗟於窮鳥也。與三名。式濟。桐城人。其尊人以丁酉科場案謫戍寗古塔。與三往省之。著龍沙紀畧。傳於世。

紅豆詩

董東亭太史潮。國初詩人。以詠拂水山莊紅豆詩得名。人呼爲紅豆詩人。遺集十八卷。

今已不存。近從曾賓谷所選明舊遺詩中。得此詩。因鈔存之。芙容莊前紅豆樹。風枝雨葉搖秋暮。百年兩度見花開。記取流丹花藏處。（牧齋詩中語、）衛尉珊瑚十丈紅。敲殘拋入綠雲叢。裝成絳樹巢朱鳥。銜出金盤耀燭龍。植根本自羅浮洞。曲江當日親移種。後來池館屬王孫。奇葩頗得尚書重。尚書垂老閱興衰。身是前朝舊黨魁。銅輦秋琴悲昔夢。玉闌香井泣宮槐。上林珠樹烏啼夕。瓊枝璧月俱陳迹。白首還家江總持。綠窗擁髻樊通德。美人名士總飄零。著作空歸野史亭。賸有閒情娛種植。藥闌花影照娉婷。胎仙閣畔湘簾下。最憐此樹婆娑也。種柳金城已十圍。關情不獨桓司馬。繡佛堂參大小乘。化城文字見心徵。攜將絳雪充雲供。幻出丹霞映寶鐙。一枝的爍梢頭迸。拈來正直懸弧慶。曼倩休猜閬苑偷。飛瓊擬作瑤臺贈。火齊熒熒列壽筵。吉祥雲擁護花天。西京倘記虞淵簿。定數開期二十年。金尊檀板饒歡讌。風流過眼如飛電。蘼蕪晼晚豆花殘。淒涼都入尚書傳。花木平泉漸已荒。誰諼綠野舊時堂。到公石在埋秋草。長史齋空種白楊。燕子樓頭秋月白。寒塘霜老芙蓉色。劫火難留子駿書。哀音莫問劉風笛。荊棘叢殘總不分。空餘老樹倚斜陰。嘯風幹拆鵂鶹室。夜雨根穿馬蟻墳。埋沒年年依敗壠。栽培無復

春泥壅南國春來發幾枝天工不斷相思種繁華何處問前因零落還歸舊主人盼到東風消息早萬枝香雪壓穠春

劉阮重來

萍鄉劉金門侍郎鳳誥乾隆己酉一甲第三人登第洊擢吏部侍郎出督浙江學政年才三十耳其時阮文達重撫浙江閱兵溫處適侍郎亦按試台州兩公同年友善事竣後相約遊天台侍郎集中有戊辰三月七日寧海行館次阮同年韻詩云文旆戎旌兩度開紗籠盼到使君回懷人恰好天台路又喜劉來待阮來即紀斯遊也文達且鐫劉阮重來四字於厓上以紀遊蹟事爲言官所聞以跡涉輕佻奏參兩公皆獲譴後侍郎復因科場事謫戍伊犂會正歲伊犂將軍有賀表文極閎麗 睿廟閱而善之語樞臣曰此必劉鳳誥筆也文章之道可謂窮而益工矣旋賜環仍賞編修

紀國書繙譯

三十年前繙書房滿員某公者國書爲當時第一一日恭忠親王以摺箋命書次日寫訖進呈王展閱之起首乃黑狗兩字時童薇研總憲同在南書房王顧問曰古來文辭

有以黑狗二字起者乎。總憲對曰。此當是前赤壁賦耳。王續閱後文。果是。蓋國書無支幹字。壬爲水。水色黑。故以黑代壬。而戌之爲狗。則又十二相之一也。童素未習國書。而能悟及此。人服其敏。

嘉道間嘲御史

嘉道間臺諫相率緘口。郎有言者。亦摭拾細故。苟以塞責。或賦詩嘲之曰。昨宵相遇闕門東。數語寒暄又上騘。爲說明朝有封事。茅房未便帖春宮。與宋時所傳是何穆若之容忽覩卷然之狀者同一笑噱。

袁督師遺詩

明季勞臣。當以東莞袁督師爲第一人。東莞志載其遺詩數章。南還別陳翼所總戎云。慷慨同仇日。間關百戰時。功高明主眷。心苦後人知。麋鹿還山便。麒麟繪閣宜。去留君莫訝。秋草正離離。斷句如主恩天地重。臣遇古今稀。欲知肺腑同生死。何用安危問去留。牧圉此時猶捍禦。馳驅何日慰昇平。皆清蒼深重。能自道出心事。

翁文端遺詩

常熟翁文端心存有甲寅都門雜感詩八首。第一首云。八陘蒼莽控神京。秋日登高百感生。曉市錢刀喧九陌。宵燈砧杵動重城。龍驤未撤長蘆戍。虎旅先歸細柳營。差喜郊原禾稼熟。但銷金甲卽承平。第五首云。巴陵邸閣起風雷。擊楫中流氣象開。不信儒生能報國。竟邀大將共登臺。三千金翅橫江下。五百琱戈拓壁來。陶侃勛名溫嶠節。採時須仗出羣材。第七首云。佛貍祠下草靑靑。亂後蕪城灌莽腥。一片江山付啼鴂。萬家燈火化流螢。蟲沙影射中天月。牛斗茫寒上將星。三十六陂秋色滿。垂楊終古不堪聽。第八首云。姑孰長鯨尙怒蟠。石頭城外陣雲寒。孤軍轉戰三年苦。隻手橫撐半壁難。東去濤聲呑鐵甕。西來山勢走銅官。連烽極目盤龍浦。海上秋風路渺漫。第五首蓋爲曾文正而作。時文正方練舟師南下。故有三千金翅之語。文端於文正之起兵。極不喜之。嘗有疏奏參。不信書生能報國。蓋輕之也。

女中堯舜

咸豐庚戌庚申兩科散館。一等前列諸人。皆以詩賦通體頌揚獲雋。及同治壬戌散館。賦題爲知人安民。桐鄉嚴緇生太史辰。通篇按切時事。頌揚擡頭官韻。押舜字。用女中堯舜語堯舜兩字並列三擡蓋是時慈安慈禧兩太后方垂簾訓政也閱卷大臣已擬館元奉懿旨責其頌而忘規降二等末以部屬用太史嘗賦詩十二首紀事有云聖詔猶聞褒寓貶臣衷深媿頌忘規又頌美自沿前哲例導諛偏切聖人憂又一語差堪千古質頌揚諂媚究分歧又却爲詞林留笑柄不關遺臭與流芳文過之言强詞奪理君子知其中之失所守矣

文苑

庚戌歲除小病見雪

癭公

驚心明日是中年。臘盡長安雪滿天。斷送年光餘此夕。經過人事不如前。愁邊爆竹驚春速。嶺外梅花入夢妍。酬婦深盃憐病廢。詩情銷向藥鑪煙。

次韻楊時百辛亥元日見雪

前人

共喜幽居得面城。西山一夜變寒瓊。春風依舊能相識。世路寧容歎不平。緩步土牛成素契。難飛凍雀省虛驚。深盃莫厭長安醉。鏡裏中年雪鬢生。

正月初二日雪晴作

前人

去日渾無惜別情。拚將潦倒送吾生。爲貧妻子耽微祿。漸老賓朋戀上京。病態翻供詩境熟。春痕新向酒盃晴。雪中喚起西山睡。心擬花時看耦耕。

吾生

前人

不飲豈爲明日計。吾生甯惜以詩窮。一盧天地佛香外。滿眼公卿春雪中。世事推枰千

文苑 二

刼換生涯食粟半囊空晴來病起思人日傳語梅花護曉風

謝堯生侍御訊病次元日　前人

逃世早知無妙法中年寗惜費詩才病如禪味參逾出春似貧交去又來人日尚留殘雪好梅花知爲冷官開齋鹽日課耽新歲娩爾風流訊玉臺

寄蜕庵海上次若海歲暮懷蜕庵韻　前人

飄流還似十年前心事如灰尚有煙直以五噫閒過日更無一法可回天春中客况聽潮度方朔生涯賸婦憐尊酒花前數人日髩絲愁對月初弦

鑠陽臺 庚戌歲除 大鶴

街鼓新聲酒燈殘影送迎爭惜流年小鑪低幌梅蕚破蠻牋惟有閒窗語鶴夜寒守相伴無眠休重問深宵鏡聽春事到誰邊 依然催向曉鄉情節意都慣愁牽怕新披歷日驚換星躔（官曆今歲始見禮拜字） 猶是東風故國夢何處非霧非烟空遺恨江南舊曲腸斷在花前

陽春曲 前人

晚遊天芳非節春到夢中鄉國一曲曉寒歌宮魂斷酒醒波遠贐雲北舊情誰惜曾醉踏故園燈夕須念繫月黏花仗東風總愁無力 悵流水鈿車繁華地空冷落珠塵綺陌天涯傷春不見剪梅枝怨寄遙驛憑闌對此歎息更泪盡江城殘笛看歸鴈正帶冥冥雨西山自碧

前調 憶梅

晚來風朝來雨心事問春誰託一塢雪垂垂西崦路夢地經慣被花覺暝寒猶惡看未足野橋疏蕚須信舊識青山勝傷春借人籬落 記歌繞珍叢吳雲暮曾倚竹空憐翠

文苑　四

薄年年遺芳獨坐怨書期訴與遼鶴扁舟奈有素約怕笛裏江城蕭索待扶醉滿把東風影沈沈夜酌

三姝媚　乙盦恪士書來爲鄧尉探梅之約詞以速之　彊邨

燒燈時節過正江春多陰縞空梅朶暝踏蒼烟話舊蹤能記醉楓紅臥倦屧空山游計屢東風相左料理詩痕飄雨吳杯殢人孤坐　身世狂花愁皺想素約閒鷗自消塵涴雪老波荒賸笛邊心事細禽啼破念別傷春春已在雙崦單舸莫遺空枝千繞瑤臺夢鎖

曰。汝戲耶。曰。非也。我據誠告。毋此皆實事。彼貴胄中人。來游植物園。顧可訝之事乎。曰。吾所訝者。以行道之人。汝能知其爵秩耳。彼其爵位之名。非嵌諸帽際者。而子爵之服色。又未有殊於路人。汝何由知之。曰。其人服御較美。然吾固未由知其爲何許人。苟非彼自言之。吾終不知其爲子爵也。曰。然則彼遂爲汝語乎。曰。然。吾亦曾有以答之。此或不合於禮乎。曰。是何待言。凡生長良家之少女。不當與面生之男子交一語也。曰。吾倘告毋以其故。毋當不復訝之。曰。汝盍具告我。曰。吾爲毋詳言之。惟匄毋毋深怪偑突兒。姌娜訝曰。然則彼之過乎。曰。否。彼實不知。彼方坐椅上。從事編織。而吾則不樂與偕聽其獨自操作耳。曰。然則汝輕離其左右乎。吾前已禁汝不許如是矣。曰。吾自匄彼稍假借聽吾暫行散步。旋即來。曰。彼應當却汝所請。曰。彼縱不許吾。吾亦依然自去耳。故此事實非彼之咎。吾望阿毋毋咎之也。曰。汝罄懷告我。我乃不復咎之。曰。吾曩於阿母之前。固未嘗稍有隱諱者。然非所以語於偑突兒。吾於偑突兒前。只能審擇其事之可告者告之。不能一例相視。至於此次之事。吾固不敢告知。恐彼將責我無已時也。吾惟日日盼望阿毋歸來。俾得悉告諸阿毋耳。曰。速告我。汝致我驚惶甚矣。曰。毋毋須爾此事亦不値得如許驚惶。今實告阿母。吾遇一有情人耳。姍娜聞此言。若迅雷轟于耳際。異常駭愕。面若死灰而强誡之曰。汝須審愼。凡未深解其意義之言詞。勿輕易出諸口也。曰。吾寧未深知其意義者。有情人者。乃少年男子之致慇懃於吾。能教吾悅懌者也。今吾之有情人。乃能悉副此意義之實。致敬盡禮於我。而我則覺其人能怡我情焉。姍娜聞此。始敢一吐氣。知此事尚未至於有所大礙。乃正色謂之曰。汝盍自析其故。曰。母多所窮詰。致礙吾談言。吾今始得詳述之也。吾當時爲偪突兒言。謂將陟山坡至涼亭小憩。彼素有氣促病。固不能伴我同登。吾乃自循小徑。穿林越莽而行。將至岡阜。覺有一貌甚鄙陋之人。尾隨吾後。吾試住足。彼亦住足。吾試急行。彼亦急行。姍娜曰。此爲何等人物乎。曰。吾僅略一視之。其服色似欲僞作上流人者。然最易令人着眼處。則其人頷頤之際。濯濯然無鬚髯也。姍娜駭然問曰。此是何日之事耶。曰。此星期三日事。母乃星期一日歸來者。越二日乃有此事。其時刻則約在申正之際也。姍娜自念。蓋恰在己身到停屍場後。越一時間。則聽德理斯復曰。吾固不之懼。然終心惡其人。及再轉灣。已到涼亭。斯人忽然不見。吾亦不復措意。亭之四周。皆有人在。或持遠鏡遥望巴黎。或端坐互語。又有幼孩無數。各有保育之婦人隨行護持。紛紛游集。於是休息之椅皆滿。吾後至。幾無容身處。幸有一長之少年見吾至。即起而讓吾。吾乃得座位耳。曰。何故彼讓椅與汝。彼曾與汝言耶。曰。否。此際彼未嘗有言。惟默默起去。然亦以眼角窺吾。吾固覺之。視其狀貌殊美秀。鬚髯修整。柔滑如純絲。姍娜曰。汝之視彼。得毋已近於太過留意矣乎。曰。殆不免焉。然吾誠有不能自禁者。以其面貌實足悅人也。第吾仍不敢久留。誠恐倔突兒又加以嚴訓。乃急趨返。更不一回顧。實告母。吾殊未假以辭色也。曰。然則彼終尾隨汝行乎。曰。幸彼之追隨吾後耳。吾趨而下坡。未及半。不意彼先時尾吾行之惡人。藏身于林莽中。見吾至。突然起。攬吾臂。徑來吻吾。吾噭然驚叫。聲震遠近。不知倔突兒何以終未聞之也。吾駭極欲啼。幸彼少年遠遠相隨。聞聲奔至。揮拳毆之。其人乃踉蹌遁去。姍娜聞言。愈益傍徨。乃問曰。此際惟賸汝一人與彼少年相對矣乎。曰。然。至是彼乃爲吾言耳。曰。彼何所言。曰。彼謂此惡人當未遠遁。難免不再來。願護送我歸家。其聲溫婉清越。殊悅人耳。曰。汝諒不至聽其言。曰。吾雖甚欲如其言。然卒不敢。蓋恐倔突兒見彼。必無好面目相向。遂謝却之。而當惶遽之餘。幾不知何以措辭。深愧無恭肅之禮貌以答之也。彼聞吾言。亦不相强。乃後恭謹而致詞曰。姑娘幸弗責吾冒昧、吾徒以欲救護姑娘之故。不憚出此、姑娘倘不以吾之舉動鹵莽爲可憎厭。則吾之爲幸多矣、吾請得自通告其名氏。雖姑娘以後漫不復省憶。然吾終以得通名氏爲榮也。吾爲伊爾溫子爵。即所謂伊爾溫氏之晏陀鼇是也。吁、阿母。斯名。其毋慮吾忘之矣。㛂娜交游廣。有爵位之人士。多所稔識。然從未聞斯名。彼初聞德理斯之言。深恐其所遇爲歡樂場中之浮華子弟。果爾。則其人必識㛂娜之名。將至破露蹤跡。今聽其名。知非巴黎之裙屐少年。心乃稍安。念昔者剛騰戍於麼必恒州。己曾與之偕游其處。是本不列丹尼侯國之故地。風土人情。多與腹地殊異、猶憶其地有伊爾溫臺。爲州中名勝。嘗一游之。今其人恰姓伊爾溫。殆必彼州之人物也、乃謂其女曰。吾意此爲不列丹尼之氏族。汝當時相遇之事。僅止于此乎、彼少年遂告別而去乎、曰。未也。彼語畢。後向我鞠躬爲禮。吾謂阿姑待我歸。乃別之而行。彼尚遙遙相從。直視吾行至柏樹下。倔突兒起而迎我。彼乃自去。㛂娜復問曰。汝言僅止於此乎。曰。吁。未也。毋知吾人每日必至宅旁植物公園游涉者。倔突兒亦樂此不疲。惟吾與彼各樂其樂已爾。倔突兒時或携我觀猿猱、時或携我觀欒鹿。有時又至博物館。或坐於附近之道旁。而此少年乃時時與吾人相值。吾不知其何以能若斯之勤也。時或徑過吾前。若絕不注意於吾人者。其行事殊縝密。得間乃目吾。吾亦絕不敢輕易與吾點首。有欲爲而不敢遽爲之狀。吾見彼之顧盼也。則亦答之如禮。交相會意已爾。曰。汝此舉殊大錯。曰。何爲大錯。彼敬我如是。且觀其情狀。深以得識我爲可欣。則吾安能無以答之。况藉此更可以愚弄倔突兒。以爲笑樂乎。倔突兒於吾人之行事。茫無所知。此至可笑者。直至昨日。始稍覺察耳。時吾方與倔突兒至植物園中，倔突兒正從事編織。其綫球忽墮地流走，少年適趨過其旁，急奔逐拾而畀之。倔突兒顏色陡變。如欲噬人者。少年自慚。遂去。若使吾共坐者爲阿母而非此狠戾之倔突兒。吾眞欲更招彼使來前，稍有以慰藉之也。雖然。吾終未嘗稍假借以詞色。未告阿母。吾固不敢妄爲。曰。吾以爲汝今雖已告我。終不當更假斯人以詞色。德理斯楸然曰，吾尚欲求阿母許可，俾吾介紹之見母。今母反加以約束。更不許吾少假詞色於其人乎。曰。汝介紹彼來見我何意。彼若來見吾。惟有數其過而斥責之已耳。德理斯坦然答曰。母終當無以責之。彼之舉動，在在皆無可以瑕疵者也。㛂娜沈吟曰。據汝所述者以觀之。彼之所言。似亦未嘗有失禮處。然其常置身於汝之旁。終有大不是處。蓋此實足爲汝累者。曰惡安有是。彼絕不令吾受累。往來之人。皆不覺其關懷於我也。彼之伺隙一視我者。徒以羨慕我故。此亦何害。人以我爲美而羨之。乃教阿母不悅乎。姍娜聞此。不覺解頤。然心念此事。終覺其有危害。乃應之曰。否。吾豈因是而不悅者。不過謂彼既是上流男子。終不當與汝交語耳。曰。此男子若不來救我。吾將爲彼惡人所辱。窺其意。且欲刦我而去也。寧有拚敎吾爲惡人掠去。而不顧晏陀釐親近我乎。母意當不若是。曰。汝竟與之親洽乎。是乃直呼其名耶。曰。何爲不可。彼既救我於危難中。吾之與彼。遂有關係矣。吾安得不引而親之。總之。伊爾溫氏非泛泛之相識。毋倘見之。亦當有不能不謝其援手者也。曰。吾則惟願永不見其人。汝非愚人。諒不至以居址告之也。曰。吾未嘗告之。彼亦未嘗詢諸我。然彼固不必詢而自能知之。以植物園距吾家不遠也。曰。彼嘗尾隨汝歸乎。曰。吾未嘗一回顧。不知其果否。如是。曰。倔突兒告我。謂有一男子。窺探吾家四週。是其人否耶。汝盍明言之。曰。惡吾之子爵不肯窺探人家者。惟今晨吾初起時。見其遙立衢路旁一大樹下耳。曰。彼見汝。或且以眉眼示意乎。曰。否。彼見吾出。

便復他去。吾之有情人。固怯怯生生者。獨至吾需人救護時。彼乃奮身以赴耳。姍娜聞之。心知此爲相思之秘。德理斯已爲情絲所縛。其事不知伊於胡底。將操何術以防維之乎。默念此人既爲貴爵。當不肯降抑其門第。遽向中下流人家求偶。彼溷跡於植物園林莽間者。大抵皆尋常民家女子。彼豈願得之而爲妻哉。既非求偶。而忽致其愛慕之情。則後此之危害。寧堪設想耶。又念其女之性情。不可驟然拂之。欲爲之防。且宜順適其意。姑如所云云。然後伺隙而動。以遏絕此兒戲之愛戀。絕情苗於初發。庶不至潛滋暗長耳。乃謂之曰。我兒。汝言殆近是。然其人雖舉動可欽。吾終以爲不宜遽假以詞色。須先審其命意所在。乃可更作商量也。曰。吾殊難自審之。惟願介紹其人見阿母。母可自窮詰之。第一當先問彼是否欲娶我爲妻。則其命意之所在。不難一言而知也。曰倘彼直以此自承。謂欲得汝爲婦。則將奈何。曰。是何難。吾人可相機行事。曰。汝言何意。吾殊未解。曰。母何不解吾意。彼苟云爾。母便可詢其家世生計一切。吾料其所答必能滿母意。果如吾言。母便可許其常來。吾因乘機以察其性情品行。且驗其是否果鍾情於我。彼用情之肫摯與否。吾能多方設法以試探之也。吁。母何笑。殆笑我爲淺人乎。雖然。母當記取。吾行年亦十有九矣。母出嫁之年。當亦未較吾加長。吾敢云阿母當日之行事。亦不過如我之今日也。姍娜聞之。愀然傷懷。不覺追念既往之可哀。因更悲現在之難堪。復遠慮後來之無有結局。又自顧終身之隱情。將有罄懷以告己女兒之一日。其勢甚迫。眞相破露。只在旦暮間。援據法則以言之。己身既未正夫婦之倫。則德理斯實爲無父之女。爲人兒女者。苟自審其身世如是。將何以堪。姍娜念及此。不禁心怯神悚、但冀遷延旦夕。毋遽闢此秘密之機緘而已。乃後模棱應曰。吾意汝非堅欲適人者。德理斯曰、此未可泛論、當視乎其宜、若謂吾之適人。必須與阿母分離、則吾寧效偏突兒終身不嫁。且吾之適人。亦非漫無決擇者。苟不遇其所愛之人。則吾固不肯嫁之也。曰。斯言殊有理矣。然吾猶恐汝用情之未得其當、將來不免自誤也。不寧惟是。彼伊爾溫氏。亦未審用意奚若、吾未敢信其必欲求汝爲婦也。曰。母意得毋謂彼爲貴爵。吾爲平民。門地不相稱乎。曰。然。此固勢有必至者。度彼之心、必望與其同等之人物爲婚、其所謂同等之人物。其勢分自必與汝相去甚遠。兒須記取。而母不過一司帳婦人耳。曰。吾母爲守分行正之婦人、似此猶未足耶。姍娜赧然。惟俛其首。其中情之愧怍、未有甚

商務印書館發行

教育雜誌 第三年 第一期 目錄

月出一冊售洋一角
全年十二冊一元
郵費每冊二分

本社爲研究教育改良學務起見特設雜誌一種自己酉年出版後未及一載銷數業已逾萬南至叻埠北抵蒙古東經日韓以逮西半球西由陝甘而及新疆此固同人始願所不料足徵我國教育進步之速也茲將第三年第一期目錄列左

◉附告○本雜誌每月初十日發行月出一冊洋裝八十頁乃至百頁約五六萬字插畫數幅每年首尾兩期各增加四五十頁

辛亥年

東方雜誌之大改良

國家實行憲政之期日益迫。社會上一切事物皆有亟亟改進之觀。我東方雜誌刊行以來。已七閱寒暑。議論之正確。記載之翔實。既蒙當世閱者所許可。顧國民讀書之慾望。隨世運而俱進。敝社同人不得不益竭棉力。以謀改良。茲於今春。擴充篇幅。增加圖版。廣徵名家之撰述。博採東西之論著。萃世界政學文藝之精華。爲國民研究討論之資料。藉以鼓吹東亞大陸之文明。饜足讀者諸君之希望。　大雅宏達。幸提攜而匡正之。

一　自本年起。改用大本。每冊八十頁。約二十餘萬言。字數較前加倍。

二　卷首列銅版圖十餘幅。隨時增入精美之三色圖版。各欄內並插入關係之圖畫。

三　各欄內揭載政治法律宗教哲學倫理心理文學美術歷史地誌理化博物農工商業諸科學最新之論著。旁及詩歌小說雜俎游記之類。或翻譯東西雜誌。或延請名家著作。以啓人知識助人興趣爲主。

四　記載時事。務其大者。近自吾國。廣及世界。凡政治上之變動。社會上之潮流。國際上之關係。必求其源委。詳其顛末。法令公文。亦擇要附錄焉。

五　本年自二月起。月刊一冊。每月二十五日出版。全年仍十二冊。定價特別從廉。仍如曩例。列表於後。

零售每冊	銀三角	郵費五分
預定六冊	銀一元六角	郵費三角
預定十二冊	銀三元正	郵費六角
注意	本年第一冊特別減價零售銀一角預定者若從第一冊起得照表減銀二角寄往外國之郵費照表加倍	

發行所　上海四馬路晝錦里口　商務印書館

宛陵集

宋都官員外郎梅堯臣聖俞著。其詩淡而能腴。華而不綺。涵演泓深。神完氣暇。當時歐陽永叔極稱之。爲宋興百年壇坫崛起一大家。早年詩甚似韋蘇州。中年以後。多得昌黎東野意境。嘗語人曰。凡爲詩必能狀難寫之景。如在目前。含不盡之意。見於言外。乃能爲至此語。可謂自攄其詩蘊矣。近時詩人多酷嗜其詩。而罕覯全集。今覓得舊刊本。付之石印。用最上等連泗紙印成。凡六十卷。裝訂十大本。售價大洋六元。

寄售處上海四馬路廣智書局

夏報出版廣告

本報設於漢口以提倡實業增進文化爲宗旨已於正月十五日出版其特色凡五(一)主張之正確凡對於國家社會有所主張無不根據事實參照學理以期不蹈膚浮狂妄之弊(二)言論之忠實凡評論時事及忠告個人均以不悖於道義爲準則絕不肆口謾駡(三)紀載之詳悉凡社會現象之有關於國計民生者無不原原本本畢載靡遺至其抉擇之工體裁之善則博採中西各報之長而去其短也(四)材料之豐富除報紙例應登錄各件之外凡名家著譯有裨於國家社會者均極力搜集刊布消息之敏捷各處新聞均特聘專員探訪遇有重大事故并派臨時訪員親駐調查至各方面團體機關均極力聯絡廣通聲氣以期消息之靈通至於文字之顯豁售價之低廉則猶爲本報之餘事也

本報編輯部設於漢口一碼頭歆生路
發行部設於漢口河街

二十世紀大著作名家童君愛樓實驗自來血保証書

明州童君愛樓著作等身生平擅長詩文書畫小說戲曲等一切撰作大江南北久噪文名歷在本埠各譯局各報館秉筆多年海內文學界中莫不知有此君其爲文莊諧並作獨闢町畦實爲近今二十世紀著作家中有數人物因其朝夜著作操勞過甚以致心血大衰精神困憊時患喘咳百藥無功今讀其來書能知其服本藥房自來血後其病如失精神倍增仍能深宵著述不知勞倦深讚本藥房自來血有起衰扶弱之功今特將其惠書照登於下藉見自來血大有功於人之以思慮致疾云云〇五洲大藥房主人雅鑒今啓者鄙人向以筆墨餬口歷

在廣學會山西大學堂譯書院萬國商業月報館字林滬報娛閒日報文娛報鶴鳴報春申諸處辦事多年自顧不文著書至數百萬言一人精神有限終日埋頭窗下竟成了肺喘之症近更書寫稍久神志易昏不能如舊時深宵著述莫知苦辛鄙人亦稍諳醫理念小恙之來多由心

血暗耗致陽氣飛越成神衰咳喘痰多內熱之症服多方均不見效後自去秋八月間服 貴藥房自來血後不覺喘平痰少仍得

耐勞蓋由補血而得能若此也心感之餘爲作此書聊伸謝悃并告學界諸君之抱有同病者即頌 財安

厲本埠大馬路德仁里六弄志强學堂內童隱頓

海內諸公如蒙惠購請認明全球老牌商標每瓶內加附五彩認眞劵一張値洋一角

保證書一本方不致誤小瓶一元二角大瓶式元每打十二元二十元託局函購原班回件

總發行所上海四馬路老巡捕房對面五洲大葯房抄

登

◉太倉中斌學堂監督兼歷辦普通震旦校務聞君冠塵服自來血之後精神倍增舊病全除之保證書

五洲大藥房主人執事敬謝者鄙人自東瀛游學因病歸國瞬將十年歷辦普通震旦校務並獨力担任創辦中斌公學一所學生日見發達一切校政教科鄙人均有監督之責祗以舊患痰喘逢寒必發深受其累去秋在太倉中英大藥房購服自來血四瓶功效甚速鄙人素不信醫藥自服之後精神倍增目下舊病全除面部紅光大來日漸肥胖一切校務勝任愉悅爲此敬告中外學界全人之同病者庶得早占勿藥也專鳴謝悃即頌○○日祉

自來血價目大瓶二元小瓶一元二角每打二十元十二元託局函購原班回件凡各界諸君如蒙惠顧須認明全球老牌商標每瓶附有値洋一角之認眞劵一張五彩保證書一本方是眞的

◉總發行所上海四馬路老巡捕房對門五洲大藥房

抄登

驅風止痛

北京銀行總辦自述患風溼重症五年之久服韋廉士大醫生紅色補丸而獲全愈

風溼一症大抵由血毒所致其治法須使血管內生發鮮紅之血液以驅其致病之毒酸韋廉士大醫生紅色補丸有補血清血之功能使血稠紅潔淨而生新力故爲治風溼最妙之良方試觀北京興成銀行總辦王瑞安君爲諸多患風溼骨痛之中亦服韋廉士大醫生紅色補丸而得永除病根者之一也今據其自述云〇僕五年前手足

北京王瑞安君患風溼骨痛爲韋廉士大醫生紅色補丸所治愈

曾患風溼痛苦異常冬季更甚是故行中一切事宜每在房中辦理不克步行出外有時骨痛甚劇竟至幽閉房中旬日之久間嘗試服多方竊望能驅風溼豈知如石投水毫無影響延至宣統元年冬始將韋廉士大醫生紅色補丸試服之不意服後風溼漸減服之既久骨痛全消上歲在行辦事並無一日休息足徵余疾之瘳賴韋廉士大醫生紅色補丸之功也願將實情登諸報牘以爲世告韋廉士大醫生紅色補丸由格致家所發明補腦之聖藥爲天下家家用良藥中之所傑出者有無數保證書從各社會惠贈證明是丸已曾治愈所患各症即如風溼骨痛 臀尻痠痛 腰背疼痛 癆病初現 胸部軟弱 咳嗽 氣喘 氣管發炎 血薄氣衰 諸虛百損 少年斷喪 陽萎不舉 肝胃失調 皮膚炸裂 左癱右瘓 跳舞瘋病 脚氣衝心 山林瘴氣 以及婦科各症 月信不調 氣鬱不舒 莫不一服是丸立奏奇功者矣

韋廉士大醫生紅色補丸中國各處藥局凡經售西藥者均有出售如疑有假冒可直向上海四川路八十四號韋廉士醫生藥局中國總發行函購或向重慶白象街分行函購亦可價銀每一瓶大洋一元五角每六瓶大洋八元遠近郵費一律在內

要買眞韋廉士大醫生紅色補丸

此韋廉士大醫生紅色補丸

DR WILLIAMS
PINK PILLS FOR PALE PEOPLE

即治王瑞安君之疾者也

堅拒一切冒充隱戤之假丸

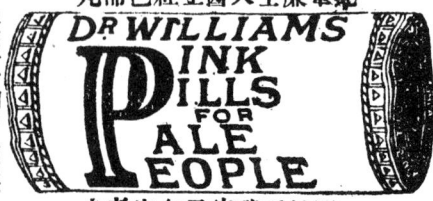

大清郵政局特准掛號認為新聞紙類
日本明治四十三年二月十三日第三種郵便物認可

每月三期逢壹日發行

宣統三年二月初一日

第二年第參期

愛理士紅衣補丸

治愈體質羸弱胃神鈍疲承王君欽明惠來證書玉照

鄙人體質素弱食息疲倦動輒勞頓病從中來常見各報所登貴藥廠愛理士紅衣補丸能療百病曾購兩瓶試服之下果然效驗如神茲祈再發半打附上小影一張亦祈列入報端以質諸同病者鑒

福州乾記洋行帳房王欽明頓

各埠大藥房均有發售倘內地無從購買請函至上海四川路一百十七號總批發所購辦即班回件郵費不加震寰藥廠啟

各埠代理處

北京桐梓胡同廣智書局　保定萃英山房　官書局　天津原創第一家派報處　萃文魁　公順京報局　李茂林　羣益書局　奉天振泰報局　圖書館　盛京振泰報局　吉林文盛報房　黑龍江鑫泰報局　濟南維新書局　開封茹古山房　文會山房　大河書局　教育品社　總派報處　彰德茹古山房　武涉永亨利　西安公益書局　萃新報社　太原文元書局　書業昌記　貴州崇學書局　雲南天元京貨店　安慶萬卷書樓　廬州閱報館於炳章　漢口昌明公司　蕪湖科學圖書社　成都正誼書局　輸文新社　華洋冬報總派處　安定書屋　長沙羣益圖書公司　常德申報館　南京啓新書局　莊嚴閣　崇藝書社　山西晉新書社　神州日報分館　南昌開智書局　廣益派報社　廣信益智書局　厦門新民書社　溫州日新協記書莊　廣明書社　揚州經理各報分銷處　蘇州瑪瑙經房　振新書社　常熟朱乾榮君　海虞圖書館　廣州國事報　日本中國書林　星架坡南洋總匯報　澳洲東華報　金山世界日報　紐約中國維新報　溫哥華日新報　香港商報

宣統三年二月初一日出版

編輯兼發行者 何國楨

發行所 上海福州路 國風報館

印刷所 上海福州路 廣智書局

定價表	項目	報資	郵費	
報費先惠閏月停刊	全年三十四冊	六元五角	全年 一元	歐美每冊七分
	半年十七冊	三元五角	半年 五角	
	零售每冊	二角五分	每冊 三分	日本每冊一分

廣告價目表	
一面	十元
半面	六元

國風報第二年第三號目錄

目錄

古吹臺

在開封府南五里

諭旨

正月二十一日奉　旨許澤新著補授內閣學士兼禮部侍郎銜欽此

同日內閣奉　上諭伊犁將軍著志銳調補迅速來京陛見廣福著調補杭州將軍未到任以前著德濟兼署欽此

同日內閣奉　上諭趙爾巽奏舉劾屬吏一摺四川署甯遠府知府陳廷緒綏定府知府杜本崇署敘州府知府本任甯遠府知府李立元署重慶府知府鈕傳善夔州府知府成昌署瀘州直隸州知州鄧邦造打箭廳直隸同知王典章署松潘廳同知謝鵠顯署江北廳同知祿勳署馬邊廳同知恆芳署華陽縣知縣周詢署綦江縣知縣吳慶熙郫縣知縣李遠棨署涪州知州李圻署雷波廳通判補用知縣葉錫麒旣據該督臚陳政績均著傳旨嘉獎候補直隸州知州周葵居心近利齷齪不堪試用通判陳鶴陰辦事顢頇迭被訐告試用知縣李資塏辦事荒謬陳棫行止卑汚試用鹽大使蔣中信用丁役違章妄爲試用府經歷鄒翼罔利營私試用縣丞周厚煦藉端苛罰一意侵漁試用州同王程見利即趨行同無賴試用府經歷朱寶華遇事招搖行止卑鄙試用巡檢王友棣肆意舞弊試用鹽大使周銳居心欺罔蓬溪縣典史呂詠霓管獄不愼疏玩異常酉陽州吏目徐琛行爲放縱不守官常均著革職署璧山縣知縣威遠縣知縣李允

廉聽斷不勤性情怠玩惟文理尙優著降改教職安岳縣知縣王志昂治近操切輿情不洽彭山縣知縣李魁事理不明難膺民社長壽縣知縣劉敬怯懦無才政弛民玩榮經縣知縣夢祥初膺民社措置未協永川縣知縣卸署城口廳通判許普威事理顢頇胥役用事開縣知縣葉春榮治理尙勤精力不及均著開缺另補又閬中縣知縣松桂慈祥廉謹循良之選前因救火跌傷行止不便該缺未便久懸亦著開缺另補餘著照所議辦理該部知道欽此

電　旨

二十二日奉　旨東三省時疫流行地方官防範不密以致蔓延關內直隸山東兩省先後傳染日斃多人朝廷殊深憫惻迭經嚴飭民政部暨各該省督撫設法消弭以重民命現在哈爾濱等處成效漸著日見輕減著民政部東三省直隸山東各督撫令各屬赶速清理務期早日撲滅勿稍玩延欽此

交　旨

二十四日　軍機大臣欽奉　諭旨郵傳部奏右丞李經楚應否迴避一摺李經楚著毋庸迴避欽此　軍機大臣欽奉　諭旨盛宣懷等奏查明官辦鐵路被參各款一摺著度支部知道又片奏請將梁士詒撤銷鐵路局局長差使及交通銀行幫理兼差等語又片奏請裁撤圖書通譯局及交通研究所等語均著依議欽此

論說

皇室典範問題

柳隅

立憲國之君主。與專制國之君主。其地位有大相差異者。則專制國之君主。臣妾億兆。玉食萬方。無宮中府中之別。若立憲國之君主。不過爲國家之一機關。國家之事權。非必悉爲君主之事權也。於是宮府之界。不得不分。從而有應發生之問題焉。則於國法之外。不能不別有帝王之家法。以規定皇室之事也。此等法典。凡立憲君主國。類多有之。通稱之曰皇室典範。凡皇室典範所規定之事。其權專屬於君主。非臣下所能干與。此各國之通例也。雖然各國之皇室典範。其權限之廣狹。相去實判若天淵。同一事也。在甲國。列之於皇室典範之範圍者。在乙國或列之於憲法。若其他公法之範圍。蓋國情既異。即帝皇之家法。其權限亦不能相同也。中國今日伴憲政之成立。關於處理帝皇之家事。不能不有皇室典範。而皇室典範權限之消長。其首被其影響者。實爲憲法

論說　二

我國民而欲望有善良之憲法也不能不並望有善良之皇室典範於是乎吾欲一研究皇室典範之問題

第一皇位繼承問題　儲位之議定應規定於皇室典範中與應規定於憲法中尚爲一待商榷之問題蓋皇位繼承之事苟認之爲家法則可僅規定於皇室典範中而不必使臣下得參與其議若認之爲公法則必移而規定於憲法中或且使經由國會以議決以其根本之觀念既異故其所以處之者亦異也而現今各國之立法例即分爲二派而各皆有其根據之理由其主張認爲家法者謂立憲國之君主不負政治上之責任故皇室內部之事與國家初無何等之關係從而嗣統之事可專規定於皇室典範中而由皇室自議定不必容臣民之干涉也今試舉此派之義例如下

日本憲法第二條云皇位依皇室典範所定以皇室男子孫繼承之其第七十四條云皇室典範之改正不須經帝國議會之討議

日本此憲法以皇室典範可由君主之自由更改無須經國會之計議而皇位之繼承則依據皇室典範其傳位之次序悉規定於皇室典範中以故皇位繼承之事臣下不

得置議。蓋日本國法。認此事爲帝室之家法。故不規定於國家之公法也。其主張認爲公法者。則謂君主爲一國之元首。承繼之際。國家之體統關焉。使嗣統之事純由皇室自議定。脫有不善。其流極可以危及國家。故歐洲多數之國。凡皇位之繼承與攝政之資格。其順位之次序。多明載於憲法中。當時立法者之意。即爲此也。今試稽此派之義例如左。

比利時之憲法第六十條云。國王之定權。凡雷渥爾、鳥雞格利起綠、布雷迭利克、脫撒克思、果布耳克陛下之直統。不論本生私生。依大宗之序。綿延相傳。而女子及女子之子孫。則永不得踐位。又六十一條云。雷渥爾鳥雞格利起綠布雷迭利克脫塞克思果布爾克陛下。若無男子之時。陛下經兩院之承認。得立定共世嗣。兩院之承認。依次條所載之法式議決。若不循上式議定之時。則空位。又第八十條云。國王以十八歲爲成年。國王於兩院會合之中。依式宣左之誓辭。然後得有王位。『誓守我比利時國民之建國法。及諸法章。並誓保我國獨立地之全局』

意大利憲法第十條云。國王以滿十八歲爲成年。第十一條云。國王未成年之間。應從嗣位之次序。以最近王族之滿二十一歲者任攝政之職。第十二條云。應任攝政之最近王族。其未成年。而以他王族任攝政時。迄國王成年以前。其攝政可繼續其職。第十三條云。無男統之王族時。母后任攝政職。第十四條云。無

論說 四

母后時。諸執政自國王崩殂日。於十日之內。徵集兩院。由兩院選任攝政。第十五條云。以上所載攝政諸種之規定。即成年之國王。有不能親政時。亦可準據。然若有滿十八歲之太子。應任之以攝政。第十六條云。國王至七歲之間。太后爲其後見人。逾七歲時。當別選任攝政者。

荷蘭憲法第五條云。王位以大宗承重之權爲世傳。故今王之太子。以男統入嗣。第六條云。太子男統之裔缺時。亦由大宗承重之權。傳王位於太子之兄弟。或兄弟之男統後裔。第七條云。荷蘭壽諾孛家男統之裔全無時。依大宗之序。傳王位於女王。第八條云。無王女時。王之長男統之長女。繼王位。而徙之於其家。該長女既死之際。其子孫入而繼位。第九條云。王無男統時。傳王位於其長女。是故男統常先於女統。長統常先於繼統。於各統男先於女。兄先於弟。姊先於妹。第十條云。國王殂而無子。及荷蘭壽諾孛家無男統之後裔時。王之親近親族亦缺。則該親近親族之裔。入而繼位。第十一條云。女子徙王位於他家時。該家當全占有現時統治家之權利。及前數條所載之例規。當施行於新入嗣之家族。是故非該家男統之裔、及女子。若由女子而繼王位。及男統全缺時。不得再傳王位於他統之裔。第十二條云。王女非國會之承認。而結爲婚姻者。失入嗣之權。女王無國會之承認。而約爲婚姻者。失王位。第十三條云。現今在位之「荷蘭及諾孛」家之維廉非得黎王無後嗣時。應傳王位於故「佛蘭歲爾悠乃福」公查理若冉日與古士都未亡人之王妹「佛來克埃歲條爾明蘭休」或準於第二條之例規。約爲婚姻所生。該王妹王統之裔。第十四條云。該王妹之正統缺時。傳位於第五維廉之妹。即故「諾勃埃佛」公之妃「城羅林休」之正統男子。但須予以大宗承重之權。第十五條云。遇特殊之時機。必須更易王位傳讓之次序時。國王應示其法案於國會。國會準修正建國法所定之第百八十七八十八及九十三條之方法以討論該法案。第十六條云。循建國法無入嗣者時。當施行前條之例規。國王殂而尚未定儲位。又儲君不在時。召集倍常例之員數開國會兩院合議。以冊立太子。第二十六條云。國王以滿十八歲爲成年。第二十七條云。國王未成年之間。以王族數員及荷蘭國之貴族數員。任太保以保護之。第二十八條云。太保之職。以法律規定者授任。國會兩院合議公決授太保職之法律。第二十九條云。授太保職之法律。當儲君之未成年。於國王生時公定之。若尚未行而國王殂落者。則關於太保之規則。可問未成年嗣王位者最近親族之意見。第三十一條云。國王有不能親政之時。太保得以第二十八條以下之例規。定監護王躬之法。第三十二條云。國王未成年之間。攝政官代用其權。第三十三條云。攝政官之任命。由於法律。但能以法律規定國王未成年間攝政職之承繼。該法律於兩院集合之國會公議定之。嗣王未成年之際。可於今王之存在中。制定該法律。第三十四條云。國王不能親政時。亦授其權於攝政官參議院與各省長官會議。詳爲調查國王不能親政之故。有明徵後。即召集倍常例員數之國會。而提出報告書。第三十八條云。於第三十四條之情形。太子年已滿十八歲時。以太子爲當然之攝政官。第三十九條云。於第三十四條之情形。迄太子或攝政官攝政柄之日。以照第三十四條之例規所搆成之參議院。代行使王權。國王殂而爲幼沖嗣主之攝政官。猶未任命時。又無嗣主時。迨所任命之攝政官或嗣主執政柄之日。仍以前項之參議

論說 六

院。行使王權。

西班牙憲法第四十四條云。國王約婚姻之前。示其意於國會。國會承認其條件後。應作為法律。由約婚姻而可繼承王位者。亦當遵守前條之法律。國王及應承繼王位者。不可與由法律剝奪王位承繼權者結婚姻。第四十七條云。西班牙國之王位承繼。循嫡長入嗣之正序。即尊系先於卑系。於同系內。近族先於疎族。於同其內。男先於女。於同輩內。長先於幼。第四十八條云『普爾明』家之公主『義塞班』第二世正統裔之系絕時。應使義塞班之妹及義塞班父之伯叔父母兄弟姊妹並其後裔其未被剝奪王位承繼權者。不論男女。依前條所定之次序。以繼承王位。第四十九條云。應繼承王位之親族系統全絕時。應依法律定最便利於國家之規則。第五十條云。不適親政之任者。失王位繼承之權者。當以法律剝奪其權。第五十一條云。女王在位時。其夫不得干與政治。第五十二條云。國王未滿十四歲為未成年。第五十三條云。國王未成年者。王父若母任攝政之職。父母皆亡時。循國憲所定承繼王位之次序。應擇王之最親者任之。而任攝政者。應於國王未成年之間。執行其職。第五十四條云。王之最親行攝政職者。須滿二十歲之西班牙人。而未曾被剝奪王位承繼之權者。國王之父若母其鰥寡之間。可得獨行攝政之職。第五十八條云。無可充攝政職者時。應由國會任三員或五員為攝政議會。第五十七條云。國王不能親政。國會認其情實時。當其不能親政之間。應委攝政職於滿十四歲以上之王長子。若無王長子。應委於王之配偶。若無王之配偶。應委於攝政官。第五十九條云。以先王之遺言有所指定其人為西班牙國生產者。

應爲未成年國王之太保若無指命之太保時國王之父若母其鰥寡之間應爲太保又王之父母皆亡時任攝政之權應屬於國會然除王之父母外不得兼任攝政與太保兩官

以上四國之憲法特舉以爲例耳其同斯主義者尙不止此顧由四國之憲法觀之其於嗣位攝政之際一切之事規畫極其精詳且稍屬疑難之事則多規定必由國會之議決是此派之立法例卽認皇位繼承之規定爲國家之公法而非帝皇之家法也然則中國而欲規定皇位繼承之事於此二主義將誰適從乎夫欲明此二者之可否不得徒以法理論也尤當視乎國情中國數千年來關於皇位繼承之事常視爲國家之大典故儲位問題苟生紛議朝野臣工常不惜舍生命以爭其曲直此數千年來數見不鮮之事也唐李勣答高宗廢后之問謂此陛下家事何必更問外人遂爲天下後世所唾罵謂其抹殺國家之大事夫廢立后妃臣下猶不許帝王之認爲家事而大行干涉況於皇位之繼承乎有明末葉有所謂三案者皆關於儲位及宮庭之事當時舉朝臣工抗疏爭議以爲國家之大事無過於是在梃擊一案光宗之儲位卒賴清議而始堅固而移宮一案以李選侍之尊貴逼於滿廷臣工之議亦不得不移居則宮禁之事

天下臣民亦不許帝王之認爲家事而不過問也故中國數千年來一般人之思想對於皇位繼承問題實視爲國家之公法而非視爲帝王之家法也迨於本朝不先立儲繼統之事斷自宸衷非臣下所能置議似爲數千年獨開一創局然同光之際穆宗賓天德宗嗣位吳可讀卽以屍諫己亥之際德宗有疾議立皇子海內外士民皆致電力爭而當時所立之大阿哥溥儁迨於庚子逼於淸議卒不得不廢位則以皇位繼承之事爲公法我國民數千年傳來之思想直至於今未之或改然則今日而議定皇室典範關於宮庭日用之事視作君主之家法亦未嘗不可若夫皇位之繼承與攝政之資格則內承本國之習慣外師比意荷西諸國之義例悉規定於憲法中而稍屬疑難之事則使國會得參與其議正所以示愼重國家之大事而非必爲大權之旁落也

第二　皇室財產問題

立憲之國既嚴宮府之分於是乎皇室會計不能不離國家會計而獨立蓋皇室經費與國家經費劃然分爲二途此今世立憲國之特色也雖然皇室固必當有經費而皇室非必當有財產蓋君主爲國家機關之一其所需之經費當

由國庫供給之而於此等經費之外應別與以私有財產與否此則因國而異不能謂其爲必要也其在歐洲因中世行封建之制爲諸侯者各有私有之財產而此等諸侯半變而爲今日立憲國之君主故其世襲之財產今尙多保存之是歐洲諸國其有皇室財產乃歷史之遺物而非緣立憲而始發生也若夫緣立憲而始發生者獨有一日本日本當大化時代天皇之私領地已悉廢除其後雖嘗有私領之莊園然及武力國家時代又復失之至德川氏之時雖定有所謂『禁裏御料』者然不過以近畿之產米上供天府而已非以土地之領權歸之皇室也故日本當未立憲以前無所謂皇室財產皇室之經費由國庫支給而已非有特別之財源也及憲法將制定爲保皇室會計之獨立乃編入若干之土地以作皇室之財產卽日本皇室典範中所謂『世傳御料』者是也（現此外日皇尙有財產特以世傳御料爲中堅耳）此等財產依日本皇室典範所規定不得分割與讓與永世屬皇室之所有而語其由來則非歷史上之遺傳物乃立憲後之新產物也（其土地頗多不止在一地方而分散於全國）夫日本之皇室其初本無財產及將立憲之際忽奪國家一部分之土地以作財產而臣民亦樂承認之者則以日本之維新起於勤王覆幕人民對於君

論說

主既願奉以政治上之權又豈靳其生計上之權此其得新占有財產之理由一也又當時日本臣民短於生計上之智識不知君主而得私領許多之土地實大不利於一國之生計界徒以欲謀皇室會計之獨立遂貿然許之此其得新占有財產之理由一也故日本皇室其因立憲而新得財產寔屬偶然之事非謂皇室經費既將與國家經費分離即必須予以特別之財產也若我中國數千年來君主與國家其界限不分故由一方面觀之則君主視天下爲一家之私產所謂普天之下莫非王土國家之財產皆其財產也而由他方面觀之則君主既與國家合體無須於國家財政之外別求利源故人民有私有之財產而君主則無私有之財產也以故歷朝君主除臺榭苑囿專以供遊觀之用者外其爲生計目的而置之土地財產殆無所聞漢高祖雖以沛爲湯沐邑然徵其賦稅而已非以沛邑之土地作皇室財產也雖歷朝有所謂官地者然官地之性質等於國有非皇室領地也其在於今除苑囿官地外類於歐洲皇室領之土地亦未有聞（即有之亦必不多）蓋數千年來君主與國家不分爲帝王者以玉食萬方爲榮而不留貲於治家人產也今日將議定皇室典範必有援日本之例請　朝廷置皇室財產

十

者而不知此實反於歷史上之習慣且欲維持皇室之經費亦無須置特別財產之必要也蓋使皇室之經費因於時勢必須從豐則儘可議多其額而由國庫支給之以一國之大何患不能負擔君主必要之經費若必指撥土地以作其特別之財產則或因管理不得宜妨害地力之發達或一國中因公共生計之目的需用其地而以其屬皇室領之故禁止買賣不得整理其地以應一國公益之用則生計界之受其妨礙與虧損不可勝言矣故現今歐洲各國所謂皇室財產者漸次消滅其在英國自域多利亞女王時聽國會之決議舉皇室所有之財產悉歸國家而皇室之經費則但議定其額由國庫支給之而已其在普魯士當弗勒德列第一時雖置有王室之財產然至於今已編入官有之，財產使國家之官吏經理之其所有之收益皆納之國庫而轉由國庫支出一定之額以供給於普王巴威倫威典堡、索遜、諸國亦然其君主之財產現皆使國家之官吏管理之故此諸國之王室財產現殆皆成爲國家財產特以其與王室經費有關係規定不得變賣而已然與王室財產有大異者第一由國家官吏管理之不由君主自己管理之其經營之法得因時制宜以謀利於國家社會也第二其所有之收益悉歸之國家其給與君主者僅限於一定之額也（以上所論財產皆指不動產而言因各國前此所謂皇室財產類屬不動產若君主而有動產則聽其自由措置可也） 蓋各國之趨勢依政治上生計上之理由其舊有皇室財產者今亦漸變而爲國家財產若我中國舊無所謂皇室財產今若因立憲之故乃欲指撥國家之土地以作皇室之財產何其與各國相背馳也夫吾之不主張置皇室財產者非敢有不敬於皇室也蓋皇室必需之經費國民既必負擔之而由國庫支給與由私有財產收入在君主初無所異然於國民生計上則利害分焉矣故欲謀君臣之同利毋寧使皇室之經費全由國庫支給之而不必置特別之財產也

第三皇族自治問題 日本之皇族別有自治之法則規定於皇室典範中而不與一般之人民同其法律舉例以言之如皇族與皇族之訴訟也皇族之戶籍婚嫁也皇族幼年男女之保養也皆設特別之法律特別之機關以管理之所以示皇族之優異於齊民也中國今日關於皇族間之事 朝廷亦別設宗人府以管理之與日本現在之制度畧相恍惚日本之戶籍法不能施行於皇族而中國皇族之戶籍亦載之宗人府與齊民異也日本皇族之訴訟於宮內省裁判之而中國皇族之訴訟亦由宗人府筦

其事與齊民異也故今日欲編纂皇室典範內依本國之習慣外師日本之成例凡皇族自治之事悉規定於皇室典範中而不受支配於普通之法律以貴貴親親之義推之吾儕小民亦未始不樂承認之也雖然有必當研究者二事焉第一則皇族之範圍必當規定是也日本之皇族限於皇子以至皇元孫下此則不稱爲皇族蓋日本素崇奉中國之禮教故其皇族之範圍以五服爲限在五服之外者則失其皇族之資格也中國之皇族素未有規定其範圍若以其隸屬於宗人府享有優異於齊民之特權者論之則依大清會典所載凡 顯祖宣皇帝之本支謂之宗室其伯叔兄弟之支派則爲覺羅宗室覺羅之人數現在已甚繁多此後子姓蕃昌其增加益無紀極故皇族之範圍苟不劃定而使凡屬宗室覺羅皆得享有優異之特權則一面易以惹起臣民之惡感一面又無以維持皇室之尊嚴故以親親則殺之義論之今日欲制定皇室典範皇族之範圍必當依日本之例以五服爲限也第二皇族與人民訴訟宜使受通常裁判所之裁判也日本之皇族遇與人民訴訟時可遣代表理其事而不必自赴法庭又非得君主之勅許法廷不得拘引或召喚之顧日本之皇族所以保存此特權者則

以日本前此行封建之制度法律上以不平等爲主義皇族之地位與華族異華族之地位又與平民異今雖立憲而此不平等之主義其遺蛻尙未全脫落故皇族與平民訴訟猶得維持其特權也若我中國自秦漢以來法律上久以平等爲原則諺所謂皇子犯法與庶民同罪者數千年來之法律一皆本此主義也今試徵之歷史秦商鞅之變法也太子犯罪卽刑其傅公子虔黥其師公孫賈太子以爲儲君故始免親受刑然尙以師傅抵罪若公子虔屬皇族而不免於刑則以法律採平等之主義不以親貴而有所私也又二世時令趙高更法律其時羣臣諸公子有罪使高治之殺公子十二人戮屍於市十公主磔死於社夫以公子與公主而受普通之刑亦以見法律之不私於親貴也此等之例畧舉一二而中國之法律其基於平等之主義已可槪見自餘各朝其所定之法律莫不以平等爲原則夫當專制時代而一國之法律已不私於親貴今將進入於立憲時代矣夫立憲國之法律以平等爲原則者也豈可反有所私使法律之程度竟下於專制時代乎故以吾人所見皇族與庶民訴訟必使同受法廷之裁判依普通之法律以判決而不得有所私蓋立憲國之法律當如是也故今日欲制定皇

室典範關於皇族間之事則可使屬皇族自治之範圍以特別法律處理之若夫皇族與人民訴訟無論屬於民事上與屬於刑事上皆必使受支配於普通之法律也

以上所舉特其犖犖大者耳其他應商榷者尙不止此今非編纂皇室典範之條文故未暇詳論夫皇室典範屬帝王之家法本非臣民所能置喙顧吾所以齗齗於是者則以皇室典範雖屬帝皇之家法然與國家人民有大關係存焉今試畧言之一則皇室典範與憲法之關係也蓋憲法而有不善國會有改正之之職權皇室典範而有不善國會無改正之之職權故應規定於憲法之事苟移而規定於皇室典範中他日法敝之時臣民無從補救國家必有大受其禍者如上所述皇位繼承之問題苟如日本之例僅依皇室典範以解決之脫不幸而宮廷有變臣民將格於成例而不得進而匡救之斯豈國家之福亦豈皇室之福也故皇室重大之事與其使屬於皇室典範之範圍無寗使屬於憲法之範圍也二則皇室典範與普通法律之關係也國家所定之法律期可行於全國若皇室典範其所規定者範圍太廣則必有礙於普通法律者舉例以言之如日本之皇室有世傳之土地財產無須納稅是國家之稅法不能適用於全國

之土地也又如日本之皇族依皇室典範所規定非得君主之勅許裁判所不得勾引或召喚之然其裁判所搆成法規定裁判皇族之手續則無俟君主勅許之明文（其裁判所搆成法第三十八條云對皇族之民事訴訟其第一審及第二審之裁判權屬於東京控訴院但第一審之訴訟手續可適用地方裁判所之第一審手續若俟勅許之事則無規定）使裁判所而堅執其所有之權限以裁判皇族則裁判所搆成法又與皇室典範相衝突也日本如斯中國可鑒故竊以爲苟與國法及人民有關之事不如勿使屬於皇室典範之範圍不然則必與普通法律同其規定無令其相背馳也

嗚乎今日全國之人皆注意於憲法國會等問題若帝皇之家法則無復措意矣豈知皇室典範其關於國家人民之休戚者乃若此蓋法律上之事隨在皆有藕斷絲連之關係苟注意於一方面而忽略於他方面實未足與語立法之道卽皇室典範問題夫亦可以見矣

時評

將來百論（續第一號）

滄江

（五）資政院之將來

宣統五年開國會。既奉明諭。國會成立以後。則今之資政院。當遂廢止。即不爾。亦當改爲上院。而現行院章。決不復適用。然則資政院之將來。爲時至有限。不過自今以往二年間耳。此二年間之資政院。當作何狀。此治國聞者所亟欲講也。

資政院之初開院。國民所以希望之者良厚。已而漸薄。薄之不已。迨閉院時。而殆無復希望。資政院之初開院。政府所以嚴憚之者亦至。已而漸輕。輕之不已。迨閉院時。而殆無復嚴憚。此其所以致此者有二。一則政府敢於靦然以不負責任自居。資政院失其對待之機關。凡所決議。如擊空氣。雖竭全力。終無回響。其令人失望宜也。二則資政院自身能力薄弱。其議員中之過半數。視其職爲兒戲。而少數之忠實者。亦復人自爲戰

時評 二

未嘗能稍團結以爲一致的行動而其學識能與其職務相應者蓋寥寥無幾政府之力雖極脆薄而資政院之脆薄抑又甚焉其不爲所憚亦宜也

若現狀長此不變則所謂爲議政基礎之資政院遂將成爲一種無用之裝飾品而中國憲政之前途遂不可復問雖然責任內閣將以今春成立其勢殆難反汗彼組織內閣者爲何等人物且勿論要之終不能以不負責任昌言於衆明矣則自今以往之資政院已非復如前此之無的而放矢其議決之效力將次第表現則其能造福於國家與否亦在資政院議員之自身而已矣

(六) 弼德院之將來

新改正之憲政籌備案定以今年設弼德院此殆與新內閣同時成立盡人所同懸揣也其院章今尚未發布吾儕聊欲臆測其將來

我國之議設弼德院其模範蓋取之於日本之樞密院而日本樞密院其淵源又出於歐美諸國之喀溫些爾 Council 然日本之樞密院與歐美諸國之喀溫些爾其職權迥大相逕庭卽歐美諸國其喀溫些爾之職權亦各各不相襲我弼德院制度果將何

釆此立法上一大問題也

各國喀溫些爾制度之異同得失今不能具述（參觀次號論說門論彌德院）而要之有一公共之原則焉曰與內閣權限不相侵越而權力又常出內閣下也若今置彌德院而不循此原則則其敝也非使一國中有兩政府則使舉國等於無政府二者必居一於是何也彌德院與內閣爭權是則有兩政府也內閣服從彌德院而彌德院自隱於君主大權之下而不負責任內閣又自隱於彌德院之下而不負責任是則仍以君主當人民之衝而不覩有所謂政府也信如是也則立憲精神其必以有彌德院之故而破壞無復餘也我國現在之政治現象爲人擇官也非爲官擇人也使以現在最有權力之人領內閣則政權之中堅必在內閣苟以其人領彌德院則政權之中堅必移於彌德院夫易法而不易人則政權中堅在何機關似無所擇雖然鈞是人也吾以爲與其使之弄權於彌德院毋寧使之弄權於內閣何也陽惡有自斃之日而陰惡則痛毒恐將無已也

（七）三國同盟之將來

德奧意三國同盟者近三十年來歐洲外交界一最重要之現象而舉世言國聞者所

共注視也其利害關係於我雖淺然周知四國固士君子所宜有事也故吾儕樂揣其將來而論之

三國同盟之趨勢當由兩方面觀察之其一則德與奧之關係其一則德奧與意之關係也德奧之交久而彌篤近者對外政策互相倚重蓋確舉同盟之實四年以前爲摩洛哥問題德法交惡卒開列國會議於亞爾支士拉而奧實爲德人極有力之後援及一九〇八年末（宣統元年）奧人背柏林條約併吞坡士尼亞赫斯戈維納二州雖列强責言紛起卒貫其初志則以德人立乎其後也時則德人以忠於同盟國之故蓄志執干戈以相衞最近德皇如奧京語奧人曰『其時朕既擐先人之甲思爲我友邦有所盡』其果有愛於奧與否雖不敢知而事實則既不可掩也夫奧國比年以來以儲君飛蝶南之精明佐之以宰相埃連達之勇毅其必非復如前此之託德人之庇以自卽安固無待言獨至其對外關係則固常與德共其利害邦交之摯且有加無已此天下所共見也

若夫德奧與意之關係則反是二三年來意人集兵力於東境且於亞多里遏狄海大

加海軍力其意何居凡以得其同盟之奧大利而已而奧人陸海軍備之增加亦以意爲標準不肯稍讓夫以號稱攻守同盟之兩國而相猜至於此極驟視之若不可思議雖然苟深通於國故則知其所由來非一朝也夫意大利當獨立以前爲奧人所羈軛數百年至今宿憾未解而北部之意人含怒逾甚今者國基大定休養生息數十年其所謂「大意大利主義」（即合一切意大利民族爲一國之意也）日思擴充殆無往而不與奧衝突當三國同盟之初締也意人方欲有事於非洲北境之周尼士厄於法而不得逞意人以敵法故不得不求同盟於德而德奧之同盟先已成立意之强交驩於其世仇之奧者爲德所脅而已意雖結德奧然遂終不能得志於周尼士及一八九六年（光緒二十二年）更大挫於亞比西尼亞於是意人經略非洲之念遂絕不得不轉其進取之方向於巴爾幹半島恒欲收亞多里渴狄海爲其領海且於其東岸之亞爾拔尼深不願有他國之蟠踞而奧人爲發達海權起見此二地又在所必爭近者奧人併吞坡赫二州其南下於巴爾幹之勢駸駸日著此意人所刻不能忍也故今者奧意二國以維持巴爾幹現狀相要約外觀若輯睦及窺其隱則杌隉之情殆岌岌不可終日也

時評 六

夫意人所求於德者徒以抗法耳意法違言徒以爭霸於非洲耳近十餘年來意既棄非洲以圖巴爾幹則無取乎更結德以仇法且意之前相格里士比實爲排法政策之中堅秉政十餘年三國同盟實成於其手而於一九〇一年則既奄逝故意法之交自茲一變一九〇二年兩國遂結協約對於地中海問題一捐宿嫌比者英俄法結三國協商以抗德而意人之關於巴爾幹問題實與英俄同其利害故以歐洲外交大勢論之意大利雖爲三國同盟之一主體而其意嚮乃大反與三國協商團相接印斯亦一奇也比年以來其國輿論厭三國同盟益甚一九〇八年末（即奧人併波赫二州之時）其議員福爾特昌言於議會謂此同盟久已不適於歐洲之現勢彼以兵力威脅我者非他即我之同盟國也吾意人今日實不容不與奧分携此非吾私言實一國之公言也觀於此則意之民情亦可見矣今者此同盟有效之期限僅餘四年有奇故論者多謂至一九一四年則三國同盟殆將解體而歐洲均勢緣以破裂非無因也

雖然意之輿論縱極囂張而彼政府猶極力鎮壓之不肯妄徇者則以意奧之交雖在今日藉載書以相維繫然且不免於携貳若一旦逃盟益將僾焉不復能終日德奧相

結而致命於一意非意之所能堪也然則此後同盟殆仍不免賡續惟其性質必且蛻變而有以異於前耳夫當一九〇二年尋盟之時意人已稍變其載書之條件而自弛其負擔之一部然則今後之尋盟其所弛者殆將益多三國同盟雖存其名實際膠漆不解者或僅餘德奧二國乎

(八) 三國協商之將來

最近三四年間歐洲國際政局分野畫然著明則英俄法三國協商與德奧意三國同盟並峙對抗之局是也英國二百年來以名譽之孤立自豪於天下及愛華德第七嗣統乃盡變前代政策遂使倫敦忽成為歐洲外交之中心點其促此動機者則德人對英之野心使然也昔德相俾士麥欲就其統一守成之業常弄權術以陷法國於孤立何圖事過境遷英人反師其故智以蹙德人於孤立之地而其最有力之武器則三國協商也

三國協商之主動者其重要之人物有四其一即英前皇愛華德第七其二則英前外相朗士達溫其三則法前外相狄爾卡些其四則俄前外相伊士倭士奇也今者英先

帝既即世而三相復相繼去其位論者或疑協商之基礎行將動搖雖然此協商之成立非恃當局者私人之交誼而實有一共同之目的以綰之目的維何則歐洲勢力之均衡是已但使此目的一日未變則三國協商終當維繫於不敝當英法協商之初發表也局外者每致疑於其效力之綿薄後此屢經盤錯而利器之實乃益着蓋一試之於日戰役時再試之摩洛哥會議最近復試之於土耳其問題兩國當局恒舉相友助之實天下所同見也即英俄兩國之交自一九〇七年協約成立以來亦日似加密一九〇八年兩皇會於黎拔爾宣言關於遠東問題兩國政策互相一致斯益可證也雖然最近一二月間而形勢若將驟變夫三國協商之目的原在與三國同盟對抗更質言之則與德對抗而已德與法夙仇也德與英將來之敵也彼二國常以此目的相結固不俟論俄法本爲同盟其不能任意分携亦不俟論所疑問者則今後英俄兩國之關係而已俄德之交夙睦決非如英法之有所不慊於德今必從兩國之後以自樹敵則於俄何利焉故去臘忽有俄德兩皇相會互訂協約之舉此實足以殺三國協商之效力而使英人相顧失色者也其將來結果如何吾將別爲專條論之（參觀次條論俄德協商之將來）

夫協商之爲物。不過取過去之懸案。交讓以圖解決云爾。其效力之及於將來者。本至薄。英人怖德之念。既日熾。故其國中輿論。多有謂宜將英法協商。變其性質。進而爲攻守同盟者。夫兩國既同以德爲公敵。則其計慮及此。良不足怪。雖然。果可見諸實行乎。此一疑問也。試就法國一面觀之。德法若有事。則勝敗全決於陸戰。然以英國現在陸軍之組織。其不能恃爲陸上同盟國。事勢至易覩也。英國陸軍額本已極少。且其價值亦遠出歐大陸兵之下。泰晤士報之通信訪事員嘗明言英陸兵與歐陸諸國陸兵遇。二不當一。其自知可謂極明。故法國「日報」亦昌言云。『英法同盟。固我法之所願。但英國非採大陸各國徵兵制度。以改良軍制。則殊不能有與法結盟之價值。』此實一針見血之言也。夫同盟之爲物。必兩國各有所挾以爲重。而互相倚賴。然後可以圖成。夫英人所挾以爲重者。海軍也。而法人拒德。曾無所借重於英之海軍。法之陸軍雖足以爲英重。而英殊無物焉足以爲法重。然則法人果何求而與英盟哉。是故英法之交。今後雖可加親無已。然其形式亦不過賡續協商。或擴充其範圍而止。若欲有進於此。則恐非旦夕所能幾也。

時評

十

（九）俄德協商之將來

去冬十二月俄德兩皇忽相會於德之砵丹未幾而有兩國關於波斯之協商文牒出現此實最近外交界之軒然大波也

當俄之見蹶於日也兵力銳減內亂蠭起德人乃以其時屯重兵於東偏以壓俄境其意非必謂遽可以蹙俄於死不過欲示威而使之昵就己以弱法人之援云爾當此之時俄方疲敝其力固不敵方張之德爲俄計者非屈而就德則別求緊援於與德積怨之英以禦德二者必當居一於是廷議蓋久而不決其毅然持親英主義者則外相伊士倭士奇也俄皇亦聽納之此則英俄協商所由起也

三國協商既成全歐外交中心點移於倫敦德遂陷於孤立者垂四五年雖然以德皇之雄鷙不可一世決非肯以一時之困橫而自餒明也故其前年大閱時嘗申儆軍士曰「吾德人今已四面受敵雖然必當有以勝之」識者早有以察其幾矣夫法爲德世仇英又爲其將來所指目之敵德雖多謀而於此二國決無所施至易見也其可以有展布之餘地者則惟間俄以弱三國協商之力而已果也去年十一月而有伊士倭

士奇見放之事越一月而有俄德協商之事伊士倭士奇之主親英也以謂既不能得志於東方則宜轉其鋒以向巴爾幹半島得英之助其將有所穫豈期事與願違前年末奧人併吞坡赫二州實舉俄人之巴爾幹政策擢於一擊之下英人雖與俄一致竭全力以抗議其奈德人之所以袒奧者尤力茲事終非可以口舌爭英既未能與德戰則力遂已窮於抵抗德皇復以此時親發璽書於俄皇隱示己之與國之不可侮俄人乃不得不忍辱含垢以悉奧之所欲自茲以往始蹷然有感於三國協商之不可恃而伊士倭士奇之政策漸爲俄皇所不能慊焉已矣夫俄之與德本無積嫌不甯惟是三帝神聖同盟之舊交積之殆將百年其相暱就本甚順也故自倭氏之去位識微者早有以窺大局之將變今兩皇之成言何若雖不可知然交驩之實則固章章不可揜矣

波斯者英俄之囊中物而以協約中分其利益者也波人不堪兩國之偪而欲引德以自衞德之染指於波斯其爲英俄公害明也故德人欲敷設巴克達特之鐵路俄人力沮其成相持久不決且法人亦以袒俄之故屢從金融市場上施以妨害此兩年來之

情實也乃自砵丹燕會以後俄人忽認德人之敷設權且許其與俄國之波斯鐵路相銜接此實大反於英俄協商之精神而予英國以至難堪者也由此言之則俄德協商之效力與三國協商之效力正成反比例英人之嘖有煩言而舉世之治國聞者咸視爲歐洲外交界一大變動之徵兆亦何足怪

抑吾尙有一言欲警告我國民者俄德交驩其影響非徒在歐洲外交界耳行且將波及於我國**據近二十年來歷史所明示凡俄德目成之日卽遠東多事之日** 前此三國相結還遼未幾遂有膠州旅順之禍而團匪事變後俄踞滿洲不撤兵德實陰嗾之其祕密久已暴著於天下今者俄人既許德以波斯之利德人甯能無所以爲償 **其所以爲償者何在舍中國外吾苦不能求得之吾深恐俄人前此受德之威偪而不克逞於巴爾幹者行將賴德之聲援以取盈於我耳** 由此言之吾

國民。於列強之操縱離合。甯得漠焉不省。若秦人視越人之肥瘠矣乎。

編者案。將來百論之原稿。以去臘寄到本編輯所者五十六則。此三則原文目次則第二十第二十一第二十二則也。今以其與最近發見之中俄交涉問題極有關係。故擅移其次而提前登於本號。

編者識

資政院與報館之衝突

柳隅

社會萬事之發達。必循序以進步。而不能躐等而登。故國民之程度苟幼稚。無論憑藉何等之舞臺。皆將常形出種種之弱點。其憑藉舊舞臺。固易形出弱點也。其憑藉新舞臺。亦易形出弱點。此觀於去臘資政院與報館之衝突。則固信而有徵也。資政院爲中國之新舞臺也。報館亦中國之新舞臺也。此等新舞臺。全國人民皆具爾瞻焉。則憑藉此等舞臺者。宜各有文明之思想。而勿出以野蠻之舉動。斯乃可無負此舞臺矣。乃無端而有公論實報之詆毀資政院。無端而有資政院之踰法以封禁公論實報。而多數之報館。復起而攻資政院。以議會而與報館衝突。此實憲政史上之汚點。抑亦非國家前途之福。吾是以對於資政院議員。對於報界中人。皆將有所忠告也。

雖然。此等現象。實由國民程度之幼稚。故於不知不覺之間。而現出此弱點焉。微特吾國今日有此現象。即各國當憲政胚胎時代。亦常有此現象也。昔英國當十七八世紀間。國會與報館常起衝突。國會至議定法律。禁止報館登載國會之議事。有犯者則處以嚴罰。然在報館。又別出奇策。以與國會爲難。當十八世紀之初。倫敦雜誌社。有政黨俱樂部之記事。克羅尼戈新聞社。有華胥國議會之議事日記。聖耳明雜誌社。有想像島之元老院議事日記。皆借假託之記事。以詆誹當時之議員。而在國會。又憤不能平。當時保守黨之議員溫士羅。倡議懲治新聞記者。卒召各新聞之印刷人及編輯人於議院。而以苛法處罰之。又千七百二十一年。有米士特者。發行一種新聞。多誣衊國會之語。國會拘而下之紐格德監獄。蓋當時英國之國會。常以罰金及繫獄懲治新聞記者。若紐格德獄及瓦塔獄。常爲拘禁新聞記者之所也。而其時之新聞記者。又常强項不屈也。當一七五一年。有馬零者。因謾罵國會。國會議員拘之於議場。强命之拜跪。馬零不肯。乃換拜跪之罰。而處之以黥刑。當時一般新聞。皆譽馬零以壯士焉。蓋讀英國十七八世紀之國會史。其與政府衝突之外。尙有常與之衝突者。則爲報館。其原因由於新聞記載國會之事。多半失實。而爲議員者。亦嫉視報館。常思乘隙以報復。故衝突之事。相繼不絕。此實英國憲政史上之汚點。而不意今之中國。乃將步英國百餘年前之後塵。此種。不名譽之憲政史。斯則。新聞記者。與議員之責也。

故吾敢以告資政院議員與全國新聞記者曰公等所處之地位社會皆瞻仰焉其無挾意氣以從事也使爲新聞記者者其能力僅在能謗毀資政院則社會何貴有新聞使爲資政院議員者其能力僅在能封禁報館則國民亦何貴有資政院兩方皆挾意氣以從事則報館之價值將見輕於社會而議員之地位亦見輕於國民矣夫資政院爲代表輿論之機關也報館亦代表輿論之機關也同爲代表輿論之機關則其所可視爲敵者當在反對輿情之人而非可同室操戈以各自弱其力也夫今日國民之志望在於求成眞正之立憲國而今之政府外假豫備立憲之名實則事事與立憲相反對然則資政院所可視爲唯一之敵者當在政府報館所可視爲唯一之敵者亦當在政府而以現在政府勢力之頑强國民勢力之薄弱使資政院與報館相提携合力以抵抗政府猶懼不勝若復鷸蚌相持令政府得收漁人之利則不特資政院與報館同歸於失敗而其所以貽誤憲政者亦非淺尠矣吾聞公論實報封禁之後樞府相告語曰『他們動輒自謂代表輿論今請憑他輿論與輿論衝突看他們究竟誰勝』嗚乎吾聞此語心骨悲不知資政院議員與全國新聞記者其亦樂聞此言否也夫議員之

時評四

議事使有失當誠難禁新聞之指摘然而輕薄之言辭失實之記事在報館終非可以是加諸議員也而報館違法亦豈能逃乎法網然法外之罰與不提起訴訟於法庭而擅行封禁終非爲立法機關之資政院可以出此舉動也而不幸資政院與公論實報皆昧於此義以致造出此一段不名譽之憲政史吾是以不能無言也嗚乎往事已矣然亡羊補牢計尚未晚使今後而勿繰返此等歷史焉則豈惟資政院與報館之福抑亦國家之福吾願資政院議員一思之又願全國新聞記者一思之

著譯

日人論中國整理財政策（續第一號）

明水

第二節 第二款 將來之歲入

如前所陳。則中國將來之歲出。約在四萬萬二千六百萬兩以上。夫歲出增。則歲入亦宜與之並增。然後收支足以相抵。否則財政信用將有墜地之患。中國將來之財政果能收支適合乎。是亟宜研究者也。雖然。中政府凡關於財政之事。素無報告。今惟有宣統三年度豫算案。可爲參考而已。試取所列表錄之於左。

歲入表

田賦	四八、一〇一、三四六兩
鹽茶	四六、三一二、三五五、
關稅	四二、一三九、二八七、

著譯 二

正雜各稅	二六、一六三、八四二、
釐捐	四三、一八七、九〇七、
官業收入	四六、六〇〇、八九九、
各款	五、六五三、三三三、
雜收入	三五、二四四、七五〇、
公債	三、五六〇、〇〇〇、
合計	二九六、九六二、七〇二、

由此觀之。歲入僅有二萬萬九千六百九十餘萬兩。比之歲出。相差以一萬萬二千九百六十萬兩計。故中國政府而欲收支適合。則不可不求一絕大之財源。以爲彌補之計。然此財源。果能求得與否。非空談所能致也。則請就諸稅目以論究之。

第一 田賦

昔者赫德曾有說帖。謂中國田畝。以開墾五成計算。全國面積八十萬萬畝。則當得已墾之田四十萬萬畝。若改正地租。每畝課銅錢二百文。又以銅錢二千。折銀一兩。則中國僅田賦一項歲可得四萬萬兩云。使此說可信。以現今各項收入。不僅足以償一萬萬二千九百六十餘萬兩之不足而已。且有二萬萬二千二百餘萬兩之裕餘焉。竊嘗論之。中國之田。在揚子江以南錢塘江以北諸地。其已開墾者或有五成。至於雲貴廣西等省。則必無此數。卽以湖廣論。猶有三山六水一分田之諺。可知矣。據賦役全書所載。亦不過言已墾之田有七萬萬三千萬畝。以此數計算。則當全面積十分之一强。雖實已開墾者。斷不止此數。卽以十分之一五計。最多不過得九萬萬畝耳。故赫氏五成之說。實可謂向壁虛造也。至改正地租。每畝平均課以銅錢二百文。就令能行。而中國全國已墾之地。不過九萬萬畝。則歲入亦僅得九千萬兩內外耳。況欲得此九千萬兩之收入。事前不可不丈量土地。修改地價。而新製所謂土地臺賬者。則費款必多。稽時亦久。烏足以救然眉之急哉。況又有驚擾百姓之弊。故張文襄曾力駁赫氏之言。謂中國之田。有以二百四十弓爲一畝者。有以三百六十弓爲一畝者。歷久相沿。已爲成例。若欲丈量。必生弊患。紳商之家。勢抗賄屬。因得逃匿。小戶編氓。貧賤無依。遂被需索。必致激成衆怒。而事終不能行。張氏之言如此。則丈量估價之事。亦談何容易。故現時

著譯 四

田賦一項、仍僅能照七萬萬三千萬畝計算。勢難紛更者也。中國之田、其値頗賤。上田一反價五六十圓。中田三四十圓。下田二三十圓。較之日本、僅五分之一。故不能如日本徵稅之多、有斷然也。若每畝課以二百文。折銀一錢。約當日本一反步課以二十一錢之概。以日本課稅法算之。稅地價百分之三弱。比諸日本現行地租、固甚微少。然以中國人民生活程度言。實已甚重也。現今田賦收入四千八百十萬兩。一畝之負擔、平均六分六釐。加以官吏中飽。種種弊端。實收之額、斷不止此。則稅率之增、固已無疑矣。中國素爲民主主義之邦。以租稅之輕重、定政治之善惡。今之負擔、閭里已有怨嗟之聲。若更欲加稅、每畝改收二百文。其事豈易言哉。故將來田賦雖欲酌加、而每畝斷不能收至二百文以上。則田賦總額、亦卽不能過於七千三萬兩以上也。

第二 關稅

關稅爲財政上一重要之財源。各國所同。惟中國關稅、則因條約不平等。僅能從價値百抽五。故不能如外國收入之多。雖然、使中國而措施得宜。則亦未始無增加之望。據中英商約明言、如中國能將釐金等稅盡行裁撤、則海關所徵可增至値百抽一二五。

査現在入口貨約値四萬萬二千萬兩將來恐當至四萬萬五千萬兩則輸入稅應得五千六百二十五萬兩較之往日增加三千五百萬兩雖然中國現收之釐金公報四千三百餘萬兩而常關所入歲亦數百萬兩是欲增三千五百萬兩之海關稅而坐失此將及五千萬兩之釐金兩數不能相補非財政之利也中國所以遲遲未能裁釐者想亦以此然釐金一日不裁則海關稅一日不能加抽故中國而欲望海關所入豐於昔日惟有希冀貿易殷盛之一事使數年以內能歲增數百萬兩則關稅或可得四千五六百萬兩歟

第三 鹽茶稅

鹽茶兩稅爲中國重要之財源昔雖並稱然茶遠非鹽比甲午前後鹽稅所入歲千三百餘萬兩茶稅僅九十萬兩且鹽稅國家每有大事必行加抽中日戰時加一次庚子亂後再加至近日則因政費膨脹而又加然始終收入皆爲千三百餘萬兩聞者咸以爲大奇知其中必有隱匿者在果也宣統三年度豫算案則言鹽茶稅共爲四千三百餘萬兩較前增三倍據此報告則鹽稅所入不下四千萬也中國產鹽額號稱二十六

萬萬斤。而鹽稅每百斤。抽一兩五錢四分。以中國人民生活程度論。未免過重。且私鹽盛行。故今後欲再加稅。其勢甚難。若加之不已。則人皆食私鹽。而國庫所入反少也。故中國而欲再從鹽稅着想。計惟有望人民購買力之增加。及掃除私鹽。而更進增茶稅耳。舍此殆無可望。故鹽茶兩項。卽令數年內歲增數百萬兩。而總額實難超於五千萬兩以上也。

第四　官業收入

中國向無官業收入。近三數年。郵政電報。皆歸官有。而鐵路之屬於官辦者亦甚多。故始有所謂官業收入。自濤邸歷訪東西各國歸而建富國强兵在於交通利便之議。於是鐵路電報郵政之延長者。日見夥頤。計官、路、增、築者合計千、二、三、百英里。而郵、電、兩、項、亦、達、數千哩。故官業收入當更增加。卽數年中而冀其加多一千萬兩。亦非難事。則歲、可、得、五、千、六、七、百、萬、兩。必無疑義。

第五　鼇金

鼇金所入。不能知其確數。惟人皆以爲多於關稅。然考歷年報告。則所入不過千三百餘萬兩。當關稅三之一。則中飽者多。而偸漏者衆也。據中政府最近所報。則云四千三百萬兩。較前增三倍。豈非淸理財政之效乎。雖然。吾輩猶以爲中飽之未能盡剔也。若監督更能加嚴。則益增千萬。不難也。

第六　其他各稅

據宣統三年度豫算案。則除以上五稅外。其他正雜各稅。約二千六百十六萬兩。雜項所入。三千五百二十四萬兩。各款五百六十五萬兩。合計六千七百五萬兩。別有公債三百五十六萬兩。此則甚微。不足以當一財源也。然此等所入。果爲何項稅目乎。疑莫能明。意者其舊行之鴉片鑛漁牙釐印契等。及近年新增之米穀砂糖酒烟綢緞首飾屠戶印花彩票賭博諸稅乎。此種新舊各稅目中。將來最可屬望者。惟烟酒印花三稅。自不待論。夫烟酒爲諸國歲入一大宗。今中國亦欲重課之。以裕財用。且欲商諸各國。以烟酒爲專賣品。庶幾足補裁釐之失。此眞今日所宜舉辦者也。雖然。中國現時之生計狀態。果能以烟酒專賣所得之利。益償裁釐之所失。而有餘乎。余不能無疑。況海關稅於外來之烟酒。則値百抽五。而徒於國內烟酒課以重稅。爲淵敺魚。豈能得鉅額之收入耶然使中國歲費酒二萬石石稅一兩可得二千萬歲費烟六千萬貫每百斤稅三兩可得一千一百二十萬兩若辦理得宜則此兩稅總可得三四千萬雖未足盡抵裁釐之數而相差亦不甚遠故誠為將來一重大之財源惜乎今之收入歲纔數百萬兩也至印花稅雖少遜於烟酒然東西各國亦嘗倚為重鎮中國自拳匪亂後頗有建議行此稅者以反對者多未能實行至禁止鴉片後歲入驟減遂決意舉行印花稅以補其缺然究因太不順於民情督撫不敢興辦故今之收入未有可觀者若將來設施得宜縱令不能以之代鴉片稅千萬內外可坐致也此三稅以外之各稅雖亦可與年俱進然因失一鴉片故到底不過增至九千萬兩內外耳。

吾輩因以上各種之財源計數年後所得之收入中國財政未可盡為悲觀也今特列一表以明之。

田賦	七三、〇〇〇、〇〇〇兩
關稅	四五、〇〇〇、〇〇〇、
鹽茶稅	五〇、〇〇〇、〇〇〇、

官業收入 五六、〇〇〇、〇〇〇

鹽金 五三、〇〇〇、〇〇〇

其他諸稅 九〇、〇〇〇、〇〇〇

合計 三六七、〇〇〇、〇〇〇

第二節 第三款 將來收支之適合

中國自庚子以後國事紛如故財政上收支常不相償每歲虧短至二三千萬兩於是財務當局者慘澹經營務求豐入儉出或彼此挪用以救目前之急甚者則用重息貸諸外人銀行貸無可貸則增發鈔幣以爲補苴罅漏之計乃僅可彌縫洎乎籌備立憲及擴張軍備兩大政同時並起歲出愈多歲入愈少不足之額至三千七百萬兩後據政府細算則中央所短實爲二千四百八十萬兩各省所短實爲二千九百萬兩因籌備立憲之追加豫算又二千四百萬兩合計七千七百八十萬兩此後歲出將在四萬萬二千六百餘萬兩以上而歲入不及三萬萬六千七百萬兩則歲差五千九百萬兩苟不變更財政計畫而欲塡補此缺捨募債外實無他術雖然以言內債則中國國民

著譯 十

流動資本既已不豐政府信用又未孚衆故屢募屢蹶如甲午時之軍事公債甲午後之昭信股票其已事也庚子亂後變法自强之聲喧於國中而一時炙手可熱之直隸總督袁世凱慨然自任欲開內債之端而雪前此之恥創爲新法募債四百八十萬兩許債權者以種種權利必欲集事而事終不能成袁世凱不得已吞恨包羞由正金銀行借三百萬兩以實其言其後湖北安徽諸省亦有仿袁法以募內債者成效卒不可覩則固其法之未善而亦中國人資本缺乏有以致之也今政府亦知內債之不足恃矣則此後欲補歲入之不足亦惟有仍借外債而已頃者外電紛傳舉債於美有謂五千萬打拉者有謂五萬萬打拉者雖五萬萬之說未必可信然五千萬之議則已屢有要約特今猶未成耳夫中國歲入不足五千餘萬兩藉令舉債能成亦不過敷明年一歲之用後此如專恃借貸則十年之間遂負債五萬萬打拉即中國之十萬萬圓强也以中國國力爲財政收支不相償故而擔荷此鉅額之外債其現象之險寧可思議況中國前此以國家多故業已負十四萬萬五千萬圓之債乎今試列一表以觀之

據表所載。則中國外債。於西曆一九〇八年末。其額已十四萬萬五千萬圓。內鐵路公債。二萬萬九千餘萬圓。此爲投諸生產事業。雖多亦不足憂。惟因甲午庚子兩役負債至十一萬萬五千餘萬圓。則烏得不令人瞿然懼慄然驚也。其餘中央各衙署及各省督撫。因遇緊急而向外人銀行私相借貸者。亦復不少。即以日本論。亦已在二千萬圓以上。則合以此外諸國。總在萬萬圓。是中國公私外債。無慮十六萬萬圓也。今若因收支不足之故。又大事舉債。積以十年。更加十萬萬圓。夫列國則何有。爲第恐中國財政基礎薄弱。如彼負擔之重。層積如此。一旦外人藉口於保護己國臣民利益。而强請聘其財政顧問。中國而欲拒之。又無實力以盾於後。則財政顧問之至中國。終不能免。此端既開。必有進而倡一顧問不足以監督中國全國財政者。於是各部皆有外人矣。而猶未也。必又有倡顧問居中央不能監督各省財政者。於是各省亦皆有外人矣。更進則各國度支部以爲不審定財政案。實効終不能舉。於是則中央以及各省之財政案。亦皆操之外人矣。事勢果至於此。則中國全國政治。皆將爲外國顧問之命是聽。而中國尚得謂之爲國已乎。不觀此次與美借債。而顧問之議。已兆其端。則知吾輩之說非必危言悚聽而渺無影響也今正中國危急存亡之秋苟中國而欲收支適合也必不可不別求善策如徒恃外債則是飲酖止渴耳吾輩深表同情於中國故不能不大聲疾呼願中國人之猛省也

第三節　財政整理之方針

比者中國政府於整理財政其苦心亦可謂至矣光緒三十四年以來發布種種整理案雖然其所欲整理者泰半屬於改革財務行政之法規而於收支適合之方策則未聞有籌議及之者夫中國承歷朝之弊政國用既已不足又當此環球交通之世日受强隣之侵陵而經費有加無已雖復竭力開源節流然來歲之豫算即已虧短七千七百餘萬兩此後每歲所差亦當不下六千萬兩數年之內外債山積眞恐有外人監督財政之憂而政治實權竟陵夷以至於異族之手也竊嘗以爲一國之中籌定一完美之財政計畫固甚急務而收支適合則尤急又籌一完美之財政計畫固難而收支適合則尤難今中國政府於財政法規既已悉心釐定縱令他日著著奏効而達於美備之域然目前最急之收支適合法尚無絲毫把握豈非畫餅充饑而仍不免於仰屋長

嘆乎吾願中國當路者之急自反省也

世人動曰中國二十二行省人口四萬萬三千萬人稅一兩即有四萬萬三千萬兩以之供將來之經費而有餘何憂貧也且銀一兩當日本一圓四角今日本人每歲負擔平均十圓以此相較不過七分之一以中國人之富力而負擔日本人七分一之稅豈其甚難今之歲出所以虧短數千萬者實整理財政不得其道耳苟得其道則四萬萬餘兩之經費咄嗟可辦也

如論者之言欲得收支適合則第改革財務行政之法規而已足而收支適合之方策無庸籌畫也信如是則今日中國於財務行政已大事更張計臣亦不必日夕張皇矣竊嘗論之世人所見以爲中國人口如何繁多富力如何偉大此皆道聽塗說而未嘗一深究其底蘊也以余所考則中國本部十八省人口二萬萬六千萬加以東三省新疆二千萬總計不過二萬萬八千萬昔曾著論明之茲不贅述惟就富力一事畧陳其概

欲考一國之富力在歐美諸國既已不易至於中國則除貿易年表外片紙隻字之統

計。皆不可得、故欲計算其富力。誠哉難也。今由各種方面。苦心蒐討。雖東鱗西爪。不成片段。然亦可以證中日兩國富力之優劣也。

第一　土地家屋財產

自赫德謂中國十八省之面積有田八十萬萬畝。而已墾者。當得四十萬萬畝。於是世人皆豔稱中國田畝面積。爲大地冠、其後北京仙治潔特理事某略改其說、謂爲二十四萬萬畝、此皆誇張之說也、中國本部。其已墾之田。有十之四五者。惟介於錢塘江北。揚子江南之浙江等省爲有之。外此不可得而求也。即兩湖在揚子江中流、又有湘漢兩水、而居民尙有三山六水一分田之諺、故其已墾者不過全面積十之一。此外人旅行彼土、皆可目擊而得之者也。如雲南貴州廣西等處、則恐僅有全面積百分之五至甘肅陝西四川之西半、閩浙山嶽之地、則田甚少。由是觀之。中國田畝、何從開至十之四五乎。據康熙五十年之報告。則云田積六萬萬畝。至道光十一年、則云田積七萬萬三千萬畝。今之報告、與道光同。雖然、現時人口二萬萬六千萬。較康熙時增二倍。則開墾之田。亦當多於七萬萬三千萬畝、惟田積之增。不能比例於人口。或中國人增其十。

而田增其五平使此推測爲不謬也則中國今日之田爲九萬萬畝也然中國地價其値甚微查各鐵路公司所買之地除江浙外皆當日本五之一如東清鐵道所買則上田一反步十五圓中田十二圓下田九圓通全國而計之平均一反步二三十圓而已卽以一反步二十五圓計十八省田價値銀一百五十萬萬圓比日本土地財產總價額稍見其多若中國宅地則與日本大異除上海漢口天津諸大都會外其値與田無異且建築物亦甚賤故十八省之土地家屋其價格最多亦不過略優於日本而東三省新疆等處無可考證不能妄事揣擬然多亦不過日本十之二則總計二十二行省之土地財產價値僅能優於日本十之二而强也

第二　土地家屋以外之財產

世人又多謂中國人能勤儉貯蓄故國內所至之地皆有富豪其資本財產必多於日本此亦讕言也中國人雖甚勤儉然浪費者正多而怠惰者亦復不少此其例證不遑枚舉但一踏足中土而未有不瞭於心目者故謂中國人爲豐於資財其亦不察之甚矣且彼土所以致貧之故猶別有五因五因者何

(一)中國自古即行社會政策主義政治家皆以防貧富懸隔爲惟一目的故財產畧相平均而曠世之富豪不出

(二)中國自古即採大家族制度父子兄弟數世同居一切財產皆爲共有立家長一人以管理之卽現行法制亦皆以此爲原則雖然大抵父死之後則析產分居其分產之法無論嫡庶長幼所得惟均故一代富豪不數代而降爲中戶矣

(三)中國法律保護不完內亂頻生盜賊多有故資本之貯積甚難卽令貯積而亦不免於掠奪

(四)交通不便益以釐金關卡之阻障故致富實爲無術

(五)機器不興工業不盛故生財之道往往而絕

有此五因中國不能積貯不能出資本家固其所矣卽有號稱資本家者亦不過有土地家屋等固定資本而金銀之流動資本則缺如也其流動資本最多之地惟山西一省今中國各種事業皆有賴於山西票號宜其省內之富豪比戶皆是而資財亦將車載斗量也乃以吾人所調查者則全省之中有十萬兩以上之身家者僅二十二戶最

多者爲侯氏家於介休約有七八百萬兩次卽曹氏家於太谷六七百萬兩又次則喬氏家祁縣族人數百自成一村資產四五百萬兩渠姓亦次之資產三四百萬兩常姓次之一百五十萬兩劉姓次之一百萬兩自餘七八十萬兩以至十餘萬兩者合爲二十二姓而資產總額二千九百萬兩折算日本貨幣約值四千萬圓不過與三井一家所經營之銀行貿易兩部公稱資本額相等不亦可憫之甚哉若夫雲南貴州諸邊省則貧窶襤褸之狀幾爲外人所夢想不到者矣

以此之故凡百事業皆萎靡不振雖五金之鑛基置國中而屬於中國人所經營其規模稍稍可觀者惟大冶鐵鑛萍鄉煤鑛而已至於工業尤爲幼穉雖近日國中上下競言振興然由光緒二十九年至光緒三十四年六年之中在商部註冊者合爲一百二十六公司資本綜計不過四千九百餘萬耳沿江沿海輪舟如織爲中國人所自辦者亦僅一招商局資本纔四百萬兩鐵路亦然今雖開通六千二百六十餘哩十九皆成於外人之手否則賴外資之挹注者也又通都大邑中有號稱銀行者其資本亦至可笑少者一二萬兩大者不過數萬兩卽彼匯兌莊獨占全國匯兌事業而雄視四方之

三十家亦絕窘蹙其號爲第一流者亦僅數十萬兩而已自頃以來多辦新式銀行而最巨者則大清銀行也名義上如日本之日本銀行而資本亦纔數百萬兩夫以國中資本缺乏如此故存款絕少而資本之運用不靈以是準備金亦甚微薄惟恃濫發紙幣以營其業不亦難哉

由是觀之二十二行省雖廣其土地家屋財產較諸日本纔多十之二其土地家屋以外雖不明晰然必少於日本無容疑矣故綜計中國財產僅能與日本相伯仲耳

第三　收入

中國人之收入歲有幾何乎此實一至難之問題未易倉卒言答者也以吾輩所研究則長江一帶大農有田二三百畝中農有田三五十畝小農有田三畝以至十畝其每畝純收入爲四圓七角內外故大農歲可得九百四十圓或千四百餘圓中農歲可得百四十一圓或二百三十餘圓小農更不足算此爲長江流域豐饒之區然且如此則他處之不及長江者可想見矣又查各種勞傭者之傭銀比之日本多者十之四少者四之一各地不同迄無一定平均計之大約五之二耳中國人口多日本五倍故其收

入總額亦當多日本二倍。雖然中國今日尚有歐洲中世所謂「奇爾特」之制者風行國中。業各有行。不入其行不能習其業。其勞傭範圍極其狹隘。故有職者較日本爲少。又婦女皆坐食不事事。且中國有一惡風焉。爲萬國所無者。則一人有業而親戚故舊皆仰食焉。故就職者更少。加之中國富豪較日本固少。而中流社會尤少。其最多者爲下等社會。縱令收入比日本爲豐。而無上中兩流。則結局兩國之收入亦畧相等耳。如前所述。則中國人口雖五倍日本。而每人之財產收入不過日本五之一。今二十二行省之歲入爲二萬萬九千六百萬兩。若更須增加。如吾所推算。將來當增至三萬萬六千七百餘萬兩。則每人之負擔額約一兩三錢一分。折算日幣爲一圓八角三分五釐。亦畧當日本人負擔額五之一。故由中國人民之財產收入以言之。則兩國人之負擔畧相平均。日本人既無力以負擔較多於今日之稅額。則中國人亦必無力以負擔。理之至易見者也。且中國人負擔之比例雖畧等於日本。而其財產收入之額較日本爲少。故所感之苦痛又實在日本人之上也。況中國人受政府之利益不如日本人之深厚。故其愛國心更不可同日而語。苟當局者駕御失宜。內亂必蠭起。而包藏禍心之

著譯

羣雄將乘機以收漁人之利則四分五裂亦意中事殷鑑不遠不觀今之怨嗟苛稅而揭竿以圖倡亂者所在皆出沒也而況於欲增其負擔至四萬萬三千餘萬乎此吾輩之所以深爲中國憂也

數年之內歲出將達四萬萬餘兩而歲入則三萬萬六七千萬兩尚不可得苟藉外債以爲彌縫則主權將不可保而加增租稅亦有內亂之憂則處今日之中國以言財政其亦勇者無以盡其力知者無以盡其謀之類乎雖然以吾迂愚之見蓋舍斟酌緩急開源節流外實無良策也然則如何而可乎孔子曰足食足兵民信之矣此言雖古未可盡適於他國而中國則其宜奉爲圭臬者也故吾論中國整理財政策而欲定教育費爲第一義交通殖產費爲第二義軍備費則降爲第三義必先減軍備費以之補助教育而後中國可以言治也蓋中國今日而欲擴張軍備其將與外國戰乎抑以防內亂乎是不可不先辨者也若欲與外國戰雖二倍於今日之軍備計畫增陸軍爲七十二鎭海軍六十萬噸猶恐不免於敗亡若以防內亂則須三十八鎭之陸軍三十萬噸之海軍何爲者以中國今日之國力言之其所以擴張軍備者必非對外而爲對內此

不待爲之嘵嘵辨解者也惟旣以對內爲目的則軍備究宜減至若干乎此事亦殊難言雖然陸軍每省一鎭海軍則廢頭等戰鬥艦多造三等巡洋艦砲艦水雷艇減今計之半爲十二萬三千噸合前有者爲十六萬八千噸則內亂必可鎭壓已乎若然陸海兩軍至宣統七年告成而陸軍費每年四千五百七十四萬兩以至四千七百十萬兩海軍費二千四百六十三萬兩以至三千一百二十六萬兩二者合計每歲應支軍備費少者七千二百八十一萬兩多者七千七百萬兩比之今計約減四千五百萬兩也其次當減者則巡警費也夫中國向無巡警惟以軍隊兼之其宜改易固不待言然每歲忽費四千萬是又太過矣二十二行省中人口二萬萬八千萬今爲平均一千五百人而設警吏一人則全國十八萬五千人之巡警足矣大抵警吏萬人之費約當陸軍之一鎭故總計不過二千七百七十五萬兩而已足則此項又可省千餘萬也至交通殖產之費則所生產事業似不宜過於減少雖然如興修無關輕重之鐵路創辦不急之業皆可不必故又未嘗不可省數百萬也若敎育費則不惟不宜減少且須加多固矣然亦有當分別言之者山縣荒村何必急於興學而中國人則因章程旣定必須施

行遂有僻陋之鄉而立宏大之校幾於徒有教師而無學生則又何苦為此有名無實之事也故如辦理得宜卽教育費亦未嘗不可節省數百萬苟能如此則合數項可共省六千四五百萬而求收支適合不難矣不識隣邦憂時之士其亦肯虛己以察此言乎雖然今者、中日感情猜疑方滋必有謂吾言為有為而發者矣則吾之言其終不見納於中國人士乎

雖然其聽吾言與否固非吾所知若中國而必固守其財政計畫則此收支均衡舍外債與加稅無他術也而此二者之害前已痛陳之則中國人士雖甚疑我而我猶深望其反省勿貽將來之悔使吾不幸而言中也

明水案根岸氏此文其言整頓財政策與吾黨不無異同蓋以甲國人談乙國事雖復學識閎通而終不免有扞格之病也其所以為中國計者姑置勿論然於吾國家財政國民生計情形言之如數家珍則其鉤稽之勤用力之久有不能不令人一驚者且吾輩本國人猶不知本國事而反藉外國人所調查者以畧識一二則又安得不媿死嗚呼舉國中無一勤學好問之人而惟知溺志於富貴利祿馳

情於聲技博奕如此而欲求不亡烏可得也吾之譯此豈惟言財政已哉

又案吾國向無報告無統計故富力如何實無由確知今據根岸氏從種種方面研究而斷定中國富力與日本僅相伯仲使其言爲不謬則本報屢次大聲疾呼謂中國不久必當上下破產以底於亡非過言矣信如是也則中國人爲奴隸之日不遠而舉國中何以醉生夢死猶如故也吾譯此文吾膚粟股慄不知讀者有絲毫動於其中否也

又案根岸氏謂中國最缺流動資本此言吾頗信之惟徒據官書而謂中國人口僅二萬萬八千萬田畝僅七萬萬餘畝則大謬矣人口且勿論即以田畝言賦役全書謂全國七萬萬餘畝而東三省幾居其半則誰信之然此不能責諸外人矣

又案根岸氏此文其最要之點在不注重開源而注重節流以求現時之收支均衡所謂然眉之急舍此誠無妙術也其節流第一義則以減少軍備爲主余絕對的贊成蓋根岸氏已言之矣中國今日雖練七十二鎮之陸軍六十萬噸之巨艦必不可以一戰若爲防內亂則又無須乎若是之多以徒糜國帑增人民之負擔

也讀者至此宜平心靜氣外察世界大勢內審己國情形以定其言之是非不可以爲發之外人遂一概抹煞也大抵學者與政治家其性質絕相反對學者之心比較的偏於公平故立言之先無一此疆彼界之見橫於胸中此我國人所當知也根岸氏苦勸中國不宜募外債加租稅策之是否不必論而理固自當耳

又案根岸氏恐中國人因感情而疑其言不無太過雖然以近日滬上諸報凡有一言涉及日本者則無不指爲日本黨曰爲賣國奴且必謂其受日人賄賂則根岸氏之過慮容或有之然根岸氏何變焉其言不見聽則亦已耳恐譯此文之人賣國奴之徽章不久便懸於吾肩而受賄之讒謗亦將充塞吾耳矣呵呵

(完)

法令

學部奏擬訂地方學務章程施行細則摺（併單）

奏爲擬訂地方學務章程施行細則繕具清單恭摺仰祈　聖鑒事竊臣部會同資政院於本年十一月初一日具奏地方學務章程一摺奉　旨依議欽此欽遵在案查地方學務章程第十四條有本章程施行細則由學部以命令定之等語自應妥速釐訂以便施行竊維地方學務章程所以規畫義務教育之始基挈領提綱義主賅括而施行細則所以規定章程中一切細目條分縷析取便實行臣等公同商酌謹擬就地方學務章程施行細則七章三十八條大致以原章爲根本以普及教育爲指歸繕具清單恭呈　御覽如蒙　俞允即由臣部通行京外遵照辦理所有酌擬地方學務章程施行細則緣由謹恭摺具陳伏乞　皇上聖鑒謹　奏宣統二年十二月十九日奉　旨依議欽此

謹將擬訂地方學務章程施行細則繕具清單恭呈　御覽　計開

第一章　公用學堂　第一條　府廳州縣自治職所設公用學堂如左　一中學堂　二高等小學堂　三初等小學堂（以模範小學或附屬小學爲限）　四中等初等實業學堂　五實業教員講習所　六實業補習普通學堂　七簡易識字學塾（以附設者爲限）　圖書館宣講所閱報社及其他不在學堂統系之內者如爲力所能舉仍負設立及維持之義務　第二條　城鎮鄉鄉學連合會或其分區所設公用學堂如左　一初等小學堂（單級小學半日小學二部教授小學同　單級教授及二部教授各法由學部另文訂定施行）　二簡易識字學塾　三蒙養院　四高等小學堂（視財力爲之不在必設之列中學堂同）　五初等實業學堂（同前）　圖書館宣講所閱報社及其他不在學堂統系之內者如爲力所能舉仍負設立及維持之義務　第三條　城鎮鄉鄉學連合會或其分區均以初等小學堂爲主要學務而以簡易識字學塾輔之　主要學務或其他學務確爲城鎮鄉所不能擔任者得由府廳州縣自治職按照府廳州縣自治章程第三條第一項代負設立及維持之義務　地方學務章程未頒行以前所設公用學堂有與本細則不合者得於原定年限以內接續

辦理　第四條　城鎭鄉鄉學連合會或其分區所設初等小學應以本地方就學兒童人數爲準其合設一所或分設二所以上得就地方情形酌辦

第二章　鄉學連合會　第五條　按照地方學務章程第二條設立鄉學連合會者經各該鄉協議議決後呈請該管地方官核准　鄉學連合會因地域情勢之便利得連合二鄉以上之全部或一部設立之　第六條　鄉學連合會應以連合各鄉之議員編制協議會其會期以協議定之　第七條　鄉學連合會應行協議事件如左

一關於本會會議之編制事件　二關於本會事務之管理事件　三關於本會經費之籌集處理事件　四教育基本財產積存款項之設置及增加事件　五初等小學堂及其他教育事業之設置及廢止事件　六關於代辦他處之委託教育事件　七關於本會學區之分合事件　八關於本會解散或各鄉之擔任事件　第八條　鄉學連合會遇有左列事項經該管地方官核准得以解散　一會內各鄉有因人口財力增進能獨任辦理教育事業無須繼續連合者　二因區域變更或其他事故不能繼續連合者　三協議不決屢起爭執者　第九條　因鄉學連合會之解散或區域

變更所設各項教育事業不得已而改廢者於原定年限之內仍須續辦其續辦之經費及事務仍由各該鄉分任

第三章　分區　第十條　按照地方學務章程第三條分區者名曰學區其分爲二區以上者依序名之曰第一學區第二學區　劃分學區之境界以自治區域爲準

第十一條　城鎮鄉劃分學區應以人口及就學兒童之數爲率其人口不滿二千或就學兒童不滿百者均無庸分區　城鎮鄉因地域情勢以分區爲便者雖人口不滿二千亦得分區　第十二條　城鎮鄉所分學區遇有必要情形得經議事會之議決仍合併之　第十三條　戶口稀少之鄉不能自成一學區又不便設立鄉學連合會者得與附近之鄉合爲一學區　第十四條　每學區內各項教育事業須就區內適中之地設立但區內原有公共建築物可以適用者不在此限　第十五條　因學區分合或區域變更所設各項教育事業不得已而改廢者於原定年限之內仍須續辦

第四章　城鎮鄉鄉學連合會之義務人　第十六條　城鎮鄉鄉學連合會地方公用學堂設立及維持之經費按照地方學務章程第四條以在本區域內之義務人負

擔之區域內之義務人如有意違抗不負此項義務者得照城鎭鄉地方自治章程第七條第二項之罰則辦理　第十七條　區域內之義務人如左　一居住或流寓者不論正戶附戶均以能自立營生者爲限而以戶主爲義務人　二有不動產者如田土山林牧塲湖蕩等土地之所有者或舖戶堆棧等房屋之所有者皆是其土地房屋經典押與人者則受典押之人應爲義務人　三營業者　除無定所之行商及資本微小者得經議事會議決免除其負擔外凡營工商等業之主人均爲義務人

第十八條　義務人在一區域內具有數項資格者應依其各項資格負擔義務　具有數項資格而不在一區域內者或一項資格而分在數區域者均各按區域任負擔之義務　第十九條　負擔義務之款目定率及徵收之法按照地方自治章程及其他法令之規定其未經規定者應由議事會擬具規則呈請地方長官及監督官府核准施行

第五章　委託辦理　第二十條　城鎭鄉鄉學連合會或其分區不能自任其全部或一部之教育經費者與該處學童入本區學堂較入他處城鎭鄉鄉學連合會或其

分區之學堂反有不便者均得呈請該管地方官核准將該處學齡兒童委託於附近之城鎮鄉鄉學連合會或其分區代辦教育事宜 第二十一條 代辦教育事宜之城鎮鄉鄉學連合會或其分區對於委託之學齡兒童須與本城鎮鄉或本鄉學連合會之學齡兒童同一待遇 第二十二條 代辦教育事宜所需之酬金有無多寡由代辦之城鎮鄉鄉學連合會議決之委託者如不同意得彼此協議協議不決應照地方學務章程第六條辦理 第二十三條 委託代辦教育事宜遇有左列事項經該管地方官核准得停止之 一委託者因該處人口財力增進能自任教育事業時 二委託者與他一鄉或數鄉另設鄉學連合會時 三代辦之鄉學連合會解散或變更時 四代辦者因有不得已之事故不能代辦時 第二十四條 因委託代辦停止而生款項之紛議者照地方學務章程第六條辦理

第六章 學務專員 第一節 員額及委任 第二十五條 府廳州縣及城鎮鄉之分三學區以上者得設學務員長一人於其分區得設區學員若干人 區學員不限於每區一人得以一人兼辦二區以上之學務 鄉學連合會連合二鄉以上者得

設學務員長　第二十六條　府廳州縣城鎭鄉學務專員按照地方學務章程第七條公推呈請地方官委任其應設學務員長者須於學務專員內推擬二人呈由地方官定之　學務員長及區學員之資格依地方學務章程第七條及其他法令之規定（如奏定學務綱要所載辦學員紳一節及檢定小學教員章程所載受檢定者資格之類）　現任議事會議員董事會董事及鄉董鄉佐者不得兼任學務專員　第二十七條　府廳州縣城鎭鄉學務專員均以三年爲任滿任滿仍被推選者准其連任學務專員因事出缺應卽補行公推　第三節　職權　第二十八條　府廳州縣學務專員執行事務如左　一府廳州縣公立學堂及其他教育事業之設置及設備二府廳州縣代城鎭鄉設立之學堂及其他教育事業　三關於府廳州縣學務之預算決算事件　四關於府廳州縣學務之基本財產積存款項　五本地方兒童就學年齡簿之調查編製　六本地方學堂各項圖表之調查編製　七監督官府或地方長官委任辦理之教育事件　八府廳州縣議事會或參事會議決執行之教育事件

第二十九條　城鎭鄉鄉學連合會學務專員執行事務如左　一本地方學區之

劃分及小學堂簡易識字學塾等項之分配設置　二本地方公用學堂及其他教育事業之建築及設備　三本地方就學兒童年齡簿之調查編製　四本地方學務圖表之調查編製　五某處學齡兒童應入某區小學之規定　六對於學齡兒童之父兄爲應受義務教育之勸導　七本地方小學堂學額學級授課時間之分配　八關於本地方學務經費之事件　九關於本地方學務之基本財產積存款項　十監督官府或地方長官委任辦理之教育事件　十一城鎭鄉議事會議決執行之教育事件　第三十條　學務專員於議事會開議時得到會陳述意見但不得列議決之數

第三節　薪金及罰則　第三十一條　學務專員之薪水公費在府廳州縣經議事會議決由地方官定之在城鎭鄉鄉學連合會由鄉董鄉佐或連合鄉之鄉董擬交議事會議決呈由該管地方官定之均申報提學司備案　第三十二條　學務專員如有過失在府廳州縣應按照府廳州縣地方自治章程第六十八條第六十九條辦理在城鎭鄉鄉學連合會應按該自治規約辦理

第七章　基本財產積存款項之籌集及處理　第三十三條　府廳州縣城鎭鄉鄉

學連合會得將左列各款之收入作爲基本財產或積存款項　一捐助學務經費　二公費　三使用費　四贏餘及歲入酌增之款　五從基本財產或積存款項所生之收入　六由他項自治經費劃還之款　第三十四條　前條第一款至第五款之收入得充本地方學堂等項設立維持之用但動用第一款者仍照地方學務章程第九條辦理　第三十五條　關於基本財產積存款項之處理及學堂等項設立維持之用經議事會之議決得設特別會計　第三十六條　經理基本財產積存款項人員應照府廳州縣自治章程第六十六條城鎭鄉自治章程第九十四條之規定

附則　第三十七條　本施行細則於地方自治已成立者適用之　第三十八條　本施行細則如有未盡事宜由學部隨時改訂

社會

十

文牘

各督撫會陳改訂官制原奏

北京軍機處鈞鑒恭讀　上諭前經降旨飭令憲政編查館修正籌備清單著即迅速擬訂並將內閣官制一律詳慎纂擬具奏等因欽此。伏思修正清單要旨期于能實行而已。顧清單能否實行。視修正者能否負責爲準。今憲政編查館既不能代內閣負實行之責。他日內閣成立。亦不能代館臣負修正之責。是內閣一日不成。即修正一日無效。　皇上洞見及此。特敕同時擬訂內閣官制。俾內閣得及早觀成。聖謨周詳。曷勝欽仰。錫良等竊以爲內閣所負之責任。乃全國之責任。非僅中央責任也。然則內閣官制。徵特不能各部分而爲二。且不能與外省各別獨立。就今日情形而論。中央官制之釐訂。尙不甚難。所難者內外關係間耳。吾國地大俗異。交通阻滯。各省制度。既不能効德美聯邦。復不能如日本現制。以州縣直接中央。似宜內外統籌。分爲三級。第一級爲內閣與各部，其權責在計畫國務。統一政綱，第二級爲督撫，其權責在秉承內閣計畫主決本省行政事務。第三級爲府廳州縣，各治一邑，不相統轄。其權責在稟承督撫命令。整理本屬行政。省制略如閣制，裁道設司，以補助督撫，各就其主管事務，對於督撫負責。邊要地方，酌設巡道，注重巡察，爲督撫攷觀屬吏，特別指揮之補助。不委以專官事務。督撫雖非國務大臣，而一省行政得失。既已對於內閣完全負責，則各司宜由督撫保薦。府廳州縣之進退，決於督撫。各就事務繁簡，酌設佐治員。由其自辟，呈督撫加札委用。各司府廳州縣及佐治員之資格。皆先行規定。由保薦者負其責任。三級大綱既定。則內外事務界限。自不難準其權責量爲區分。至於條目。似不宜過於細密。預留行政伸縮之地。以收隨時修補之宜。乃於法理事實。兩無窒礙。其中惟外交軍事兩端易滋紛議。然京部既負有通籌國務權職。督撫定爲地方行政長官。則外交事件，其純係乎外人私權上之利益者。固爲該管督撫之責。其關乎國權及私權上利益而涉及國權者。應由京部主決負責，如京部因辦事上之便利，指定事件。委托督撫，督撫亦應於委托各部。分對部負責。至各省巡防軍隊。專爲彈壓內亂。緝捕土匪而設，類於地方巡警之職務。目下內治未完。亂萌時見。現有巡防軍隊、尚不敷用。斷難裁減。將來體察情形。地方巡警推廣、果收實効、防軍始可漸裁、移餉需以辦巡警、是日前防軍所以代地方巡警之用。與新軍目的注重國防、其中自有判別。故防軍權責、宜專歸督撫。新軍權責。可直接中央、惟督撫對於新軍。亦宜仍帶兼銜、俾得節制調遣、以備變起非常。因機應伏。否則臨時請命中央。諸多窒礙、封疆之責督撫實難擔任。此外邊地各省。措施控制。情事不同、政策自難齊一。宜參取各國屬地總督之制。特別組織外交財政軍事司法之權。均宜比較腹省酌量加重。而關於國家全局計畫。仍受成於中央。如此辦法。庶可期行政統一。權責分明、一掃從前疲痿隔閡延宕之弊、至於詳明條目。頭緒紛繁、欲求推行無碍。似須內外協商、以期完善。應懇 皇上欽派督撫數員。敕下憲政編查館、隨時電商。協同妥訂。庶幾內外關係之間。得藉此以溝通解決。一俟纂擬告成。奏請裁可。頒行。卽同時簡任總理。組織內閣。責成閣臣首先統籌財政。準量盈虛。修正清單。未經修正以前。除各項法典。仍趕速編定。外其實行事件、暫以原案爲準。已辦者致力勿隳。未辦者量力而進。免致賢愚俱窮。內外交困。錫良等深受 國恩。忝膺疆寄。事關經制。不敢緘默坐誤、往復電商。意見相同。用竭愚昧。伏候 聖明裁擇。請代奏。錫良張人駿瑞澂李經羲松壽張鳴岐程德全朱家寶孫寶琦丁寶銓增韞沈秉堃龐鴻書陳昭常周樹模同叩庚十二月初十日奉 旨錫良等電奏釐訂官制宜內外統籌分爲三級及現有巡防軍隊斷難裁減等語著該衙門知道欽此

錫督力爭滇界之奏稿

此摺爲三年前錫淸帥督滇時所上由臬司秦樹聲主稿奏中所陳與今日辦理滇邊交涉極有關係特補錄以資研究

奏爲前勘滇緬之北段界務。失敗已甚。延未定案。敬陳管見。懇賜採擇。飭部籌辦。恭摺仰祈聖鑒事、竊維外交以信義爲指歸、不得以詐虞釀燎原之禍、疆臣以封圻爲性命。豈容以隱忍干割地之誅。臣在蜀卽聞滇緬界圖。波及西藏。邨乎有憂之。而猶幸其未詳實也、自臣涖滇後鈎稽十日。乃知外務部及前督臣丁振鐸與英人相持不下者。誠迫於無可如何。悲憤爲之塡膺。每食不能下咽。此案必不可許者六必可爭者九。往復文牘。修存架閣、不俟覼縷也。謹撮其緊要。爲我皇太后皇上陳之。故事我與英人爭者。

恩梅開江以西。昔馬以南無論已。退而有滇緬界務。實騰越界務耳。何則、騰越屬滇野人山。固滇緬甌脫也。大金沙江在騰西。可言也。龍江在騰東。潞江又在龍蘇東。不可言也。祗糠將及米耶。必不可許者一。外務部所譯英文圖。指明恩梅開江畔之分水嶺。以地望准之。正今之扒拉大山與高黎貢何涉。必不可許者二。卽劃自扒拉大山以西。已失罵章黃鐵數百戶。此皆食毛踐土數百年之赤子也。該部以英人辦有成案。不復峻拒。已忍心害理爲之。更欲深入其地乎。必不可許者三。河嶺非分水河。分水非嶺。尖高山以北。北段界尖高山以南。南段界南界欲以公明山影射遂絕之孔明山。則妄以孔明山爲分水嶺、北界欲以高良工山影射遂絕之高黎貢山。則妄以高黎貢山爲分水嶺。狡焉思啓。指鹿爲馬。巧於詭聲。北界不正。如南界何。必不可許者四。若自高黎貢起。則北通巴塘裡塘。西包猓玀狼獏。東薄保山十五隘。駸駸南下。牧馬騰越。已入其彀中。更何仿三角租地之可言。必不可許者五。原彼東漸之謀。權輿石我。獨木進則窺大啞口。又進則以雪山爲壠斷。始焉蠶食。終乃鯨吞。雄心四據。猛氣紛紜。幾分水嶺而滇不泯滅耶。必不可許者六。理有曲直。無强弱論。有是非。無難易。傳曰、國不競亦陵。與其不

文牘　五

言。而彼有默許之疑。何如提議而我有主權之望。前署迤西道石鴻韶與英故駐騰領事勒登上憑會勘非會畫。可爭者一也。彼此調印辦圖之員僞註明不爲定評。彼安能有完全之報告。可爭者二也。譯圖具在。蒼黃反覆。持彼之矛。入彼之盾。可爭者三也。部局函答。均扼定小江匯入恩梅開江之處。其以小江爲界。小江之流。非小江之源也。正與抓拉大山線脈脗合。可爭者四也。勒領雖故薩使。欲易約牘。皎然延未藏事。商請派員覆勘之。而後畫自爲公理。可爭者五也。若以爲無可藉口。或將我原勘之員。暫予薄懲。以便開議。彼必無辭。可爭者六也。英號文明。素敦睦誼。駐兵一節。偶爾恫喝。必非實語。且海牙會在。野蠻行爲。諒能阻之。可爭者七也。英又信義之邦也。而此次顧不免詐虞者。豈本心哉。徒欲幸免茨竹派賴命案之賠償耳。命案儘可和平辦理。牽涉界務何爲者。可爭者八也。若以命案牽涉界務。萬一滇民入緬境殺一不辜。我亦將欲席捲新街。囊括南棍以爲護符乎。此亦罕譬易喻矣。可爭者九也。臣款款愚忱。思難周至。是否有當。伏候聖裁。不勝屏營之至。

雲南諮議局爲片馬交涉事上滇督呈

竊查滇緬北段界務。自光緒二十六年英兵越界燒殺我茨竹派賴。始亟亟有勘界之議。當時照外部原案。此段界線自尖高山起。由石我獨木二河之間西行至恩梅開江。緣江北行至之非河口東折上扒拉大山。至山脈盡處爲界。於是恩梅開江以西我所應有之甌脫地盡失。嗣外部與英使有以小江西(卽恩梅開河)迤東之分水嶺作界之說。所擬界線。自尖高山起。東行至狠牙山北。折至歪頭山張家坡。至九角塘河。西上扒拉大山至山盡處止。於是我江內猛愛石路茅貢能歐黃鐵罵章諸地又盡失。又有現管地方。以小江爲界之聲明。於是我九角塘河西北介於小江與扒拉大山之間之地又盡失。至三十一年。石革道鴻韶與英領事烈敦勘界。在革道所擬界線。除自尖高山至九角塘河一段。與前無異外。由九角塘河溯小江東行。折至板廠山止。於是我小江以北。獨木龍榜干坤嚨戞浪猓諸地又盡失。計十年來。我當事者步步退縮。英人不折一兵。不糜一錢。已獲我地方無算。乃烈領事更奇貪無倫。其所擬界線自尖高山起。東行經狠牙山。搬瓦丫口。茨竹丫口。由明光河頭直上高黎貢山。是舉我大啞口北一十八寨。及片馬崗房大塡地等地。盡攘爲已有矣。然烈領事雖任意指畫。尚自知其無理。故於大啞口北甘稗地派賴習降滾馬他戛把仰奪的那境滄浪片馬等地。旋變易其詞。擬援三角地成案。作爲永租。與英石革道議租銀一千五百元。又許酬我大塘擬夷四千元。夫既與我議租。是烈領事雖無賴狡强。固猶明明認我之主權矣。夫兩國疆界。雖未確定。然外務部與英所立界線。英今竟悍然派兵。據我片馬。一味蠻橫。比之欺詐狡黠。尤爲更甚。是可忍孰不可忍。且其志不在片馬。自緬甸陸沈。英人刻意經營。時欲取吾滇西野人山以入蜀藏。故前出使英國大臣薛福成。屢向英外部要索厄勒瓦諦。(卽大金沙江上游東岸之地)以折其機牙。光緒十九年五月。又照會英外部有公平辦法。以邁立開江恩梅開江中間之地。分一界線。較爲公允等語。乃我外部不察情勢。不顧舊案。一讓再讓。石革道又從而加甚焉。且幷不能自守其勘至板廠山止之初議。竟會同烈領事。直上高黎貢山向北勘去。直至麗江府屬蘭州土司之界。一路尾隨。不敢制止。足跡所至。皆成口實。幸而外部當時已察其所勘之界失地甚多。飛函駁詰。然不斬截立止。馴至有今日之事矣。夫今日可以據片馬。何不可以據蘭州。倫片馬之交涉失敗。彼援據成案。接續北進。恐困難損失。更十倍百倍於今日。觀英中將大維氏所輯雲南地圖。其所擬北段界線。至高黎貢山脈盡處。即東折過潞江。北行距維西廳屬小維西之西境。直有與我畫瀾滄江而守之勢。將來界務愈辦愈棘。永昌失地不已。又進而大理麗江。滇緬劃界之不已。又進而蜀緬藏緬。英人乘機得勢。背抄衛藏。俯瞰巴蜀。長江上游。操於掌握矣。語曰。涓涓不塞。終成江河。即使撮土寸壤。關係至微。猶將全力爭之。況片馬不歸。則片馬以西無量之損失。皆成鐵案。片馬以北。未來之禍患。又懸眉睫。本局之愚。竊以爲今日之事。若就片馬論片馬。終不過一隅之得失。然來日大難。不獨與之爭一隅。直當與之翻全案。查滇緬前後界約。係指滇與緬毗連之界線而言。非指滇與緬以外之界線而言。考野人山地在北緯二十四度以北者。昔時皆非緬地。自英人踞緬。始逐漸附會展拓。然光緒十八年。英外部曾照覆我薛大臣有緬甸曾經管理江東之地。直至恩梅開江及邁立開江匯流之處等語。竟無佐證。本不足憑。但格外遷就。亦不過如其說。以兩江匯流處爲緬甸北端之止境。此外既非緬地。即不得系之緬界。此理甚明。故滇緬已定界線。斷自北緯二十五度三十五分之尖高山。其緯度適距恩梅開邁立開兩江匯流處不遠。當時定約。實有斟酌。今雖尖高山與兩江匯流處中間之野人山界劃已定。無可置議。而恩梅開邁立開兩江中間東北緬地之野人山地以東甌脫。自應另案商辦、不宜仍沿滇緬之名義。循滇緬之線路以進行。夫現在所謂北段界務者。東皆勘而未劃、不特烈領事與石革道有雖經蓋印。不過辦圖員僞。不能爲議定之憑之明文。卽外部三次畫線、皆屬虛擬。由尖高山起。經獨木石我二河之間。西行渡恩梅開江。與英人議分兩江中間之甌脫地。期不失力爭上游之旨。惟宗旨之執持匪易。方法之籌備尤難、茲事體大。非倉猝應付所能了事、擬請一面與政府協力爭議、設法彙總全案。迭請海牙和平會公斷、一面趕速經營片馬以北各地方早占地步。又一面於騰越思茅兩處。趕速編練重兵。以備不時之用。事已至此。非存必死之心、以封疆爲性命。臥薪嘗膽。破釜沈舟。非藉一戰之力、不足以振起全局也。大敵憑陵。憂憤萬狀。淚涕痛哭、不知所云。理合具文呈請督部堂俯賜察核辦理。批示飭遵。

北京同志會布告全國同胞書

啓者國勢積弱。外侮四侵。莽莽神州。陸沈日近。固我外務當局者之畏葸無能。毋亦我國民放棄責任、不知以强固之團結力協爭。以盾其後之有以啓之耶。兩月以來。最足驚魂動魄、痛心疾首。如迅雷風雨之烈、如蛇神牛鬼之怪者。惟俄人強硬要求。而以兵力脅我一事。

據中外各報。俄國致我國照會。要求得有權利、在哈密古城廓里扎塔爾巴哈台庫倫烏里雅蘇台喀什噶爾烏魯木齊張家口等處、設立領事。並得於以上各處。購地建築房舍。苟中國不如其言。則俄國自有適宜之辦法、又俄國向各國聲言。該國並無占領中國土地之意。此次示意舉動之結果。一視中國對待之情形爲斷。嗚呼、何俄人之陰險狡詐。敢於冒犯不韙若是耶。蓋俄人明知空言以恫嚇、不足達充分之欲望也、於是先發兵以示戰。又知挾持之理由。不足爲開戰之口實也。於是有各國之宣言。其意以爲將來彼發兵而我備之。則其曲在我、彼可利用協約諸國之公共評判、而不居開釁之名。若將來彼發兵而我聽之。則其志已伸、彼可藉口光緒七年之中俄商約而遂行佔據之實。嗚呼。何俄人之陰險狡詐。敢於冒犯不韙若是耶。固我外務當局者之畏葸無能。毋亦我國民放棄責任、不知以强固之團結力。協爭以盾其後之有以啓之耶。同人等對於茲事。根據國際法。悉心研究。得有俄人種種不法行爲之確証。謹爲諸君子瀝陳之。

第一請証諸條約之緣起也。查俄人要求之根據。在續改陸路通商章程。此章程爲伊犂條約之附件。而伊犂條約者。則中俄兩國全權大臣。於光緒七年即西歷一千八百八十一年所訂者也。當同治十年間。洪楊尚擾中原。而回族又倡亂於敖罕喀什噶爾。蔓延於回疆全部。俄人乘機。長驅佔我伊犂。及其附近之地。曾宣言此次發兵伊犂。實爲自衛邊圉之計。苟清國能平回亂。則我仍以原璧歸之。彼固斷定我國之決無平回能力也。左文襄戡定天山南北及喀什噶爾。吾國遂向駐京俄使開索還伊犂之談判。俄人事出意外。又未便公然食言。乃一面承允交還。一面提出種種條件。以爲推宕地步。吾國初以崇厚之貽誤。喪地辱國。幾釀戰禍。卒以戈登將軍之勸告。始易戰而和議修條約。派出使英法義比公使曾惠敏公。爲全權大臣。磋商七閱月。收回帖克斯河上流之地。而以霍爾果斯河西之地代之。賠款則增至九百萬盧布。而霍爾果斯河東及伊犂一帶。均歸中國版圖。其事遂終。是此條約之發生。始由於俄人藉回亂而佔領伊犂。繼由於俄人退伊犂而別生枝節。依國際法。雖戰勝之結果。一時佔領其地。猶不得爲取得土地之原因。況俄人之乘亂竊據。其不能取得明矣。此就條約之緣起上研究之。已足爲俄人不法行爲之一証也。

第二請証諸條約之文義也。查伊犁條約第十條。有俄國照舊約在伊犁塔爾巴哈台喀什噶爾庫倫設立領事之外。亦准在肅州（卽嘉峪關）及吐魯番兩城設領事。其餘如科布多烏里雅蘇臺哈密烏魯木齊古城五處。俟商務興旺。始由兩國陸續商議添設之。又第十二條。有俄國人民准在中國蒙古地方貿易。照舊不納稅。其蒙古各處及各盟設官與未設官之處。均准貿易。亦照舊不納稅。幷准俄民在伊犁塔爾巴哈臺喀什噶爾烏魯木齊。及關外之天山南北兩路各城貿易。暫不納稅。俟將來商務興旺。由兩國議定稅則。卽將免稅之例廢棄之。又第十五條。有此約所載通商各條。及所附陸路通商章程。自換約之日起。於十年後。可以商議酌改之。夫曰陸續添設。則非同時之要件。而順序之緩圖也。曰商議。則非片面之主張。而雙方之合意也。曰議定。曰廢棄。則免稅非永久利益。我國自有徵稅主權也。曰十年後曰商議酌改。則條約非永久性質。我國固有改約時期也。依國際法。條約者。國家與國家相交際。文字與文字相結合而成。而尤以文字爲證據。彼此有遵守之義務者也。此就條約之文義上研究之。又足爲俄人不法行爲之一証也。

第三請証諸條約之時效也。俄人要求設立領事者凡九處。如廓里札。張家口。非約文中所保留。如科布多烏里雅蘇臺哈密烏魯木齊古城。俟商務興旺。始議陸續添設者無論矣。至于塔爾巴哈臺喀什噶爾庫倫三處。已爲咸豐十年所訂中俄續約第六款內所允許。不過於此次約文中再爲申明者也。光緒七年。距咸豐十年。歷二十餘年矣。今距光緒七年。又三十餘年矣。彼久取得其權利而未之實行。且商務之不發達。人口之不繁殖。亦實無行其權利之必要。即今日亦猶是也。夫其已得之權利。既已未能實行。至五十年或三十年之久。在理及勢。均不能以實行。豈非當然不必繼續之明証乎，依國際法。條約有以片意消滅者。一曰預定。預定者。謂條約定有限期。限期已滿。一國欲繼續，一國不欲繼續也。我國苟鑒於利權損失之過鉅。而堅持不欲繼續前約。固國際公法之所許也。此就條約之時效上研究之。又足爲俄人不法行爲之一證也。

觀於以上各理由。俄人舉動之爲不法行爲。所謂司馬昭之心。路人皆見矣。而交談未久。遠以兵力脅我。則更違反國際法之尤者也。夫戰爭固國際上最終之手段也。然其適用此手段之時。必於其無法可以解決之問題也。必於其關係一國重要之問題也。必於其牽連而爲國際團體之重要問題也。必於其問題今日不以戰爭手段解決。則醞釀既久。將至惹起極大極可恐怖之戰爭。故不若犧牲現在。以博將來人類之幸福。此今日國際中萬不得已而用戰爭手段之前提也。試問中俄此次之交涉。果如以上諸問題。有用戰爭手段之必要否耶。嗚呼。何俄人之陰險狡詐。敢於冒犯不韙若是耶。固我外務當局者之畏葸無能。毋亦我國民放棄責任。不知以强國之團結力協爭以盾其後之有以啓之耶。

且夫國際法者。乃保全世界生存之條件。欲維持和平。無論何等之國。皆得共享此權利。不以種族宗教分。亦不以貧富强弱分也。我國既加入於國際團體矣。自可根據國際團體之法律。與强俄折衝於樽俎之間。不必以兵力單弱爲慮也。我外務當局者。苟早見及此。不獨此次迫脅之不足畏。即前此霍爾果斯河西之地。可以不割。九百萬盧布之佔領費。可以不償矣。然而先進各國。對於政府外交之不可恃者。往往以國民之外交補救之。諸君子倘不以僕等之言爲狂。懇卽聯電政府力爭。務於本年改訂商約之期。收回權利。毋稍退讓。坐失事機。時乎時乎。往者不可諫。來者猶可追。邈邈河山。非復金甌之本色。茫茫宇宙。豈無鐵血之男兒。臨楮皇悚。不盡欲言。

中國紀事

各督撫反對外官公費 資政院決議各省公費。各督撫紛紛反對。公推錫督領銜、電致軍機處代奏。畧謂資政院議決各省各項公費。欽奉諭旨。著候憲政編查館編訂官俸章程、時候旨施行。仰見朝廷體恤臣僚。權衡至當。欽佩莫名。嗣准度支部咨宣統三年預算表冊、於資政院核減各省官薪。仍逐項開列。查各省裁員減薪。業經數次送部。預算表冊、本力求核實。復奉部飭核減若干、已屬竭蹶萬分。勉爲其難、資政院又於經部核減之款。大加芟削。其關於他項經費。雖減無可減。總當勉遵。去年十二月二十八日諭。極力減削。惟於各官公費、萬難遵照。查司道等官。少者數千。多者一萬。現各項新政。方促進行。而使行政官日有竭蹶虧累之患。似非所宜。且恐流弊所至。賢者引退。不肖者設法取盈。關於吏治民生。尤非淺鮮。至督撫司道處科員。類皆延聘宿學名幕。以資助理。該員等既無職守可言。又無調劑可期。並有情甘淡泊。卽保舉虛榮。亦有不願者。是非薪俸優厚。實難維繫。今不分等級。督撫司道科長。概定每月八十兩。以次遞減。

竊恐願就者或濫竽充數。或藉端招搖。轉損無益。方今事艱時棘。行政長官。擔負甚重。斷非一手一足。所能治理。從前駱秉章曾國藩胡林翼諸臣。皆以延攬人才。翊贊中興之治。現幷此微稍而亦斬之。使督撫無法搜羅人才。政治必大受影響。且與朝廷設立幕職之意。亦不相符。若遷就於前。勢必貽誤於後。前經部咨奏定維持預算案內開部與各省商定核減之款。不得翻改等因。經部核定之款。自不宜翻改。而今部定院減。且屬必不可減者。亦卽不能强從。錫良等往還商榷。情詞一致。意見相同。而各項官薪。仍擬恪遵諭旨。當官俸未定以前。按照由部核定預算之數。實力奉行。並懇飭憲政編查館。於編訂官俸章程時。詳審熟籌。務令行之無碍。庶將來不至同一爲難云云。

政務處奏覆開邊摺之延緩

光緒三十四年七月。川督與邊務大臣。曾有會籌邊務開辦章程一摺入告。當時有　旨交政務處會議。詎久置不覆。前經川督等屢次電催亦置不理。近因川督等復有專摺奏催。始於二月初六日覆奏。畧謂原奏約分四端。一劃淸界限。一增設官屬。一寬籌經費。一協濟兵餉。臣等當以開邊不易。籌款尤艱。不敢不審愼從事。且原奏尙有未能詳盡之處。非與該督等重復函商。恐不足以臻周妥。茲據該督等原奏。及其聲復各節。詳加覈議。各該地方。蠻民旣已誠心向化。覈計常年經費。現已改流地方。歲收糧稅銀七萬餘兩。尚可按年酌增。川省所籌油糖捐款。約可收銀四十餘萬兩。供支邊用。足爲基礎。兵食一項。關外雖不產米。而年來種植改良。青稞之外。他種糧食。可望豐收。但得川省協濟一兩年後。無虞不繼。自應設官分治。以資撫馭。查原奏稱擬改巴塘爲巴安府。打箭鑪爲康定府。裡塘爲裡化廳。三壩爲三壩廳。鹽井爲鹽井縣。中渡爲河口縣。鄉城爲定鄉縣。稻壩爲稻成縣。設分巡兼兵備道一員。曰鑪安道。駐紮巴安府。統轄新設各府廳縣。並加按察使銜。兼理刑名。以裡化一廳。河口稻成二縣。隸康定府。以三壩一廳。鹽井定鄉二縣。隸巴安府。貢噶嶺設縣丞一員。隸於稻成縣。裡化廳設同知一員。三壩廳設通判一員。以上各缺。悉由邊務大臣奏請。由外補用。惟康定府會同四川總督遴員請補等語。應請准如所奏。惟打箭鑪爲古康地。旣改打箭鑪廳爲康定府。而道缺仍稱鑪安。殊嫌未協。應定名爲康安分巡兼兵備道。加提法使銜。至所稱畫淸界限一節。打箭鑪廳爲川藏樞紐。出關烏拉。調用土司部落。如權限不屬。則呼應不靈。擬將打箭鑪以外屬地。畫歸邊務大臣管轄。雖邊務大臣與內地省制不同。而四川總督。既有鞭長莫及之處。則以軍府之規。任地方之責。創始經營。自可從宜辦理。他如明正霍爾五家道塢冷磧各蠻部地方。次第開化。並應責成該大臣。妥愼經畫。逐漸施行。其請另撥經費一節。現在試辦全國預算。積虧甚鉅。無可挹注。究竟該處邊務經費。每年兵餉官俸。與製造軍裝。轉運脚費等項。需用若干。除去收入糧稅油糖各捐。不敷細數。應由該大臣通盤籌畫。編製預算。專案咨送度支部。彙核辦理云。

軍諮處議覆添練哈薩克兵之非計　會議政務處。於上年議在阿爾泰山等處。增練哈薩克陸軍一事。曾商請陸軍部軍諮處核議。茲聞軍諮處經於日前咨覆。畧謂阿爾泰山及青海等屬地處邊疆。原有蒙古舊軍。數標實不足以資控衛。至添練哈薩克陸軍一事。按纏回性質。向係形同化外。不可使之入伍。況軍政定制。以軍學爲先。該哈藩決無軍人資格。若以鉅款編練。是軍即或成軍。亦不免成引虎自衛之勢。誠與內地人民不能强同。現擬仍應電商科布多辦事大臣。並甘新巡撫等會部妥爲設法。招致新甘人民。按照定章。逐漸籌款。添練新軍。改編原有各營。庶可指日成軍云云。

山西諮議局發起請開資政院臨時會　自日俄跳梁於北。英法跋扈於南。外交情勢。日迫一日。近日中俄又有改約之爭。滇緬又有界約之爭。資政院在京議員。經有運動倫總裁。擬開臨時會者。頃又聞山西諮議局發起。擬聯合各省。要請速開資政院臨時會。以籌救亡之策。經已函致蘇省諮議局。其大意謂要求資政院議員。聯合多人。即請速開臨時會。並謂彼時我輩不妨連襟赴都。陳請建議。或開臨時聯合會。以爲資政院之後援。蘇局經已覆電贊成。第恐頑固之政府。未必爲其所動矣。

錦璦鐵路與葫蘆島　錦璦鐵路。倡議創辦之初。曾由錫督奏設籌辦處一所。並聘請鄭京卿孝胥。到奉主持一切。嗣又推廣辦法。奏請建築葫蘆島商港。期與錦璦聯絡一氣。以立東省交通基礎。而與東清南滿兩線對抗。並擬於鐵路動工之際。在沿路合宜地段。興辦實業。挽回利權。其經費一節。鐵路則主借美款。商港則由東省籌備。雖各設一局。仍擬統歸鄭京卿督辦。乃自建議以來。日俄兩國。以錦璦所關甚大。不允我國建築。或明攻。或暗阻。各施巧妙手段。近日該兩國領事。謂百斯篤疫症。非氣候增至一百度之熱度。不能消滅。興築鐵路工人。動至數萬。若令其春夏之交。一律到東。恐使百斯篤死灰復燃。甚爲危險。至於運輸材料。現當防疫吃緊。遮斷交通之際。他國汽車。亦礙難代運。以是錦璦路工。至今擱置不辦。錫督雖極痛恨。而無可如何。祇得於正月底將鐵路籌辦處裁撤。一意經營葫蘆島。其舊有籌辦處人員。已由錫督酌行改委。或交涉司。或商港工程局。均已分別札委。至商港工程局。則派委籌辦處提調崔直刺爲局長。將來全港事務。即責成該局長。暨工程師美人秀司君二人。第葫蘆島所以成一商港者。以有錦璦故也。錦璦既不成。將安所用之。其不爲營口之繼者幾希矣。

葡人擅拆基圍之交涉　自中葡勘界以來。延宕至今。尙未解決。詎於二月初一日。突有澳門葡官。駕駛小輪。率工役百餘人。擅入前山內河。拆毀白石角亞婆石新築基圍。經由莊司馬稟報張督。張督派委何中軍。於初三日。駕駛廣元兵輪到勘。葡人復於初四日。督率工役。仍舊掘毀。聞該基圍約值二千金。爲某孀婦之產業。葡人越佔。實屬故違約章。不知粵中大吏。將何以對待之。

咨行土地收用權之無礙　昨外務部咨行各省。以中國振興庶務。所有築路開礦等。應需地方。經議定章程。一律給價遷讓。其洋人在租界外所購產業。自應一律辦理。以免窒礙。當經會同郵傳部。與各國公使磋商。各皆允肯退讓。特咨查照等語。按此本爲國家應有主權。然以吾國得之。一若喜出意外也者。特誌之以見積弱之一班。

條陳建築漢口江岸碼頭之關係　漢口爲輪軌交通之區。萬商雲集。所有水陸來往各貨起卸。均須由外國租界經過。受工部局之限制。遭巡捕之苛横。種種留難。耗費商民吃虧不小。屢思挽回。迄無善策。至火車上下。受害尤鉅。茲聞京漢鐵路調查員謝令鴻恩。以火車裝運上下貨物。皆由各租界輪船碼頭起卸。深悉其中各弊。實與商民不便。擬將中國原有之江岸碼頭。多設躉船官棧。以爲收回利權之計。刻已將租界碼頭之弊。與江岸碼頭之利。具禀郵傳部。請從速開辦矣。

長江鐵橋之大工程　郵傳部現擬在長江武昌蛇山漢陽龜山之間。建築一極大鐵橋。以通京漢粵漢二大鐵路。聞此橋約長二百六十餘丈。橋面修築鐵路二條。電車路二條。馬車路二條。工程浩大。須四年方可告成。其款約需一千萬左右。盛尚書主張借款興築。然粵漢尚未告成。則鐵橋雖有此議。恐今尚非其時也。

湘亂賠款之結果　上年三月。湖南因饑肇亂。焚毀衙署學堂。燒搶各教堂行棧碼頭蔓延數十處。交涉至英美德法日哪六國之多。其禍不可謂不劇。暨亂敉平後。外人藉口損失。索賠甚賒。舌敝唇焦。迄未就緒。現經鄂督湘撫奏報。謂交涉各案。次第完結。共議給六國償款銀八十萬兩。業將合同。分別咨送外務部備案。至其辦理交涉各員。則保奬有差云。

世界紀事

上院改革案之討議 英國文部大臣蘭士曼於議會演說。極力反駁保守黨之上院改革案。謂此案之結果。只欲奪皇帝之新貴族創設權。首相愛斯葵士則謂此改革案。實足以强大上院對抗下院之權力云。

改革案之通過 上院改革案。以對二百四十三票之三百六十八票。通過第二宣讀會。

英國飛行隊 英國陸軍新布法令。組織一大飛行隊。以百九十人而成。

德國陸軍擴張案 德國之陸軍擴張案。於該國議會。已得各政黨之贊成。該案計畫。自本年始。以四年爲完成期。其經費總額九千五百萬馬克。內經常費千二百八十萬馬克。特別費八千二百五十萬馬克。本年度之支出額經常費三百七十萬馬克。特別費四百廿萬馬克。

德儲之行蹤 德國皇太子現已行抵埃及。將向羅馬進發。又彼新任紅海丹窒之輕騎聯隊司令官。擬以十月一日就任。

德國與法王衝突　德國國會討論德國與羅馬法王政府之交涉。首相化路威希。謂法王近來之教令。激刺德國實甚。尤以強令加特力教大學教授發非文明的宣誓爲最。彼已通告法王。如因此事。至起衝突。當由該政府擔負責任。又法王之宣言書。殊無効力。以維持教會與國家之平和。惟德國政府認此舉動。只爲偶然之事。故不欲遽將駐使撤回云。

法國新內閣　法國比利安內閣總辭職後。元老院議長摩利組織新內閣。其外務大臣則爲里波。

新內閣之政綱　法國新內閣宣布其行政方針。謂政府首所注重者。爲擴張海陸軍。一切政治。當主寬大。且速設法改正選舉法及禁制同盟罷工至教會及教育之分離。若感必要時。當新定法律。以期厲行。

法國內閣信任　法國下院以對百十四票之三百九票。可決新內閣信任投票。

俄人之蒙古移民　俄人貿易於蒙古者。日有增加。現已達二萬有奇。計烏里雅蘇台一千四十七人。葛須七百人。科布多千五百八十人。庫倫二千八百人。貝加爾一帶二千五百人。喀克圖四千人。伊犁各處約七千人。其他屯駐之軍人。服賈之商隊遊歷人等。每年往來人數亦約數萬。

塞國陸相辭職　塞爾維亞陸軍大臣。於議會演說。詞涉德國公使。謂其供給該國軍隊之砲彈。乃只爲個人利益。德使恰其侮辱。嚴詞詰責。幾釀交涉。後陸軍大臣辭職。乃始寢息。

土國議會之活劇　土耳其議會開會時。首相憤自由黨之攻擊。謂其許可某處鐵道之敷設。乃營私利。遂起而毆打自由黨議員喀摩爾。統一黨議員的忽卑奮身助鬥毆傷喀摩爾之面部。議場大爲擾亂。

摩國之叛亂　摩洛哥北部土民。揭竿爲亂。勢頗披猖。該國政府之征討隊。藉法國之援軍。乃稍增勢力。

運河防備費可決　美國上院。已將巴拿馬運河豫算法案通過。該案定運河開鑿費四千五百五十萬美金圓。防備費三百萬圓。

●美國之出師　美國大統領塔虎脫發令調兵二萬一千。向墨西哥國境出發。又調軍十五艘。前赴墨西哥灣。一時人心。頗爲疑惑。或云此舉初無他意。只陸軍之大演習。或謂英國要求墨西哥政府。保護外國資本。欲干涉其內政。故美國取此非常之手段云。

●墨國革命黨　墨西哥之革命叛亂。近漸蔓延於南方。外國人之生命財產。頗有侵害之虞。美國政府。已嚴備一切。

●波斯攝政王之宣言　波斯攝政王宣誓於議院。懇請各議員廢棄黨爭。同心協力。以謀國事。又謂攝政王之地位。超然於各黨派之上。彼斷不放棄所有之責任。若議會不能與之協同。棄此王位直如敝屣云。

●日德之邦交　駐日德使以病辭職。宴別時於席間演說。謂日德兩國之邦交。今漸鞏固。一切誤會。均已消滅。日本輿論。已識德國外交政策之方針。德國各報。亦承認尊重日本在世界政治上所占之地位云。

叢錄壹

春冰室野乘

春冰

明桂王致吳三桂書

順治十八年十一月。桂王在緬之赭硜。使人致書於吳三桂曰。將軍新朝之勛臣。舊朝之重鎮也。世膺爵秩。藩封外疆。烈皇帝之於將軍。可謂甚厚。詎意國遭不造。闖賊肆惡。突入我京城。殄滅我社稷。逼死我先帝。殺戮我人民。將軍志興楚國。飲泣秦庭。縞素視師。提兵問罪。當日之本衷。原未泯也。奈何憑藉大國。狐假虎威。外施復仇之虛名。陰作新朝之佐命。逆賊授首以後。北方一帶土宇。非復先朝有也。南方諸臣。不忍宗社之顛覆。迎立南陽。何圖衽席未安。干戈猝至。宏光殄祀。隆武就誅。僕於此時。幾不欲生。猶暇爲宗社計乎。諸臣强之再三。謬承先緒。自是以來。一戰而楚地失。再戰而東粵亡。流離驚竄。不可勝數。幸李定國迎僕於貴州。接僕於南安。自謂於人無患。與世無爭矣。而將

叢錄 二

軍忘君父之大德圖開剏之豐功督師入滇覆我巢穴僕由是渡沙漠聊借緬人以固吾圉山遙水遠言笑誰歡祇益悲矣既失世守之河山苟全性命於蠻服亦自幸矣乃將軍不避艱險請命遠來提數十萬之衆窮追逆旅之身何視天下之不廣哉豈天覆地載之中獨不容僕一人乎抑封王錫爵意尚不足猶欲殲僕以邀功乎第思高皇帝櫛風沐雨之天下猶不能貽留片地以爲將軍建功之所將軍既毀我室猶欲取我子讀鴟鴞之章能不慘然心惻乎將軍猶是世祿之裔即不爲僕憐獨不念先帝乎即不念先帝獨不念二祖列宗乎即不念二祖列宗獨不念己之祖若父乎不知 大淸何恩何德於將軍僕又何仇何怨於將軍也將軍自以爲智而適成其愚自以爲厚而反覺其薄奕禩而後史有傳書有載當以將軍爲何如人也僕今者兵衰力弱煢煢孑立區區之命懸於將軍之手矣如必欲僕首領則雖粉身碎骨血濺草萊所不敢辭若其轉禍爲福或以遐方寸土仍存三恪更非敢望倘得與太平草木同沾雨露於 聖朝僕縱有億萬之衆亦付之將軍惟將軍是命將軍臣事 大淸亦可謂不忘故主之血食不負先帝之大德也惟冀裁之按是年七月開桂王從官已盡爲緬人所殺此書不

知出誰手。或卽王所自草。平未踰月而緬人遂執王送軍前矣。

桂王臨終異聞

廣陽雜記云。吉坦然江寗人。少隨其父扈從永曆帝於雲南。余問以滇中諸事。坦然多目擊者。永曆之自緬歸也。三桂迎入坐輦中。百姓聚觀之。皆曰。此故天子也。無不泣下沾襟者。永曆面如滿月。須長過腹。日角龍顏。顧盼偉如也。有滿兵數人見之。以爲眞天子。遂有密謀擁戴以圖中興者。事洩。誅四十餘人。坦然言曾於法場見爲首者。長七尺餘。形如虎豹。人謂其膂力絕人。騎射爲滿兵之冠云。然永曆以是益不得更延時日矣。三桂既得　密旨。請永曆於北門庫。飲奕。遂弒之。百姓初不之知。是日天極晴朗。忽有黑雲起。風雷交作。城外里許有金汁湖。在歸化寺側。民間儲水灌田者也。有龍出其中。宛延升天。頭角爪牙皆見。衆方駭觀。忽諠傳永歷終于北門庫中。備棺斂矣。

小腆餘聞

康熙二十二年七月。臺灣延平王鄭克塽降。故明寗靜王朱術桂一家八口。卽日自裁。其偕克塽來降者九人。魯王第八子朱柏。舒城王孫朱慈爝。寗靜王子朱儼鈐。建昌府益王孫朱鎬。宗室朱熺。南昌府樂安王孫朱浚。荆州巴東王孫朱江。奉南王孫朱迮。瀘溪王孫朱慈爌。後朱江、朱柏、朱迮。朱儼鈔。安插河南墾荒。朱慈爌、朱浚、朱慈熔、朱鎬。安插山東墾荒。

紀性因上書孔有德乞葬瞿忠宣張忠烈事

孔有德之克桂林也。瞿忠宣式耜。張忠烈同廠死焉、遺骸久不得歸葬。有僧性因者。上書於有德曰。山僧梧水之罪人也。承乏掖垣、奉職無狀。繫錦衣獄。幾死杖下。今夏編戍清浪。以道路之梗、養痾招提。皈命三寶。四閱月於茲矣。車騎至桂、咫尺階前而不欲通。蓋以罪人自處。亦以廢人自棄。又以世外之人自恕也。今且有不得不一言於左右者。故督師大學士瞿公、總督學士張公。皆山僧之友也。已爲王所殺。可謂得死所矣。敵國之人。勢不並存。忠臣義士。殺之而後成名。兩公豈有遺憾於王。即山僧亦豈有所私痛惜於兩公哉。然聞遺骸未殯。心竊惑之。古之成大業者。表揚忠節。如出天性。殺其身而敬且愛其人。若唐高祖之於堯君素。周世宗之於劉仁贍是也。我明太祖之下金陵。於元御史大夫福壽。既葬之矣。復立祠以祀之。其子犯法當死。又曲法以赦之。盛德美名。

於今爲烈。至元世祖祭文天祥。伯顏恤汪立信之家、豈非與中華禮教。共植彝倫者耶。山僧閒嘗論之。衰世之忠臣與開國之功臣。皆受命于天。同分砥柱之任。天下無功臣。則世難不平。天下無忠臣。則人心不正。事雖殊、軌道實同。原兩公一死之重。豈輕於百戰之勛哉。王既已殺之。則忠臣之忠見。功臣之功亦見矣。此又王見德之時也。請具衣冠。爲兩公含殮、瞿公幼子。尤宜存卹、張公無子。益可哀矜。並當託付親知。歸葬故里。則仁義之譽。王且播於無窮矣。如其不爾。亦乞許山僧領屍。隨緣藁葬。揆之情理。亦未相妨。豈可使忠義之士。如盜賊寇仇。必滅其家。狼藉其支體而後快于心耶。夫殺兩公於生者。王所自以爲功也。禮兩公於死者。天下後世所共以王爲德也。物外閒人。不辭多口。既爲生死交情。不忍默默。然於我佛寃親平等之心。王者澤及枯骨之政。聖人維護綱常之教。一舉而三善備矣。山僧跛不能履。敢遣侍者奉書以獻。敬俟斧鉞。惟王圖之。

按性因即金堡。堡字道隱。仁和人。崇禎庚辰進士。初爲臨清知州。後隨桂王播遷。官給事中。書所謂承乏掖垣者也。後以言事觸忤權貴。下獄廷杖。謫戍清浪。桂林既下。有德聞其抗直。欲官之。不受。遂剃髮爲僧。法名今釋。字澹歸。性因其別號。又自稱借山野衲。

又稱茅坪衲僧。往來匡廬天台以終。又按諸書。皆謂忠宣之得歸葬也。由於楊高士之哭請。高士名蘂。字碩甫。吳江人。客忠宣幕中。其哭請歛屍一事。陸清獻楊高士詩序。及錢雲楊碩甫傳。皆詳載之。後讀王應奎柳南隨筆。乃知高士哭請時。性因亦同時上書。至定南府門。逢高士自內出。知已得請。遂不果上。故諸書傳楊而不及金。然此文故可傳也。

南田詩餘

南田先生甌香館集十二卷。海昌蔣生沐所輯。刻於道光戊戌。光緒七年。武昌局又重刊之。然獨闕詩餘一種。近從周氏松烟肥研齋叢帖所刻先生眞蹟中。得詞二首。亟錄之以詒海內倚聲家。南唐浣溪沙題士女春睡圖云。戶外飛花心乍驚。縹緗不度嬾調箏。倦倚鮫綃金鴨冷。總無情。　胡蜨迷雲隨夢去。桃花倒暈與潮生。料得醒來呼小婢。打黃鶯。金浮圖題鳳生畫士女倚梅兜履小婢扇底俯拾落梅云。探梅去。寒香映水金谷春回。畫堂人起。曉煙深。偏繞花多處。錦石長堤。曲澗泉如雨。忽見落英飄袂。迴看扇底。脫却紅絲履。　湘紋住。何曾動步。輕縷行纏。只怕金鈎露。紅綃總被青苔涇。喚雙鬟細。拾。瑤。林。霧。還。道。多。折。南。枝。烘。熿。銅。缾。莫。使。風。姨。妒。按此闋紙甕通叶、於律殊疏、然宋人已有之、

替比卯詩

會稽陶卿田文鼎詩學白傅、有眞意齋詩鈔四卷。余最愛其替比卯詩、可以爲作吏者當頭一棒。詩有序云、比卯者、州縣官以事命役而限之期。逾期則杖而再限之、名曰比卯。役不勝杖。以錢雇人代受杖、曰替比卯。某明府。歷宰大邑。死後。其子不能自立。即於其縣。爲人替者。余聞而悲之。仿香山秦中吟之意。賦此一篇。爲牧民者芻蕘之獻。詩曰

縣門昨夜呼比卯。替杖有人圖一飽。公庭一杖杖幾錢。得錢之人方少年。少年意氣無窮已。借問少年胡若此。旁人欲語先長吁。是問當年貴公子。先人百里綰銀黃。遠道移家入縣堂。使君自詡眞能吏。愛子人誇小鳳皇。公子何所居。綺窗畫壁開精廬。公子何所食。何曾萬錢供一擲。公子何所衣。師蠻結帶生光輝。公子何所游。秦箏趙瑟居倡樓。使君昔日刑人地。此日人刑公子替。可憐行杖白頭人。猶是當年案前隸。富貴功名有盡時。茫茫天道豈無知。寄言世上臨民者。莫忘南山小雅詩。

劉禮部遺事二條

武進劉中受先生之官禮部郎也。道光四年。河南學使請以睢州湯文正公從祀文廟。議者以文正康熙中輔導理密親王獲譴。乾隆中嘗奉駁難之。先生攬筆書曰。后夔典樂。猶有朱均。呂望陳書。難匡管蔡。尚書汪文端公廷珍善其言而用之。遂奉　俞旨。是年越南貢使。爲其國王之母妃乞賞人葠。得　旨賞給。　諭中有外夷貢道之語。使臣欲請改外夷爲外藩。部中以　詔書不可更易。而難卻其請。先生草牒復之曰。周禮職方氏。王畿之外分九服。夷服去王國七千里。藩服去王國九千里。是夷近而藩遠。說文羌苗蠻貊字皆從物旁。惟夷字從大從弓。者東方大人之國。夷俗仁。仁者壽。故東方有不死之國。而孔子欲居之。且乾隆中嘗奉　上諭中斥四庫館臣。不得改書籍中夷字作彝裔字。孟子謂舜東夷之人。文王西夷之人。我　朝六合一家。盡去漢唐以來拘忌嫌疑之陋。使者無得以此爲疑。越使遂無辭而退。先生在禮曹十二年。以經義決疑事類如此。

叢錄 弍

江介雋談錄

野民

絡緯詞

魏匏公晚年牢落關河生平文藻都從捐棄其境然也嘗見其齊天樂一闋辭旨婉妙亟錄存此詞序云歸計未成秋風已起疏籬落月絡緯蕭蕭客子無衣離人善感挑燈抽筆作此寫懷詞云一庭涼月秋聲碎淒淒又催機杼乍咽籬根還驚葉底金井尋來無處成章漫許祇風片雨(作平)絲織愁千縷斷續吟蛩爲伊相伴此情緒　鐙前誰是瘦損更天涯萬里敲徧砧杵翠幌香溫紅樓夢醒別有傷心難訴餘音正苦恨海遼江城旅懷重賦製罷寒衣夜窗人自語

夢中詩

譚復生幼時夢詠瀑布詩云手提一匹練高挂萬峯顛二語氣象超拔已包舉生平事

叢錄　二

實。語曰。詩以言志。信然。又夢閱近人詩集。懷南朝某歌者。下署名蔡際。結語云。古聲託楊柳。私度與鶯聽。亦緜麗似初唐人詩。

硯銘

瀏陽產菊花石。可琢爲硯。譚復生嘗自跋其菊花石瘦夢硯云。製極小。厚裁分許。任石形之天然。無取雕琢。觚稜宛轉。不可名以方圓。色澤黯澹。有凋敝可憐之意。殘菊一。大如指。名之曰瘦夢。銘云。霜中影。迷離見。夢留痕。石一片。語殊峭雋。又菊花石長秋硯銘（爲龍爪霖作）云。秋何長也。不隕。故不黃也。君子之道。闇然而日章也。銘則譚而贈則王也（謂同縣王信余）厥家與石。皆瀏陽也。以是爲龍子之藏也。紓徐曲達。別饒風致。

袁太常遺墨

袁爽秋太常戊戌重入都門。有感舊詩三章。其詩序云。往者城西結社。六七公鬱青霞之奇氣。寓沈飲以弢精。不名一格。相與於無相與。爾時自謂陸湛朔隱。可長相保。不意十年之間。零落將盡。或芝、菌、奇、麗、化爲朽壞。或解、龜、老、病、自免、歸、歟、驅車過其故居。則門巷欹斜。屢易新主。曲池。小。榭。猶蔓。寒。藤。愴山。陽。之。笛。裏。日灼。灼。以。西。頹。處石。火。之。光。

中水滔滔以東逝人生俯仰幻於草露雖金石勁質閱時易摧感念存沒結轖無已爰舉平日往還尤數以沒者爲限斷作感舊三章章十一句以寄吾悲懷詩云王蒿隱鄭盦客手疏吉金古籀文解經可奪侍中席方略成身已逝不獲一階衣借紫（平定回匪方略出君手屬稿爲多擬進方略表尤奇麗詳贍）君不見鄭盦好士多豪儁池荒臺圮今誰訊吉金散入廠市攤何況當年門下駿骨寒其二云李愛伯晚入臺手操三寸之弱翰搗斥令僕鼉黽材埋玉樹鏡湖曲芳草年年上墳綠君不見滄溟白雪樓圮時靑裙白髮餘一姬鵲華秋色照餅肆非復主席醉歌欹接䍦（王阮亭云李于鱗下世後一老姿蔡姓年至九十餘在歷下東門外賣炊餅度日至國初尚存聞侍御身後姬人亦貧苦自守）其三云潘孺初老禿翁遺我海南椰子帽古樸製自東坡公坐兀兀鈔碑版勁筆一掃蚍蜉縮君不見翁死海南無復人斷縑遺札應勒之貞珉雷陽館裏手植竹雪夜猶聞戛寒玉按蒿隱乃元和王蒔卿戶部（頌蔚）別號王嘗爲吳縣潘文勤尚書（祖蔭）館客故云愛伯乃李蓴客侍御（慈銘）之字（王蒿隱與李蓴客爲光緒庚辰進士同年）潘孺初名泉廣東文昌人官戶部主事居京師有年以博雅知名尤邃金石之學

瓜哇異果

陳伯潛閣學于光緒丙午丁未歲游南洋羣島。覩庶品蕃生。千名詭屈、及古蹟荒廢。愁然感之。有詩紀事。茲擇錄數首。用誌瓜哇各島之風物焉。海南百果相續多中土所無紀以絕句八首云。紫衣而雪膚。芳甘微帶酸、我最喜芒及、人言性近寒、又茸茸紅毛丹。色味賽荔支、或云即其種。無乃變於夷。又沙拉生土中。蛇皮色深紫。細嚼清且腴。貌取幾失子。又甜酸毛魯孤、細棱如水玉。醒酒得兩枚、風味故不俗。又木瓜無十年。一歲種便實。飣之晶盤中。黃蠟釀成蜜。又團團麻芷姑、甘潤勝梨柿。遷地或能良。留核歸一試。又流連信佛矢、滑膩乃如脂、臭惡不可近。嗜者至典衣。又鑾加估畢蘭。恐亦流連類。蘭飽慎所居。吾甯屏弗試。瓜哇雜述五古二首云、竺敎昔南暨。疑在齊梁年。鞭石造萬像岡阜光彌天。我僅攬其二。詫是鬼斧鑴、巨塔垣五重。龍華會其巔。得非修羅鬬。斷脰拗一全。波羅蜜多大塔繚垣五層表裏皆刻佛蹟上環龕像三匝始及塔心石像多殘毁疑天方敎徒所爲 其一佛久仆。拽起龕欹偏。無人踵布施。五億王面錢。隔溪蜜多佛塔工亦精絕前數年暹羅王過此捨銀錢五十萬僅植起佛像三尊 餘者得諸晝。荒寒委風烟。或於名園遇。贄致如銅仙。嗟架有波羅蔼丹寺塔未及覩而荷官園中列石像數十皆從彼及蜜多移來者 瞀陋闕史乘。興衰理茫然。徒令暹羅王。望古悲涕漣。又西人常笑我。傾囊食鳥巢。燕蔬定何質。入藥還充餚。夙聞所結處。高巘海谷坳。寧知屋梁上。雪白如懸匏。（瓜哇人家多有之中土所謂官燕也）作貢始閩廈。衆金致厥包。遂起筐篚例。市易無虛艘。洞租關又稅。孰非吾國膏。（荷蘭稅燕窩最嚴山洞燕多者歲加租數倍）誰能塞此漏。屛之如邪蒿。燕燕爾亦休。鷇哺堯天高。

勒省旃明經詩

新建勒省旃明經（深之）一字元俠。又字今晦。乃閩撫少仲中丞（方錡）子也。為人豪放。不矜矩矱。以拔貢試京兆不第。居京師累年。徵歌縱酒。一食萬錢。無所顧惜。家本不豐。卒以此致困。丙申冬南歸。遂杜門不出。戊戌歲以反胃疾卒于里閈。年四十許。善詩。專學唐人。尤長樂府。多肖張文昌。戃怳緜麗。清曠幽邃。均能極其才思。生平為詩極重詩律。嘗與友人胡孝廉（存）論詩曰。夫作詩無律。猶絲之無緒。將之無紀。脂澤愈多。棼亂愈甚。旨哉言乎。可謂得其指要矣。君詩凡三刻。曰闇三寶齋詩。曰蕉鹿吟。曰夢餘草。一刋于生時。二刋于身後。皆友人捐金為刻之者也。錄其五古團扇吟云。人事有離合。明月時虧盈。裁紈製團扇。昭此中心誠。紈素豈不潔。愛惡殊其情。團扇豈不嘉。循環葆其眞。招招弄玉手。習習涼颸生。因風託方便。願入君懷清。君懷無由開。妾思將焉呈。季春苦雨

叢錄 六

書寄友人云。積雨阻春來。春去忽已半。中酒一月餘。巾履常疏散。疏櫺展驚風。綠影明書案。始知階下樹。新發都如幔、開軒對散絲、驅愁付清玩。叢篠淫寒雲。遠徑茶烟暗。水馬走堂坳。苔衣上簾蒜。嗟我素心人。迢迢隔雲漢。春水門外生。雙魚幸不斷。檐聲漸催暝、秉燭弄柔翰、書成不復理、詞淺墨痕淡。七古息夫人歎云、楚宮幽處春風晴。營巢新燕鳴歡聲。坐倚象牀獨無語。默感君恩爲君許。春水曲云。春之水。何清清。既能鑒我影。復能移我情。東風步野花柳香。若有人兮隔橫塘。隔橫塘。思未央、春水綠。春波長。飲酒篇云。繁星璀璨搖青光。微風下庭吹晚涼。悄然不樂坐箕踞。驅愁且復揮孤觴。一石亦醉苦腸窄。深杯百進差能狂。醉懷浩浩歌慨慷、如見古靈趨我旁。秦皇腐死漢皇老。白雲枉自求仙鄉。仙鄉縹緲無何有。不如日夕飲美酒。五律題潘伯寅尚書補柳圖云。東風吹不綠。愁絕柳依依。秋緒此焉積。盛游都已非。素絲吾道在。青眼近人稀。坐惜摧薪去。婆娑竟幾圍。七律七夕云。金錢十萬幾何事、縑素甯必難償之。胡爲一見即須別。坐令兩地長相思。乃知甚巧固爲拙。未若至庸翻見奇。搴芳贈藥隨處有。追懽彼亦何人斯。秋夕不寐枕上口占云。廿五點聲宵漏遲。異鄉孤況劇堪悲。病中。風。雨。增。離。恨。意外。

恩。讐、激、夢、思、祗借、徵。名。扶、俠、氣。轉緣。羣。訕、理、情。絲、龍文鴛錦麒麐楦。平等看人漫更奇。依微云。怪得依微漏點清。枕函邀夢兀難成。春歸始信花無謂、夜短終疑月不情。十二碧城迷處所。兩三紅袖自生平。銀潢。咫。尺。滄。波。迴。奈此。流。雲。葉、葉。聲、七絕仙女廟云。手把瓊漿薦素馨。雲旗霧蓋若揚靈、門前野水清無極、想見淩波下彩軿、過江口占云。小槳輕飛燕一雙。迎入山色滿篷窗。清明未到春分盡。楊柳無情綠過江。病中爲王幼霞侍御寫蘭書廿八字云。刻翠剜青抵萬言。西風高嘯是沈冤。靈均奇服無人識。山鬼夜深容叩門。又戊戌元旦日食書感句云。埋輪冷日昏無色。如屋頑雲黯不流。亦佳。君有子。字仲孫忘其名能嗣家學。

八

文苑

辛亥歲朝大雪得堯生侍御除夕雪詩成此當和

癭公

長安一雪跨兩年主人壓歲愁無錢無錢便以雪壓歲歲前小病成枯禪舊年別我如行客幻出千山玉龍白天恐新年客寂寥分與明朝喚春雪黃生明發嶺南行絕怪潘生嬾出城雪裏敲門斷吟興却報趙侯詩早成趙侯守歲耽詩趣米盡偏逢小妻怒潘生送酒不解事祇助年終費豪素封章所擊無堅壘脫手新詩成鐵鑄索詩例比催租急那識吾儕作詩苦驚心海水方羣飛趙侯苦道不如歸我歸無田又無雪貪醉長安看雪飛雪中幾度思楊子對雪音書無一紙封詩遠寄羅浮邊憶否長安白千里還因黃生訊子雲鄉心併入珠江水

贈溫毅夫侍御

前人

溫侯瘦削顏不朱瞥若秋鷹覷兎狐高秋疾風白草枯爪嘴所擊無完膚嶺南雄直古所誦前有忠介後鴻臚直聲沈寂今廿載異軍突起梁番禺轟轟臺綱趙與胡日叩天

闓心膽蠡驢然。與子皆酒徒。雪中痛飲驚屠沽。汝師大謝入臺始。八表動色如燒車。偉哉江髯古之愚。慷慨七疏追龍圖。卽今梅陽哺慈烏。松筠作餞君與吾。吁嗟伏馬歷豆芻。九閽沈沈待爾呼。和熹黨禁錮劉漢。元祐新法攻荆舒。何當金鎞一刮眼。不自振厲將人奴。長安花發當酒爐。明尋春社詩催租。毋遽蓑笠思江湖。長歌望子褒裳裾。

喜杜侃夔至都旋送其之官江西　前人

杜生別我今七年。忽棄南海走幽燕。當關報客雙髩斑。執手一笑君胡然。君言羇孤百不遂。欲從天子求法官。嗟君才名嶺海間。本如駿馬行無前。老大低頭逐年少。新義格磔翻研鑽。斜街閉門客長安。商法蕭律羅眼前。果然不負萬里行。一官去泊潯陽船。匡廬五老峯挿天。之官天與尋山緣。永叔涪翁皆部民。此邦飲水當知源。少年共爾謀饔飧。聚蠹碑下疲丹鉛。中更憂患氣沈鬱。茲來漸漸傷華顛。我如癭木生巖偏。一庵雪夜參枯禪。除年祇以詩遺病。榜門官伐同抱關。況聞改制裁冗閒。掉頭一意求釣竿。羅浮又無二頃田。春及如何耕故山。瓦盦松菊今可憐。送君行矣星子灣。

西河

庚戌六月揆東薄游吳會訪余於城西聽楓園話及京寓乃故人半塘翁舊廬迴憶庚子辛丑間余嘗依翁以居者彌歲離亂中更奄及一紀疏燈老屋魂夢與俱今距翁下世且七年矣向子期隣笛之悲所爲感音而歎也爰和美成此曲以寫之

疆邨

歌哭地殘燈事影能記刼灰咫尺上闌干夜笳四起草堂人去薜蘿空西山閱笑檐際舊庭樹誰再倚虛舟汎若無繫爲君胥宇燕重來退寒廢壘夢華一覺玉京秋鬧鷗空戀烟水　酒徒散盡醉後市問黃壚應辨鄰里愁絕斜陽身世向銅駞巷陌狂塵淒對西北高樓浮雲裏

陽春曲

前人

去年愁今年事依舊望春淒絕簾戶好東風黃昏近燕子歸去向誰說放鐙時節驚故國墮梅如雪纔信紛坼紅黏醉醒中易成消歇　倦游謙東園湔裙路誰誤約書花寫葉而今歌塵綠徧濺迴波卷泪千疊新聲但有暮鴉更惱亂繁笳吹徹看門外細水漂花去江南夢闊

前調

映盦

文苑 四

倚樓人收燈夕應爲好春愁絕歌散小闌空厭厭地數著更漏自淒咽怨懷長結、紅泪滴粉融珠滑何計免却相思向鴛幃共伊低說 奈飛夢沈沈千山阻欺繡枕寒威透骨東窗疏星漸盡戀天街小駐殘月回腸爲汝寸裂但悔恨當初輕別念江上正有梅風信天敎淚發

(刋誤)

前期本門第四頁第六行賸字誤作膡

於此時者也。德理斯復曰。吾於人羣中。流品貴賤之差別。固未深知。然既鍾情。當不應復更沾沾計較。世之所謂有情人。倘復有怵於是而生畏却心。吾則深鄙之。蓋以其終非深於情者也。娉娜曰。斯言固當。然世情實如此。苟但斤斤以爭。妄以爲必無是理。是謂不知世故。非計之得者。今就令伊爾溫氏果不嫌貴賤懸隔。竟來求婚。旁觀者亦必羣然注目於其事也。曰。似此吾惟有靜以待之。觀其決計何如。再定議耳。吾以後當亦不復悶損。因阿母將歸來。與吾共晨夕也。曰。吾擬偕汝遷居于鄉僻間。汝意云何。曰。毋若不與我相離。無論如何。我都愜意。曰。汝忍捨却巴黎乎。曰。嘻。我曹並不算居於巴黎者。此間荒僻。純是諸州風景。吾方且厭倦之矣。我意以爲莫若遷居於不列丹尼最佳。想彼中人士。必能令吾欣悅者。至此地則非吾所戀。吾尤不忘此强來執人臂之惡人。念之輒令人心悸。吾苟妄聽人言。更將嚇殺矣。蓋倔突兒嘗爲吾言。謂有形跡可疑之人。常於暮夜間偵伺吾宅之四周。信如斯言。則吾心安能勿憂。此地荒僻。不虞暮夜有人。見則擄人害命之事。皆可任意爲之也。娉娜聞言。憂惶甚。然强自遏抑。不敢過露于形色。乃應之曰。是殆倔突兒之過慮耳。雖然小心總無患。吾行商之倔突兒命園丁亦移入宅內閒房居住。用備深夜有警時呼喚。以預防未然。吾儕今可入室向彼言之。曰唯。母且將此花去。明朝不見母歸。吾又將悶損矣。今且與母就園中一散步也。曰汝欲散步乎。吾姑從汝。

第六回　逢吉士私語託鳴琴　誦郵書放懷欣得寶

于時姍娜母女二人。相將游行於綠陰之中。漸行近園門。一帶此園乃以鐵闌干爲藩籬。藤蘿蔓繞。綠葉周遮之處。時露罅隙。可外窺道上。行行未久。德理斯忽作遲迴態。姍娜訝之。問曰。何耶。德理斯低應曰。個男子今正在彼方。姍娜疑是倔突兒所言潛來窺伺之姦人。不覺失驚。德理斯乃徐指其所在。姍娜視之。見鐵闌之外。果有一人面向內而立。時已暮色昏黃。不能細辨其面貌。然察其形狀。絕不類姦宄之徒。姍娜固明眼人。早見其身材纖削。兩手著手套。手中惟持一纖弱之手杖。乃恍然德理斯之所謂個男子者。即指其意中人。殆即所謂之伊爾溫子爵也。彼胡爲昏夜來此。其用心殆非長厚者歟。姍娜念此。竊欲有以斷絕其妄想。觀其神情惘惘若癡。頗欲突出邀之。以究詰其用意所在。然終有所遲疑。未敢遽爲。又聞其女復悄語曰。今此其時。幸毋失之。可要之入室。我將離去左右。聽毋自窮詰之也。姍娜正欲如此。乃潛至園門。少年神識已馳。殊未之覺。姍娜拔關。且謂之曰。長者吾欲與君有言。君勿久立于此間也。語未畢。門豁然遽啓。少年瞿然驚悟。幾欲却走。隱約間見德理斯亦遠立其後。怡顏向之。乃驚定。遂鞠躬作禮。謂姍娜曰。娘子幸見恕吾忘情至此。負疚殊深。姍娜急亂其語曰。吾已知君爲誰何矣。君毋煩費詞。吾有言問君。君須詳答。數日來之所見。實有以授柄於吾。使吾要君明解其故者也。少年曰。惟娘子命之。曰。如此。且請進園內。姍娜命其女往就偃突兒於會客廳中。且在彼靜俟。然後延客入園中深處。乃謂之曰。吾所欲問於君者有數事。而第一事則欲問君果否爲伊爾溫氏子爵也。曰。娘子之爲此言。殆不能無疑於我之爲人。而未肯信其爲德望中人也。若吾果僞襲他人之名氏爵位。則吾之爲人。其不足齒數可知矣。曰。此誠疑所不當疑。吾當引咎。然君之舉動如此。其意何居。請明告我。君近者曾於吾女有所援助。吾實深感。然君之意固未肯從此罷休。又從而窺伺之。立待之甚。且尾之而歸。以求其居址之所在也。甯不然乎。曰。是誠有之。吾皆自承。然吾所行亦止于此。更無有進於是者。曰。吾亦知其無有。吾女曾悉以告我。謂君自此以後。未嘗與之交一語也。此足見君端謹。然君常盤桓於吾室之門外。究不免動鄰里猜疑。吾誠不解君之用意所在。若謂不待吾承諾。而即可徑與吾女結納。以君端謹良士。當不出此。曰。吾未嘗稍萌此念。嘗誦古人之語曰情摯者爲上。私心實遐慕之。是以竊冀小姑稍假以辭色。庶幾得有路登堂。皎然自致其誠款。吾固未嘗知小姑爲何人。但願藉一階自進。庶有以詳審之耳。曰。今舉吾人之家世爲君告。吾爲華都氏娘子。身爲嫠婦。受僱於商肆中。然不久亦將舍其生涯。欲携其孤女及其親屬一人。遷居於村落間也。吾只一女。曰德理斯。親屬一人。曰博辣賓氏女士。固君嘗遇之於植物園中者也。吾儕生計殊淡薄。其門地又遠非君之等倫。吾今既具告君。請得進而問君之所欲。吾女雖家門寒素。然姆教未嘗不嚴。以如是之女子。而欲導之以越於禮。君當不其然。少年默然久之。乃答曰。吾今倘告娘子。謂吾欲來求婚。則娘子當亦不見信。今但願許其更得登堂。俾先自明其心迹。事事動循理法。絕無苟且之意。娘子聞之。或亦不以爲忤耶。倘遂邀天幸。博得令嫒之垂靑。其欣幸當靡有極。蓋吾實用愛於令嫒者也。曰。君與吾女不過三兩番見面。便能用愛於彼乎。君固貴冑門第。遠非吾女所及。且君之富厚。亦必遠過吾女。以君門地。乃欲得市井之女爲妻乎。君殆非誠款語矣。曰門第高下之見。非吾所肯横置胸中者。至於財產。吾但於摩必恆州有三處田莊。此外則有式微之舊第一區。僻在鄉村。本非樂土。徒以歲入不豐。無力以居巴黎。故苟安之耳。若以財產相衡。恐尙不足與娘子比並也。晏陀鼇言此。乃直中姌娜之心事。蓋彼之擇壻。正欲求之於諸郡國之間。其人須與巴黎社會杳不相涉者。如此乃足當彼相攸之選也。然復自念己身於巴黎風月之場。久饒聲價。誰不識陸麗娘子者。此少年雖非巴黎土著。或者常至巴黎。於酒樓戲院之間。或曾與之相値。亦不可知。縱未嘗親承顏色。或經他人之指目。亦當已識陸麗娘子面貌。果爾。則一經覿面。終能認識眞相。一露。則此事終當不諧。今特于黑暗之中。彼不能有所見耳。曷不就火光中。使之一見面貌耶。兩人於是在園中。且行且談。漸近內宅樓下之窗牖。忽見有燈光射出。姌娜到此。乃稍佇足。故令火光朗照。使其人得細視之。而少年既見顏色。殊不驚愕。知其人果未識己身者。至是始覺事有可成。念須當改易聲口。稍就和易。方欲更語時。忽聞園門開闔有聲。訝曰。黑夜有誰來此耶。乃倉卒離此少年。而逕趨向園門。以迓來者。則聽其人作狎易之聲口曰。我來也。姌娜乃辨其爲剛騰。蓋剛騰方爲姌娜有所訪察。預約定今夕倘有所聞。則來相訪。姌娜因事羈絆，遂不復記憶。不意剛騰實來至此也，乃急謂之曰。子有所言。切須審愼。此間有人。子將得見之。俟人靜時。再當爲子述其備細也。曰。勿憂。與年少之娘行晉接。吾自解何者爲合禮之言動也。曰，惡。非謂吾女也。今適有一少年在此。其人乃用愛於吾女。而欲與之訂婚者。子尙須爲我一鑒定之。然子首須記取。勿忘吾人預約之詭詞，子自認爲親屬。僞爲吾之兄弟行，謂與吾隔別十有五年。今始來至巴黎者。曰，子毋憂，子之所敎。吾已一一謹記。當能背誦如流矣，然此少年。豈從天而降者耶，子前此何未嘗一言之也，曰。吾向亦未嘗知之。頃方知之。而以爲異。少時君自見其人，吾今亦未遑細告。其人方佇立于彼方牆下待吾。去此不過十數武耳。曰，德理斯安在。曰彼與倔突兒同在會客廳中。待吾送此少年出。然後與子往見之也。此少年之所求。吾意欲却之。然猶願一徵子之意見。子倘勸吾毋爾。吾猶將聽子而變計也。剛騰自計。似此不知底蘊之一少年。已安敢決其可否。而且素性爽直。不能作詭秘之行。今須僞作姌娜之親眷。遠來認親。又突然增一旁觀之男子，以目覩此一齣之戲文。其事殊覺難堪。心中雅不欲爲。然重違姍娜意。亦姑頷之。計惟有相機因應。可免則免。俾不至太過出醜斯可矣。二人問答聲細。少年固不曾聞。且其心正專注於德理斯之一身。聞室內琴聲。知意中人在彼。不覺傾耳入神。頻向燈光處窺伺。冀有所見。他人之言。固未暇領會也。姍娜與剛騰偕來至少年處。少年乃免冠。方欲爲禮。剛騰至此。又適逢意外之一驚。恨不能却走以避。蓋此少年。正其所素識者，此段婚事。兩家人必將競決於己。而其中有多少難處，己實不便明言之者。若萬不得已。而爲此少年明言之。則不免負姍娜。然少年旣爲己之故友。苟不爲少年明言之。則又負友。使少年非己所相識。己可緘默不言。聽其自加審擇，則事之成否。己身均可告無罪。今若此。誠有難處者矣。少年一見剛騰。遽呼之曰。隊長幸會。吾誠不料於華都氏娘子家中倉卒逢君也。剛騰無奈，亦應之曰。吾亦云然。初不料子亦至此也。曰，然則君未忘我乎。曰。吾何能忘。十年前與君父子游獵。不知凡幾許次矣。彼時君方出黌舍。今已鬑鬑如許，然君面貌固不難辨認也，君尊人今康强耶。曰。敢告隊長。吾不幸年來已喪父矣。曰。吾已陞轉。非復曩日職守。今請君以指揮相呼可耳。吾聞尊公逝世。吾爲戚然。此老殊令人敬愛者也。君今舍黌必恒而移居巴黎耶。曰否。吾仍居於彼。冬春之間。則來游巴黎。稍作勾留耳。吾正與華都氏娘子語此。而君適到門也。剛騰此際。更不肯如姌娜之所致。乃直應之曰。吾所愛之晏陀鼇。華都氏娘子。固吾多年之故友也。今子亦得與訂交。吾尤樂聞之。姌娜知剛騰不肯從其計。念晏陀鼇既素識剛騰。必知剛騰爲富貴舊家。今倘自認與一市井婦人有親誼。其事未免艱於索解。故轉計而自認爲多年故友也。姌娜因亦不之怪。乃强笑而言曰。吾尙無此光榮。未得厠身於子爵之友朋中。吾今夕始與相逢耳。今君既與子爵有故。吾請得舉斯事之始末。並爲君言之。吾有息女一人。君固曾見之。於孩提時者。日者偶出游公園道上。爲惡人所窘。此長者適見之。挺身出援。吾女得免於難。遂與吾女初度相逢。惟長者之心志未肯便罷休。直隨吾女至家門。以後每盤桓於吾家附近。其游蹤之頻來。似有逾於常軌之外者。頃間復立於園門外。吾適見之。頗用疑訝。乃邀入室。求爲我明解其故。長者既答吾問。方知爲德望中人。而其用意尤極欽崇吾母若女者。吾殊信其心志之誠懇。然尙慮長者或未審思。未可以造次之頃。遽作深談。吾方欲謝却來意。請其暫退。容吾熟思。而適遇子來。吾又將有所轉計。吾知君兩人爲故舊。似此吾甚

二十世紀大著作名家童君愛樓實驗自來血保証書

明州童君愛樓著作等身生平擅長詩文書畫小說戲曲等一切撰作大江南北久噪文名歷在本埠各譯局各報館秉筆多年海內文學界中莫不知有此君其爲文莊諧並作獨闢町畦實爲近今二十世紀著作家中有數人物因其朝夜著作操勞過甚以致心血大衰精神困憊時患喘咳百藥無功今讀其來書能知其服本藥房自來血後其病如失精神倍增仍能深宵著述不知勞倦深讚本藥房自來血有起衰扶弱之功今特將其惠書照登於下藉見自來血大有功於人之以思慮致疾云云○五洲大藥房主人雅鑒今啓者鄙人向以筆墨餬口歷在廣學會山西大學堂譯書院萬國商業月報館字林滬報娛閒日報文娛報鶴鳴報春申諸處辦事多年自顧不文著書至數百萬言一人精神有限終日埋頭窗下竟成了肺喘之症近更書寫稍久神志易昏不能如舊時深宵著述莫知苦辛鄙人亦稍諳醫理念小恙之來多由心血暗耗致陽氣飛越成神衰咳喘痰多內熱之症服多方均不見效後自去秋八月間服貴藥房自來血後不覺喘平痰少仍得耐勞蓋由補血而得能若此也心感之餘爲作此書聊伸謝悃并告學界諸君之抱有同病者即頌財安厲本埠大馬路德仁里六弄志强學堂內童隱頓

海內諸公如蒙惠購請認明全球老牌商標每瓶內加附五彩認眞券一張值洋一角保證書一本方不致誤小瓶一元二角每打十二元大瓶弍元每打二十元託局函購原班回件

總發行所上海四馬路老巡捕房對面五洲大葯房抄登

●太倉中斌學堂監督兼歷辦普通震旦校務閔君冠塵服自來血之後精神倍增舊病全除之保證書

五洲大藥房主人執事敬謝者鄙人自東瀛游學因病歸國瞬將十年歷辦普通震旦校務並獨力担任創辦中斌公學一所學生日見發達一切校政教科鄙人均有監督之責祇以舊患痰喘逢寒必發深受其累去秋在太倉中英大藥房購服自來血四瓶功效甚速鄙人素不信醫藥自服之後精神倍增目下舊病全除面部紅光大來日漸肥胖一切校務勝任愉悅爲此敬告中外學界仝人之同病者庶得早占勿藥也專鳴謝悃即頌○○日祉

自來血價目 大瓶二元 小瓶一元二角 每打二十元 十二元 託局函購原班回件凡各界諸君如蒙惠顧須認明全球老牌商標每瓶附有值洋一角之認眞劵一張五彩保證書一本方是眞的

●總發行所上海四馬路老巡捕房對門五洲大藥房

抄登

醫院推爲不治之症

旅滬英人患腰腎虧損及風濕骨痛之症服韋廉士大醫生紅色補丸而得十分全愈

英國賴生先生爲上海工部局之收捐員也當未來華之前嘗患腰腎虧損之症既至中國時屆冬令天氣寒冷潮濕侵人竟變爲風濕骨痛之慘症矣茲據其自述之言如左云○余自抵華以來全身疼痛肌肉柔軟頸項强硬艱於俯仰胃口失調飲食頓減因此身瘦肉消兩月之久自二百磅重之體驟減至一百六十一磅每至夜間骨痛更甚竟至不克擁被安眠試服治風名藥絕無效驗乃就診於上海之公濟醫院走醫數禮拜後勢更加劇不獲已設榻院中在彼住醫一月之久仍未見愈無奈仍回寓所鎮日臥床嗲苦莫名一日適聞韋廉士大醫生紅色補丸有治風濕之功因購而試服之二三瓶後尚無影響及耐心久服漸覺骨痛若失夜能安睡於是接連服之胃口頓開飲食增進病體復原身量加重背痛亦止直至一切風濕痛苦全消然後停服此藥迄今已逾十有八月身體强壯毫無疾苦余謂韋廉士大醫生紅色補丸誠爲永治余疾之靈丹也爰書數語俾登報章聊爲同病者之一助云爾

上海西人賴生患腰腎虧損風濕骨痛服韋廉士大醫生紅色補丸而獲全愈

韋廉士大醫生紅色補丸能生稠濃鮮紅之新血故能醫治一切凡由血軟弱不潔或腦筋衰殘所起最劇之各症並非偶然療治數疾實已醫愈無數所患各症即如

血薄氣衰　諸虛百損　胃不消化　肝經各病　心沖驚悸　背骨疼痛　乾濕癬癩　皮膚諸症　風濕骨痛　腎虧痠痛

筋系疼痛　胸部軟弱　山林瘴氣　左癱右瘓　腳氣衝心　又爲醫治婦科各症著名之聖藥也

韋廉士大醫生紅色補丸中國各處藥局商店凡經售西藥之處均有出售如疑假冒可直向上海四川路八十四號韋廉士醫生藥局中國總發行函購或向重慶白象街分行函購亦可價銀每一瓶大洋一元五角每六瓶大洋八元遠近郵費一律在內

治愈賴生君之疾者

認明真樣

謹防假冒

DR WILLIAMS' PINK PILLS FOR PALE PEOPLE

眞韋廉士大醫生紅色補丸也

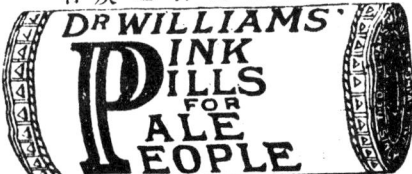

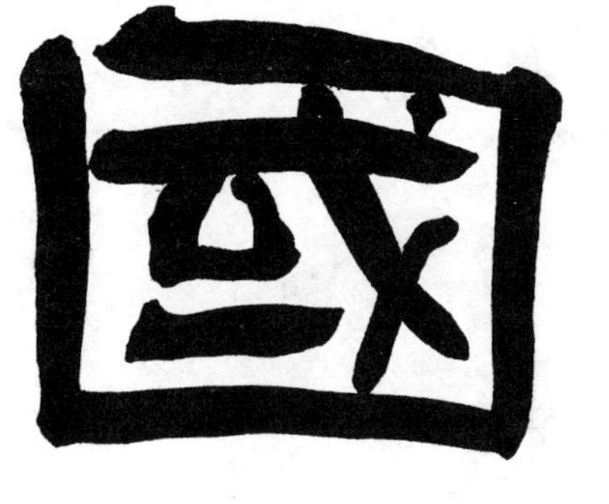

大清郵政局特准掛號認為新聞紙類
日本明治四十三年二月十三日第三種郵便物認可

每月三期逢壹日發行

宣統三年二月十一日

第二年第肆期

愛理士紅衣補丸

治愈體質羸弱胃神鈍疲承王君欽明惠來證書玉照

鄙人體質素弱食息疲倦動輙勞頓病從中來常見各報所登貴藥廠**愛理士紅衣補丸**能療百病曾購兩瓶試服之下果然效驗如神茲祈再發半打附上小影一張亦祈列入報端以質諸同病者鑒

福州乾記洋行帳房王欽明頓

各埠大藥房均有發售倘內地無從購買請函至上海四川路一百十七號總批發所購辦即班回件郵費不加震寰藥廠啟

國風報第二年第四號目錄

揚州平山堂

諭旨

正月二十六日內閣奉　上諭法部奏停止刑訊各省多未實行請旨申誡嚴飭遵守一摺自　先朝降諭停止刑訊業經三令五申現在各省省城商埠各級審判廳多已成立各省提法使均已改補自應重申誥誡嗣後無論已未設廳地方著各該督撫責成提法使認眞督察凡承審遣流以下人犯勿得再用刑訊其有關於死罪人犯應行刑訊者務須恪遵現行刑律辦理從前一切非刑私刑永遠革除倘仍陽奉陰違一經發覺即將該承審官分別叅處並著京外問刑各衙門恭錄光緒三十一年三月二十一日　諭旨敬謹懸挂法庭用示朝廷矜愼庶獄慈祥愷悌之至意將此通諭知之欽此

同日內閣奉　上諭法部奏交審要案查明款目分別定擬繕單呈覽一摺已革綏遠城將軍貽穀前因辦理墾務擾地圖利縱勇濫殺案情重大當將貽穀及已革知府姚學鏡等拿交法部嚴行審訊幷飭署綏遠城將軍信勤就近確查其殺斃丹丕爾一案業經查明由法部先行定擬將貽穀姚學鏡從重發往新疆効力贖罪因款未查齊諭

令仍行監禁茲據法部奏稱按照信勤查覆各節并所開表冊悉心鉤算該革員等侵冒各款除融銷及查封各款扣抵外應追款項尚有數萬兩之多按律從重問擬恭候欽定等語已革綏遠城將軍貽穀身爲大臣督辦墾務宜如何奉公潔己惠民恤蒙乃竟以設立公司爲名信任劣員姚學鏡等朋比欺蒙侵蝕鉅款實屬罪有應得該部擬以絞監候罪名仍勒限監追限內分別已未全完再行核辦確係秉公科斷姑念該革員覊繫至三年之久前於丹丕爾一案已經從重定擬此次倘將款項依限如數繳清卽著仍發往新疆効力贖罪已革知府姚學鏡厥罪惟均著一併發往新疆効力贖罪所有應繳款項著卽按照單開數目勒限監追已革道員斌宜已革知州景禔旣據訊無貪黷不法確情業經革職均准其援免餘著照所議辦理該部知道欽此

二十七日內閣奉　上諭瑞良現在穿孝綏遠城將軍著桂春暫行署理倉場侍郎著瑞豐暫行署理欽此

同日內閣奉　上諭吏部右侍郎著沈雲沛補授欽此

二十八日奉　旨鑲白旗護軍統領印鑰著載摶暫行佩帶欽此

二十九日内閣奉　上諭著派壽耆充實錄館副總裁欽此

二月初一日奉　旨翰林院學士著周克寬補授欽此

初四日奉　旨蘇州織造著文蔭去欽此

交　旨

正月二十五日軍機大臣欽奉　諭旨貝勒載濤等奏酌擬陸軍貴胄學堂職司階級列表會陳一摺著依議欽此

二十七日軍機大臣欽奉　諭旨農工商部奏派員隨同兵艦巡歷南洋各埠一摺又片奏派員撫慰南洋華僑款項請查照成案辦理等語均知道了欽此

二十八日軍機大臣欽奉　諭旨張德彝奏敬陳管見四事一摺著該衙門知道欽此

二十九日軍機大臣欽奉　諭旨御史黃瑞麒奏請飭陝西河南山西等省及各省督撫嚴飭所屬於禁煙一事預先禁種等語著度支部知道欽此

三十日軍機大臣欽奉　諭旨貝勒載洵等奏恭報　崇陵開工日期一摺知道了又奏派充升補監修各片均著依議欽此

諭旨 四

二月初二日軍機大臣欽奉　諭旨民政部奏遵章編訂戶籍法繕單呈覽一摺著憲政編查館查覈具奏欽此　軍機大臣欽奉　諭旨御史陳善同奏甄別降革捐復新章流弊滋大請撤銷一摺著該部議奏欽此

初三日軍機大臣欽奉　諭旨京城辦理防疫現在天氣融和逐漸輕減仍須認眞防範切實清理以期早日淨絕著民政部步軍統領衙門順天府出示明白曉諭俾知朝廷保衞民生力杜疫患蔓延並嚴飭派出防疫人等務各審愼從事毋得藉端騷擾其商民人等亦不得輕聽謠言致滋搖惑用副朝廷拯災愛民之至意欽此　軍機大臣欽奉　諭旨度支部奏請簡員暫署造幣總廠正監督等語造幣總廠監督著葉景葵暫行署理欽此

論說

責任內閣釋義

滄江

比奉　明詔。以宣統五年召集國會。而先之以責任內閣。自今以往。立憲政治之重要機關。殆將畧具。今所求者。則如何而使名實克相副而已。國會之事。吾既別爲制度私議。有所論列。若乃責任內閣者。其直接關係於國利民福。尤巨且切。而國中多數人士。或習聞其名。未稽其實。萬一虎皮蒙馬。以驚易雛。將益非所以奉承　聖指而慰天下之望。吾故撰爲茲篇以釋其義。至其與責任內閣相麗之諸事。將更以次論焉。

目次

上篇　釋內閣

第一章　釋內閣名義

內閣之名。採自日本也。而日本實又採自我。日本所謂內閣。本以譯英文之 Cabiuet 英國喀賓尼特之性質。非惟與吾國現在之內閣有別。卽與明代及順治康熙之間之內閣亦大有別。夫現在之內閣。不過循例題奏。毫無職權。不必論矣。卽明代及國初之內閣亦不過出納王命。王之喉舌。與今之軍機處相等。而與英之喀賓尼特絕相異。英之喀賓尼特。實頗有類於我秦漢間之丞相府。漢書百官公卿表云。丞相掌丞天子。助理萬機。無所不統。天子之待丞相。御座爲起。在輿爲下。未嘗不尊禮嚴憚之。而丞相亦得獨立行其職權。有所建樹。及孝武設尚書令。丞相漸擁虛號。光武爲廢相不置。萬幾悉歸臺閣。論史者以是爲我國政治之一大變局。此無他。故蓋丞相者國家之公人。而臺閣者天子之私人。其性質絕相異也。明洪武初本置丞相。未幾廢之。設內閣置學士若干人。內閣之名。昉於此。其設置內閣之意。亦與漢孝武光武同。皆廢國家公人之機關。而置天子私人之機關也。英國之喀賓尼特。本國家公機關也。而日人以洪武間所設私機關之名名之。則譯者之陋也。故吾平昔持論。謂宜勿襲日人之陋。以免名實混淆之病。正名爲政府最善 但今者此名既通行全國。且明見諸 諭旨。則又安敢更立異。今惟就其名以正其義而已。

(附言)今世立憲國之內閣制度。率皆取法英國。故欲知內閣之眞意義。必當於英制沿革求之。而英國內閣最初本建之以爲天子私人機關。其後乃於無意中漸變爲國家公人機關。即以今日論實際上。雖純屬國家公人機關。名義上仍爲天子私人機關。此實最有興味之史談也。英國當那曼王朝維廉第一初創業時。一〇六六年宋治平三年 本有所謂「大議會」者 The Great council 由國中閥族組織而成。每三年開會一次。實爲一國政權所從出。蓋英本貴族政治之國。固宜爾也。乃未幾而有所謂「常任顧問院」者 The permanent council 發生。則由大議會之議員中。而君主特自選其所親信者。置諸左右。以備閉會時之顧問也。而大會議之職權。乃漸移於茲院矣。及亨利第六時。一四二二年明永樂二十年 又自常任顧問院議員中。更選其所親信者若干人。以建所謂「樞密院」者 The privy council 自茲以往。權又趨於樞密院。蓋直至今日。凡英國之發號施令。尚一切以樞密院之名行之也。然前此常任顧問院之院員必自大議會員中選出即初設樞密院時其院員亦仍必自常任顧問院員中選出其後逐漸遷移而樞密院員乃一隨君主所好惡以爲任免君權之盛過其舊矣逮查理士第二時一六七九年康熙十八年以樞密院員數太多也又以其人率皆先朝耆宿有譽望者任意黜陟於事不順也乃復就樞密院員中更拔其少數人使專任各部之行政時稱之曰小樞密院亦稱曰樞密院內部之委員會即今之內閣也 The cabinet 由此言之內閣之前身即樞密院樞密院之前身即常任顧問院常任顧問院之前身卽大議會其範圍則愈縮愈小其權力則愈積愈重而推其所以蛻變之故皆由君主疏遠其所嚴憚者而昵近其所私愛者此如我國漢迄唐宋政權由三公而移於尚書移於中書移於門下移於樞密院明迄本朝政權由丞相而移於內閣移於內三院移於南書房移於軍機處其動機固酷相似也

雖然至維廉第三時一六九九年康熙卅八年而有一新例起焉蓋前此英王日思置其私人以壟斷一國之行政機關本爲英民所不喜輿論囂囂指爲違憲者屢矣

後此國會權力日張英王施政動見齟齬維廉憂之乃就國會中占優勢之政黨擢其首領使居內閣維廉之意蓋欲引民黨驍將使為王室代表因得以操縱國會毋使為己敵其廣置私人之意亦與前朝無異也然無端而養成政黨內閣之美習卒使英國憲政鞏固不搖以迄今日此則非惟英王所不及料抑亦英民所不及料也特來爾者彼郡之宿學也其所著英國中央政治論述英國內閣之沿革及其現今之地位頗詳盡今摘譯以供參考

（一） 最初之內閣不過一種無規則之小會議國王就樞密院中人隨意選任以備顧問彼閣員之有所忠告於國王也不過自布其私而非以公式行之又非經樞密院之承諾則一事不能執行且其時並內閣之名亦不著於世人但知國王在樞密院中特有所私愛之一小團而已此查理士第一時內閣之實狀也

（二） 至第二期內閣之名稱雖立然其對於他機關之位置尚未為一般所公認蓋當時仍以樞密院為唯一之有力諮詢機關內閣惟蔭於樞密院之下樞密院法律上之實權漸移於內閣而已此查理士第二時之情形也

(三)內閣發達之第三期實在維廉第三時。於是內閣始純然代表一國中最有勢力之政黨。蓋前此內閣雖未嘗不以黨人厠其間。然所謂近世的內閣之地位實自維廉第三時而始得覩也。自茲以往。內閣雖仍未成為憲法上之機關。然語其實則固已為國中唯一之最高議政府最高之行政機關矣。但當時猶不免為他機關所嫉妒。後此使內閣大臣必列席於國會以舉責任之實。此則積漸而成。非一朝夕之功也。

(四)現今之內閣。其特色有五。(1)內閣員必須以國會議員組織之(2)內閣員必須以右院多數黨之黨員充之(3)閣員合議以施行政策(4)負聯滯責任以行政遭國會詰責則總員相率辭職以舉責任之實(5)推一人為總理大臣閣員皆服從之此十八世紀末年以來關於組織內閣之慣例。至今為憲法上之定說。率而不變者也。

由此言之。則英國內閣本君主所建之。以為私人機關。其累代蛻變之跡與吾國歷朝政治機關之嬗代殆同循一軌。此無他故。當立憲政治思想未確立以前。政無大小。君主應全負其責任。非特置其所親昵之人於左右。不能圖施政之敏速。舊機關之人物。常不免為資望文網所拘。時主不能率其意以易置故經若干年恒有一新機關與之代興實非得已也（曾胡諸公於額設官缺外喜置各種局所以潛奪其權卽是此意）而英國內閣本純爲君主私人機關及今乃忽變爲國家公人機關君主絕對的不能以此職私其所親愛其名稱雖與昔同而精神乃適相反者此則民權發育之結果大勢所趨非人力所能强致亦非人力所能强遏也

治國聞者觀政於英則亹亹乎其最有味矣夫今世諸國中內閣權力之重則未有逮英者也抑諸國之內閣制度又未有不以英爲師者也雖然今世諸立憲國之內閣莫不認爲憲法上一最要之機關（如法國現行憲法第三條第六條德國憲法第十七條日本憲法第五十五條等其他不必縷舉）獨英國則絕無明文就形式上言之則英國今日施政之府仍樞密院也非內閣也法律現象不能左右政治現象而政治現象常能左右法律現象此其顯證矣牛津大學教授諦西氏著名之碩學也其言曰「內閣二字吾儕無日不以懸諸齒頰雖然合全國之法學大家竟無一人能爲此團體下一定義者」夫彼都鉅子且爲斯言而況於異邦之後學乎

吾故畧述其沿革。使我國人知此制度之所由來。而乃得斟酌國情以圖損益云爾。

夫名稱固無關宏旨也。若夫其義。則爲觀念之所繫。非講明之。則生心害政。且將不免。故吾先以賅簡之語。道其崖畧。其詳則見下方諸章。

內閣云者。非指內閣衙門所管政務之範圍而已。各國通例。亦往往將不便隸屬於諸部之政務。編歸內閣所管。（如日本內閣所管有法制局賞勳局印刷局鐵道院拓殖院等是也。）行政法上所謂內閣者指此。然內閣重要之性質。顧不在是。所重者在其政治上之性質也。政治上所謂內閣。不能求之於具體的。而祇能求之於抽象的。蓋內閣閣員。以一身而兼有爲國務大臣與爲各部行政長官之兩種資格。當其以國務大臣之資格相集而爲一無形之團體。卽內閣也。故內閣之爲物。指各大臣之個人以當之。固不可也。指內閣及各部之官廳以當之。亦不可也。（官廳之意義本已爲抽象的。內閣則又於抽象中更抽象也。）卽謂各大臣或各官廳相加而成。仍未可也。彼蓋爲**統一而分化**之一體。存乎各大臣與各官廳之中。而又立乎各大臣與各官廳之上。明乎此義。而取次章所論地位職權等證之。則庶幾可得其概矣。

（附言）我國人於國家機關之一觀念。已不甚明瞭。以機關本爲抽象的觀念也。況內閣之一機關。尤爲抽象中之抽象乎。今驟語人以內閣爲統一分化之一體。聞者將茫然不知所指。此無他故。蓋我國向爲專制政體。政治上之統一。惟存於君主之本身。於君主之下。而別有統一機關。吾國多數人所苦難索解也。然既以君主爲統一機關。而於其下雜置多數之機關以分掌各部分之行政。君主與各部爲上級機關。與下級機關之關係。則又非以一機關而分化者矣。內閣之爲物。總理大臣與各部大臣立於同等之地位。各有所職。而其中自有統一者存。求諸我國前古制度。未有一焉能與脗合者也。今者新內閣行將取軍機大臣與各部尚書相加（數學上之加法）而命以此名。夫雜排多數之絲縷。不能指爲帛。雜堆多數之瓦石。不能指爲室。以其非組織體也。非組織體之內閣。又可以冒內閣之名乎哉。

第二章　論內閣之組織

近世各國內閣之組織其內部節目固不能悉同然有兩原則爲萬國所共遵者焉。

（其一）以內閣爲**行政之府** 故恒必以各部行政長官組織之 各國內閣皆取法英國而英國內閣爲樞密院之化身既如前述樞密院之初建凡百政務由院總領初無分司至愛法華第六時（一五五三年明嘉靖卅二）始分院爲五部每部置委員會此即今日行政各部之濫觴也后安時（一五五六年）病王室與樞院閡隔乃由后自派祕書官五人入院其後遂爲各部之委員長此即今日各部大臣之濫觴也夫內閣爲一國政令所從出必籌畫之人同時即爲執行之人然後事無扞格而責有所歸故各國通例必以各部行政長官組織內閣其閣臣不領部者雖間有之然亦希矣

（附言）我國漢制丞相府中有諸曹掾然分爲佐屬不能自達於上與今世各國內閣之諸大臣與總揆同僚者異矣自東漢以降權歸尚書分設諸曹分位畧等（置尚書五人。其一人爲僕射。他則分領常侍曹、二千石曹、民曹、客曹、凡四曹）魏晉六朝隋唐謂之八座（吏禮兵刑戶工六部。益以令及僕射。謂之八座。）而各部尚書率皆有同平章事參知政事等職實攝相事（文獻通考卷五十二云。開元以前。諸司之官兼知政事者。午前議政於朝堂。午後理務於本司。）實以一職而兼有國務大臣與行政長官之兩資格與今世各國通制最相近矣中間晉宋齊梁權移於中書省寖復移於門下而中書省之監令門下省之侍中皆無專掌執政不躬親政務自茲始矣宋制平章參政樞使職皆宰相而並不有專司元明亦然政治與行政之乖離自爾益甚本朝大學士名雖宰相實權不屬無關重輕雍正以還事歸軍機而軍機大臣爲差不爲官恒以各部尙侍充之其大學士入直者亦什九管部政治與行政稍獲調和其制較美於宋明惟各部之長不能盡列樞府偏畸爲病耳及丁未改官制有持不許兼官之論者於是軍機大臣一職始畫然與各部分離揆諸祖制既多乖按諸學理又無取此則當日改制者之陋也（今世立憲國之閣臣。以一身而兼國務大臣與行政長官之兩資格。此自其職務之性質使然。非兼官也。丁未新官制。於京外各大小官之兼攝多差者。一毫不能釐革。而惟使軍機大臣爲獨立官。何取焉。）

（其二）以內閣爲政治之府 故故恒采合議制度置總理大臣一人以爲之長而閣僚悉由總理大臣延攬汲引 夫內閣者由各大臣以其爲國務大臣之資格相集而爲統一分化之一團體吾既言之矣夫行政機關之組織常以獨裁制爲善

署中置一長官。而其下僚屬。惟受其指揮。謂之獨裁制。行政機關。皆當如此。我國一部置堂官數人行合議制。戾此原則矣。而內閣獨采合議制者以內閣本爲政治機關與普通之行政機關有異而各大臣皆有輔弼君主經綸國務之責任其地位無所高下也然聚多數地位相等之人於一堂而無所以統一之則政且棼而不可理故總理尙焉總理若何而能統一其僚則非由彼自延攬同主義同政見之人以組織之不可得也然則內閣之必須由總理組織實事勢之不可避者矣

(附言)漢初之制九卿受成於丞相固大能收統一之效然一人獨斷常不免偏蔽以貽誤且各行政長官既有所受成其責任自有所諉卸唐制尙書八座位望略等固可以各舉其職而其各曹之長非與令僕同其進退故無所得統一若今制軍機大臣與各部尙侍位階既不能相臨任務又互不相屬則兩失之矣

據此兩原則則我國將來內閣之組織有應商榷之問題四焉

問題一 副總理大臣與各部之副大臣果當設置乎

頗聞今議閣制有於總理大臣外復置副總理一人或二人之說此果何取義乎求

諸各國成例。當組織內閣時。添入不管部務者一二人以爲閣員。雖未始無之。（蓋閣員本兼有爲國務大臣與爲行政長官之兩資格。不管部務之閣員。則兩資格中僅有其一者也。）然亦僅矣。其偶出於此。必有別故。今我國則政治上有何所不得已耶。夫總理大臣。往往不兼部務。然必設之者。以非此無所統一也。（若美國之制。則無總理大臣。其統一之者。則大統領也。）且其在內閣本衙門。亦尚有行政上專責。固非高而無位焉矣。今復設副以爲之承。則何取焉。其人既可以爲副。則曷爲而不畀以一部之事權。而令其坐嘯畫諾。徒糜重糈。此於綴旒也。故副總理之決不當設置。無可疑者。至於各部設副大臣之失當。則吾既言之矣。（參觀去年第三十三號時評門評新官制之副大臣）

問題二　總理大臣尚當管部乎

總理大臣本爲統一內閣之樞軸。不親庶務。義亦宜然。顧吾猶設此疑問者。則以我國今日若欲樹立一有力之內閣。則以總理管一要部。其事較順。若此義不謬。則其應管之部有二。

（一）度支部　度支部大臣之地位。本視他部略有不同。以其掌一國財政計畫。而財政計畫。卽政策之中堅也。故學者論度臣之人物資格。謂於種種美德之外。仍須具有威望乃足以鎭服其僚（參觀本號豫算制度概論論度支大臣之地位章）故英國例以首相兼度支總裁他國時亦效之（日本現內閣首相桂太郎即兼大藏大臣）我國財政各部各省紛紛攘奪紊亂殆不可收拾由總理大臣任此以重其事亦一道也

（二）民政部　我國督撫之權久已積重難返若欲舉中央集權之實則以總理大臣領民政部而使受其成是亦一道但此事非今所宜及懸之以待將來耳

問題三　閣員非由總理大臣汲引則內閣可得成立乎

就各國共通之法理言之任免大臣其權全在君主不容有所假手也然事實上則恆由總理大臣獨受組織內閣之大命組織既成乃奏請親任蓋非是無以收統一之效也今者新內閣行將成立矣頗聞卽以現在軍機及各部尚書之舊易其名號而已在當道者本無改革之誠心其爲此敷衍固不足怪然此必等於無內閣而已夫吾固言之矣雜排絲縷不能謂之帛雜堆瓦石不能謂之屋也吾以爲今茲內閣雖難望得人然爲養成善良習慣起見則當組織新內閣時各部大臣宜悉辭職以待後命雖轉瞬仍就新職茲舉亦足以示後也

問題四　各省督撫果宜列於內閣乎

我國行省制度。為萬國所無。督撫權限問題。政論家苦難解決。昔日本博士有賀長雄。嘗語我考察憲政大臣。謂當以督撫列於內閣。其論新奇可喜。國中人士。頗有祖述之者。雖然所貴乎內閣制度者。謂其能於分化之中。保統一而已。統一之方（其一）則緣全體閣員皆由總理大臣延攬組織（其二）則由常開閣議交換意見。閣員皆有交讓精神。以避衝突。今督撫既非由總理延攬。且相去遼遠。無從參列閣議。擁此虛名。於事何裨。況既為閣員。例應負連帶責任。內閣一交迭而全國地方政局悉數動搖。又豈國家之福。故此論雖奇。亦適足資談柄而已。

（未完）

論說

十八

時評

時事雜感

滄江

北京調查戶口之報告

民政部頃奏報調查北京戶口竣事。其結果則得戶數十三萬八千五百七十戶。人口七十六萬四千六百五十七人。內、男五十萬八千十九人。女二十五萬六千六百三十八人云。吾對於此報告。竊有所感。

第一　前此各國人所著地志。大率稱北京人口有二百萬以上。雖不知其何所據。然以今茲調查之結果。乃僅得其三之一強。其稀少實出意外。前此中國人口通稱四萬萬。而美人洛克希爾（前曾任中國公使）日人根岸結等立種種證據。謂其實數不能過二萬萬五千萬以上。吾昔常詫其說之不倫。今若以此次調查者比例推之。恐彼等之說非無因。而以歐美日本諸國人口增加之速率與我比較。不能不令人瞿然失驚。我

國凡百不如人惟人口蕃殖力謂足以自豪於他國而今竟何如者

第二 據統計學之原則在一國或一地方其男女之數恆相若今此次調查結果女子僅得男子半數實太不合情理其在新開之工業礦業地單身之勞力者麕集時或不免有此種現象（如十年前美國西部各州）然相懸已不能如此其遠今北京爲千年來徐徐發達之大都會居民什九皆有家室此現象從何而來況其地爲官吏閥閱之淵藪此輩率皆廣置姬妾多蓄奴婢平均一戶中女多於男決無可疑而今者報告之結果乃正相反然則此次調查之不足徵信亦明矣夫調查之業非有完備之機關與專門之技術決不能奏效我國今日官吏則安往而能舉綜核名實之政者茲事雖小可以喻大也。

正月廿九日稿

俄國與達賴喇嘛

達賴喇嘛已遁至俄京聖彼得堡我國民亦知之否耶據外電所傳謂其將借俄力以返拉薩其果克如願與否所不敢知要之蒙藏益自此多事矣。

俄皇使其臣德支埃仕於達賴爲堪布而歲給以莫大之祕密費。茲事久已播於衆口。

留心時局者當能知之前年達賴出京德支埃屢思導之游俄而我既撓之英復沮之是以中止今則以我之罪臣而儼然爲他國國賓此其第二次矣（達賴前在印度英以國賓禮之）俄之籠絡達賴專以綏撫蒙古也英人昔懼其將假塗西藏以危印度故猜沮甚至自英俄協商成其關於西藏一部之權利相約以不侵越英人安之遂不甚與俄爲難故今茲達賴朝俄英人乃視若無睹也

俄方有事於回疆而英亦侵片馬法復急起窺騰越**三國協商之團體同時爲同一之舉動**甯得曰事出偶然嗚呼靜觀此中消息不寒而栗也

二月初一日稿

我政府之對俄政策

自俄人作示威之舉而旬日以來建議防俄者日有所聞若派人往邊界練兵也嚴訂蒙回人國籍也禁止蒙古王公擅借外債也議墾邊移民也議修東蒙鐵路及蘭迪鐵路也凡此諸策無一非當務之急吾悉承之若能實行則可以制強鄰使不得逞吾亦承之顧吾有所不解者三焉

時評 四

第一 此種政策宜行之之日久矣何以曩昔未嘗議及而今始議及夫見兎顧犬或未爲晚今能議及豈不猶愈於己 **顧吾所最痛者我國人之性質惟見有感情作用而不見有其他** 禍害之伏本已甚深中智以下審其無幸當其未發則舉國人孰視無覩先覺者日提其耳而告之莫或省也及其既發始周章狠狽而思所以爲救所謂曲突徙薪見誚讓而焦頭爛額蒙上賞自昔然矣夫此皆感情作用也當外境界之忽焉相刺激也則此作用驟發其鋒時若銳不可當及所刺激者既去則又苶然反其故態矣試觀我國歷年所辦之事所倡之論何一非此類而舉國朝野上下之人士何一不含有此種性質乎嗚呼此質不變吾眞不知所届也

第二 凡一國政策不可不通盤籌算預立計畫而循一定軌以進行如奕棋者穩布局勢爲不可勝以待敵之可勝夫然後好整以暇綽綽有餘而不然者自無所主敵來乃應必至手忙脚亂疲於奔命全盤覆沒而已今以刺激於感情之故一時而建

議若干政策徵論此種政策各各有其先決問題各各與他政策相連屬不能舍他事而獨求舉此一事也且他方面之危險豈其讓此方面他事之當急豈其讓此事而感情一有所衝動則若百事皆可緩而惟此事之爲急甯犧牲凡百方面之利益而必欲於此方面求一逞者究竟頭痛灸頭脚痛灸脚所患曷嘗能已徒自耗其元氣耳此所謂不知務也（卽如鐵路政策之一問題吾生平所主張總以內地之生產的鐵路爲先而以邊境之軍事的鐵路爲後力能兼舉豈不至善如其不能則甯先此而後彼矣今吾國人日日攘臂言邊境鐵路而邊境鐵路又非止一處吾國今日之國力果足以辦此否借外債以從事於此種不生產事業負累益重危險豈可思議且治邊境鐵路凡以運兵耳而我國今日之兵果有可以一戰之價值否乎是故凡專倡此論者皆有所蔽而不審輕重本末耳）

第三　凡建一政策必賴有行此政策之人見兎顧犬亡羊補牢雖未始不可然必有能顧焉者能補焉者夫乃可以及此也今之當局果足以語於政策乎哉他國民之受外侮者皆能推原其受侮之由而責備政府之失政羣起而謀改造之我國人不

然。對外則惟攘臂切齒大言壯語而國之內治則無一人肯負責任日受惡政府之蹴踏屠戮而安之若命殊不知政治組織不變無論若何善良之政策皆不過紙上空談而行之必且弊餘於利眞愛國者盍亦反其本矣　二月初三日稿

俄國之第二次哀的美敦書

俄人恃强無理要挾我政府第一次覆答稍徇其意謂可無事而乃得寸進尺愈予我以難堪我略持正而第二次之哀的美敦書遂下今且將洮米巴拉張士克之軍隊全部動員以壓伊犁矣則友誼已全行破裂純立於交戰國之地位則我伈伈俔俔之政府則何如者

嗚呼今日舍戰外尚有何言不戰則惟有無條件服從已耳雖然吾卽極狂妄亦何敢以主戰說進於政府蓋我國家爲惡政府所陷其成爲無戰鬥力之國家也久矣顧吾願我國民重思之政府自倡議練新軍以來將及十年其絞我國民粒粒辛苦之脂膏以養此軍士者數在十萬萬兩以上卽以今年預算全國歲入二萬七千餘萬而軍事費歲出一萬萬居三分之一而强我國民盍亦一問政府需索此款究作何用所養之

兵將以爲美觀乎抑眞以防家賊乎吾民對於國防費絕未嘗肯稍息其義務而以國防託於現政府今則何如者吾又願我國民重思之二十年來當外交之局者爲何人其敗壞外交之事已經凡幾他人可有辭諉卸此其人能有辭諉卸否而今後之外交依然託於此等人之手其危險又何如者

我國民愛國家而惡政府與國家不兩立我國民愛　皇室而惡政府與　皇室不兩立我國民自愛其身家性命而惡政府與我之身家性命不兩立嗚呼我國民其知之耶其不知之耶

我國民日日攘臂瞋目以言禦侮此何益者我雖欲致死於敵政府其予我以死所乎先哲有言自勝之謂强不能克己而能上人者未之前聞我國民而不謀所以克此惡政府也我國民之力而終不能克此惡政府也則我國民其必終古爲全世界人所踐踏而已矣

二月十九日稿

英美與英日

吾前著將來百論曾論英日同盟之將來謂其恐難賡續據最近所發生之事實更有

足爲顯證者。

昨日英美發表協商結平和條約。其文云。『本條約以保障兩國永久平和爲目的。凡兩國間所起紛爭事件乃至關於國家威嚴名譽之事項悉包含之』此實英美兩國於條約有效期間絕對的無交戰之保證也。而英日之第二同盟條約則兩同盟國間苟有一國緣東方之事而與第三國戰爭。則兩國有互相出兵應援之義務。據此條約則日本於此四年中若與美戰。英不得不援日以敵美。而果有此事。則與今次之英美條約相衝突。故今次之英美條約實無異取消前次之英日條約也。夫既爲條約則安能取消。而英之出此。其意可知矣。質言之。則使美日戰爭無從起也。嗚呼。日本人之驕氣亦庶幾一挫。而思所以自警乎。

評近頃政府公布法律之手續

柳隅

中國前此以專制政體立國政府官吏之裁決萬事可以任意出入而不必確有所率循以故一國之法律半成具文故其制定法律頒布法律吾人亦不敢以立憲國所施之手續繩之自近頃資政院開設既有離政府而獨立之立法機關而司法之權亦將獨立是今後　朝廷之頒布法律必將一一求見於實行而非復如前此之徒領具文以塗塞天下人之耳目矣惟其然也則吾人對於　朝廷近頃頒布法律之手續竊不能無疑謹一陳所見冀當道諸公垂聽之而知所以補其缺點焉

一則近頃新頒之法律皆不列號數也讀者聞吾言或以爲法律而排列號數似近於畫蛇添足而不知此大誤也凡一國之法律苟不排列號數以明其成立之先後則他日實施上必將生出無窮之障礙此非吾架空懸想之言也**蓋凡新法律之成立有改廢舊法律之効力此爲法律之原則**　故有甲乙二

時評　二

法律苟彼此之意義相反則其先頒布者必爲其後頒布者所打消而一國之法律一國臣民之權利義務卽於是繫之苟臣民之間發生權利義務之爭議而各皆有法律之可依據則欲裁判其曲直惟視其所依據之法律孰後成立而依之以爲判決之標準此司法之通義也顧使其彼此所依據之法律其成立之日時不同則孰爲新法孰爲舊法固一見而知毫無疑義苟兩法律而同日頒布焉則欲依據何法律以爲裁判之標準時常惹起大爭議以頒布之時日既同苟無其他之標識難言其孰爲先而孰爲後也今世各文明國爲避此等之爭議故其法律之頒布多排列號數今試觀日本之法規大全其所有之法令皆附以第幾號之名蓋其內閣當頒布法令時不惟須記入時日又須列以號數所以防同日頒布之法令他日發生新舊之爭議也竊以爲我國有永久効力之命令亦當列以號數不特法律已也聞者或以爲近頃　朝廷之頒布法律固未嘗同日而下數種似可以無慮此不知近頃雖未有此等之事而徵之歷來之慣例同日而下　上諭數道者此蓋習見不鮮之事雖　上諭之中多屬一時的之命令然其具有法律性質者亦不少而況今後伴政治之發達所需之新法律逐日繁多則一日而頒布二種以上之

法律當為今後常見之事也英國當一八七八年之國會一會期中所議決之法律案共四百四十七種而開會之時間則為一千一百四十八時平均分之則一法律案之議決僅費二時三十分強（實則開會之時用以討議他事之時間甚多其用之立法事業者殆不及一半故一法律案之議決殆僅費一時幾分已也）夫以一千一百四十八時而議決四百四十七法律案則裁可之後常同日而頒布數種之法律此必然之勢也而以我泱泱大國將來件政務之發展一歲議會所議決之法律案必不減於英國則同日而頒布數種之法律實意中事然則苟不排列號數以明其頒布之先後則設有二種之法律彼此相牴觸必將使執行法律者徬徨而莫知所適從也故吾以為今後政府之頒布法律必當明列號數其毋以為小事而忽之也

二則近頃所頒之法律多未言實施之期也凡法律之頒布其發生効力可分為二時期當頒布之後法律即當求實行而無反汗苟非別頒新法律不能廢止其効力故在此時期之效力學者字之曰形式上之効力雖然頒布之後非能即有使臣民執行或服從之効力也蓋法律之頒行欲使臣民之遵守不能不先使臣民之周知而欲使其周知必於頒布之後再經若干之時日始可以實施雖入此時期之後實際上未必能

時評 四

令臣民之周知然理想上必不可不假定有此使臣民周知之時期今世東西各文明國其法律頒布之後皆必經過若干之時日始爲實際之期其立法之意即本乎此也而入此時期後之効力學者字之曰實質上之効力（歐洲古代之法律在上者常不欲令人民知如雅典當紀元前第七世紀時國家之法律惟貴族知之而平民不得聞知以故常被枉法繼而平民起而與之爭貴族知其終難秘守乃命名德列哥者編纂所有法律爲成文法俾人民咸得聞知故在未公示以前是爲法律秘密時代及乎中世各國之立法大率制定之後即昭示於國民是爲法律公布時代然頒布之後即爲實施之期民未知法而即荷遵法之義務於法理未可謂公平故迨於近世法律之公布與法律之實施遂劃然分爲二時期）夫法律之能發生實質上之効力必在入實施時期以後而各國通例其實施時期尚分爲二種一曰普通實施時期一曰特別實施時期普通實施時期者其期限規定於法律公布例中凡一般之法律苟經過此時期皆有實質上之効力也特別實施時期者其期限由臨時規定各種之法律不必彼此相同也今試稽各國普通實施之期限日本之法律以分布後二十日爲實施之期德意志則以公布後（自翌日起算）十四日爲實施之期普魯士亦以公布後十四日爲實施之期墺大利則以公布後（自翌日起算）四十五日爲實施之期法蘭西則公布之後在巴黎以經一日爲實施之期在其他各地以官報到達後之翌日爲實施之期綜觀各國其期限之長短雖有不同而其懸有一定之時日予臣民

以得聞知法律之機會則一也今中國連年所頒之法律其不明言實施之期者甚多推政府之意必以頒布之日即爲實施之期不知以中國版圖之遼闊 朝廷頒布一法律邊僻之地常越數十日而猶不得聞知以此而責臣民以遵法行法之義務殊失公平矣故竊以爲今後法律之頒布必當依他國之例規定其實施之期其普通實施之期可先定爲法例俾一般法律皆依之而行若夫特別實施時期則於頒布之時必並爲規定夫如是乃可責臣民以遵守矣雖然就特別實施之期限而論數年來政府所頒之法律固亦有規定之者如前數年所頒之城鎮鄉自治章程規定於何年籌辦何年成立（如調查戶口章程府廳州縣自治章程亦皆定有實施之期）又如去歲所頒之巡警道屬官任用章程其施行之期亦嘗規定則立法者亦時知留意於此矣雖然緣此而又有一問題生焉則假定有甲乙二法律甲法律之頒布先於乙法律而其規定實施之期則後於乙法律使此二法律有相衝突之點則將據何法律以爲判決之標準是又不可不預有以解決之

也蓋就頒布之先後而論則乙法律爲新而甲法律爲舊則乙法律應有取消甲法律之效力而就實施之先後而論則甲法律爲新而乙法律爲舊甲法律又應有取消乙法律之効力使先無法律以規定之則遇此等之場合不特易使當事者惹起紛爭即在裁判所亦無所據以判其曲直也昔德國當一八七七年曾頒布有專賣特許法其中關於鑑定人證明之規定與其民事訴訟法相牴觸而其民事訴訟法亦於同年頒布者也顧稽其頒布之時日則專賣特許法於五月廿五日頒布而民事訴訟法於二月十九日頒布然稽其實施之時日則專賣特許法於七月一日實施而民事訴訟法則遲至一八七九年十月一日始實施於是此二種之法律孰有取消他種法律之効力德國之學者大費辯論大儒拉曼特主張欲判法律之新舊當以其發生形式上之効力爲標準專賣特許法其頒布後於民事訴訟法則其發生形式上之効力當比民事訴訟法爲新故專賣特許法即有取消民事訴訟法之効力也拉氏之說現爲各國所共採用竊意我國關於法律公布例亦當規定此條凡有兩相牴觸之法律欲判定其効力孰優以公布之先後爲標準而不以實施之先後爲標準庶可以避此等之爭

議。斯。又。願。我。國。之。立。法。家。毋。以。是。爲。細。事。而。忽。之。也。

以上二者。現在政府之頒布法律。皆未慮及。蓋現當革舊鼎新之時代。萬事皆屬草創。其多所疏漏。實不能免。良不足爲怪。吾之言此。亦非以揭其短。特望其有以補其闕。免後此臣民。生法律上之爭議耳。

豫算制度概說

著譯　明水

第二　立憲國度支大臣之職權

無論何種國家有必不可少之一事焉經費是也蓋張官設制非財不立繕甲治兵非財不行其他一切內政外交罔不如是此求得經費之道所以不可不講而收入之所以爲國家一大政也東西諸國之有度支大臣及設專部以筦其事雖屬近制然在古昔已有相當之官吏如我國冢宰制國用則尤古矣夫無財不可以爲悅尋常之人且有然而況國乎

然而立憲國度支大臣之地位則有與往日所謂度臣者大異其撰蓋有國會以監督財政度支部之權緣是而有所限制也雖然國家日趨進步則經費自日膨多變理之以底於中和其事正非易易故其權雖有限而地位則日益隆重也且以國家官制言

之度臣與各部臣本無上下級之別然實力所在卽權力之所在度支部既操一國最重要之樞機則其權位之不能不較優於別部此又自然之勢矣德國生計學大家羅西爾有言度支部大臣因須籌製豫算案故其發言之權特重又對於君主及議會皆宜身當其衝以是其監督勢力不僅在本部以內而遍及國家行政各部也誦斯言亦可知度支大臣之地位爲何如矣

度支大臣之地位其重要也如此然其職務果何在乎德國財政學大家華克尼爾則分立憲國計臣之職務爲五種對於未來之會計年度而籌製豫算一也據此豫算而施行之二也對於關係財政之法律而立草案三也據此而施行之四也行使財政上最高之監督權五也然此廣汎之職務非本文所能盡述今所欲論者則籌製豫算一事而已請更引亞里克士（法人）之說以明之其言曰度支部大臣於籌製豫算其職務有三一曰彙集各部經費豫算而本部之經費豫算附焉蓋一以收統一之功一以維持其自身之運行也二曰籌製收入總豫算也蓋各部皆爲支出之部而度支部則爲收入之部實根本上之原則如軍事行政教育行政等雖復各有分屬然其皆須經費則

一也獨至收入之權則不能不盡畀財務行政之代表者即度支大臣也而使之負擔徵收集中之義務以是各部大臣有籌製該管部內之支出豫算而度支大臣有籌製一切之收入豫算其性質則然也三曰度支大臣有說明總豫算之義務也蓋於總豫算案前爲序文以冠其首凡當提出議會之支出豫算與收入豫算皆宜全體說明之是也上舉三職務中最後一事比較稍輕至前二事則其最要者於是益知豫算上度支大臣地位之重要爲何如矣

夫法律案之準備及提出其權不盡在政府議會之兩院皆有之實立憲國之通義也獨至豫算則不聞其認爲法律之一種與否而籌製之權除少數國外必歸諸政府而尤必歸諸政府中之度支大臣蓋不如是則不能適宜也請言其理

第一以理論言政府中之度支大臣實財政上之最有責任者也蓋天下事必以謀畫之人當施行之責然後可期於有成不然則謀者一人行者一人靡論兩者之不能融洽也藉曰融洽而彼此相遁責任將歸於無何有之鄉其不致僨事也幾何矣豫算亦何莫不然故度支大臣業已爲豫算之施行者而負財政上之責任則同時使之籌製

亦事理所應然也

第二以實際言則以財政上之責任者卽爲財政上之準備者然後適當也何也蓋施行豫算之人於財政狀況必甚精熟若以局外人當此錯綜繁複不可究詰之事必不勝任也夫謂政府以外之人於其國財政絕無所知似近於誣然就一二特殊之事容或不然而就國家全體情勢言則當局者之勝他人一籌又理之所必然者也

第三監督者與籌製者宜分任其責也夫政府施行豫算者也而議會則監督行此豫算者也兩者界限不容混同前旣極言施行豫算之人必宜爲籌製豫算之人故監督權之萬不能不分立蓋爲此也

上所言者政府與議會之關係也今所欲論者則有籌備豫算之責之度支大臣其職司之所在也夫度支大臣其權涉於收入支出兩方面故責任不僅在彙集各部之支出豫算而已又當對於此等支出而籌製收入豫算惟其然也 豫算一收一支之間如何而可得均衡其權責亦惟度支大臣尸之詳

言之則支出務宜節約量事之緩急輕重若者宜存若者宜減若者宜削以期收支適合也使度支大臣無此權力則支出豫算必膨脹而不知所底止不甯惟是一出一入必失其平而一國財政將紊亂而不可收拾也法國學者往往指度支大臣爲秉衡大臣有味哉其言也

一言以蔽之**度支大臣對於政府以外則當籌製豫算之衡而負其責任對於政府以內則有維持豫算均衡之權力必二者具而後豫算之實能舉豫算之實舉而後其國之財政基礎乃克鞏固也**

斯二義實豫算制度上根本之原則也然今之諸國能謹守勿失者有之反其道而行之者有之雖國情各殊未容膠柱然而財政之善惡制度之優劣乃於此攸分矣謂予不信請得取各國實例以證明之

一曰、**英國** 英國爲議院政治之國而尤爲右院全權政治之國盡人之所知也西諺有言英國右院拾易男爲女易女爲男外無不能爲之事故英之內閣必以在右院占多數之政黨組織之亞丹士所以指行政之內閣不過右院之一委員會也自皮相者觀之必謂英國一切權力咸集中右院而籌製豫算之事亦將爲政府所不能過問者矣豈知乃絕不然英國豫算制度實最能遵守上所述二原則者也夫議院政治必以責任觀念爲第一義而內閣既由議會多數之意思使之運用一國之行政則行政部中最重要之財政其籌製之責亦必當歸諸行政者理所應然也今先述英國度支部之組織然後論其在豫算上之地位

英國度支部之組織其沿革不及備述但述今制則其分子如左

(甲)度支總裁(Tle first lord of tle treasury)度支總裁恒以首相兼之爲名義上之首長而不當財政之實務故度支總裁之在議會實代表政府財政之政治的方面者也

(乙)度支大臣(Tle chancellor of the Exchequer)度支大臣與總裁異事實上總掌財政故英國憲法學者往往謂度支總裁爲財政之政治的方面代表者而度支

大臣則爲財政實務的方面之責任者以是其所職司徧及歲出歲入而籌製豫算亦其一也

(丙)度支政務官（Tle parliamentary staff）度支政務官者入參度支部會議出與議會討論於議會中恒爲議員者也而此項政務官通常以度支次官(Secretary)二名度支委員（Tunior lords）三名成之

(丁)度支常任事務官（The permanent staff）常任事務官與政務官相對政務官隨內閣以爲交迭而事務官則否政務官與事務官吾國人最易混視而其所以不同之點即在隨內閣以爲交迭否也歐美諸國多有之蓋恐內閣更易於財政實務致生隔閡故特設此職也自一八〇五年以來常置不廢而此項事務官共分三級定員六人卽常任度支次官（permanent secretary）一名度支丞(Assistant secretary）及度支書記官(Principal clercs）二種合爲五名是也

若度支部全部事務則以次官三人英國度支部共有三次官分三部以統率之其第一部長職掌收入而以政務次官之首席當之此政務次官卽丙種內度支次官之一人蓋三次官中有一首席而首席卽爲第一部部長也第二部長職掌支出而以常任次官當之此常任次官卽丁種內之常任度支次官第三部長職掌庶務而以政務次官當之此政務次

官即丙種內度支次官二人中之一人其他一人即首席政務次官也其丞及書記官等。則爲部下之各局局長。

由是觀之。英國度支部實由度支總裁度支大臣度支政務官常任事務官之四種而成。而首相之與總裁。自非例外。必爲兼職。但英制驟視之。似甚淩亂。慮讀者不能瞭然。故更別爲一圖以明之。

度支部

- 度支總裁（首席度支次官）……第一部長
- 度支大臣
  - 度支政務官（度支次官）……第二部長（度支委員三人）
  - 常任事務官（常任度支次官）……第三部長（度支丞及書記官合五人）

組織既明。乃可與進論其地位及其勢力。夫英國度支總裁在行政上。因不干與度支部之事。雖然。若度支大臣則於籌製豫算在政府部內實握全權。此自一八一八年以來。未嘗或易者也。度支大臣之於收入豫算也。則據下級收入官報告。而以己意決定之。其於支出豫算也。即各部大臣所豫定者。皆可任意削易。使得收支適合。蓋度臣之有此權力雖非由憲法上所賦與然合分離之豫算以成一體以提出議會而自當說明之責勢固不能不使度臣有籌製總豫算及斟酌分配各部之權也惟海軍陸軍兩部對於度臣稍可自由苟其要求爲屬於必要之事項而又經內閣會議者則不能裁減但此時須由該管大臣自向議會說明度支大臣不任其責也

二曰普魯士

普國豫算純由行政部內行之而度支大臣之掌握全權亦與英無少異夫英普國體本絕反對英之主權所在則右院也而普之主權所在則君主也然獨至豫算制度乃如出一轍以與法美之制對立不可謂非奇事也雖然普魯士權力之中心既常集於君主之手而直隸君主之政府又負施行豫算之責則使之當籌製之任亦論理上所必然者矣

普國之度支大臣誠有如羅西爾所謂實爲總豫算及國庫之中心點蓋國家財政一切之權皆在彼掌中也僅就各部所管觀之則農務大臣於一八七八年以來凡官地森林皆屬之工業大臣則鑛山熔鑛製鹽以及修理官有鐵路皆屬之似此等部亦嘗涉及財政而分掌度支之權雖然其實由此種種所生之收入至籌製豫算時其決定

之權仍操之度臣也

要而言之英普兩國於豫算制度實最能遵守兩大原則故其籌製之主體常偏重度支大臣故權不旁落而財政之運用亦時收奇効也若夫法美則絕不然請進論之以供參考焉

三曰法國

法國權力之中心存於右院與美國絕相類蓋其建國之體制皆採共和政治也雖然以言夫豫算制度則法乃大異於美而同於英德美以此權盡畀之右院而法則以屬之政府故謂法制為優於美制實無不可然進觀其度支大臣與各部大臣之關係則形式雖異實質則同所謂唯之與阿相去幾何也

何以言之法國於籌製豫算一事度臣實無特殊之權力即以彼國法律觀之求度臣與各部臣相異之點竟不可得故度臣之於支出豫算惟謹照各部所咨送者為之編纂不能絲毫有所修正變更也其會計法第三十一條有曰

各部大臣每歲宜籌製該部豫算度支大臣彙集之而附以收入豫算是為總豫算案

夫度支大臣之本職。全在收支得有均衡。前既屢明其義矣。惟其如此。故國家於度臣。不能不稍示優異。蓋任重者權亦重。理則然也。而法之制度。若是苟非度臣材力卓絕。能以一己之聲望。坐鎭臺閣。且處置咸宜。時有良策。則財政之紊亂。內閣之傾跌。又數之所不免者矣。法國學者別字度臣爲秉衡大臣。以警醒社會。而法於選任度臣時。亦不知費幾許經營者。實爲此也。夫以度臣而無修正豫算之權。徒爲同僚當編纂之任。是以國家最重之職。而與書記同科也。則豫算之必膨脹。財政之必紊亂。有固然矣。故法之生計學者。極論其害。謂各部皆欲爭獲多金。以自豐殖。而康克蘭亦言度臣。欲免此攫金之紛爭。必於度臣外。別有獨立之財政委員會以助之。然後可。又亞里克士亦曰。此種爭論之弊。非閣臣有交讓之精神。必不可解。若其無之。則是內閣瀕危之日也云云。故法之度臣。德望材藝之宜超羣軼倫固矣。而又須有威力以震懾同僚。不具是數德。不能勝任也。法之弊有如此夫。

四曰**美國**　美國憲法第一章第九條第七項有曰。凡關於公金之收入支出。其正式之陳述決算。宜時時公布之。並無以此權屬之度支大臣之明文。然一八〇〇年五月十日之法律則謂所有財政報告於議會之始即宜提出而此項報告又規定爲收入支出豫定書及收入改良或收入增加等之計畫書且明言此等報告是以通報議會爲目的由此觀之無論其爲政府爲度支其於一國財政及每歲豫算惟負報告之義務而止非有以豫算爲一種法案而提出之之權限也

竊嘗論之美國豫算制度所以必使政府惟負報告之責而議會反握籌製之權者其故純由美國固守三權分立之說美國多數學者之言曰籌製豫算立法之事也施行豫算行政之事也以立法之事而歸諸議會以行政之事而歸諸政府學理所宜爾也故美國一切權力實無一中心點而以之分屬於立法府議會與行政府政府不類英國之有右院普國之有君主也以是於準備豫算一事亦使行政府與立法府分掌之政府任起草而議會右院任立案此其所以與他國大異其趣者也云云

雖然美國學者之說不無自文其過而於制度之精神似有所未盡也夫美國國體以建國歷史言以今日事實言其主權純乎在民而右院即爲其權力之中心點是彰彰不可掩也故豫算之準備籌製亦因右院固有之權力而自當其衝政府則惟供給資

料。夫起草之權與立案之權。則有間矣。此非據主權在右院之原則。何從生此現象乎。而美國學者。猶斤斤焉謂其實行三權分立。行政府與立法府。各有權限。不相侵越。自護其短。無乃過歟。

用是之故。美國度臣。歲歲提出右院之報告書。由五十紙至百紙。其第一事。則縷述過去年度（會計年度）收入支出之情形。其第二事。則詳陳各科及增減之比較。最後一事。則附敍將來年度收入支出之豫測表。又有由下級財務官申呈度支大臣之報告書亦附焉。故綜計全書。由千二百紙至千五百紙以爲常。亦可謂繁重也矣。

而此項報告書。不過爲籌製豫算之一手段。故於報告意義外。不能加以絲毫解釋也。況度臣無列席議會之權。（美國國務大臣在議會無發言權）雖欲說明之。其道無由。且亦不必說明也。何也。彼報告書之效力。僅於參考。而非有成一議案之價值者也。質而言之。則右院委員會實握籌製之全權。第恐籌製時或有須比較參酌。故特令政府提出之耳。

此僅言度臣與議會之關係耳。至度臣與各部臣之關係。則其勢力之微薄。更有令人一驚者。蓋度臣嘗編製報告書時。對於行政各部。惟有收受所製豫算書。而爲之區分綜合耳至各豫算書中所包含之事項度臣毫無責任也以此之故其所豫算者果爲冒濫與否收支相均衡否非度臣所能過問也夫度臣固未嘗不可以一己之威望及閣員之資格與各部討論而使其勢力及於所製豫算且度臣本有檢查之職又未嘗不可忠告各部使守節約主義雖然凡此種種權限皆非法律所規定且籌製豫算主動力全在右院委員會故度臣亦不覺其有此責任卽令覺之而能實行者幾何矣緣此結果豫算之日趨膨脹必然之勢也何也行政各部既無人可以監督干涉之則惟知擴張己部之勢力如學部則競加教育費外部則競加外交費陸海軍部則競加陸海軍費自餘各部莫不皆然而財何自出非所暇計及也故凡行此等制度之國其支出豫算之總額必較度臣有嚴密監督之權者爲多有斷然者此又不獨美國爲然矣

且也度臣權力微薄則於議會開委員會時亦弊竇叢生何以言之卽如支出委員會當其審議經費時不諮詢度臣而恣與各部臣交涉甚有接見各部僚屬而徵其意見者於是乎度臣徒擁虛器而各部臣及其僚屬則或爲一部之利益或爲個人之利益從其心中之欲者以任意關說勢必致膨脹之豫算而益以膨脹其害豈可思議哉

夫美國豫算制度之不善。既已如此。自頃以來。改良之論。亦囂囂國中。然而始終不肯革易者則又何也。是有二故焉。其一。則憲法上絕對的固守立法行政分立之原則也。準此原則美國人人心目中咸自信立法基礎。惟已尸之。故以右院既得之權利而畫分之於行政府。是不僅大背憲法本意。且政府之權將隨之日增。故吝而不與也。其一。則財源甚饒也。美國歲計不足之事。從無所聞。故議會之問題也。政治家之政策也。其所以苦心經營者。不在於求得財源。而在於如何乃可減少國庫之剩餘金。此等從容不迫之現象。在他國日夜求之而不得者。而美國則實已如是也。以是政府之支出豫算即令膨脹。議會之籌製豫算法。即令不得其宜。而絕不致生政治上之紛爭也。此美人所以墨守成規而不欲輕易者也。

夫然。故美國有識之士。對於度臣之地位。其所謂改良者。從無一人焉論及憲法上根本之問題者也。至若度臣削減豫算權。彼輩皆以爲度臣所籌製者。不過供給議會之資料。故亦視若無足輕重。惟右院支出委員會。凡有諮詢。置度臣於不顧。頗不得體。近來多數人士所唱道者。卽在今議會苟有關係財政之交涉。必宜經度臣之手。又凡行政官苟在議會發表意見。亦必令度臣知之而已。

五曰日本　日本憲法第六十四條有曰。國家歲出歲入。每歲編爲豫算。經帝國議會協贊云云。其籌製豫算之權。亦明言屬之行政部。至於度支大臣之地位。則憲法上官制上。雖無與各部大臣示別之明文。然於籌製豫算。及豫定歲入歲出之次第。則度臣實有特別之權限。如彼會計法所言。度支大臣宜調查歲入之景況。據各部豫定經費要求書。而編爲歲出歲入總豫算。其款項之區分。亦由度支大臣定之。目之區分。則由各部臣與度臣定之。又據豫算概定之次第。各部大臣於每會計年度中。籌製歲入歲出概算書。而咨送度支大臣。度支大臣得此等概算書後。加以檢閱。並與歲出入相對照。而籌製所謂歲出入總概算書者。然後提出內閣會議。各部大臣於內閣所決之經費。以節約爲旨。復籌製豫定經費要求書。仍咨送度支大臣以爲常。

由此觀之。日本之度支大臣。其籌製豫算案也。於歲入一部。總握全權固矣。即在歲出一部。亦有整理變更之責。雖照行與否。仍由閣議決定。然度臣所懷抱之政見。常得表現於豫算案中。其地位之高於各部臣一等者。蓋甚彰彰也。然則日制之優於法美。又不待辨而明矣。

雖然。日本自有議會以來。其豫算問題。常爲政治上最重要之一事。右院之解散。其原因由於豫算者固多。即內閣之交迭。其直接間接之動機。亦往往在是。蓋閣員中度臣與各部臣多不融洽所致也。以是識者對於度臣之地位論議頗多。有謂度臣之權宜再加重者。有謂宜以英國之實例爲模範。而加以變通者。有謂度臣之人物。不當徒重財政技術一方面。宜擇氣局恢閎之人以當之者。竊嘗論之。度臣地位。動與政治上生重要之關係。此不問地之東西而皆然者也。善夫士達因之言曰。度臣與各部臣激爭。數之所不免者。蓋各部臣惟知攫取多金以供一己之利益。而度臣則須以國家有限之歲入爲權衡。故意見不能不時相衝突也。斯言也。與日本情形最適。蓋日本近日之政變。强半由此也。

若夫度支大臣果以如何人物爲宜乎。則德法諸國之財政學鉅子。名論實多。不能徧引。請述其簡要者。則士達因之言。謂度臣不僅宜有行政之材。即一己之性行。亦極有關係。蓋度臣之所以爲人尊敬者。半由其正義之性質也。羅西爾之言曰。度臣宜有天賦之材能及文明之性質其智識宜博其眼光宜大而又嘗勤於細事至若國民生計之組織則最宜精確理解者也又如奈格兒（法國度支大臣）曾列舉度臣必要之資格曰良智曰正義曰質素曰有統籌全局之眼光曰有不忽小事之明察曰博識曰聰明曰節制是也又有爹亞其人者嘗評論度支大臣曼克曰彼於度臣所應具之美德無一不備雖然有一事焉爲彼所最缺乏者則無威服他人之威力是也夫威力實度臣所萬不可少者也由此觀之度臣之難得其選天下之通患矣苟制度而不善則益甚耳

論曰豫算制度上度臣之地位如此其重要也然翻觀吾國則何如蓋可謂盡棄人之所長而取其所短也何以言之度臣對於議會而負籌製豫算之責即應對於閣員而有優異之權利此豫算上之原則而言財政者所宜奉爲金科玉律者也吾則何有焉以今制論度臣對於豫算一事捨爲各部書記外聞其有絲毫特別之權力焉否也故當其豫算時無所謂籌製也不過彙集各部所要求者而爲之代達資政院耳此非學之法美而得其神似者烏從有此雖然法美國體與我絕不相類豈可取爲師資且其制度雖惡然所以能維持一國之財政不致與之

俱弊者則實有故其在法國彼歷任度臣多得其人故德國財政學大家華克尼爾極稱法國度臣人材爲諸國冠而美則別有其政治上之理由非我所能幾及其政治理由維何卽前所述財源豐盈一事是已故有法美之人材之富力雖暫得卽安而已不勝其弊況乎兩者皆不如人妄相師法其不致政府破產而釀成國家之大變者幾希矣

雖然謂中國豫算制度爲純取法乎法美政府之人必不受也彼方欲張牙露爪逞其專制之淫威寗肯傚彼之純任民權也然而客歲度支部忽爾將豫算案提出資政院者吾又有以窺其隱微也蓋比年以來新政繁苛國力實不相逮節減政費之論囂然於國中度支部實首當其衝又爲各部所喝脅咕囁度臣不勝其擾故寗以此事暴之天下而彼得有辭以謝各部此其求助於人民之心甚切故不暇計果成爲一豫算案否竟將收支不相償之斷爛賬部交求院議也雖其焦苦之情亦實可憐然因國家制度不善之故釀此紛爭割據之惡風而行政機關略無統一則試問當今日中國內憂外患紛至沓來尚有容各部臣效法美等國

從容爭攫多金之時否也且吾國上下彫敝至此宜如何度德量力務求撙節以爲徐徐發達之計而可令貧瘠之餘益以膨脹之豫算致國家國民兩者皆成涸鮒也願有立法之責者一思之

吾國今日雖猶在豫備立憲時代諸種法令今固未全而外官制亦未釐定然今年三月即當立責任內閣九月復有資政院所謂立憲政體國之重要機關亦已略備則望當局者循名責實而於一國最要之財務行政宜再三留意而其先後緩急之方則豫算制度尤宜審愼將事不然徒曰立憲可以强國則天壤間寗獨我弱而英美德法不得稱霸於今之世矣

(此篇已完全論未完)

宣統三年正月二十日屬稿

文牘

澤公等遵　旨查明開平礦務情形及擬收回辦法摺

謹　奏爲遵　旨查明開平礦務一案始末情形及現擬收回辦法。恭摺覆陳仰祈
聖鑒事宣統二年九月初八日。承准軍機大臣字寄欽奉　上諭。張翼奏開平礦案。現與英人交涉。漸次議結辦法出入關緊。甚巨。將大概情形。先行陳明。請特派大員切實妥籌一摺。著載澤盛宣懷按照所奏各節。確切查明據實具奏。原摺著鈔給閱看欽此遵　旨寄信前來復於九月十六日二十四日十月初七日十一月初一日疊次欽奉　上諭。幷鈔交張翼原摺三件。直隸京官劉若曾等原摺一件。都察院代遞劉春霖等公呈一件。資政院原摺一件。九月十六日所奏　論旨中。幷有誰是誰非。務期水落石出之　明諭。仰見　聖主於衆聽並觀之中。仍寓執兩用中之意。

欽服莫名。臣等當即咨行外務部。及直隸總督。調齊全案。研究詳情。一面派員至秦王島唐山等處。實行考察。幷隨時備文咨查張翼。現已調查明確。始知開平一礦。早可收回。延誤至今。實屬失機失利。惟事已至今日。若謂副約效力。可不費一錢。臣等實不敢信張翼一面之詞。如謂收回自辦。宜不惜重貲。臣等亦不能不爲直省籌萬全之計。謹將查明直隸官紳與張翼爭執之處。及現擬收回辦法。縷晰爲我 皇上陳之。此案張翼所爭之處。謂如援照辛丑年該員與英公司所訂之副約。則礦產即可以收回。不必如現在直隸辦法之重煩巨款。是說也。臣等信其能行於天津甫由聯軍交還我國之後。及張翼赴英控告得直之時。而不敢信其能行於今日。何以言之。開平礦務。係光緒元年前北洋大臣李鴻章欽奉 先朝諭旨。飭令創辦。以應軍國要需。派委候選道唐廷樞往復察勘。擬具章程。聲明官督商辦。凡有興革。均由李鴻章隨時 奏准而後施行。是開平一局。實爲完全官督商辦之局。非由公家允准。不能任其變遷。乃於光緒二十六年北方拳亂之時。該局督辦張翼總辦周學熙證見唐紹怡法拉士倉猝簽押。給函與前稅務司德璀琳爲代理總辦。屬令保全礦產。德璀琳即與英礦師胡華假立賣約。藉資保護。而並未載及給與何等價値。此即非眞賣之確證。二十七年正月。張翼回津。胡華以移交約偪令簽字。張翼不允。德璀琳謂移交約不過將開平礦務局產業移交與開平礦務有限公司。作爲中外合辦。乃加立副約。以限制移交約。同日簽印。四月卽舉嚴復梁誠爲華總辦。與洋總辦會訂試辦章程十九條。聲明行用以十八個月爲期。如有不妥。再行更改。在張翼當時意見。若非作爲中英合辦。不能得英人保護之力。又因該礦本有洋商借款。兵退之後。卽便准其合股。亦尙與礦務章程不背。故僅加立副約。會訂合辦章程。先令招洋股十萬鎊。爲一時權宜之計。而於胡華所立之移交約。雖無實行之効力。但無取消之明文。此失機者一。是年五月張翼具奏。祇稱唐山林西等處。凡該局廠棧處所。聯軍一律被占。不得已加招洋股。改爲中外合辦。其向來稟定章程。及應完稅款。均議定照舊辦理等語。是其所訂副約移交約。張翼並未奏明。國家無由知悉。若於聯軍退出之時。卽由北洋大臣援照甲申法越之役。招商局產業移交旗昌洋行。亦曾權註美冊。事定仍復收回之例。卽與英公司交涉。公論所在。英政府未必遽加袒護。亦復何難收復。乃招商局可以收回。而開平局不能者。因招商局係總辦馬建忠所訂賣約。而北洋大臣李鴻章不認其賣。另派大員廢約收回。故順而易。開平則張翼訂中外合辦之約。而北洋大臣袁世凱認其擅賣。並不派員廢約收回。故逆而難。此失機者二。迨至收回不成。北洋大臣袁世凱以擅賣疆土奏參。經奉嚴旨將張翼革職。張翼遂赴英控告得直。光緒三十一年。英公堂判詞有如副約所載各節。不能於近頃之期限內奉行勿違。則本法堂將盡力而行。將礦產及產業收回交與原告等語。是英公司不能實行副約。即可將礦產收回。英公堂已垂爲信讞。爾時若由北洋大臣出而助力。即責成張翼亦可藉手以告成功。乃前北洋大臣袁世凱於張翼未回國之先。派津海關道等與英商那森協議收回。未能辦到。及張翼回國後。英使薩道義函致侍郎唐紹怡。亟欲調停。免再涉訟。其節略內稱按副約意見礦務局之操權應在天津所立合同應照華人礦務公司爲底。其章程一切。張翼可以簽押。須奉御批。方爲妥當。俟得御旨之後。由外務部移知英國欽差。現在開平礦務局。即將所有之全業。盡交中國礦務公司等語。其時袁世凱僅將張翼調往北洋。又不肯假以事權。出與英人理論。致此說終未見諸施行。此失機者三。有此三次事機之失。以致該礦爲英公司占踞者十年。華股東因見督辦撤銷。華部解散。知華洋勢力不敵。遂將股分紛紛出售。因而有洋股多至八九成。英公司獨占優勝之局。因而有公積三十萬鎊之盈餘。彼之憑藉已豐。與張翼在英控告時情勢又迥不同。卽責以副約並未實行。應仍照英公堂判詞辦理。而境過情遷。亦恐非一紙空文遂能令礦產全行歸我。況現在張翼迭次奏陳之意。仍是落到責英公司實行副約。以爲他事卽作不到。但能照副約華洋合辦。亦已無傷。不思從前華股實有三十七萬五千磅。英公堂判斷。明責英公司所執紅股六十餘萬磅。並非眞股。情同誆騙。以與北洋大臣意見兩歧。遂致坐失事機。其時尙不能實行合辦。現在所存華股不過十之一二。尙何合辦之可言。且合辦而不能收回。亦恐非直省紳民所能樂從。前張翼謂照副約收回可以一錢不費之說。施之今日。實未敢預必也。至直隸官紳所爭之處。謂此礦關繫主權疆土。若能收回自辦。卽數千萬之巨資。不宜吝惜。況有該礦之蘊藏無盡。足可取償。決無損失。斯言也。臣等於收回自辦之說。固無異詞。若主權疆土之言。該礦盈虧之數。亦尙不能不加審察。查直隸紳民所謂主權疆土。係根據前北洋大臣袁世凱奏參張翼之言。以秦王島口岸有開平公司地畝產業。計一萬三千五百英畝一節爲最重。不知秦王島爲我自開口岸。全屬我之主權、斷非一外國商辦公司所能侵損。況英公司亦認爲中國自開商埠。有三十年袁世凱奏案可憑。且該公司所有該處之地畝馬頭。現據臣處委員查得開平局曾於光緒二十四五年間先後托清丈局在秦王島圈地四萬一千三百零九畝。除去未買熟地。未買民地。官荒官買之地。及沙坨河溝窪地。實購得中國九千九百四十二畝七分六釐。其泛言一萬三千五百英畝者。或即指最初所圈留之地而言。此項田地。現仍歸原業主耕種。由該公司收租。其地之紅契糧串。悉存張翼處。歷年錢糧。亦由張翼完納、並未移交。張翼送來清摺。言地契錢糧事亦同。是祇須此次將英公司轇轕清理之後。即可於張翼處將地契取回。尚不至有礙主權疆土。其他承平建平永平等金銀礦。開平公司。或有代還官款。或有附入股票、現仍歸張翼派員經理。契據均在口外各存各局。尚有唐山洋灰廠。開平亦有股分。已劃歸周學熙華商獨辦開平公司。並無理論。其餘各處馬頭地畝。移交約中謂詳載細單之內。而單內所列皆未嘗正式移交。此數層均無處藉口。至開平爲東亞著名佳礦、人所共知。辛丑年胡華之報告。

謂足供八十年之採取、本年英公司照會外務部。謂去年有二十四萬七千磅之利息、就此而論。卽費重價收回、亦尙可收大利、然臣等據上海招商局所稱開平現在煤質。每百分中有灰三十分。該局已經少用。又據前開平美國律師林文德所遞說帖、言開平自灤礦旣開之後。地位甚險。蓋因出煤過多。利不抵費。又有各處煤礦互相競爭。大非從前可比。是以華人議買英人樂從等語。是開平礦產雖旺。經累年開採之後。煤質已差、本礦消場。因之漸滯。將來能否獲利。如前亦無十分把握、此臣等所以於直紳主權疆土之言。該礦盈虧之數。不能不愼思明辨者也。惟此礦必須收回自辦。確有二故。一則張翼所訂之副約移交約。中國國家雖未承認。但英公司久占不還。幷將各處之地畝馬頭、據爲應有。長此不問。卽與承認此約何異、一則灤州開礦。費款已多、兩鑛相離不遠。售煤必致相爭。開平若不收回。灤州亦受其敵。張翼奏稱德璀琳當日賣約、旣係私訂。則今日但聲明廢約、卽可收回。何必備價。旣未曾賣。何所謂贖。不知英人佔鑛之後。因華股售出。獨力營辦、亦有所費。舊債公積。均可藉詞、故議收回。必須補償英人所失。皆爲理勢所必然。惟收回之辦法。臣等以爲一在直隸須籌有的實之抵當。一則直隸須派員確查公司之帳目。抵當之法。本年直隸督臣陳夔龍遣派洋員馬片爾等赴英向英外部解釋案情之時。曾給與英公司條件兩項。第一條爲將來財產移交時中國國家發給該公司一百萬磅國家擔保之債票。長年七釐行息。五年之後。二十年之前。贖回至該公司原有之債票。或全數由中國國家還款。或全數換給國家七釐債票。均聽原票主自便。第二條件中國國家接受有限公司之鑛。即設立北洋官鑛公司。資本作爲二千萬兩。每股十兩。以一百萬股分給有限公司。一百萬股分給灤州公司。至有限公司原有之債票。或還款。或換給北洋官鑛公司之債票。聽原票主自便。此兩條件。陳夔龍已於本年八月奏摺內具陳。並言密諭洋員注重第一條件辦法。而當其正月二十三日將此條件給與洋員之時。並未先行請 旨。逮英使已據第一條件以相計較。而外務部猶以債票由中國國家擔保。欲得 朝廷允准。恐有難處之語答復。殆亦以其先未奏明之故。而英使即以此言電知英外部。九月間北洋所派洋員由英來電。雖述及之。即英使未來照會外務部。猶以未得政府允准爲不滿意。是國家擔保一層。外務部亦始終未經允許也。至度支部接直隸督來函言及此事之後。臣載

澤卽派大清銀行監督張允言前往面詢辦法。陳夔龍告以應由大清銀行出立債票
國家擔保。此卽國債票也。以商辦之煤礦而出國債票。一不可也。國債票而出七釐重
息。二不可也。大清銀行而代出外洋債票。三不可也。故無論煤礦有利無利。度支部皆
不當爲。蓋有利則當藏富於商。無利又不當貽禍於國。二者皆非部臣所應出。此是直
督所定之第一條件。實有難行。雖英人已藉此爲辭。但國家擔保一層。旣始終未奉
朝廷允准。英人亦難妄肆要求。惟有就第二條件再籌辦法。正在商酌。適於十月間
准直督咨度支部。據灤州煤礦總理周學熙等條陳開平收回之後。歸併灤州合辦之
法。大致謂如將兩礦合爲一事。統歸商辦。由本礦股東添集資本擔任接辦。則產額可
酌盈劑虛。價格可整齊畫一。直以本礦全力補助開平。確有把握。若使獨立一局。與灤
州礦並峙。難免種種競爭。是合之則兩益。分之則兩難等語。並附有三十年籌還此項
收回磅款之清單。臣等以爲如此辦法。果有切實抵當。似尚可行。除另文咨復外。應請
飭下直隸總督。卽行責成周學熙等迅速加籌商股五百萬兩。連灤礦原有股分
五百萬兩。湊足商股一千萬兩。併作開灤煤礦公司。卽以兩礦產業作爲抵保出立債

票分年清還英商應得之款。否則如能由公司另借輕息之款。一起付還。尤爲直捷。此兩層應歸該公司自行妥議。呈請直隸總督酌核奏明辦理。揆之各國實業債票辦法。均屬相符。似亦足以取信於英人矣。照此籌款。尙無流弊。然後再由外務部直隸總督與英公使英公司磋商辦理。惟一面須先行派員查明英公司歷年帳目。蓋該公司現索三款。一爲股票一百萬磅。一爲舊債四十二萬磅。一爲公債三十六萬磅。共爲一百七十八萬磅。加以三十年七釐重息。計需英金五百五十二萬餘磅。照平均金價約合銀四千四百萬兩左右。爲數實屬太多。必當磋商核減。庶可於籌還時略輕擔負。查直隸咨送洋員馬尾爾末次說帖內。稱開平煤礦擔負一百四十二萬磅之七釐利息。已屬甚重。原定債票之數。斷不能加等語。又查外務部八月二十九日致直督電。英使面稱風聞中國有願給一百六十萬磅之說。倘能彼此讓步。擬電本國外部飭英公司通融等語。是此兩數較一百七十八萬磅原索之數。已屬不同。而在英人以不可必得之礦息股票。換我必不能少之重息債票。以誑騙始。以美利終。孰得孰失。似不待言。而可決。再查英公堂判詞所敍英公司掣發股票一百萬磅。給還華股僅有三十七萬五千磅。此外均屬紅股。私相授受。被人誆騙。其舊債公積之數目。核諸張翼此次奏摺。及開送清單摺內所稱。並北洋譯送開平帳略。其中不實不盡者頗多。應於查帳時依據此數項文牘切實與之商減。如有疑問。張翼本係宣統元年十一月由陳夔龍奏奉
諭旨隨同辦理此案之員。似不應任其置身事外。仍應責成該員會商北洋辦理。以上辦法。如蒙　聖明裁斷。以爲可行。應請　飭下直隸總督臣陳夔龍及張翼妥籌辦理。再此次查辦該礦。因各處調查案據。幷派員考核。頭緒繁多。以致覆奏稍遲。合併陳明。所有遵查開平鑛務實在情形。酌擬辦法緣由。理合詳晳具陳。伏乞　皇上聖鑒訓示。謹　奏。

再調查卷內。有御史史履晉奏稱英人見我灤礦漸有成效。知唐山不能居奇。急欲由我買回。其心不問可知。外務部何得過求速了。自取吃虧。我中國民窮財盡已達極點。更何堪竭吾民之脂膏。以飽外人之谿壑等語。宣統元年閏二月初九日奉　旨著外務部知道。欽此。現在直省京官會奏北洋大臣所議籌給債票。實爲正當辦法。其數雖鉅。而取資於礦利。綽有餘裕。苟非調查確切。何肯爲地方增玆重累等語。查會摺內

御史史履晉亦復列名。何以本年北洋大臣議給之數。連七釐息計算。不啻倍於去年。而直人前以爲自取吃虧者。今乃以爲正當辦法。蓋聞英使照會內稱按照上開一百七十八萬磅數目。每年英商所得債票利息不及十二萬五千磅。而此礦獲利。即以去年而論。已有二十四萬七千磅。故前以爲竭脂膏飽外人谿壑者。今以爲數雖鉅。可取資於礦利也。然而臣等奉查辦之 命。若不將實在見聞質直言之。將來該省紳商如受鉅虧。臣等捫心。難免欺飾。查英人代辦開礦。實交華商股票三十七萬五千磅。又交張翼德璀琳股票五萬磅。又交北洋大臣銀三十一萬。而所交者爲此之少。所還者爲彼之多。吃虧一也。開平原屬近海佳礦。五槽九槽煤質尤爲著名。而開辦已逾三十年。目下五槽將已挖空。九槽亦甚希少。煤道愈挖愈深遠。則成本較重。煤質不佳。則賣價愈薄。吃虧二也。開辦灤礦以逼開平。未始非策。但既立意收復開平。則灤礦不應大舉。又糜數百萬。唐山林西灤州咫尺之間。三礦齊舉。銷路必滯。如抽停一二。則虛糜更多。吃虧三也。直省有臨城井陘。奉省有撫順本溪湖。東省有博山嶧縣。豫省有彰德福公司。長江有萍鄉煤。上海有日本煤。各省分開。諸路受擠。非復從前可比。識者謂開平煤利。斷不能再有二三十年之長。而英人欲我包利二三十年之久。吃虧四也。臣等兩月以來。明查暗訪。議論皆同。又查前北洋大臣袁世凱三十年二月奏稱與西人之諳法律者再四考核。僉謂收回必先償補英人所失。計非六七百萬金。不足抵賠。中國亦難猝籌此款等語。可見當時袁世凱雖不以中英合辦爲然。亦非無收回之法。惟因款鉅難籌。以致拖延時日。今臣等既奏請擬照陳夔龍所咨准歸灤州公司。加招商股。出立債票。與英人另議收回辦法。然猶不敢不據實陳明鉅款收回吃虧之故者。誠恐英人仍復要求北洋大臣。先允國家擔保之債票。直隸官紳能復執持國家不妨擔任借此鉅款。地方亦不惜增茲重累。則貽害必非淺鮮。況查礦務新章。本有中外合辦之條。直屬臨城井陘。已有成案。秦王島及承平永平建平等處。既無關於疆土主權所有開平煤礦。萬一英人知我直省紳民不惜鉅款。必欲收回。遂致盡力要索。不能亟就範圍。如此則我冒其險。彼償其慾。竊以爲不妨堅持定見。稍緩須臾。徐籌抵制。現聞該鑛票價已跌。在中外明白鑛務者。皆謂相持數載。其煤必滯。其利必薄。其股票必大落價。屆時將其股票盡行收買。或陸續收買過半。如一百萬磅之股票。至多不過一百萬磅之價值。全盤歸我。免致受此數千萬鉅虧。實爲計之最善者也。或又謂北洋大臣已允給鉅數國家擔保之債票。未便失信於外人。查本年九月二十九日英使照會外務部。內稱直督在倫敦開議。滿望商量日有起色。乃偶閱　上諭所派之大員。並無全權。實屬常有之葛藤。是以在倫敦代直督所擬之策。發出中國政府債票。贖回該公司。未經政府允准。若果如此。諒不如停止商議。仍然照舊辦理等語。可見未曾奉　旨允准之事。彼亦不能强我所難。惟仍然照舊辦理一語。必須由外務部將英公司在我國內違背我國法律辦理此項要緊事業。我政府既始終未經承認。即英公堂前斷亦定爲詐騙。可見並爲外國法律公理所不容。斷不能因此次北洋派員赴倫敦商議。即可承認張翼所不認德璀琳私立之賣約。所有照舊辦理一層。萬難承認等情。向英公司切實駁復。應請　飭下外務部及北洋大臣一併堅持。不可鬆懈。或謂開平不收回。灤鑛恐爲所阻。此論尤妄。北洋從前原奏開平鑛界僅有十里。當日林西續開鑛井。北洋特又奏准而後行。就使英人受有張翼之副約。亦豈能越乎開平原有之權限。此因歷任北洋所拒而未許者。其移交約內各地名。祇因開平局曾在該處置有民地數畝而言。並非所列地名。皆准開礦。況該地畝至今並未稅契，亦未在地方官衙門過割。是以開平洋人在彼打鑽，即已禁阻。而周學熙等稟請開辦，則已奏准。此斷非開平所能過問。至屢次叅案所稱擅買疆土等語。業經查明實無其事，英公司雖狡。固無所用其譸張。凡此皆無待鰓鰓過慮者也。理合縷晰密陳。伏乞 聖鑒。謹 奏。

再本年九月二十六日。承准軍機大臣封交直隸總督陳夔龍一摺，奉 硃批著將此摺交載澤盛宣懷閱看。一併確查具 奏。欽此。查原摺內稱據洋員由倫敦稟稱張翼近派律師向英公司索取賠償三十萬磅，並在英外部陳請此項賠償未經清付以前。公司不得移交產業，比向英外部查詢實有其事。因檢查全卷。張翼當光緒二十六年冬間即有胡華私函允給五萬磅與德璀林平分之語。遂於次年正月簽訂副約移交約。迨至赴英涉訟。除責認副約之外。並索賠償個人損失二百萬元。回華後復與英公司經理那森增索公私賠償三百萬元，卷宗具在。歷歷可憑等語。臣等查核直隸總督咨送開平礦務卷內。此數事皆已有案，當即據以咨查張翼，茲據復稱所索賠款係英公司應出之賠償，公私各款皆在其內。所指三十萬磅乃英人模略之詞。並非成議。

本年六月電致在英律師鶴士釐查詢此款。幷屬通告英外部。三次去電。皆陳督所知。前呈英公堂索賠帳單。共約需五六十萬磅。現在又隔數年。除在英所用訟費。應俟結案再計外。所有　國家釐稅項下。除交商部十萬兩外。尚欠八萬餘兩。報效項下五十餘萬兩。舊員司花紅項下六十四萬餘兩。舊股友餘利項下二百五十八萬餘兩。又二十七年舊股友應得而未派之股利十八萬餘兩。暨墊辦唐山巡警費開平局員司薪水丁役工食。幷翼因此案損失之款。非查據帳目。秉公核算。不能遽定。然計不止三十萬磅之數。以上所開。已可概見。至賠償未清。不得移交產業之語。尤爲無此情理。翼已由北洋撤去督辦。何能有不准移交產業之權力。又胡華所交之開平新股五萬磅一節。當時原擬不收。因德璀琳言。可爲墨林詐騙證據。業由伊手付給收條。幷在駐津英領事處聲明有案。二十八年翼回奏御史王祖同案摺。二十九年函復前北洋大臣袁飭繳五萬磅照會。幷經陳明在案。此項股票。本存德璀琳處。嗣翼赴英控告律師鶴士釐。以涉訟需款。向德璀琳取出四萬磅。暫由銀行抵用。後因英公司賠款未繳。由翼回華後。在大清銀行押銀四十五萬兩歸還前欠。現四萬磅股票存大清銀行一萬磅。暫歸德璀琳墊款。均屬有帳可稽。幷將鶴士鼇往來電報所向英公堂索賠華洋文帳單。前北洋大臣袁劄件。及與德璀琳往來函稿等件。附抄聲復前來。臣等核其情節。原摺所稱張翼向英公司索取賠償三十萬磅。既無其詞。自不能指此以爲肥私之據。惟索賠之公司款。自非與各處及英公司核對帳目。不能知其是否確實。應俟派員查帳時一併查明。再行核辦。至紅股五萬股。旣據於光緒二十八九兩年將緣由奏明 朝廷。函復北洋。現在又已分別抵押還墊。此係大衆皆知之事。將來結案時應由張翼核實具報。惟按照張翼所呈英公司帳單。英公司應償中國之款。爲數甚多。前議中外合辦。尙可云款在公司之內。不必計較。今議收回。應予者皆予之。則舊日照帳積存之款積存之煤。以及中國老股應得光緒二十六年以前之公積餘利。應抵補者。亦應索其抵補。如德璀琳私立賣約中所列各欠據。張翼查復其不敷之數。亦不下數十萬兩。如果英公司代還舊欠。均於此次所列之舊債四十二萬磅內撥還。則於議還舊債之時。亦可藉茲商減。此皆可於籌辦此案之時。仍令張翼詳細查核。不必令其置身事外。抑臣等尙有不能已於言者。此案張翼當庚子兵亂之時。委託德璀琳保全礦產。事出權宜。原非過舉。卽德璀琳與胡華私立賣約。張翼不認。英公堂亦許其不認。可無疑義。惟辛丑正月回津後不認賣約而認移交約。張翼之意。加立副約。則移交二字。不過變華商獨辦爲華洋商合辦而已。然合辦二字雖奏明有案。控英公堂有案。而卒不能實行無阻。貽誤至今。爲人口實。此則難爲該員解免者。此次該員摺內所陳辦法。一謂副約可行。一謂判詞可據。如英公司不服。尚可赴英上控。原屬理直氣壯。但上控卽能得直。亦祗能照前判照副約爭至中外合辦而止。今直人既決議收回。何如就灤州煤礦公司所擬之辦法。由北洋大臣督飭該公司自行籌款收回。使兩鑛相厄者。轉而爲一氣相生。惟北洋大臣既照英公司所索之價。允給一百四十二萬磅。而中國所收者。僅老股三十七萬五千磅。豈移交如許之產業。而所値僅止此數乎。則張翼所訂中外合辦之約章。及英公堂之判斷。皆可爲查帳算帳之根據。亦未嘗不可備北洋之採擇。但使中國多得一分磋磨。卽小受一分虧損。此則臣等查明此案之實情及復陳辦法之微意也。所有遵 旨查復緣由。再附片密陳。伏乞 聖鑒。謹 奏。

再臣等正在具摺。復於十一月二十六日承准軍機處鈔交直隸總督陳夔龍片奏一件。奉　硃批著載澤盛宣懷一併查核具奏欽此。查原片內稱開平鑛案未結。現該公司頗有變動產業情事。如胥各莊一帶林木原爲鑛道要需近竟採伐出售。又井下材料漸行提出。應攬工程亦多停止。且鑛產西南平地塌陷。是其攘利貽害已露端倪。此種情形。當新舊交替之際。本在意計之中。是以臣原定條件。特先聲明所有該鑛一切財產。悉以該公司最後年總結帳之日爲斷。七月間交涉。將可就緒。當卽奏請飭部預籌接收辦法。皆爲杜此流弊起見。嗣後張翼飾詞朦奏停議數月。致予外人以可乘之機。現如早定接收辦法。或尚可以挽救。若再遷延不決。則全鑛產業變更尤甚。雖　國家以疆土主權爲重。不計利益之厚薄。然債票本息取資鑛利。原定規畫。誠恐難副初心。與其貽累將來。不如早爲之計。或竟撤銷條件。由部另議辦法等語。臣等查該鑛一切財產。既經直隸督臣原定條件與之聲明。悉以該公司最後年總結帳之日爲斷。似此鉅款交割。如果產業或有變更。皆可與該公司理論。幷可于付款內扣除。似不能聽該公司任意毀壞。況變動產業。或在議准給價而尚未交收之日。今未議准。而彼卽毀傷。似無此理。至此項接收之法。總須先有接收之處。方能定見。督臣前奏。雖請飭部預籌接收辦法。然收價既未奉　旨由部給付此鑛。亦非部臣所應收辦。則接收之法。亦難由部預爲擬議。此鑛原本爲北洋官督商辦之業。則收回後自當照前辦理。方爲正當。斷無由部接收之理。此次臣等所擬就灤州煤鑛公司所籌開灤合辦之法。由督臣督飭籌辦一節。如蒙　俞允。則一面與該公司議價。一面卽可就近籌備接收。亦尚不難挽救。且如此辦法。與督臣原定第二條件。不甚懸殊。至于所擬能否辦到。條件應否撤銷。奉　旨後皆應由督臣酌奪辦理。惟收回之法。臣等以爲前約既非　國家承認。則現時所給之價。祇能作爲收買實在洋股及貼補英公司經理此礦歷年損失之用。不能作爲收回主權疆土之賠償。臣等正摺內已將此層反復証明。無煩再計。此項付價既專爲貼補公司之用。則公司所有之帳目所有之產業自不能不于議價時一一清查。然後再行給値。斷不能索價則任其爭多。交產則任其損少。是該公司攘利貽害一層。亦似可毋庸深慮。所有遵　旨查核緣由。理合附片具陳。伏乞　聖鑒。謹　奏。

中國紀事

郵部之大借債　四國借款之事。日本本有加入之說。然以湘鄂人士。爭持甚力。故至今仍未解決。現聞日本於四國借款之外。獨立一幟。其所得較四國借款爲多者。則郵傳部與橫濱正金銀行議妥借日幣一萬萬元之一事是也。據此項借款。謂用以抵郵部所缺之需。其合同業經簽押。以中國國有鐵路作抵。年息五釐。不久將於日本發行債券。日本各報莫不稱頌日政府之能力。謂不煩口舌而遽收莫大之奇功。其利益比之四國借款爲尤鉅。又聞郵部與度部商妥。向匯豐與匯理兩銀行再借四百萬兩。贖回大東大北海線。並爲自辦郵政之用。果爾。則四國借款之外。前又擬向美國大借款。今又向日本大借款。將來債臺之高。眞不可以級數計矣。

郵部去年推廣電綫表　郵傳部以中國電政。近年日漸推廣。但原有電綫及新推廣電線。籌設局所。有未經咨報者。無從查考。故通飭各省。詳查所有電政。報部備案。茲將郵傳部去年間展設之電線。摘記如下。　晉省　自歸化至包頭鎭間之綫。　豫省至武安之綫、閩省　自汀州至漳州之綫。皖省　至六安州之綫。贛省　自吳城至廣信府之線。蘇皖兩省間　自徐州至鳳陽府之綫。粵省　自潮州府至嘉應州之綫。又由嘉應分綫。並出東經小河口。以達平遠縣更達興寗縣之線。川藏間　自巴塘至察木多之二千餘里。間已經告竣。而以西至江孜之線。現在籌畫。他如東三省地方。及新蒙地方。推廣電線亦不少。特未調查清晰。故無從表揭矣。

核定粵桂滇三省軍事交通電線　粵桂滇三省軍事交通電線。歷經該省各督撫咨商軍郵兩部察核。茲由部核定。計自雲南騰越西綫起、以臨安爲中線。接至開化爲東線。與桂省歸順相通接。東自廣東廉州起。中經靈山欽州等處。西與桂省南寗中線相通接、中間即以桂省之南寗。爲三省軍線中心點、南至龍州邊境。達於廣東西南境、西訖歸順邊境。達於雲南東南境。其間共設分局。計臨安開化歸順龍州南寗廉州欽州八所。又支局共計河口東興等處十六所。准照所列關冊備案。切實聯絡。以便軍事交通云。

修築兩粵軍用鐵路之計畫　粵督以現當振興軍務。而軍用路線最關重要。查粵省沿邊軍用路線。俱以欽廉北海。以達桂省之南甯。爲兩省交通之最重要。計沿邊路線。自廉州北海之北岸起。經合浦過欽州武利抵靈山西鄉。止歸東線。復由西省自武宣以至南甯歸西線。亟應赶速修築。以便戎機。現特將路線程途里數。詳呈大部核辦矣。

●川漢鐵路之現象● 川漢鐵路工事。着手以來。歲月既經三年。資金亦投下三百餘萬。宜萬一線。以宜昌府下流二里許爲起點。敷設既終之軌道。至今不過三英里。技師長顧積餘氏。謂本年十二月中。至黃家場一線。可以完成。其實以現在實況推之。必須至明年之四月頃。始可竣工。當局因維持人心之故。一面督促工事。一面於開通之線。開始營業。然聞該公司共募得資本金不過一千三百萬兩。此內既已支出者三百萬兩。前在上海被錢莊倒欠者二百萬兩。所餘者僅得七百餘萬兩。然其中又有流用於各種事業者。例如江川輪船公司。從前之銅元局。皆在此欵挪用。將來正不知如何收束也。

●收回鹽票之建議● 度支部參議晏安蘭。日前與各堂面陳收回鹽票。全歸國有之利。略謂伏查海灘產鹽之地。直隸有十場。二場屬滄洲。其餘八場屬天津薊永。而以蘆台爲最著。山東之鹽產於黃河口及膠州灣。沿岸共十場。煎者三。晒者三。煎晒幷行者四。永阜所產。爲其菁華。長淮南北鹽場二十有三。總曰兩淮。三屬海州。九屬通州。十一屬泰州。中以呂四餘東爲特盛。兩淮鹽場三十有二。浙西十二。屬於甯紹。浙東十二。屬於嘉松。福建沿海有十六場。廣東沿海有三十五場。海南一島。遍地產鹽。未設立塲所。東南各省。富商大賈。家累千百萬。半屬鹽票所致。若能收票歸官。妥籌辦法。於國計必大裨益。聞澤公深以爲然云。

●大清銀行之參案● 大清銀行之腐敗。久爲中外人士所側目。去歲駐京德使。曾有照會詰問外務部。謂該銀行是否具國家銀行性質。由國家擔保。彼時外務部轉咨度支部。度支部惟以糢糊答之。自資政院開議。員王佐良。羅列大清銀行弊竇。虧蝕至三百萬之多。提出說帖。質問度支部。澤尚書怒甚。詰責該行監督張允言。張允言諉過於奉天分行總理羅煥章。上海分行顧凱。並厚德銀行王錫五及許某等。然自知此事不免。因於日前自請議處。澤尚書遂上摺奏參。有　旨張允言交部議處。案內人犯交順天府拘審監追。此行積年腐敗之覆。遂由此而發露矣。

義善源票號之擱淺 義善源者。爲合肥李丞堂經楚所開設之票號。李氏財產。雄於中國。然以瀚章公一房爲最鉅。瀚章公十一子中。又以經楚之財產爲最鉅。此票號之開設。經己二十餘年。其初本合資。後由經楚將各股東陸續歸併。遂爲彼一人所營之業。計連號之在各埠者甚夥。江寗則爲寶善源。蕪湖則爲寶善長。漢口則爲義源。南昌爲裕恒長香港汕頭廣州三處。皆爲義善源。北京上海濟南亦爲義善源。其餘如營口河南等處。均有連號。合計共十九家。此次擱淺。實爲京號所牽累。而並及於上海。其餘尚未見動搖。又聞該號所存款。達官貴人爲多。至普通商店。則往來尚少。故其影響於市面者。想不致如前此之鉅云。

東三省沃田之廣 前有人言東三省所出之糧。足供全國四百兆百姓食用。茲經西人詳細調查。東三省共有肥田。一萬五千三百六十萬英畝。每畝按中數計之。可出一千五百磅大麥。每年可共出大麥一萬一千五百二十萬噸。可養二萬三千萬人。若再將東蒙古一帶開墾種植。則中國四萬萬人無乏食之慮矣。似此肥沃。無怪日俄兩國之垂涎我蒙古滿洲矣。

桂邊苗匪蠢動記

越南邊境。有苗民焉。與我滇桂相距甚邇。近聞苗民有亂事。竄入我邊境。據邊吏報告。謂苗匪首態老林。在大里山。句結遊匪起事。已聚衆三四千。保樂東光五社。已降四社。惟阮廷高一社不降。其目的不在玉帛子女。惟責令每家挑選丁壯一名附從。已於初六日分枝。由河陽上犯邱窩塘家。法軍由河內進兵。於十二日至斗賓。越邊居民之避入我界者。約百餘口。又有謂此次亂事。與苗王阮廷高無涉。係紅苗一種。被遊勇煽惑。與白苗交戰。紅苗黨羽。約有千餘人。間雜遊匪。所持多新式快鎗。攻擊甚爲劇烈。現已竄入雲南田篷地方。與滇軍開仗。法人則按兵不動。但將關卡封禁。防其竄越。然無論擾桂擾滇。皆將爲我邊境之患。恐外人又有所藉口。將生一番交涉矣。

世界紀事

英國之海軍擴張　英國之海軍豫算。追加三百七十八萬八千八百鎊。而爲四千四百三十九萬二千五百鎊。又新艦造築費。追加百七十八萬四千四十七鎊。而爲千五百八萬三千八百七十七鎊。此次豫算。決造大裝甲艦五艘。防禦巡洋艦三艘。驅逐艦二十艘。潛航艇六艘。川河用砲艦二艘。水雷艦一艘。病院船一艘。

海軍豫算之討論　英國下院將非難海軍豫算之決議案討論時。海軍大臣演說。謂吾人築造戰艦。不過使吾國海軍。能於危急之秋。克盡國防之任務。實非向他國稍懷敵意。又云千九百十四年德國將有德列腦式戰艦二十一艘。英國可有三十艘。若德國不修改海軍法律。則九百十二年及十三年之預算經費自可減少。後此決議案以對二十七票之五十六票。大多數否決之。

澳洲國防計畫　澳洲新設海軍。分五年爲一期。以二十二年間爲完成。其總費額二千三百萬鎊。且每年支出百二十二萬六千鎊。以養成一萬五千之船員。

世界紀事 二

德皇赴墺　德皇將以陽歷三月二十四日赴維也納。訪問墺帝。德皇此行。殆無政治上之關係。

德國擴張陸軍　德國陸軍。決議擴張其兵力爲五十一萬五千三百二十一人。比之現時定員五十萬四千四百四十六人。實增一萬八百四十六人。若此新軍編成。則步兵可得六百三十四大隊。騎兵五百十中隊。砲兵二十九大隊。交通兵十七大隊。輜重兵十三大隊。

法國對德之通牒　法國政府致書德國外務部。謂此次於摩洛哥增加駐防軍。乃爲保護通商及郵便而設。初無擴張其占領地之目的。

意國內閣辭職　意大利議會。當討議選舉法改正案時。否決內閣信任投票。內閣遂至辭職。擬除退急進主義之閣員。改造新內閣。

俄國之大運河　俄國政府決以經費二千萬鎊。於阿巴與卡摩兩大河間。開鑿一大運河。由此以聯絡西伯利亞及歐洲之鐵道。且謀自裏海通北冰洋運河之連絡。

俄國撤退戍兵　俄國駐紮波斯卡斯文之戍兵。已盡撤退。僅留哥薩克八十名。供保護領署之用。

宗教與政治之衝突　意大利統一五十年紀念。歐洲各國。皆贊成申賀。惟宗教黨殆皆反對。蓋以意大利之統一。實因剝奪教皇權所致。比利時國會。因此大生紛議。

土領亂事與英國　土耳其領亞剌比亞之亂黨。近益猖獗。土國政府。雖已派兵征勦。然屢次挫敗。爲亂黨所擊。英國恐其影響及於亞丁。特命駐紮卑爾巴達之英國守備隊相機行事。

巴達特鐵路　巴達特鐵道擬延長至卑爾治問題。德國與土耳其。已屢試交涉。近日已見就緒。且此工事。期以五年完竣。

美國調兵之目的　美國因墨西哥之內亂。集中海陸軍於墨國國境。各國皆謂其將干涉墨國內政。現美國政府。特爲正式之說明。謂美國此舉。不過防止武器之私販及稽查潛越國境。援助墨國叛徒之美人。初無他意云。

墨國形勢之危急　墨西哥政府。決定中止其憲法上之保障。派赴墨西哥港灣之船四艘。實行保護沿岸之任務。

世界紀事 四

墨國新大統領 墨西哥大統領爹亞士崩逝。繼其任者。將爲現任藏相利曼爾云。

美墨艦隊聯合 美國及墨西哥兩政府。爲防備海岸。決議聯合兩國之艦隊。至美國調赴墨境之軍隊。只爲維持中立。當速撤退。

英美公斷條約 英美公斷條約。兩國委員。已終第一回之審議。至第二回審議之地。則擬在海牙仲裁裁判所。此公斷條約案。近日已提出於美國議會。英國各報多謂此公斷條約之締結。實爲盎格魯索遜人種握世界覇權之証云。

日人之飛船 日本於大阪陸軍操場舉行飛船大會。其駛行者。爲雙葉飛船。第一回昇高約五百英尺。第二次則高至二千三百五十英尺。此舉乃屬創舉。是日觀者約八十萬人。

朝鮮人之暗殺主義 朝鮮人安明根擬以炸彈轟擊朝鮮總督寺內。謀洩被擒。關於此案被拘者四十餘人。

叢錄

春冰室野乘

春冰

乾隆朝文字獄彙紀二條

乾隆一朝文字之獄。其載入東華錄中者。惟胡中藻堅磨生集。鄂昌詩集。王錫侯字貫三案耳。其時官吏妄測　上意。羅織成獄者。實不可數計。賴　天子仁聖。不肯窮治。最寃者莫過歙縣方芬孝感程明諲兩案。非　高廟之明。則此兩氏已無遺種。而瓜蔓之抄。不知牽連幾何人矣。此曹一士所以有請從寬大之奏也。茲將兩案全牘彙錄於此。以昭　純皇之仁。而補國史之闕。

刑部安徽司爲遵旨查明核議具奏事。內閣抄出安徽巡撫譚尚忠奏歙縣貢生方國泰隱藏伊高祖方芬濤浣亭悖逆詩集一案。乾隆四十七年五月初三日。奉　硃批該部議奏欽此。同日奉　上諭。譚尚忠奏歙縣已故貢生方芬所著濤浣亭詩。語多狂悖。

伊元孫方國泰。隱藏不首一案。請將已故之方芬。刨墳戮屍。其隱藏詩集之方國泰。請照大逆知情容隱律。問擬斬決等因。辦理殊屬失當。據稱查出方芬詩集內。征衣淚積燕雲恨。林泉不共鳥啼新。又亂剩有身隨俗。隱問誰壯志足澄清。又蒹葭欲白露華清。夢裏哀鴻聽轉明。等句。雖隱躍其詞。有厭清思明之意。固屬狂悖。但不過書生遭際兵火。遷徙逃避。爲不平之鳴。並非公然毀謗本朝者可比。方芬老於貢生。貧無聊賴。抑鬱不得志。詞意牢騷。則有之。況其人已死。朕不爲已甚。若如此。即坐以大逆之罪。則如杜甫集中。窮愁之語最多。即孟浩然亦有不才明主棄之語。豈亦得謂之悖逆乎。此等失意之人。在草澤中。私自嘯咏者甚多。若必一一吹求。繩以法律。則詩以言志。反使人人自危。其將何所措手足耶。從前查辦河南祝萬青家祠匾對。及湖南高治清所刻滄浪鄉志。吹求字句。辦理太過。按此兩案亦未見國史、當詳考之、 屢經降旨通諭各督撫。毋得拘文牽義。有意苛求。豈譚尚忠未之知耶。此案著交刑部。即照此旨另行核擬具奏。如方芬詩集內。或另有不法字句。不止如摺內所稱。該撫未經摘出。或有不敢陳奏之語。並著該部查明。再行核辦。若別無不法字句。即可毋庸辦理。朕凡事不爲已甚。豈於語言文字。反過於推求。各省督撫。尤當仰體朕意。將此通諭中外知之欽此。仰見我　皇上鑒空衡平法外施仁之至意。臣等查原奏內稱方國泰籍隸歙縣。曾經讀書。其五世祖方芬。係本朝歲貢生。生於天啓年間。歿於康熙二十九年。著有易經補義一部。濤浣亭詩集一部。又伊七世祖方有度。著有陛辭疏草一本。方國泰於學臣考試時。將易經補義陛辭疏草二書呈出。以爲一門孝友。請給匾獎勵。當經飭縣查出方芬濤浣亭詩內有以上所舉諸語。詞意狂悖。訊之方國泰。供稱濤浣亭詩集。係伊五世祖方芬所著。不知何時刊刻。遺存在家。只此一本。詩內悖謬之處。因係祖上所著。相隔百有餘年。實在不能指出作詩本意。至所謂避寇字樣。幼時曾經祖父言及。康熙初年有閩賊來攻徽州府城。一家逃避。官兵討賊平復。始得歸家等語。臣調查該府縣志。悉載有康熙十三年閩賊羅其能等攻城。經將軍額楚巴擊退一事。是該犯所指避寇一事。雖屬有據。其狂悖語意。雖係事遠人亡。難以指出。但前奉　諭旨。凡收藏違礙悖逆之書者。俱令及早呈繳。仍免治罪。前撫臣業經宣布　聖德。通飭所屬遵照。該犯讀書識字。既將伊祖上所著之陛辭疏草易經補義呈請求獎。而於濤浣亭詩集。獨不呈出。其爲有心藏匿。已可概見。再三駁詰。據稱所呈兩書。是有關經濟學問的。故此呈出。見得我祖上有人。這濤浣亭詩集。只道是幾篇吟詠之句。無關緊要。故此不曾呈出。今蒙指問、說我有心隱藏。我實在糊塗該死。無可置辨。甘心認罪。等語。請將方芬刨墳戮屍。方國泰照大逆知情隱藏者斬律。擬斬立決等因。旋據軍機處將方芬所著濤浣亭詩集交出到部。臣等查濤浣亭集詩。計共五十六首、逐加詳核。除該撫所籤出諸條。其餘實無不法字句。亦無該撫未經摘出不敢陳奏之詞。自未便如該撫所擬。戮屍斬、惟是收藏違碍悖逆之書。前奉諭旨。俱令及早呈繳、今方國泰既將陛辭疏草易經補義呈請奬勵。而於此集獨不呈出。其爲違禁收藏。實無疑義。查律載收藏違禁之書者。杖一百。又凡大逆知情不首者。杖一百流三千里。等語。此案除方芬久經病故。業蒙　聖恩不加重罪。應毋庸辦理外。方國泰收藏狂悖詩集。與別項禁書不同。若僅照收藏禁書律擬杖。實不足以示懲。應照大逆知情不首律。量減一等。杖一百。徒三年、到配折責發落。至該撫奏稱詩集板片。恐各屬蒐羅不盡。現在飭屬實力查繳。並移咨各省。一體詳查銷毀淨盡。等語。應如所奏辦理。乾隆四十七年六月初四日發報具奏。初五日奉　旨依議。欽此。按初四具奏、而初五

始奉旨者、是時上方駐蹕熱河也、

刑部奏爲遵　旨核擬速奏事。會議得河南桐柏縣生員曹文邠與教諭黃懷玉挾嫌訐控查出湖北孝感縣生員程明譔摘錄成語內多悖逆並在曹文邠家搜出劉逢懋寄存文昌錄符呪一案。據河南巡撫富勒渾奏稱。程明譔係湖北孝感縣生員。至河南桐柏縣教書十有餘年。乾隆四十六年三月初一日。桐柏縣民鄭友淸生日。戚友劉用廣等浼程明譔撰文。製屏祝壽。程明譔因鄭友淸本係楚人。在豫起家。又時值三月。文內叙有紹芳聲於湖北。創大業於河南。及捧河中之劍。似爲添籌等語。鄭友淸疑有違碍。隨用紅紙貼去。程明譔聞之忿怒。其學徒監生胡高同生員楊殿材王國華及李夢蓉等。俱懷不服。三月初三日。胡高同路遇鄭友淸之姪鄭萬靑。令其就近服禮。鄭萬靑不允。輙拳毆鄭萬靑右眼。楊殿材王國華等。亦以鄭友淸係屬白丁。不當妄加評論。編造俚語。肆行斥駡。令李夢蓉書寫。粘貼街市。爲師洩忿。鄭友淸因曹文邠與伊素有嫌隙。又與程明譔交好。疑係曹文邠串通傾陷。卽持幃向教諭黃懷玉處呈首。黃懷玉傳詢曹文邠。文邠爭辨。黃懷玉責打手掌六下。曹文邠出外詈駡。又被黃懷玉杖責二十板。並出示招告。曹文郊卽揑黃懷玉生日。召伊領袖赴祝。接准士娼呈詞。尅短廪祿往拜鄭友淸之壽等款赴學臣衙門控訴。批飭南陽府提訊。咨會到臣。臣查程明譔代撰壽文語多狂悖。曹文郊列欵越控。均非安靜之徒。平日必尙有不法字跡。隨密飭府州等在於程明譔寓所搜出久經飭禁之留靑新集一部。按此書今書肆尙多有之。乃世俗應酬文字之兎園冊子耳、不知當時何以被禁、又摘寫後漢書趙壹傳中詩句成語一紙。內加圈評。幷於曹文郊家查出文昌錄一軸同符咒。解省委員審訊。據程明譔供稱。上年二月劉用廣們向犯生說他相好的鄭友淸。原是湖北興國州人。移居桐柏。經營成家。三月初一日是他生日。央犯生作文與他做壽幛。犯生應允。做了一篇壽文。犯生想鄭友淸從湖北來到桐柏起家。故說紹芳聲於湖北。挪大業於河南。原引易經富有之謂大業。是贊美他的意思。至捧河中之劍。似爲添籌兩語。因係三月初一日生日。故引用秦昭王上已置酒故事。也是切時令的意思。且本係留靑新集抄下來的。怎說是犯生陷害他呢。那起獲紙片上寫後漢書趙壹傳內成語詩句。是庚子年鄉試。犯生回籍應試不第。心內不平。後回到桐柏縣仍舊教書。次年二月閒。偶讀後漢書趙壹傳。觸起心事。隨手摘寫數語。妄加圈點。實不敢有別的意思詰以趙壹傳內五言詩二首。你何以獨取文籍雖滿腹不如一囊錢二句。密加圈點。且批古今同慨四字。况如今　聖明在上。勤政愛民。偶遇偏災。蠲免錢糧。發款振濟。天下臣民。無不感戴。你怎混抄那當豐年不飽煖的成語呢。據供犯生入學以後。教書度日。那些有錢的人都瞧犯生不起。犯生心中憤懣。故圈出文籍雖滿腹不如一囊錢兩句。加以旁批。犯生科舉多次。總不得中。埋怨主司好惡不當。又因命途乖舛。屢困文場。不得發達。縱使衣食充足。也不快活。故寫出鑽皮出毛羽。洗垢求瘢痕。那當豐年不飽煖等句。總是犯生心裏牢騷。不知安分。以致犯了悖逆大罪。還有何辨呢。至文昌錄符呪。據劉逢孫供稱。係伊父仁曾遺存。伊父生前。曾說每遇作文書符念呪。倍加靈捷。該犯曾練習數次。並不靈應。三十二年九月。伊父物故。即未經練習。僅存篋中。四十六年正月。携帶來豫。曾與曹文邠看過。嗣該犯回籍。卽將原書交與曹文邠收藏。恐其另有展轉傳播情事。必須澈底根究。盡行消毀。以杜邪說。且劉仁曹已故。安知非該犯飾詞狡卸。復經再四嚴鞫。堅稱實係伊父遺存之物。不知得自何處。寫自何年。因自己不能練習。並未轉傳與人。亦未借人抄寫。反覆究詰。矢口不移。擬將程明諲照大逆律凌遲處死。該犯之弟程明珠。照律擬斬立決。伊妻子姪等。均依律緣坐發功臣家爲奴。劉逢悉等。擬以杖徒。四十七年五月初七日具奏。本日奉　上諭。三法司於此案所擬。未爲允當。程明諲妄作壽文。及圈點成語之處。不過文理不通。濫寫惡套。與公然造作悖逆語言者有間。鄭友清疑有違礙。用紙貼去。並未徑行告訐。乃程明諲心生忿怒。率領生徒。輒肆拳毆。並寫斥罵語言。粘貼街市。此等黨同惡習。實啓師生門戶之漸。於世道人心。甚有關係。程明諲之罪。實在於此。該犯著改爲斬立決。緣坐各犯。俱著寬免。其徒胡高同等。逞强肆毆。爲師洩忿。均非安分之徒。卽著照部議完結。以示懲儆。朕辦理庶獄。一秉大公。所犯情罪。悉視其人之自取。似此門戶之見。尤宜整飭。以靖士風。將此通諭知之。欽此。

周小棠侍郎遺詩

常州周小棠侍郎師。光緒初名臣也。爲余朝殿試閱卷大臣。釋褐後。謁見於府尹署。殷勤延坐。詢西垂利病甚悉。惜甫登九列。遽以疾逝。曾見其所賦落花四律。蓋丙辰下第時作也。詩云。流鶯啼徧豔陽辰。喚醒繁華夢裏身。始信有緣都是恨。不知何計可留春。鸞漂鳳泊姿誰賞。燕舞蜂喧迹已陳。莫笑今朝眞落拓。從前羨煞看花人。春去春來客思驚。花開花落總關情。閒庭晝永人初倦。深院宵長月自明。紅雨醉醑胡蝶夢。綠陰啼老杜鵑聲。無言自下瑤臺畔。肯向人間訴不平。綽約風姿竟體香。托根原在紫雲鄉。此身已逐風塵隊。舉世誰憐錦繡腸。翻感天心多護惜。縱飄水面尙文章。彩鸞銜向蓬萊去。也藉清芬供玉皇。珍重何堪待折枝。闌干靜對日遲遲。潤黏香雨鋪成錦。輕被斜風捲入幃。羌笛數聲遊子淚。楚騷一卷美人思。天涯休自傷淪落。試看明年春到時。

幼女獻詩

乾隆十六年。高宗奉 孝聖憲皇后南巡至山東界。德州女子宋素梅。年甫十二。迎鑾界上。獻詩云。海宴河清代。 堯天舜日時。不辭川路遠。肯慰士民思。紫氣欽 皇輦。黃雲捧 聖騎。迎鑾恭獻頌。 萬壽樂無涯。 上覽之疑其未必己出。乃 召入內帳。面試五言六韻一首。女操筆立就。云。山左羣情切。江南望幸頻。九重深保大。五載舉時巡。浩蕩韶光麗。葱籠物色新。彩雲晴有象。瑞靄靜無塵。淑氣迎仙仗。祥風繞 御輪。

衢歌擊壤徧。共祝萬年春。 上大喜。賚賜甚厚。兩詩皆選入惲夫人珠國朝閨秀正始集。

青衣通內典

正始續集附載江陰女子沈綺琴事。亦足資談助。綺琴者。江陰歲貢生王兆魚家婢。兆魚字端翼、官吳縣訓導、乾隆詩人王儕嶠侍御蘇之祖也、幼卽伴讀閨中。性絕慧工吟詠。後忽耽精內典。會淨慈寺高僧慧公卓錫江陰。綺琴往投座下。乞參三味。慧公示以一偈。綺琴拍掌吟詩曰。飢來吃飯困來眠。悟得傳鐙第一禪。散盡天花渾不著。豐千饒舌已多年。慧公曰。汝眞佛門種子。但以文字釋經。未免墮口頭禪耳。以蒲團授之曰。待此物破時。卽汝證盟候矣。綺琴拜受。歸終日枯坐。不言不笑。尋卒。王蘭泉國朝詞綜載其詞二首。踏莎行送春云。恰恰鶯啼。喃喃燕語。商量欲倩東君住。荼䕷架外草青青。綠陰如幄遮來處。 小夢初醒。斜陽易暮。微行悄步看他去。一溪花瓣水聲長。誰知卽是春歸路。淡黃柳歸舟聞蟬云。寒蟬乍咽。橋外停蘭檝。一帶江村殘雨歇。聽到五更欲斷。澹月蕭疏又秋色。 者時節夢兒乍成得。櫓聲苦響偏急。烏衣巷柳曾相識。卷起。孤。篷。迢。迢。往。事。一樹。無。情。碧。按詞綜小傳。綺琴名湘雲。所箸詞名峽水餘音。

錢季重春風髩影圖

錢黃山茂才季重。嘗自貌女裝。題曰春風髩影圖。左仲甫中丞輔。爲賦疏影一闋云。春寒風靡。有美人歛袂。日暮孤倚。憶昔相逢。華彩如英。風流自厭羅綺。年來雙髩吹難綠。料金屋安排無意。拚此身化作巫雲。搖蕩楚江煙水。　或者湘纍未死。慕他善窈窕。與采芳芷。嫋嫋秋風江上。愁余又恐呼之不起。歸來依舊尋花住。問雙燕可來。花底有阿誰。未昧平生。並入女蘿煙裏。錢左皆茗柯翰風門下。所謂常州詞派者也。

法律叢話

柳隅

一文錢之犯罪

順治辛丑。江南之逋賦大獄。搢紳同日除名者。萬有餘人。葉方靄以負拆銀一釐左遷。不勝其憤。抗疏曰。所欠一釐。準制錢一文也。微臣固不足輕重。但方釋褐登朝。以一釐維正之供。即上冐嚴譴。不幾令窮簷之下。終日屏氣以待嚴刑乎。誠恐黠猾之吏。以愼重度支爲名。而羅掘敲扑。有慘不堪言者。疏上幾及於禍。時人因有探花不值一文錢之語。蓋是時葉方以第三人及第也。夫以一文錢獲罪。固屬奇聞。人或謂惟專制國乃有此苛法。而不料日本近時。亦發生一一文錢犯罪事件。其事起於數月前。栃木縣有種煙草者。消費應繳納政府之葉煙草七分。價值一釐。即等中國一文錢也。宇都宮地方裁判所之檢事。遂提起公訴。然宇都宮之地方裁判所。謂其犯罪之証據不充分。判爲無罪。檢事不服。再控於東京控訴院。控訴院取消宇都宮地方裁判所之判決。據日本煙草專賣法第四十八條。（其法文爲『消費應納於政府之葉煙草者處十圓以上五百圓以下之罰金』）罰被告人金十圓。被告人又不服控之大審院大審院又取消控訴院之判決判爲無罪其大旨謂所謂物也者物理學上之觀察與法律上之觀察全異其趣由物理學上言之雖極零細之個體不能不謂之物而由法律上言之則必參酌於國民共同生活之觀念苟於國民共同生活之觀念不感其利害則不得謂之物如消費七分之葉煙草此等纖小之行爲不認其有危險性卽不認其消費犯法之物從而不在可施刑罰之列此其取消控訴院判決之理由也

其在法廷既彼此異其判決而自大審院判定後日本學者又各持一說議論紛如有以此事爲有罪者有以爲無罪者要皆持之有故言之成理今畧述兩派之說如左

(一)以爲有罪者　博士富井政章卽主張此說者也其大意謂凡言價格之多少屬於相對的而非屬於絕對的雖云一釐法律上固非不認其價格也現在市塲販賣之物其價格之屬於一釐內外者所在而有若如大審院之見解謂其不得爲犯罪之物體則如販賣食品之商店過其前者皆可竊取一二而以其價格低廉之故卽不得問其盜竊之罪也此風一起將使乞丐貧民皆得於一文錢之範圍內公然爲盜竊之行

爲而無所忌憚是大審院之判決不啻一文錢盜竊之免許狀也斯豈非極危險之事乎蓋就刑法之理論上言之財產罪之目的物未聞有謂須定有一定之價格者惟價格僅少時認其刑罰宜輕而已然固不能謂其無罪也卽就煙草專賣法論之則此事件亦不能不謂其有罪蓋凡裁判一事必以犯罪之要件與立法之目的參酌而定之就令乾沒之物品其價格不超一釐苟其影響所及極其大重而亦置之不問焉則刑罰上所以保障法益之目的必不能達也彼栃木縣種煙之人民其行爲之違反於專賣法者不可勝數而每人所消費之煙草其價格多半不上一錢使以其僅少而不罰則專賣法將大失其効力而違反於立法之本旨矣而由此推之恐屬於稅法之諸法律皆將殺減其効力之大半故大審院雖謂其不含有危險性然由吾人觀之恐此後之種煙草者將繰返此等之行爲而其危險將不知其紀極矣此富井博士主張此事有罪之理由也

(二)以爲無罪者　博士美濃部達吉卽主張此說者也其大意謂欲論此事之是否有罪當以葉煙草七分爲前提而其斷案則在問此七分葉煙草果合於專賣法四十

八條之所謂葉煙草否也夫專賣法之所謂葉煙草其範圍如何法律上未有定義而法律上未有定義之物當依社會普通思想以定之夫社會之普通思想果以價格一釐之葉煙草爲法律上犯罪目的物之葉煙草乎其必不然矣抑法律上之所謂物非必與物質界之所謂物同蓋法律也者於人類之社會生活規定其權利義務之法則也故法律上之所謂物惟限於與此權利義務之法則有關係者而已質言之則物也者卽權利之客體云爾故使物質界雖謂之物而非爲權利之客權則法律上卽不以物視之又使其於物質界雖非有體物而可爲權利之客體則法律上卽以物視之雖然所謂權利客體者必有其要素此要素固依場合而異然就一般言之則利益卽其要素也故苟非人類利益之目的物不得爲權利之客體卽不得爲法律上之物而法律則對於社會所通認爲利益目的物者予以保護而已今試問煙草專賣法之第四十八條爲何等之法規夫非財政罰之法規乎夫財政罰法規所以保護國家財政上之利益者也故必侵害國家財政上之利益者始能以此法規處罰之夫一釐之煙草果爲財政上利益之目的物乎國家而恃此以爲利益其將不國矣故專賣法四十八

條之所謂葉煙草非指一枚半枚之葉煙草而可指爲財政上利益之葉煙草也今試舉一例以譬之有人與友人約謂我願饗君以牛肉一餐繼而僅以一臠之牛肉與之友人不服訴之於法廷在法廷果以其既出一臠之牛肉即能履行饗客之約乎夫出一臠之牛肉而謂能履行饗客之義務與竊一臠之煙草而謂其侵犯國家財政上之利益皆滑稽之談而已此美濃部博士主張此事無罪之理由也

此外穗積、松波、加藤、松本諸博士皆嘗發表意見要不外或以爲有罪或以爲無罪而已

夫同屬一文錢之事件同屬財政犯葉方靄與日本之種煙草者彼此固無以異也然而一則獲罪一則無事矣斯寧非所謂幸不幸者耶夫謂一文錢之事件不足以處罰則富井博士之有罪論何以如彼其森嚴也謂一文錢之事件亦不可不處罰則美濃部博士之無罪論又何以如此其深切也然則有罪論與無罪論各有一面之眞理而在葉方靄當時法廷偏適用有罪論之一面眞理而不適用無罪論之一面眞理在日本之種煙草者法廷偏適用無罪論之一面眞理而不適用有罪論之一面眞理此固

出於一時之偶然。然在日本司法獨立裁判官之適用法律必求公平。而在訴訟者則得自由辯論以貫徹其意見。故得轉有罪為無罪。而葉方靄生於專制國。苟觸時君之怒。無復辯論之餘地。其因此左遷。勢使然矣。故人謂探花不值一文錢。吾謂專制國之探花不及立憲國一種煙草之農民也。

雖然。日本之種煙草者。雖免於罰。而其訴訟費。恐比控訴院所定之罰金。不止二三十倍。戰國策言鄰人之女設為不嫁。行年三十而有七子。不嫁則不嫁。然嫁過畢矣。吾亦謂日本之種煙草者。不罰則不罰。然罰過畢矣。

文苑

人日立春招同鄭太夷陳石遺趙堯生溫毅夫林山腴潘若海集四印齋拈人日題詩寄草堂分均得日字

癭公

人生能逢幾人日況逢立春趁佳節天晴病起一開門迎春劇飲思佳客入門堂堂鄭谷口兩腳猶帶遼東雪臺卿握手互驚狀一論國事皆空裂柏臺溫尉稱敢言乃與潘安同簡默舍人林逋蜀中秀示我新詩清到骨后山後至髯絕倫是我西鄰老詩伯精衛誰塡恨海波各鍊媧皇補天石癭盦一畝半塘住我今已奉維摩室昨夜緋桃初著花門外西山界城白古有四難天盡予且醉春風盡今夕分題一笑記相逢來日大難那忍說

人日蘇堪叔伊堯生山腴毅夫同集癭葊用人日題詩寄草堂爲均分得寄字

弱庵

冰雪初消日光膩竹間嬌鳥銜春至（是日立春）冷官無事嬾出門稍稍車塵當路避煩憐令

節誰與賞。幸有瓔庵酒能置。主賓恰成作者數。各寫高生人日字。杜子東西南北人。春至看花草堂寺。吾儕何處三畝宅。一窮身外無餘地。四印齋頭今夜集。諸公且忍傷春淚。海隅逐臣未放歸。元豐謗餤今尚熾。不知春事爲誰好。一尊且與天同醉。題詩併問羅浮花。故人儻有南枝寄。

堯生侍御招飲未赴　前人

未得相從文字飲。空憐開過菊花時。最難暇日爲吾有。却負淸盃不共持。木葉浩同寒雨下。客衣冷畏北風吹。回頭嘉會徒增憶。轉眼淒年漸足悲。

庚戌十一月出都作　觚齋

塵外陰沈覺有霜。天東初月照昏黃。十年錯料成今日。一醉拚教進急觴。高樹亂鴉呼晚霽。西山殘雪剩微光。風旛自動心無着。留待滄桑話短長。

卜算子　　大鶴

辛亥歲二月故人方治舟看梅于鄧尉諸山雨雪載塗予畏寒不出孤此嘉踐因憶山中討春舊跡次韻白石梅花八詠仿其題格各疏遊踪頓記時日露條如後以示同志一丘一壑自謂過之若所作則傖歌無復雅句也

低唱暗香人花影凌波路行盡江南夢後春老興天慳與　橋上弄珠來烟火空寒處萬頃玻璃碎玉槃月好無人賦 虎山橋在西崦年常看梅舊泊處也憶乙巳正月十六夜携侍兒南柔吹簫橋上波月連珠如鏡中遊光景奇絕

瑤步落仙塵鈿額添宮樣一閟松風水月中寂寞空山賞　詩版舊題香盛蹟成追想花路曾聞玉輦過夜夜青禽唱 玄墓山聖恩寺爲南巡駐蹕之地有仁廟書松風水月今石刻存又還元閣詩版刻宋牧仲沈歸愚諸名公鄧尉探梅倡和墨蹟

古翠石床支寒玉雲衣覆落盡高花有好枝臥影如詩瘦　畫角謾吹殘粉本初裁就抱月飄烟欲寄誰淚已春衫透 柏因社在五龍山麓鄧司徒廟四古柏舊與陽山龍母祠晉柏西山福原寺梁松並稱奇跡花蔭老樹下多異色

竹亞野亭孤雪暗巖扉迥瘦出花南幾尺山一塢蒼雲靜　夢老石生芝到眼嗟奇景玉樹深深好墓田占斷空山影 青芝塢在小雞山東北梅花最深游跡不到予嘗欲營生壙於此舊題有眠雲無地青芝老虛被樵漁識姓名之句

一櫂過湖西曾載雙崦雪蹋葉尋花到幾峯古寺詩聲徹　林臥共僧吟樹老無花折

文苑 四

茆屋蒼苔世外蹤。心境成孤絕。嶔里山在安山東相傳古寺有宋時老梅毀於辛巳春從虎山橋趁魚艇度湖五六里直入曲港水窮便得一山因訪詩僧泯高苔坐連吟落葉繡地古雪照映極山澤幽眇之思近湖陰連峰崇桂叢翠陰蔽虧亦一絕境惜玆遊之不能再也

刻翠竹聲寒。拂壁落文細。摘得湖陰玉一枝。漕入新愁味。露坐古臺荒。見月能邀醉。謾倚傷春理舊狂。何限滄洲意。石壁精舍在蟠螭山頂門臨具區舊有望湖臺曾偕中實子復醉臥石上大書呼范二字予年例看花信宿此山舊句多在吟口

雲疊玉稜稜。裂石朱絃咽。翠衷何因倚竹看。春又匆匆別。秀麓夢重尋。風月今孤潔。幾見花前有故人。獨共寒香說。萬峯臺在彈山山中人謂之石廩昔嘗橫琴於其上鼓秋思一曲侍兒以洞簫和之半塘老人愛其境之幽絕有約花時重來卒不果今老人下世垂十年已

初月散林煙。近水明籬落。昨夜東風作雪來。夢地春拋卻。長負五湖心。不爲風波惡。醉看青山也白頭。一笑花應覺。白浮山在湖中與漁洋法華二山相近予嘗以大雪中從石壁寺門前泛舟升眺看湖上七十二峰如浮杯在几故韻末及之山舊多梅樹環麓皆水田盡其四肢之敏以從事一山可以卒歲予初南游欲買此山棲遯補種樹書有終焉之志懷此有年言談在昔匆匆不知老之將至也

樂納交於伊爾溫長者。倘肯常來惠顧。吾當敬迓高蹤也。晏陀釐正欲有所答。而頗難於爲言。幸剛騰別有所問。乃得舒其跼蹐。則聽剛騰問曰。吾所親子今居何所耶。晏陀釐曰。在希爾他客館也。曰吾居格蘭德客館。與子相隣耳。明日午間。幸過我早膳乎。曰吾樂聞君命。曰。如此吾人成約矣。吾與君將於彼時暢談也。晏陀釐於此以爲宜且退矣。方欲告別。忽見德理斯自內出。呼曰。阿母。倔突兒睡去矣。母今入室也。未姌娜曰。汝不見吾在此與客談耶。曰吾固知之。徒以獨坐廳中悶甚。故呼母耳。言訖欲退。姌娜呼曰。汝何爲慌遽如是。二客在此。曷不一爲禮。德理斯乃行女子見客禮。晏陀釐見之。頗跼蹐不安。剛騰則全神注視姌娜。復謂其女曰。此伊爾溫子爵。汝當不以爲生人。女曰。然。長者曾拯我於惡人之手中。吾詎敢忘之。會當永佩高誼耳。姌娜曰。於此更有一答坡氏指揮使。乃吾之厚交故人。汝固未之識。蓋汝尚在襁褓中。彼已往非洲去。至今始歸也。女笑謂剛騰曰。長者幸恕吾。吾彼時齒太稚。未能記事。於長者之爲人。茫不復記憶之矣。然吾怨阿母。以母從未爲吾語長者也。乃復轉謂晏陀釐曰。君好音律乎。吾知君必能歌者。晏陀釐曰。敢告小姑。吾歌殊惡劣。曰惡惡有是。吾聽君之聲音。而有以知其不然也。君必善歌者。吾甚喜得聞君之歌。剛騰亦謂之曰。子其毋辭。猶憶曩昔每獵罷歸來。置酒高會。子輒爲我曹詠不列丹尼之歌。吾雖不解其方言。未知曲中何語。然聞子之歌聲。則殊悅耳也。德理斯拊掌曰。吾願聞不列丹尼之曲調。幸以此樂見貺也。姌娜亦曰。吾亦與女兒同此句請。幸君不吝玉音。剛騰復謂之曰。子今更無可辭矣。吾儕且入室坐。於是相率入會客廳中。則見鳴琴方薦。德理斯先趨就琴旁兀坐。姌娜與晏陀鼇坐于其側。惟剛騰別趨就一隅之長榻上獨坐。與撫琴處相去甚遠。預待與姌娜共話。庶語音不亂歌聲。亦不致歌者聞其語也。姌娜謂女曰。吾恐汝未能拍合子爵之歌聲。此非汝所習之曲調也。曰。想亦無甚殊別。但乞伊爾溫長者爲我一譜其腔。吾自能拍合之。吾久受敎於偏突兒。此道已非復淺嘗者比。且吾於不列丹尼之歌。亦曾習得一曲矣。其始奏曰「亞剌尼加斯」。吾不解其意義。然悅其音調。復轉語晏陀鼇曰。長者當必知之。吾聞此曲在不列丹尼中無人不知者也。晏陀鼇曰。誠然。此甚流行者。時德理斯已坐於奏樂處調弄琴聲。應曰。似此便請歌之。吾已準備也。晏陀鼇不復辭。遂歌此曲一節。既終。德理斯曰。樂哉。乞君爲我釋其意義可乎。晏陀鼇歎曰。吾苟釋其意義。小姑將失其讚賞之權緒矣。蓋不列丹尼之人士。大都貧寒。故頗重視財賄。此歌所詠者。乃一少年人。慕一貧家女。而少年復爲一富室之老女所愛。貧女少艾。遠勝富女之老醜。少年固欲娶貧女者。爭奈富室之女多金可欲。乃卒舍貧女而娶之焉。德理斯不欲聞此。急止之曰。已矣。請勿更爲我解釋。吾未解不列丹尼語。且遺其詞義。而但問其聲律可矣。今已能按腔合拍。吾人且再奏之也。於是歌聲再起。姌娜察二人情狀。覺兩情彌洽。頗愜于懷。乃舍之而轉就剛騰共語。晏陀鼇口中雖作歌。而耳中則兼聽德理斯之言。自約其歌喉。使高下均無太過。庶不致亂共語者之聲。音亦不致使遠坐者備聞其所語。至歌聲間歇之際。則復轉語德理斯。而德理斯尚操縵未已。餘音鏘鏘。亦足以遮蔽對語者之聲。使勿遠聞也。此時姌娜與剛騰共話方酣。亦細語低聲。不使他人聞之。剛騰謂姌娜曰。吾日盼倫敦消息。今始得之。此際有旁人在。來書不便將出。明日再當示子耳。是中所報告。皆可信賴。答書之人。爲加尼咸長官。現充騎兵營之將領。凡英國之貴冑。固罔不熟識者。死者阿弗爾氏之亞力詩。無切近親屬。惟有一疏遠之中表親。而多年隔閡無耗。其在昔日。此中表親曾與亞力詩有交相愛慕之事。思締百年姻眷。惟亞力詩卒舍之而歸於迦爾尼貴爵。此舉殊爲有識。蓋其中表徒涎亞力詩之貲財者耳。此中表之名曰鴉狄虔氏之威廉。其人殊賤惡。多行不義。卒爲世人所指目。恐罹法網。不得已而遠颺。尙遺責負纍纍也。人多謂其逃於奧大利亞。且疑其已死。蓋久不聞音耗也。若云抗爭遺囑。惟斯人能爲之。然彼縱生存。當亦無可發難。以彼未由知有此遺囑也。就令萬一發難。亦當無能爲。蓋迦爾尼夫人。秉其完滿之自有權。以定其遺囑。彼以其財產悉畀諸何人。均可任意爲之者。吾之友人。且爲覓律師二人。討論茲事。均謂無難。此產可以指顧即得。吾友又代致意於劍鐘銀行。其經理人亦謂此金業已準備。旦夕可以提付。至死者之夫族。更不致來干預迦爾尼家之世襲遺產。已傳於其猶子某。其人已至巴黎。認領死者遺骸。奉之返于蘇格蘭。俾歸葬於迦爾尼氏之祖塋矣。似此諸事已畢。若女今可公然承領遺產。彼今尙齒穉。子當爲之保守。俟其于歸之日。乃畀之夫壻。伊誰享此巨產。殊可欣羡也。娉娜曰。憶當時阿弗爾貴爵佐治。每語及鴉狄虔威廉其人。彼殊畏怖之。以爲是實窮兇極惡之人也。曰。似此更足證吾友所言之不謬矣。曰。此人萬一再見。則將奈何。娉娜語時甚疑謀殺迦爾尼夫人之兇犯。即爲斯人。彼欲以親屬之名。得承襲其遺產。藉以償其債負。夫人旣以倉卒死。自當別無遺囑。則其本身之遺貲。必歸諸其最近之親屬。而最近之親屬。宜莫如斯人何難以覬覦遺貲之故。而計殺之。且聞彼與夫人昔日本有密誼者。有此前踪。自不難託辭勸誘。使之至所僦之房室中。以遂其謀殺之計。然則兇人之爲鴉狄虔威廉。殆十有八九矣。雖然猶有疑者。彼夫人旣死。必須有以証明其去世之時與地。然後可以求領其遺貲。今旣曖昧如是。苟非剛騰往認。且無有識死者之爲誰何者。則遺貲又安從可得。如此則又似非威廉之舉動也。正思慮間。忽聞剛騰又言曰。吾尙忘却告子。新得蔭襲之迦爾尼貴爵。近亦得一匿名書函。告以其家之老夫人已死。遺骸置於巴黎停屍場云。此匿名書殆即鴉狄虔威廉所致者。據此則其人當在巴黎。然而此書之用意。又與子所得之匿名書用意迥殊。審是則子所得之書。殆非威廉所致者。此事殆尙別有玄機。令吾無從索解矣。然無論其事若何。要之必無損於而母女。蓋此遺囑本無懈可擊者也。姌娜曰。此兇人或能暗計殺吾女。彼曾以此相恫喝矣。剛騰力爲解釋。謂此虛喝之言。實不足畏。二人方暢談之際。德理斯乘間語晏陀釐曰。我知君必來至此。君此來恰巧。吾方以茲事備告吾母。竟爲吾母所呵。母謂世胄之家。必不肯與市井之女爲婚。吾告阿母。謂君倘不欲婚我。何至數日相隨。不肯舍去。君謂然否。君歌至間歇時可答我。噫吾母方與其友深談。未暇聽我輩之琴歌也。歌闋。晏陀釐亦乘間答之曰。深感小姑摯意。今而母亦漸與我相習。當能釋其所疑。猶可幸者。今夕適與答坡長者相遇於此。彼必能以吾之爲人。具告而母也。曰。是則吾已知之者。雖然此外更望君有以答我。今君且再歌一曲。愼思吾言。曲終而後答我。吾所以必欲知君之意旨者。乃欲問君之果否眞用情於我耳。曰。吾能矢之。曰。君毋怱遽見答。且詳審之。請君且歌。吾援琴相和矣。晏陀釐遂復歌。姌娜遙睹其狀。知二人皆能發情止禮。甚愜於懷。顧視甚樂。良久。剛騰又曰。且置此一事。更言其他。子問吾此少年之爲人若何。吾今答子。此爲伊爾溫氏之晏陀釐。甚可愛重之青年也。年可二十七八。其恒產之歲入。約有滿萬佛郎。論其年齒。恰與若女相配。彼雖非殷富。而女自有貲財。且觀二人之情狀。亦甚相得。以此論之。是眞佳偶。然不幸此段姻緣。乃無法可成就。此其故子當已自知之。姌娜曰。伊爾溫氏倘欲求婚。何爲不可。彼倘來求婚。吾亦不能辭卻之也。曰。彼此時固未嘗求婚。就令彼果求婚。而更不問子之家世，此事尤情理之所無。子果許婚。則而女之家世當不能不明告之。曰。必不得已。則明告以吾女實爲私生兒如斯已矣。曰。此固不可終隱之事實，晏陀鞶之爲人。度量廣遠。而女出身，彼或不斤斤計校。然子自身之生涯，則又將何以言之。將毋仍執詭詞，謂受僱於某商肆中耶。然此等假面目。終不免有破露之一日也。曰。子肯助我。當不至於破露。剛騰愕然曰。然則子要余協力以欺罔此子耶。子乃大失計矣。吾以子爲知己。乃子尚未足以知吾。使其人非我之知交。吾自無破壞此婚姻之理。使其雖爲吾之知交。而彼未知吾與子爲友。吾亦可以不預其事。一任彼之自爲審擇。其成其否。吾不預知焉。吾固毫無意見於其間者也。而不幸今者吾適來至此。乃適與其人相値。而其人又非他。正吾多年故人之子。昔在摩必恆固時與往還。深相器重者也。子亦嘗至摩必恆。吾爾時必曾爲子言之。曰。是殆有之。然吾亦不能記憶矣。曰。今事已至此。夫復何言。晏陀鞶當必以此婚事商之於吾。吾將何詞以對。倘爲子掩飾。則吾爲欺友。而吾成爲無行之人。彼縱受紿於一時。異日必能知其眞際。則吾徒蒙欺友之名。而終爲彼所不齒。吾詳思之。惟有直告之而已。曰。然則子棄我乎。曰。否。他事吾可從命。惟此事不能。若欲吾傾其所有以助子。吾能之。若欲吾捨其軀命以護衛而母女。吾亦能之。至於欲吾棄擲其生平行誼聲名以爲子。則非吾所能也。曰。似此伊爾溫氏。明朝當知吾之眞相矣。可憐哉。德理斯也。曰。子毋憂。吾不至教晏陀鼇遐棄而女。吾罄情告彼之後。將爲子辯護。謂子之生涯。不辭趨于險巇之途。乃爲此女之故。徼子之出奇制勝。此女則不能備受教養。至於長成。此實不能爲子咎者。子之最初一青本在可原之列。而此後之生涯。則爲失足以後所難免之事。人當能以此諒子。吾更將告彼。謂而女之財產。得自父族之親屬。並非子所贈貽。且謂而女賦有高貴之性格。酷似其父。其父非他。乃阿弗爾貴爵也。如此不已。竭盡吾力以爲子游說矣乎。姍娜愀然曰。恐子言之終于無濟。則奈何。曰。此亦未可料。晏陀鼇之爲人。固饒有俠腸奇氣者。其行事每好與衆異。子試觀其人。口中唱歌。全神悉注於而女之一身。是必顚倒情思於而女者。吾意彼當無難逕情自達其愛慕之忱。而世俗之成見。當不能更囿之也。曰。彼倘能常常用情於吾女。當不難如子所言。蓄情誼日深。則或不忍相棄也。然子忽招之明日會食。則明日此事便當畢露。彼聞子言。有不胸襟如沃冰雪。而頓相背馳者耶。曰。吾縱不招彼會食彼亦將訪吾。詢問顚末。終屬必有之事。吾雖以實情相告。尙私心默冀此婚事之可成。因此等快壻不易得也。其他事或猶易求。所最難得者。則彼爲摩必恒人也、此邦人士。與他州風氣隔絕。而巴黎尤鮮往還。異日彼都人士。談及伊爾溫子爵夫人。更無有能究其出身何若者矣。獨念而女他日適此僻遠之鄉。恐難免索居之感耳。曰。彼今居此、亦非繁華之境、等是岑寂耳、且彼縱處僻遠。亦未至于索居。吾固不肯與之分離者也。曰。倘其夫先與子約。必須子與而女睽離。乃肯爲婚。則子亦終不肯相離乎。姌娜聞此言。心大悲戚。顏色陡變。微唏曰。此言殊令吾痛心。曰。吾言誠如醫者之奏刀。雖覺痛苦。然於病者固有裨益。此着實爲而女婚姻中所最當慮及之事、故吾不懼傷子之懷。必欲一問及之。或者此少年既知子底蘊。必欲與子要約、往後毋得來覩其女。或但許私行來省。不能公然往還。果爾吾亦得本子意以答之也。姌娜悽然良久。乃強應曰。子宜答之。謂吾倘舍去其女。將至悲愁以死。雖然、吾欲爲吾女計久遠、倘終不能不睽離。吾亦當勉從之也、曰、吁、子毋然。吾料彼所聞當不至是。此不過欲預爲之備耳、吾雖將具告以眞情。然必避重就輕。務爲子大加洗滌。以求人之能諒子也。言次。

晏陀鼇之歌聲已住。婀娜當此百感交集之際。若渾忘之。幸剛騰爲之儆告。乃起立趨就琴旁。晏陀鼇亦已暢然意滿。知時不可久淹。理當告退。乃向婀娜致詞曰。鄙人無端以不列丹尼之俚詞來瀆清聽。尙祈娘子見恕。令嬡聞此歌。亦不審能饜其好奇之心事否。德理斯曰。君毋謙抑乃爾。吾盼君不久再來。爾時再得暢聆玉音也。婀娜亦殷勤致語曰。吾亦盼高蹤之再蒞止也。晏陀鼇曰。娘子既命吾再來。又得答坡指揮爲證其生平。固當再來拜謁也。剛騰曰。吾甚樂子今者自能引進。不然吾亦當介紹子於華都娘子也。吾人爾後願常得覿面於斯。明日早餐時。當與子再訂後期重來拜訪耳。晏陀鼇曰。深謝指揮厚意。明日一交午正。定詣君旅邸也。乃與剛騰握手爲別。婀娜亦出其手。與之爲禮。晏陀鼇吻親之。德理斯不敢遽來握手。惟以顧盼致其深情。晏陀鼇既去。德理斯轉謂剛騰曰。此君不亦可人耶。剛騰曰。是何待言。彼更有一端。乃爲吾所最欽服者。蓋其人殊勇敢也。吾昔者與之會獵。曾見其親格猛獸。但挺獵刀與鬥。一霎斃之。德理斯曰。吾曾爲一惡人所困。其人之兇惡。殆尤有甚於野獸。亦幸彼來援救。得免於難耳。婀娜謂剛騰曰。此宅院地處僻壞。須有武勇之士。如伊爾溫氏或如子者作護衛

百科文科大詞典特別廣告

二大詞典蒐羅書籍數千種標舉名詞各十餘萬言提要鈎元分門別類嚴又陵先生序百科大詞典許爲博洽精核科學寶藏林琴南先生序文科大詞典許爲語精擇詳有功國粹其價值可知教員學生備此可省無數參攷書自修之士備此如從無數名師也發行預約券以來各界歡迎已銷數千部百科大詞典不日出版每部增價一元業經佈告惟恐遠埠訂購稍遲未及享原價同等之利益再備特別半價券謹贈凡持此券訂購者仍照前價以兩月爲限過期無効樣張附後伏祈

公鑒

上海國學扶輪社謹啟

本社購書章程

一採購圖書者、務將名目、及書價寄費、逕寄上海棋盤街平和里本社、及各省分售處、得信後、立卽照信配齊寄奉、

二寄遞欵項、或由信局、或由郵局、均隨尊便、其兌費滙費、由購書人自理、

三信局郵局不能滙兌欵項者、其書價及寄費、可用郵票代價、(以一角之郵票爲限、二角以上郵票不收、)惟郵票以九五折計算、郵票有污損者不收、不能揭開者不收、

信面格式

要函卽寄上海棋盤街平和里投交

國學扶輪社 收

雙掛號某省 緘寄

摘錄郵局購領郵票匯票及行使洋銀之章程

一購領郵票匯票者、應用上等洋銀交納、倘其地洋銀短少、亦可使用銅錢、惟應仍照上等洋銀行情核算、

一凡購郵票、行用銀洋整圓者、若該洋係屬上等通行之式、則每圓內之一分、卽抵郵票一分、是以每一整圓、可購郵票一百分、倘所用整圓之式、或不通行、或較低次、則應視此等銀圓比照上等通行者所差幾何、卽按其差數貼水、方可一律使用、至零開小洋貼水等項、爲數不得用逾一元之外、更應照足色大洋貼水、譬如所用之小洋若十一角、方值上等大洋一元、則每角應貼水一分、倘不貼一、卽按應補分數、從所購之郵票內坐扣、

一以銅錢購郵票者、應按上等大洋折算、估値幾何、係由各該管郵政司隨地隨時酌定額數、

一購領匯票、行使洋銀、或有須用銅錢者、其辦法與以上兩條無異、惟匯票係由此局納銀、彼局發銀、兩處行情不同、應在發票之局分別貼水、迨寄至彼局發銀之時、自毋庸再行補貼、所有匯寄各處應貼紋水若干、係由各該管郵政司核備專單、發交匯兌各局、懸示衆知、以便遵照、

郵件交郵局寄遞、若關繫緊要者、莫若請局挂號、其挂號郵件、每件編號、各郵局加意愼重、無慮遺失、其挂號郵資、必按右單所列交納滿費、若郵局偶疎遺落、仍有賠抵之法、

普通百科新大詞典序

自歐美學科東漸亞陸亞洲

物搜而集似尚不獨名物異古

已也即至理想法之為古人之所世

時賢發之學質今日之所必

有所之時賢僧之學要歸以

明以羲古籀雅集國古先王
自庖犧畫卦倉頡造書契
以籀頡歷漢唐宋元鼎彝
明代石刻以古文字揭於以道貫
入於文明之域古源之甚大源之
深遠史古而羲明集國之為

學者以驗諸蔡以來萬古之道
宗之民所以寧之儀表國務
之揆也於鑑往已諸於古今於以流
學也使古而後學者敦明
至於承之學解經民之所遂
也著之曰光輝乘而文章周

序　二

昔孔子之道莫著於漢，佛於魏晉，老
氏之所言著老於晉物也，雖見異
不爲世而佛能專物也，至入其中
也，故漢魏以說於今，而易力甚大
其於而來不已，以唐至古者此
僅竊而所以之者之功也，上古用

書者以氣收之以集氣大之此者之
道須為變動而除光明而精擇
傳言之易為不可強也今吾名詞者
譯者之權衡也而立為之調節
言之必為之物也譯之必為傳其能
是以慮須任於焉故因權衡與深

之一書必爲之地也據之一書必爲之禁也
而思想隨以巨變故西洋宗教讀
佛老者要名家墨法名家諸博
究異端者況今之科學之
乃新者科學者之集凡宇宙之
偏爲古人心之偏見思想之標樣之

以爲學授校日廣譯書世界取出之
風學但以專科之材學之流
瀛寰從已自航家變通學皆廣
廣文以事以來
於遂銳意改張以圖自振興學
條教時錄纂觀中外時賢著

序　四

昨蒙惠允寄書，意自為從款為免書。拜讀倩訊，遂書數寔，生以寄設復適郵遲，韓名各詞之排甄平中，標人多未能細攷也。國學扶輪社主人係李國楨之愫志也，平家所為書之為海內外學子之士所寶貴者乃亦以隸法移寫而求之形體偏旁之大要必使草書並六書循詳而後為可讀也可以發而為普通詞典之用乃觀其狀例書法以飾讀學勝斜補數處之以興未法法之人發其光解也哉然書為之曰字

序樵朱而以傑著時適館名詞鈔
樵學詞宋賢以書供予手
也思頌撰為矣數語以弁之
宣統三年正月夕梅居士叔跋

者敝社新出法官須知一書爲法政家所必備每部十六册價洋四元今爲初版發行推廣起見特備廉價券百張分贈尊處每部減收洋弍元四角（外埠加郵資三角）無此券者仍照定價發售如蒙惠顧祈將此券明住址同書價郵資一併惠下即將該書寄奉不誤此頌

安

上海政學社啟

法官須知

特別廉價券

新出法官須知每部十六册定價洋四元今邀

貴社特別廉價每部洋弍元四角郵費三角合計洋二元

七角寄到卽將該書寄至敝處爲禱（住址錄下）

省　府　州縣　地方

上海棋盤街五百十號

廣益書局內

政學社台照

購書人　具

月　日

（摘録）法官須知總目

内簡尺牘

古今名人尺牘多矣。求其文筆清雋字字典雅。未有如宋孫仲益之内簡尺牘者。書凡十卷。四百十八篇。李祖堯編注。無錫蔡敦復蔡初篁增訂。廣搜羣籍。旁徵博引。最稱詳備。熟玩此篇。不特可爲尺牘之津梁。而當時人物。亦藉此考見其梗概焉。今用鉛字校印。裝成一厚冊。

定價大洋六角

上海福州路廣智書局白

今世説

仁和王丹麓先生撰。於國初諸名流。或述其片言。或紀其一節。一時才人學士。流風逸韻。活現於字裏行間。言近旨遠。眞得晉賢風味者也。手此一編。如與昔賢相晤對。而文筆雋永。耐人尋味。尤令人手不忍釋。此書向未有刻本。道光間南海伍氏曾刻於粤雅堂叢書中。今抽出校印。精審無訛。每部大洋三角五分

上海福州路廣智書局白

二十世紀大著作名家童君愛樓實驗自來血保証書

明州童君愛樓著作等身生平擅長詩文書畫小說戲曲等一切撰作大江南北久噪文名歷在本埠各譯局各報館秉筆多年海內文學界中莫不知有此君其爲文莊諧並作獨闢町畦實爲近今二十世紀著作家中有數人物因其朝夜著作操勞過甚以致心血大衰精神困憊時患喘咳百藥無功今讀其來書能知其服本藥房自來血後其病如失精神倍增仍能深宵著述不知勞倦深讚本藥房自來血有起衰扶弱之功今特將其惠書照登於下藉見自來血大有功於人之以思慮致疾云云○五洲大藥房主人雅鑒今啓者鄙人向以筆墨餬口歷在廣學會山西大學堂譯書院萬國商業月報館字林滬報娛閒日報文娛報鶴鳴報春申諸處辦事多年自顧不文著書至數百萬言一人精神有限終日埋頭窗下竟成了肺喘之症近更書寫稍久神志易昏不能如舊時深宵著述莫知苦辛鄙人亦稍諳醫理念小恙之來多由心血暗耗致陽氣飛越成神衰咳喘痰多內熱之症服多方均不見效後自去秋八月間服貴藥房自來血後不覺喘平痰少仍得耐勞蓋由補血而得能若此也心感之餘爲作此書聊伸謝悃幷告學界諸君之抱有同病者即頌財安

庽本埠大馬路德仁里六弄志强學堂內童隱頓

海內諸公如蒙惠購請認明全球老牌商標每瓶內加附五彩認眞券一張值洋一角保證書一本方不致誤小瓶一元二角每打十二元大瓶式元每打二十元託局函購原班回件

總發行所上海四馬路老巡捕房對面五洲大葯房抄登

●太倉中斌學堂監督兼歷辦普通震旦校務聞君冠塵服自來血之後精神倍增舊病全除之保證書

五洲大藥房主人執事敬謝者鄙人自東瀛游學因病歸國瞬將十年歷辦普通震旦校務並獨力担任創辦中斌公學一所學生日見發達一切校政教科鄙人均有監督之責衹以舊患痰喘逢寒必發深受其累去秋在太倉中英大藥房購服自來血四瓶功效甚速鄙人素不信醫藥自服之後精神倍增目下舊病全除面部紅光大來日漸肥胖一切校務勝任愉悅爲此敬告中外學界全人之同病者庶得早占勿藥也專鳴謝悃即頌○○日祉

自來血價目 大瓶二元 小瓶一元二角 每打二十元 十二元 託局函購原班回件凡各界諸君如蒙惠顧須認明全球老牌商標每瓶附有値洋一角之認眞劵一張五彩保證書一本方是眞的

●總發行所上海四馬路老巡捕房對門五洲大藥房

抄登

數月瘴瘧一旦消除

廣東少年因患瘴瘧以致身弱體衰後服韋廉士大醫生紅色補丸而得永除病源韋廉士大醫生紅色補丸當未尋獲以前西藥中並無有永治瘴瘧之良方是故醫士所治瘴瘧之藥不過暫愈一時未能永絕病根且其藥每致損傷腦筋而有耳聾以及他症之患也自有韋廉士大醫生紅色補丸發明以來醫治瘧瘧遂無此等之患矣蓋是丸運行血中既能驅其血中之瘧毒使瘧虐化為烏有又能生發稠紅有力之新血以建立其全體使瘴瘧永不復發也試觀廣東沙面太古洋行寫字麥玉田君云○余固強壯康健之少年也不幸于三年前身患瘴瘧體漸消瘦難堪胃不消化每辦事數小時後即覺乏力延醫服藥絕無效驗偶閱新聞紙知韋廉士大醫生紅色補丸曾治瘴瘧之人已屬無數爰購而試服之未幾即覺身體長力飲食有味因接連再服頓覺瘧疾全消大獲痊愈自愈之後迄今未嘗服藥身體康強精神煥發遠勝疇昔矣余深感戴廉士大醫生紅色補丸主人[illegible]大德願將證書允為採用登報以為同病者告焉

廣東麥玉田君患瘴瘧頭痛胃不消化服韋廉士大醫生紅色補丸獲愈

韋廉士大醫生紅色補丸二十餘年來曾為歐美與非亞等洲大眾所歎迎今更名普全球為醫治凡由血軟弱不潔及腦筋失調所起各症之聖藥也其所治一切各疾已見效驗者即如山林瘴氣　血薄氣衰　諸虛百損　少年斲喪　陽萎不舉　風骨溼痛　脊尻痠痛　左癱右瘓　跳舞瘋病　脚氣衝心　胃不消化　乾溼癬癩　皮膚諸症　以及婦科各症尤為神速也

韋廉士大醫生紅色補丸中國各處藥局商店凡經售西藥者均有出售如疑假冒可直向上海四川路八十四號韋廉士大醫生藥局中國總發行函購或向重慶白象街分行函購亦可價銀每一瓶大洋一元五角每六瓶大洋八元遠近郵費一律不取

此係丸藥真樣

DR WILLIAMS'
PINK PILLS FOR PALE PEOPLE

注意韋廉士大醫生紅色補丸之聲名

KOUK FONG PO

No. 5

Issued on Tri-monthly

大清郵政局特准掛號認為新聞紙類

日本明治四十三年二月十三日第三種郵便物認可

每月三期逢壹日發行

Annual Subscription $650 each copy 25 cents.

Published by Hor Kwok Ching

585 Foochow Road

SHANGHAI, CHINA.

愛理士紅衣補丸

治愈體質羸弱胃神鈍疲承王君欽明惠來證書玉照

鄙人體質素弱食息疲倦動輒勞頓病從中來常見各報所登 貴藥廠**愛理士紅衣補丸**能療百病曾購兩瓶試服之下果然效驗如神茲祈再發半打附上小影一張亦祈列入報端以質諸同病者鑒

福州乾記洋行帳房王

欽明頓

各埠大藥房均有發售

倘內地無從購買請函至上海四川路一百十七號總批發所購辦即班回件郵費不加震寰藥廠啟

國風報第二年第五號目錄

宣統三年二月念一日出版

編輯兼發行者　何國楨

發行所　上海福州路　國風報館

印刷所　上海福州路　廣智書局

定價表	項目	報資	郵費	
報費先惠閏月停刊	全年三十四冊	六元五角	全年	一元
	半年十七冊	三元五角	半年	五角
	零售每冊	二角五分	每冊	三分
			歐美每冊七分	日本每冊一分

廣告價目表	
一面	十元
半面	六元

泰山黑龍潭

諭旨

三月初八日奉旨富勒祜倫著賞給副都統銜作爲伊犁錫伯領隊大臣欽此

同日奉旨御前行走土默特貝子棍布扎布之子公銜二等台吉占巴勒多爾濟著賞挑乾清門行走欽此

同日内閣奉上諭周樹模電奏悉黑龍江民政使趙渊剛很任性喜怒無常遇事把持奴隷屬吏近因該撫責成該司督辦防疫遇有不合稍加詰問輒敢肆口漫罵如此舉動實屬不知大體趙渊著即行開缺並交部嚴加議處至該撫自請能斥之處著毋庸議該部知道欽此

初九日内閣奉上諭陸軍部會奏遵擬陸軍部暫行官制繕單列表呈覽一摺陸軍大臣廕昌著補授陸軍正都統陸軍副大臣壽勳著補授陸軍副都統餘照所請由該大臣等分別奏咨辦理欽此

同日内閣奉上諭海軍部會奏遵擬海軍部暫行官制繕單列表呈覽一摺海軍大臣貝勒載洵著補授海軍正都統海軍副大臣譚學衡著補授海軍副都統餘照所請

由該大臣等分别奏咨辦理欽此

同日内閣奉　上諭專司訓練禁衛軍大臣貝勒載濤等請頒給爵章一摺陸軍貴胄學堂蒙旗監學舊土爾扈特郡王帕勒塔著賞給藩屬郡王爵章欽此

同日内閣奉　上諭雲南鹽法道載林著開缺送部引見所遺員缺著毛玉麟補授欽此

初十日内閣奉　上諭吉林度支使著徐鼎康補授吉林勸業道著黄悠愈補授欽此

交　旨

二月初六日　軍機大臣欽奉　諭旨會議政務處奏議覆四川總督趙爾巽等奏德格春科高日三處土司改土歸流建置道府州縣設治章程一摺又片奏議覆會籌邊務及遣犯改發等語均著依議欽此

初七日　軍機大臣欽奉　諭旨農工商部奏議覆張人駿等奏請派候補三品京堂張煜南考察南洋商務並招集華商經營實業一摺著依議欽此　軍機大臣欽奉諭旨農工商部奏議覆御史黄瑞麒奏湘省鑛產豐富亟宜提倡新法厚集貲本一摺

著依議欽此　軍機大臣欽奉　諭旨郵傳部奏奉直地方籌辦驗疫完備並已派醫隨車查驗次第開車一摺知道了欽此

十一日　軍機大臣欽奉　諭旨本日引見之卓異官升用知府在任候補直隸州知州直隸滄州知州萬和寅著以知府在任即補欽此

十二日　監國攝政王鈐章　軍機大臣欽奉　諭旨都察院奏據湖南巡撫楊文鼎查覆已革湖南知縣胡大庚被參不無冤抑錄咨呈覽一摺胡大庚著送部引見欽此

初十日內閣奏　派王大臣驗放分發江西補用同知徐紹渠直隸試用同知鄧慶楨北河試用同知王繩高浙江試用同知李乃斌廣西試用同知任慶瀾安徽試用通判陳毓桓甘肅試用通判高杞湖北試用通判黃元極湖南試用通判賀源澂貴州試用通判劉正勳梁英龍直隸試用直隸州州同易彥雲河南補用知縣陳鏞陝西補用知縣程德霖廣東補用知縣黎朝棟四川補用知縣孫雲錦直隸試用知縣樊文茲孫肇元夏濟清河南試用知縣秦用中陝西試用知縣孟江霖甘肅試用知縣朱家訓浙江試用知縣鄭孝檉福建試用知縣袁洵瀛江西試用知縣劉澧湖北試用知縣余大均

廣東試用知縣高松年廣西試用知縣陶銘鼎陳其昌李濟源長蘆補用鹽大使程維周畢業分發四川補用通判孫炳元奉天補用知縣張錫田山東補用知縣朱炳章河南補用知縣郭名義均堪以照例發往改用直隸州知州陸軍部裁缺主事貴卿堪以直隸州知州分發省分補用改就知縣陸軍部主事榮順堪以知縣分發省分補用保送直隸州知州陸軍部主事奉寬堪以交部記名以直隸州知州用捐復山西試用通判余寶滋堪以准其捐復原官仍發原省照例用揀選二等舉人周鈞堪以直隸州州同鹽庫各大使掣用奏留吏部主事齊徵謝榮熙高稔七品小京官龔延瀏學習筆帖式潤釗豐濟普良鐵山均堪以准其留部十一日覆奏奉旨依議欽此

論說壹

中國前途之希望與國民責任

滄江

春寒索居。俯仰多感。三邊烽燧。一日數驚。日惟與吾友明水先生圍爐相對。慷慨論天下事。劌心怵目。長喟累欷。輒達旦不能休。明水謂其言有足以風厲國人者。乃趣述之以爲此文。

宣統辛亥花朝　著者識

明水謂滄江曰。吾子平居以樂天无悶爲教。謂國家興亡。繫於人事者什八九。中國非無可爲。在吾儕戮力爾。吾習與子游。講聞既熟。誠不敢猥自暴棄。雖然。一二年來。熟察天時人事。無往不令人心灰意盡。殆范蔚宗所謂中智以下。靡不審其崩離。吾子云云。毋亦姑作達語以自解。或率其不忍人之心。知不可而爲之耳。滄江曰。不然。夫知不可而爲。惟聖如孔子者能之。吾鄙人也。學道無所得。豈足語於此。且天下惟極不達之人。

始好作達語以自解譬諸夜行畏鬼强作狂歌吾不爲也使中國而信無可爲吾惟蹈東海以死耳決不忍更發一言治一事吾之不忘吾國以吾國有使吾不能忘者存也今吾子憂中國之無可爲固當有所見其有以語我來明水曰俗論之言中國必亡者非一端非吾所悉敢從同也請得舉其說之深中於人心者附以吾之所憂疑惟吾子辯析焉滄江曰諾

明水曰今列强眈眈謀我我之所以自衛者殆窮於術此亡徵之最顯者也滄江曰斯固然也雖然國與國並立於大地狡焉思啓誰則蔑有孟子曰出則無敵國外患者國恒亡外患非有國之公患也且子不見乎普魯士之初建國乎七年戰爭之役五六强協而謀之其險象視我今日何如者不見乎百年前之法蘭西乎大革命起全歐伐罪之師壓四境及拿破侖既敗而列强會於維也納各磨刀霍霍以向之其險象視我今日又何如者又不見未統一以前之意大利乎以華離破碎之數十都市分隸於數强國不度德量力而思與抗其險象視我又何如者由此言之外患非有國之公患視國人所以因應之者何如耳且以土耳其之孱歐洲列强視爲投地之骨者垂五十年而

至今巋然尚存波斯之遇英俄也亦然即彼新亡之朝鮮自三四十年前久已不國然且擁虛號歷二君直至去歲然後君爲奴而社爲屋夫亡一國若斯之難也吾子亦能言其故乎明水曰土耳其波斯朝鮮皆非以其爲能競爭之主體而自存也實以其爲被競爭之客體而幸存欲得之者衆則其勢莫敢先動而弱者乃反賴以暫即安及乎强者不復以爲競爭之鵠則弱者之命定曷云乎不復以爲競爭之鵠必其經一戰之後而勝負有所決也否則協商而宰割之也夫苟日俄不戰則朝鮮雖至今存可也苟歐洲列强均勢破則土耳其不旋踵而爲波蘭續也滄江曰如是如是弱者不能自立而但恃人之容我爲國爲狀誠至可悲而當其尙容我爲國之時固不得不謂天之所以仁愛弱國而予之以圖全之機會使朝鮮人於十年前而急起直追一反其所爲猶可以不至有今日而土耳其苟自今有人焉整飭紀綱增進文物十年以後雖躋於列强可耳夫今日中國之地位與三十年來之土耳其其絕相類也自今以往彼與中國有關係之列强或經一戰而勝負有所決耶或捐棄猜貳協商而宰割我耶有一於此吾亡必矣雖然此二者皆非易致藉曰有之其亦必在於十年之後此十年中吾雖復荆

天棘地要未必能以他力將世界地圖上之中國二字遽行劃跡質而言之吾國人苟非發憤自亡則他人殆無能亡我者

明水曰乃者俄兵壓蒙伊英兵入片馬法人乘之窺滇桂旬日之間三邊繹騷而日本之在滿洲久視我主權如無物而吾子猶謂我國可以即安毋乃太自欺矣滄江曰吾謂中國可以不亡云爾非謂其不危也危固亡之漸然危與亡相去尚一間焉今且取列强與中國之關係而縱論之彼俄日德法皆懷抱侵略之野心者也英美則雖不敢謂絕無此心而比較的不如彼四國之烈者也此國中一般人所能見及也夫俄國在東方之勢力則洵根深蒂固矣然自日俄一戰十年所營熸其泰半自今以往終不能以大得志於滿洲乃回馬首以向回疆及蒙古今也窮日之力以築中亞之新鐵路而集大軍以壓我境蒙回二疆俄人固取諸其懷莫能與抗也然謂其遽一舉而取我名義上之主權而並奪之恐未必爾蓋並奪此名義則其所以鎮撫住民者轉多費力反不如假我官吏爲傀儡著著注入實力待其機會全熟乃一舉而穫其實爲計尤得也法之不競久矣其民頗習於婾樂雖有異志然用兵於外非其力所能遽及也德人銳

悍邁往之氣不可一世然方事事與英相持苟欲有事於遠東則利害尤與英衝突非先交驩於英或先取英之勢力而大挫之則終不能以大得志然此二者皆非旦夕間所能望也英人固非必無利我土地之心也然彼在我境內生計競爭上之地位本已最占優勝雖瓜分未必有所增而緣擾攘之故反生損失故英人常欲維持我國現狀地位使然也美則生計上之既得權亞於英而政治上之勢力範圍遠後於他國故瓜分中國於美國無毫毛之益而有邱山之損其不欲之更無論也若夫日本席方興之運而恒苦於地小不足以回旋與我接境而海陸軍皆居最優之勢其狡焉思啓之心固天下所共見然謂其必以瓜分中國爲得計正恐未然非謂其有所愛於我也蓋當實行瓜分之時日本無論若何强悍其所能得之地圖總有限日本今方汲汲爲務國民生計之發展於外而其最大計畫則以我全國爲之尾閭十年以來彼於生計競爭上已著著占優勝之地位後此益將有望而實行瓜分之後各國且將於其所占領之境界內各行保護關稅則日人商務侵畧之範圍將大減殺夫瓜分中國則長江流域西江流域必非日本所能染指也即燕齊秦晉間亦非所能望也所得者仍南滿與福

建之一部而已南滿久爲彼懷中之物享其實何必尸其名而以貪福建之一部而推十餘省之大利以予人日人雖愚不肯爲也夫今日我國爲條約所束縛曾無自定關稅稅率之權此實各國產業自由競爭之最好地盤英美所以欲以全力維持現狀者凡皆以此日本位置雖與英美不同獨於此點則利害惟均者也合以上各情實以論之可得三斷案焉（第一）各國雖眈眈涎我邊境甚或舉我邊境之一部攘爲彼領然猶未能遽以施諸本部各地（第二）在本部各地雖各各務擴充其勢力然名義上仍公認我主權（第三）**至於萬不得已然後謀共同干涉再萬不得已然後謀共同瓜分**　夫既曰不得已而謀干涉謀瓜分則謂中國可以即安焉固不得矣然干涉之禍必其在外債山積不能履行償還義務財政紊亂達於極點內亂蠭起不能戡定之時瓜分之禍必其在列强經一次大戰爭勝負有所決國際關係與今迥異之後**然則此數年間固尙有容我圖存之餘地既容我有圖存之餘地即容我有圖强之餘地**　夫今

日而始言圖存言圖强則既已遲矣然猶有如孟子所云七年之病求三年之艾苟爲不蓄終身不得若我全國人悉橫一亡國不可復救之觀念於胸中此如有病者於此其親族競以爲不治也委而去之病者亦自以爲不治也益日夜思所以自戕此其必至於死固矣然非死於病死於誤認其病耳吾所惡夫中國必亡論者凡以此也

明水曰今國中財政現狀岌岌不可以終日今年預算不足者七千餘萬兩而各省之虧缺實不止此數此後歲出益有增無減而歲入增加絕無幾望司計之臣瞢然不知財政爲何物躑躅冥行趨死若騖吾子固常言矣謂率此不變則政府破產之禍即在目前就令無列强干涉而即此一端已足亡中國而有餘子云無畏徒自壯耳滄江曰茲事吾久已憂之成痗若云不治之證則猶未也考今世號稱强國者無一不經過此絕險之關彼日本維新伊始政權甫自幕府以移於王室列藩擁土自重而中央政府無一銖之入仰給於貢獻而已及廢藩置縣而政府承各藩濫發之紙幣不得不爲代償且撤藩士之世祿須別有以給之以贍其生所費蓋十餘萬萬焉未幾復遘內亂竭帑藏以事征討不足則稱貸而益之蓋當明治十三四年間日本之財政惟恃不換紙

幣以爲彌縫稍有識者未嘗不爲之寒心也其他美國當南北戰爭前後俄國當槐脫氏任度支大臣前後財政之紊亂皆不可紀極而數年之間轉危爲安其最甚者如法國當路易第十五第十六之時代以財政積弊太深卒釀大革命之禍然波旁王朝雖緣是顚覆而法蘭西國固無恙也其後有豪傑振之終不失爲富强準此以談則乏財抑非有國之公患也今各國通行稅目爲我國所未經采用者甚多國中一部分人其負擔租稅之力雖至竭蹶而他部分人其負擔力有餘裕者固自不乏故今日財政雖似棼不可理然按諸實際其整頓乃甚易易以吾觀之則其視日本明治十三四年間之險象我尚不逮彼什一也病在不得人而理之耳

明水曰財政規畫必以國民生計爲之源泉而我國民生計之危機吾子既言之有餘痛更閱數年全國破產殆將不免吾四萬萬子姓且成枯腊以死及其時雖欲救之亦安可得滄江曰此其病根誠至深遠且至可怖然猶是緩症非急症也譬諸肺癆固足以致人於死然及其病之未深固尙可治夫今世歐美諸國咸苦資本過饒生產過溢而以我爲之尾閭於是產業革命之餘波汜濫以及於我我所爲日卽於貧者豈不以

此耶。然此現象是否可以永陷我於九淵。則當視我國民所固有之生計能力何如。使我民而果爲生計能力劣等之民也。則自今以往。我將成爲生計上之隸屬國。行亦必夷爲政治上之隸屬國。而不然者。則一時之風潮。雖甚足畏。亦視其所以禦之者何如耳。曰吾子盍一縱論我國民生計能力果何如者。明水曰。疇昔閉關未與外遇。固末由與人比其劣優。及至於今。則吾之懶德。甯復可掩。他勿具論。即如國產中號稱最大宗之品。若絲茶糖甕豆等。內之從未聞能聯合以改良其生產。坐視外國產品之見壓。外之從未聞能直接以自致之於各國市場。惟仰外商爲我稗販。而俯首以丐其餘瀝。又今世之新式企業。若股份有限公司等。其制度之輸入我國。亦既有年。而至今不解所以運用之之道。每試則什九失敗。又以舉國之大。曾不能自設一有力之金融機關。而令各國銀行得制我死命。凡此之類。皆吾國人生計能力薄弱之表徵矣。滄江曰。吾子所言。誠國人所宜日三復而深自省也。然遽以是斷定我能力之必後於人。吾猶未敢具謂然也。大抵生計現象之與政治現象。常如輔車相依而不可離。就中若股份有限公司。更非在完全法治國之下。末由發達。夫在今世而欲與列國競勝於生計界。必以大資本之股份有限公司爲之中堅而我國現在政治實與股份有限公司之組織不能相容故國民生計能力爲政治現象所壓抑而不克抽萌以出謂其本不若人不亦誣乎且如英國與歐洲大陸諸國其族姓譜系至相密邇也而英人生計能力其發榮乃先於他國數百年無他英之政治早已修明而大陸乃方在擾攘中耳夫今之美人猶昔之美人也而南北戰爭後其生計現象何以突變焉今之德人猶昔之德人也而聯邦成立後其生計現象何以突變焉今之日人猶昔之日人也而兩次戰勝後其生計現象何以突變焉豈非其生計上之本能疇昔固有所遏耶夫世界中諸民族其以生計能力缺乏爲病者則有之矣古昔之埃及人小亞細亞人阿剌伯人皆其最缺乏者也希臘人羅馬人雖稍優於彼輩然缺點猶多者也其在並世則朝鮮人土耳其人波斯人及印度人中之一大部分其最缺乏者也我國中之西藏人蒙古人亦其類也在列强中則法蘭西人意大利人及其他之拉丁民族人亦終不能於生計界占優勝者也俄羅斯人則今尚幼稚爲劣爲優未能具斷者也若我中國人乎吾以爲其生計能力之受之自天者決當在日本人之上即以校英人美人德人亦當無大遜蓋生計

能力之爲物大約以三要件結合而成曰勤勞曰貯蓄曰冒險企業而我國民之具足此三德實環球之人所共稱歎也今所以未能淬厲光晶者不過惡政治爲之障苟政治現象一變則我國生計上之勢力不十年而震慴羣雄可也

明水曰舉凡吾子所言皆以有良政府爲前提若現在之政府則何望者就令現政府悉行辭職繼起者亦一邱之貉果有何道以得良政府者今即將並世各文明國政府組織之形式全然移植於我國而能否運用存乎其人用何人以任政府權自操諸君上又何術能使之以必得良政府爲期者此問題不解決則子之論據破壞而無復餘矣滄江曰誠哉然也國家之命託於政府政府失職雖有極隆盛之國家可以不十稔而瀕於亡況其在我國之今日乎雖然政府者何亦人民心理所搆成已耳雖有極悍暴之政府苟非得多數人民承認而擁護之則決不能以一朝居且夫政府也者立於最易爲惡之地者也苟人民不爲之立監置史以嚴督乎其後則固宜惡者什九而良者不得一子盍亦一繙各國前史視其人受惡政府之荼毒爲何如而其所以自拔又何如者彼英國固立憲政體之祖國也其國會乃自建國以來蛻變發達由來舊矣然

前此惡政府之禍史不絕書其最甚者如占士第一之時嬖人卜碰函公爵擅政十餘年外交失敗財政紊亂吏治蕪穢賄賂公行當時英人爲之語曰『誰歟宰制英國者曰我王誰歟宰制我王者曰卜碰函誰歟宰制卜碰函者曰魔鬼』觀於此則其流禍之博可想見矣（卜氏之敗德失政。不能盡述。稍讀西史者當能知之。若無暇讀史。則中國今日之政府。即其絕好之一幅複寫帖也。）占士既淫湎無度大失民望及崩而其子查理士第一繼之查理士仁而寡斷權益移於卜氏卜氏恃寵而驕一切不任責而王反進而爲之受過國會幾度彈劾留中不省反命停會而慰留卜氏吾子試思此種情實與何國何時代之現象酷相肖者卜氏炙手可熱之勢積十餘年自謂與天地長久問其收局則伏尸二人流血五步萬事了耳卜氏既斃代之者爲辟讃怙惡不悛謂民實狂悖法當威壓遂乃誅戮無藝又竭其力以從事聚斂惡稅惡幣接武繁起民不聊生終受國會十三度之彈劾王不能庇乃付法院而處以極刑由此言之以憲政發達最健全之英國而其曾受創於惡政府也固若彼 由今日

觀之當卜氏辟氏柄政二十年間英民蓋呼籲無所智

勇俱困且法西交侵去亡一髮幸英人以百折不磨之氣相淬厲卒能蕩此羣魔復見光晶以有今日耳使其時英人相率灰心絕望委心任運則今世界上早無復有英國焉未可知也英猶如此他更可知彼法俄奧日諸國豈嘗有一焉不經惡政府之荼毒銷鑠詗諸史乘歷歷可稽吾無爲更累舉以塵聽矣要之政治上有一大原則焉曰凡政府能爲惡者則國民許其爲惡而已其象如律之所謂和姦惡政府則狡童而許政府爲惡者則游女也故夫陷中國於今日之地位者其罪固在政府然使政府得陷中國於今日之地位者其罪又在國民吾與子推論中國前途希望顧不言政府責任而言國民責任者凡以此也

明水曰吾子言及此則幾於圖窮而匕首見矣且吾子不云乎政府者人民心理之所

搆成也。今吾國曷爲而搆成此種政府。則吾國民心理之居何等。抑可見矣。譬諸沙漠之磧。末由產嘉蔭。糞土之墻。不堪施藻繪。吾所以竊竊憂中國之亡者。凡以此也。滄江怫然作色曰。如吾子言。得毋謂我中國人。實天賦之以亡國民之劣根性乎。其侮我國民不亦甚乎。明水曰。非敢云然也。顧事實所在。又豈能徒以我慢貢高之辭自揜。且子不見乎希臘之將亡也。曷嘗無德謨士的尼其人者。羅馬之將亡也。曷嘗無希西羅其人者。彼皆熟察時局。洞矚幾先。日嘵音瘏口以諫說其民。淚盡繼之以血。然終已無救於亡。何則。當一國風俗穨壞。人心腐敗之旣極。全社會爲鬼脉所中。暮氣所掩。雖有聖醫不得而起之也。吾子之樂天主義。其奈之何。滄江曰。子問及此。所以起予者多矣。此非由歷史上觀察我國民根性。備說其正軌變軌。而以之與今世强國與夫衰亡之國相比較。則無以下正確之決論。而定我儕之所當從事也。倘不厭其長。願聞之乎。明水曰諾。吾願聞之。吾且信我國民凡有血氣者。舉願聞之。

（未完）

論說　弍

閥閱的之政治家與平民的之政治家

柳隅

中國近數十年來外交之所以失敗內政之所以廢隳皆由於當道者之不得其人蓋爲政在人苟無仁賢則國空虛曠觀古今莫不皆然也是故今日欲語强國有爲時勢所要求而相需最殷者則望有政治家之出現是已蓋有政治家而後可以整綱飭紀可以救弊起衰而國勢自駸駸焉日以振起斯人不出如蒼生何政治家乎眞今日時代之驕兒矣雖然使今日誠有政治家出現焉而出現於閥閱之家乎抑出現於平民之中乎緣其出發點之異而政治上將生絕大之影響焉是不可不深察也蓋今日各國之政治現象有成爲官僚政治者焉有成爲政黨政治者焉其所以成爲官僚政治與政黨政治之故其原因雖不一端而就其大端言之大約一國之政治家而多出於閥閱之中則常成爲官僚之政治若多出於平民之中則常成爲政黨之政治故一國

而出閥閱的之政治家與出平民的之政治家其所以成爲政治家者雖無所異然其影響於國民政治能力上則相去判若天淵蓋官僚在政治上之勢力與平民在政治上之勢力實依是以爲消長也夫官僚政治與政黨政治就政治上而論各有短長吾固未敢輕爲軒輊雖然官僚政治僅能發達政治上之事業若社會上之事業其所以助長之者爲力甚薄若政黨政治不惟能發達政治上之事業而已其於助長社會上之事業其力亦極大蓋政黨政治不惟能使國家之活動亦能使社會之活動此政黨政治之優點也是故中國今日誠欲使朝野之間各呈活潑之氣象必也使國家之政治成爲政黨政治而勿成爲官僚政治而欲使政黨政治之發生必先有平民的政治家之出現於是乎今日政治家之出現其立脚點之在何途將來政治之將成爲何種形式即於焉繫之故我國民而欲歡迎何種之政治不能不先歡迎何種之政治家也吾以爲中國今後而無大政治家之出現也則已苟其有之必爲平民的之政治家而非閥閱的之政治家夫非必輕量閥閱中之人物也蓋細審中國之國情其門地愈高者愈難於出人才其門地愈低者愈易於出人才故今後政治家之發生必爲平民的

而非閥閱的斯實無待蓍龜也吾且從種種方面觀察之而推論其所以然之故焉

第一先從歷史上之事實觀察之

一國中各種之現象常受歷史上之影響蓋歷史上有其元素者後世常流露其端倪歷史上無其種子者後世難驟收其效果他事有然卽人才所從出之途亦不能不受歷史上之勢力所支配也中國數千年來所謂大政治家者多出於寒素之家而少出於閥閱之族試觀三代以上之人物伊尹舉於有莘傅說舉於版築膠鬲舉於魚鹽太公舉於渭水以一代之大政治家而氏族寒微毫無門地之憑藉然由平地而上青雲卽致太平有如反手斯眞吾國政治家之特色也又豈獨三代上而已孔明躬耕南陽一出而成三分之王業安石高臥東山一出而措晉室於治安朝爲匹夫暮作卿相蓬廬俯仰想見名世之襟期廊廟雍容猶是書生之丰釆蓋數千年來大名鼎鼎之政治家類屬平民的而非閥閱的天地清淑之氣不鍾於貴顯之家而鍾於寒微之族此神州之文明所以自上世而普及於下等社會也返而觀之他國彼日本之政治家純出於藩閥斯可無論矣若英國之政治固近於平民的者也然依英人加爾允所調查其過去二百年間之大臣以首相

論說　四

論之則出於貴族者四十一人出於平民者十七人以外相論之則出於貴族者五十六人出於平民者八人以殖相論之則出於貴族者四十六人出於平民者二十五人以陸相論之則出於貴族者二十九人出於平民者三十一人以海相論之則出於貴族者四十八人出於平民者二十八人其各種大臣除陸相外皆貴族占其多數而就其總數論之則出於貴族者比出於平民者多至一倍以上則英國之政治雖近於平民的而其人才則多屬閥閱的也是故英日等國苟欲求內閣之人物政黨之領袖則必索之於望族以閥閱之家實爲人才之淵藪也（英國之政治家多出於貴族然猶能成政黨政治者以其政黨之發生甚早而今日平民之勢力又極膨脹故也此非他國所可比擬）若中國則不然伊古以來賢聖之君欲求公輔之器非拔英才於風塵之外則搜隱逸於山林之中蓋人才之淵藪在於平民社會而不在於閥閱名族也若夫門第貴顯者則所謂世祿之家鮮克由禮肉食者鄙未能遠謀欲於其中求人才常如鳳毛麟角之不可得此非吾之揑虛辭以相誘徵之歷史上之故事實已彰彰不可掩者也故將來而有大政治家出現其必出於平民之中而不出於閥閱之中由歷史上之經驗實可以懸揣而知者也

第二再從社會之趨向觀察之

一國之人才誠欲有所作爲必先得社會之信用而後始可以行其志蓋能得人望則一言出而天下響應之斯其所計畫者皆迎刃而解而何事之不能成非然者孤芳雖堪自賞而斯世無與爲徒雖在英雄亦嘆無地之可用武也而社會之待遇人物其好崇拜何種之英雄則因國而異其在英國貴族中之人物最爲社會所推崇一國各種之事業苟得貴族中人出而提倡則其事常易底於成故英國國民之崇拜英雄實傾於崇拜貴族之英雄也其在日本社會之推崇貴族與英國無異而武人亦爲國民所尊重焉故日本之政治爲藩閥政治亦爲武門政治也若我中國則社會之崇拜英雄常崇拜平民的之英雄而不崇拜閥閱的之英雄歷觀往代當時艱孔亟天下所俎豆馨香以祈人才之出現者常望之於寒士布衣而不望之於世家巨室安石不出如蒼生何以下士而動公卿之懷思繫海內之人望蓋中國在野之人物其潛勢力之偉大實他國所無也又豈獨安石而已彼列朝之名臣碩輔其能得國民之崇拜者大都來自田間若世祿子弟誰復置信之者蓋自孔譏世卿墨言尙賢由學說所鼓鑄遂使社會之風氣崇拜草茅中之人物而

不崇拜閥閱中之人物匹夫之聲價駕於公卿斯又中國之社會所獨開之生面也夫一國之人物其能得國民之信用者乃能建立功業而中國社會之心理其所崇拜者則在起自草野之人故出社會之風尙觀之今後而有大政治家出現亦必爲平民的之人物而非閥閱的之人物也

由上觀之中國而無政治家之出現也則已苟其有之必爲平民的之政治家蓋洞若觀火矣夫有平民的政治家之出現則將來政治之趨勢必成平民政治而非官僚政治斯又必至之符也言念及此甯非前途一可忻喜之事耶抑吾又有言者今者政黨之聲揚揚乎盈耳矣欲望政黨之成立必有爲之領袖者今以一時之未得其選也於是少數淺識之士有議戴親貴以爲領袖者焉有議戴顯宦以爲領袖者焉夫吾非敢謂親貴顯宦之中必無賢者也雖然返之吾國之歷史其應時勢所要求而能轉危爲安者皆由平地崛起之人物而非憑藉門地之人物今求政黨之領袖必謂惟貴顯之中始有其人而不可望之平民社會焉其毋乃輕於量天下士耶不甯惟是政黨之人物不惟貴能活動於政治上又貴能活動於社會上蓋必能廣收社會之人望得多數

人之信從斯其黨乃可望發達也而閥閱中之人物其性質常有不宜活動於社會者使之統率一黨必不能廣羅在野之人才則其所結集者恐多屬錮蔽之官吏於是其黨將陷於腐敗而無活潑清新之氣象矣不特此也使政黨之分子多屬腐敗之官吏而少清新之民黨雖曰政黨直官僚黨已耳其得執政亦成官僚政治已耳夫使其能如德國日本之官僚政治綜核名實令出惟行猶可言也然現在中國官僚中之人才能有如德國日本官僚中之人才乎使中國而以官僚政治終吾恐其即以腐敗政治終也是故今日欲謀國家之發達必當掃去官僚政治而建設國民政治而欲建設國民政治必賴有健全政黨之出現夫健全政黨之發生其第一之條件必有平民的之政治家出於其間始能集合草野活潑有為之人才以組成眞正之政黨也而詞之中國之歷史與社會之風尙平民的政治家之易發生又已灼然無疑也然則今日欲求政黨之領袖亦求之於平民社會而已矣何居乎寡識之士乃欲於閥閱中求之也孟子曰五百年必有王者興其間必有名世者天之厄中國亦已久矣今　聖明在上是王者興之明徵也而名世之挺生亦已數過時可矣竊意深山大澤之中必有懷奇負

異之才可爲統率民黨之領袖與組織內閣之人物者天地間氣已洩其奇山嶽有靈呼之欲出平民的之政治家乎其可以應蒼生之請命出而謀天下事矣

時評

將來百論（續第三號）

滄江

（十）新外債之將來

一萬萬圓新外債之舉。自去年秋冬間與美國交涉。至今迄未有成議。將來結果如何。實內政上外交上之一大問題也。

茲議之久不成。則美人要求派財政顧問之一事實爲之梗也。而反對此事者。又有兩方面。（其一）則英德法三國也。蓋此事雖由美人向我政府承辦。然草約初成。士德列即往歐洲。（士德列爲美國前任奉天總領士即此次外債之張本人）與英法德資本家協議。公同引受。於是一國借款遂變爲四國借款。夫美人所以將此利權公諸四國者。則亦有故。前年川漢粵漢兩路之借款。本由英法德引受。而美則中途加入。當時四國當有公約。謂此後凡有中國借款。必須利益均霑。美人之不能單獨行動。勢使然也。然以中國今日之現象。凡借款與我者殆莫不含有政治上之意味而財政顧問則於政治上之關係尤密切者四國既公同引受此借款而美國徒以最初發起之故獨享此特派顧問之優先權是彼三國所不肯服也是故緣此猜忌久相持而不能下也

（其二）則我政府也夫以債務國而聘債權國之人以爲財政顧問本屬天下至險之事我國人驚心動魄而思所以拒之宜也惟現政府所以毅然反對此舉者其用意或別有在財政顧問之是否貽禍於國家現政府或未暇深問何也國家利害問題向來不足以芥蔕現政府之胸也雖然現政府別有其所私憂者一事焉彼徒恃現在財政之紊亂乃得以舞文作弊以飽其私人之慾壑而既有外國人爲顧問彼自是乃不復得自恣即如此次一萬萬圓之外債政府之初與美人約也固云借之以爲改革幣制之用也而既聘美人爲顧問（頗聞此次擬聘之顧問。即美人精琪氏。首勸我國行虛金本位之幣制者也。）則除供改革幣制用外勢不能挪動此款然現政府則曷嘗有改革幣制之誠心者不過欲借此名目攫得巨款則聚而咕嘬之耳緣有顧問而不能挪用則與政府借債之本來目的已大相反其竭全力以反對之亦固其所也然則茲事遂從茲罷議乎。恐未必然。就我政府一面言之。無論中央與地方財政。舍借債外復何道以自活。他勿具論。卽以宣統三年豫算案不足者七千餘萬。外債不成。則今年旣無以卒歲。其究也則將無論以若何吃虧之條件。甯犧牲凡百利益以爲易。而惟求得債以救然眉。此事理之至易覩者也。就美國人一面言之。彼方藉此以市恩於我。且英法德三國之加入。亦由其所招致。若荏苒經歲。終成虛語。則彼籠絡我國之政策。遂從茲失敗。而其對於國際團體之信用。亦將緣而墮落。故美人之必排萬難以期其成。亦勢使然也。

然則此事之趨勢將若何。曰美人對於英法德三國。必將大有所讓步。以期免衝突。其對於我國。必將乘其危而脅我以必從。大抵顧問問題。終不能免。或於四國之外。別求一無關係之國。而置其人以爲顧問。則債權團體。庶可免猜忌矣。特未審我政府將何以待之。我國民又將何以待我政府也。

長輿案此文乃去臘寄到本編輯部者。今據最近外電。則有美國人願將顧問權讓與法國人之說。又有將此項外債與川漢粵漢路債歸併一談。合爲

時評　四

一萬五千萬元而日本與比利時亦加入共爲六債權國而財政顧問則用比人之說雖未知信否要之今年必將有一宗大外債出現而財政顧問恐遂不能免矣嗚呼

(十二)　墨西哥革命之將來

宣統三年二月十四日　長輿識

自頃墨西哥共和國之革命軍頗極猖獗蓋墨西哥之無內亂三十餘年於茲矣今茲警報有心人頗欲觀其後也

中美南美諸共和國本皆葡西兩國之殖民地自十九世紀之前半紀紛紛獨立雖然內亂曾無已時大抵每經四五年必起一次革命此各國之所同而墨西哥當四十年前亦與彼諸國並爲一邱之貉者也而墨西哥卒能翹然有以異於他國者則現大統領爹亞士實再造之

爹亞士之得政權亦由革命來也初墨西哥僧侶黨與自由黨之爭亘數十歲不絕一八七二年大統領福亞運卒的查達代之時爹亞士以一小兵官煽動叛黨遂傾政府旋被舉爲大統領四年任滿辭職一八八四年復被舉自茲以往賡續被舉以迄於今

蓋爹氏爲墨國元首三十一年於茲矣其位望之崇權力之專視世襲君主猶將過之爹氏在職中其所造於墨國者良厚首裁抑僧侶舉政教分離之實使政權得歸於一簡練少數精銳之軍隊鎮撫反側絕內亂之根原敎育事業中美南美諸國所最漠視也爹氏則全力注之而於實業敎育盡瘁尤甚大利用外債以促進國內諸業成鐵路七千餘英里厲行法律絕無假借舉全國民整齊而畫一之蓋爹氏者實開明專制之模範也求諸他國則俄之大彼得普之腓力特列英之克林威爾法之立殊理庶足比之論者謂近三十年來並世諸國之元首無一人能逮爹氏非虛言也

雖然爹氏今年則既七十有九矣最近數次任滿選舉彼皆以極懇摯之辭向國民乞骸骨卒以不得替人牽率留任蓋墨西哥之命脈全繫於爹氏一人之手久矣論世者咸謂爹氏一旦不諱則墨國前途實可寒心而初不謂其禍遽發於今日也

夫以爹氏本以峻整爲治國中不平之徒自所不免特憚其威望不敢發耳而爹氏則已達頹齡積勞嬰病固不能無倦勤而所屬閣臣德望無一足以服衆者此今次革命之第一原因也加以美人復從中煽之此今次革命之第二原因也

夫墨之與美其地勢本相毗連合併爲一於事至順且其歷史上關係本極頻繁一八四五年墨美交戰美人奪其領土五分之二一八六一年以內亂故爲英法西三國聯軍所陷戴奧國皇族爲帝其後亦藉美援始能光復（一八六七年事也）自爹氏受事以來大利用外債以圖殖產興業而現在美國資本之在墨境者其總數實十萬萬打拉以上（此非專指公債。蓋合外國人投資企業者而言。若以公債論。則墨政府財政基礎甚鞏固。未嘗予人以藉口干涉之機也。）而彼此皆行保護關稅其於兩國產業發達之自由滋多不便故美人日眈眈其側狡焉思啓亦不足深怪者

煽亂之舉吾固信其非出自美政府也然美爲民主國往往以一部分人民之意嚮漸積成爲輿論而政府乃不能不舉國以從之前此古巴之亂亦由英國少數冒險任俠之士陰爲構煽遂釀成美西戰爭其已事矣然則今茲之亂倘久而不戡其能否不擾及美墨和平之局吾不敢言果不幸而出於此則墨之存亡未可知耳

嗚呼以一英雄數十年締造之而不足者數豎子一旦敗壞之而有餘有心人不禁爲爹亞士下一掬同情之淚耳

長輿案據八月來外電所報則爹亞士扶病厲精從事鎮撫正月間亂事殆

就熄滅而所擒獲叛黨之將官則美國人蓋二十有三人云二月初旬則報爹亞士疾大漸殆將不起革命軍之勢力亦日益猖披而美政府忽下動員令以陸軍二萬由舊金山向散地哥進發以壓墨境復以四軍艦監其港口美政府宣言有事演習絕無他意然列國莫之肯信也自今以往墨其益多事乎

宣統三年二月十四日　長輿識

(十二)　中國冗官之將來

人生於天地間不可以無事而食凡國中有游手無業之一階級則其國必殆此階級之人數愈多則其國愈以衰頹此階級之人既多而又居國中最上流之位置則國之亾必矣百年前歐洲各國之無數貴族僧侶是其例也而我國現在之無數大小官吏亦其例也

官吏在理宜非游手無業之民也孟子曰或勞心或勞力又曰不素餐兮孰大於是是其義也在完全法治之國一切官吏皆以相當之勤勞受分內之俸給故無所於怍就中如英美等國其官吏之多數皆名譽職(不受薪水)則只負特別之義務耳而更無特別之

權利故官吏宜爲社會所敬也我國官吏不然社會上有此種人不爲多無此種人不爲少惟優游暇逸自恣於宮室之美妻妾之奉日爲鼠以盜大倉之米受社會莫大之恩惠而曾無絲毫報答社會此等人有一於此固足以減殺社會自存之力今盈目皆是則社會如之何其不乾瘠以死也

夫不勞而獲無事而食此志行薄弱之徒所最歆慕也以故國運愈蹙民生愈艱而官吏之數乃愈增近十年來國中百業皆廢凡求衣食者皆輻輳於官吏之一途官吏之供給固日增加而其需要增加之速率則又過之律以生計上原則則官吏一業已入於報酬遞減之限界向此途以投資營利者不復如前此之易易矣而近者復以財政竭蹶豫算實行之故不得不裁減冗員於是供給之途益驟狹今後一二年間誠官吏市場之恐慌時期哉

凡負債者終必無所逋不如期如分以償之及乎後期則所償或有逾於其分者矣今我國官吏皆逋社會之債者也自今以往恐社會索償之期至矣不償以相當之勤勞行且償以無量數不可堪之苦痛彼其人者除做官外一無所知一無所能官既無可

做則雖欲執一賤役以餬其口亦將不可得何則凡世界上有獨立之人格者無不自食其力彼輩則無自力可食而惟食他人之力者也彼輩在此高天厚地中全然無獨立之資格無獨立之能力者也夫以盜賊爲生涯者至於無可盜則餓死乃其分今舉國中官吏之大部分皆盜社會共同生活之資料以自肥其身而長其子孫者也可盜之資料既盡則其宛轉就死也亦宜

問者曰今之投身於官吏社會者多半皆出於不得已未必皆其所自召詩曰行有死人尚或殣之吾子見彼輩之失職凍餒曾無所惻隱於中乃視溺而笑乎且官吏中豈無賢者而子乃一概儕之於蠹鼠盜賊毋乃太善罵乎應之曰吾儕有惻隱之心其於鰥寡孤獨廢疾者固當憐之雖彼無所貢獻於社會而社會各人出其共同生活之資料以養之亦義所宜何也以彼所受於天者本薄其聰明才力不能完全發達其能力不足自給非其所自取也若官吏豈非齊民中之優秀者乎誰令其自幼及壯曾不自愛不務正業以致成爲世界上一物不知一藝不能蠢如鹿豕脆如蒲柳之一種厭物乎故凡百皆當惻隱獨對於彼輩則眞無從行其惻隱也抑傳不云乎善牧馬者則去

其害焉者而已。以彼一人一家之飽暖淫泆。而舉國中坐是以轉於溝壑者。不知幾何人。幾何家矣。何也。全社會共同生活資料。只有此數。而此等無業游民。乃耗其三分之二。不必其直接以操刀殺人。而所殺已不可以數計矣。吾儕宜惻隱此終歲勤動之良民乎。抑惻隱彼游惰之敗類也。若夫官吏中自當有賢者。則正孟子之所謂不素餐兮。彼固終不至爲社會所淘汰。而我雖善言。亦非所以施於彼耳。

問者曰。今茲之汰裁冗官。苟所汰者果皆爲蠹食之人。而所存者則皆有相當之能力。則被汰者亦將無怨。其奈結果終非爾爾。其失職者不過競爭於官吏社會中而劣敗淘汰耳。夫競爭於官吏社會中而劣敗者。未必不爲全社會之健全分子。而官吏社會中之優勝者。正乃對於全社會而肆毒最甚者也。子言負債者終無可逋。此又何說。應之曰。是固不足以破吾說也。吾固言之矣。愈後期而償。則所償將愈逾於其分。夫今日我國之官吏。與百年前法蘭西之貴族。皆以無業游民而握社會之大權以蠹社會者也。今日被汰之官吏。不過以將來生計上之苦痛。償其前此非分之逸樂云耳。法蘭西之貴族。乃至捧其財產之全部分以償之。捧其生命以償之。然則今日之被汰者亦安

知其非福也耶夫今社會之物力而許無業游惰之民得安坐而久享伊古以來未之聞也

吾所最懸者今以多少之少年好身手積歲月之力以游學於數萬里外亦既有所成就矣此其人實社會健全分子中之尤健全者苟稍自振以奮鬭於社會中亦豈患無立足地顧乃歆羨彼無業游民之所享囁嚅厠身於其間以圖與雞鶩爭食卒至漸漸喪其獨立之資格以與彼等俱斃噫嘻、是亦不可以已乎

著譯

中國人口問題

明水

吾國人口。號稱四萬萬者。垂數十年。今得美人洛克希祿日人根岸佶兩家之說。則有種種論據。以明其非。夫洛氏昔曾爲駐京公使。久於中國。而根岸氏則以通達吾國事情。有聲於時。其言未必盡屬子虛。故余讀之而滋懼也。因遂譯之。欲餉國中憂時之士。先以眎滄江先生。滄江覽之。憮然曰。是不可以不亟告我國人也。吾更欲有所論列。可乎。余曰幸甚。因以滄江先生所爲跋。別著之。讀者而知所警也。則吾神明之胄。庶有豸也。

譯者識

美人洛克希祿論中國人口之說

考中國調查戶口之政。古代已頗行之。惟其調查之法。可分兩別。其一以算賦爲主而調查之者。其一以周知一國人口總數而調查之者。由前之法。或有以避賦之故。遞相隱漏所上未必盡實然皆報少匿多其見於版籍之數尙非虛冒由後之法則與賦稅一事本不相關在官者欲邀致理刑措之美名競誇休養生息之善政而文簿所載乃往往不可信矣且中國戶口並稱戶人幾何其數已不詳確至於口則果僅就壯丁言之乎抑成年之人不問男女而並得謂之口乎其老者幼者亦將綜計之乎斯數義既非甚明則雖傳之疇官豈可據爲實錄此中國人口問題所以令世界統計家焦眉殫精而卒不得其朕也

以余所考漢時每戶平均四、二人（即十戶四十二人也下同）以至五、二人唐時稍增至五、八人然據沙加羅夫之言則謂有宋一戶之數總合得二人餘耳又有比阿特者謂唐時實有五人餘亞米阿則言元時一戶五人明時一戶五人六人之間迨至本朝其一戶之人數果得幾何尤費搜討據亞米阿及他諸人之說則定一戶五人雖然有谷業者乃謂不過二人以至三人而巴克祿則言六人羣言淆亂以至如此將何所求其標準哉余折衷其說則觀道光二十二年所調查戶口之報告謂每戶平均二人餘道光二十六年調查北京戶口謂每戶平均三人餘**然則十八世紀與十九世紀之**

間中國人口每戶平均四人。雖不中不遠矣。

漢時調查戶口前後十次其查得戶口之數約略如左。

	第一次	第十次
戶數	一二、二三三、〇六二	一六、〇七〇、九〇六
口數	五九、五九四、九七八	五〇、〇六六、八五六

其調查之區域前後如一。而漢與本朝面積亦略相等。(此蓋並西域言之歟)故據古以推今。亦未嘗非一權力之法也。

隋煬帝時亦曾調查人口。謂得五千五百萬人。(據通考所載謂隋煬帝大業二年戶八百九十萬七千五百三十六口四千六百一萬九千九百五十六與此相差九百萬不知洛氏何所據而云然也)第七八九三世紀間。(皆當吾唐時)頗有報告。然錯雜糾紛不可為理。又僅得中國本部之概數耳。其中最可信據者當為唐至德時所調查戶八百八十一萬四千七百零八。主五千二九十一萬九千三百零九。蓋此次調查者除老幼不計。又朝鮮亦在內。體例稍詳明也。若綜計之。當在六千一百萬內外歟。比阿特據此數推算。謂由紀元六百五十年(唐太宗時)至七百五十五年(唐元宗時)之間中國人口增加率約百分之〇、

○○六三云。

至有宋一代調查戶口。前後亦經十次。就中以神宗時所調查者爲最詳細。其主客戶數一千四百八十五萬二千六百八十六。人口三千三百三十萬三千八百八十九人。其後每每增羨。則第九世紀即宋時之中國。亦如八世紀中葉。不出六千萬人以上。當可信也。

比阿特曾計算宋時人口增加率。其大要如左。

年次	增加率
由九百七十六年至千零二十一年	百分之○、○二
由千零二十一年至千百○二年	僅得百分之○、○一○三

兩數平計。即一百二十五年之間。其增加率爲百分之○、○一五耳。

及至元代忽必烈末年。其調查人口。戶一千三百十九萬六千二百零六。口五千八百八十三萬四千七百十一人。蓋其時蒙古入主中夏。中國人之夷爲皂隸以及被殘戮者。不知凡幾。故十三世紀（即元時）之中國人口。亦必不能出七千五百萬人以上也。

迨乎有明。由太祖以至神宗。其調查戶口也。共經二十餘次。其人口最多之時爲六千六百五十九萬八千三百三十七人。（成祖永樂時）最少之時爲四千六百八十萬二千五人。（武宗正德時）其最後一次之調查。則當神宗御宇之世。以累朝休養生息之餘。又無大兵革饑饉。故其人數爲六千三百五十九萬九千五百四十一人。雖不及成祖時之盛。而方之武宗。則倜乎遠矣。

以沙加羅夫之言。謂有明調查人口之數。決不可信。雖然。以余所見。則觀明時人口。可知十五世紀及十六世紀中國人口之增加。其率實甚遲遲。而明以前諸代。其蕃息之數。如是急速者。蓋未可深信也。

今取一三九三年、（明太祖時）一四九一年、（明孝宗時）一五七八年、（明神宗時）之人口表。錄之於左。此三表者。皆有明所調查報告者也。惟一三九三年表。脫漏兩省。雖非完璧。然前後比照。當

一四九一年（明孝宗時）		一五七八年（明神宗時）	
戶	口	戶	口
253.203	2.598.460	262.694	3.102.073
1.363.629	6.549.800	1.341.005	5.859.020
504.870	3.781.714	541.310	4.398.785
1.503.124	5.305.843	1.542.408	5.153.005
506.039	3.166.060	515.307	1.738.709
467.390	1.817.384	530.712	5.040.655
459.640	1.676.274	218.712	1.186.179
770.555	6.759.675	1 372.206	5.664.099
575.249	4.360.476	596.097	5.319.359
575.249	4.360.476	633.067	5.193.606
306.644	3.912.370	394.423	4.502.067
15.950	125.955	135.560	1.476.692
43.397	258.693	43.405	290.972
304.055	3.448.977	334.691	4.258.453
1.511.853	7.993.519	2.069.067	10.415.861
9.161.417	56.055.676	10.530.664	63.599.541

可知其梗概耳。

著譯

六

省名	一三九三年(明太祖時)	
	戶	口
四川	215.719	1.466.778
江西	1.553.923	8.982.484
湖廣	775.851	4.702.660
浙江	1.138.225	10.487.567
福建	815.527	3.916.806
廣東	675.599	3.007.932
廣西	211.263	1.842.671
山東	753.894	5.255.876
山西	595.444	4.072.127
河南	315.617	1.912.542
陝西	294.526	2.316.569
雲南	59.576	259.270
貴州		
京師		
南京	1.912.914	10.755.948
合計	9.318.078	58.619.228

本朝定鼎中原。自入關之初。迄世宗之世。調查戶口。歲必行之。巴克祿據東華錄所載。爲十年比較表。由一六五一年起。(世祖時)至一七三〇年止。(世宗時)今錄之以供參考焉。

年分	戶數
一六五一年	一〇、六三三、〇〇〇

著譯

一六六〇年	一九、〇八八、〇〇〇
一六七〇年	一九、三九六、〇〇〇
一六八〇年	一七、〇九五、〇〇〇
一六九〇年	二〇、三六四、〇〇〇
一七〇〇年	二〇、四一一、〇〇〇
一七一〇年	二三、三一一、〇〇〇
一七二〇年	二四、七二〇、〇〇〇
一七三〇年	二五、四八〇、〇〇〇

當一七二〇年聖祖時之調查戶口也。其不負擔租稅之戶。合爲三千萬九千五百四十五家。而一七三〇年則爲八十五萬千九百五十九家。故巴克祿曰。欲知彼時中國人口之數。其當戶數之六倍乎。而亞米阿駁之謂爲斷無此數。即五倍已太多云。以余觀之。則竊取亞氏之說。而加以免賦之家百分之二。使余言不謬。則千六百五十一年之中國人口。其爲五千五百萬人乎。

八

由千六百五十一年至於現在一九〇四年光緒三十年中國人口忽爾驟增爲數千年中國統計中所未經見。雖然此亦想像之詞，空有一數而已，其實相距尙遠也。請得縱論之。康熙五十六年以前年所調査得之戶數二千四百六十二萬一千三百三十四家。定地丁錢糧之額而頒永不加賦之諭。又令此後調査戶口宜將總人數申報。至乾隆六年查得總數一萬萬四千三百四十一萬三千人。乾隆九年大淸會典內亦載戶口細數，惟止於納稅之家。其戶數二千八百八十七萬七千三百六十四，口數一萬萬四千三百六十二萬一千四百六十一，戶平均四・八人即十戶平均四十八人也。此數與乾隆六年所查者頗相近。而亞米阿加以官吏四十九萬三千零七十五人，擧人進士等二百四十七萬人，軍人四百十一萬五千三百二十五人。蓋此三種皆在免賦之列，未嘗合算也。官吏及擧人進士之免稅明時有之至本朝一視同仁階級之分久已泯滅此猶擧以爲言者其意以本朝因沿明制習而未改歟以是知甲國人論乙國事之難也此文似此等謬誤之點甚多讀者觀其會通耳 又如僧尼、蕩子、匪徒、穴居者，若悉數之，當更加五百萬人云。

雖然吾不能服亞氏之說也。何也？若以僧尼爲公職，則在官吏數中當已加算。且其數必非甚多。而其餘之匪徒等亦僅能畧記大數，不能謂有數百萬之多也。故從余之說

著譯 十

則千七百四十三年分（乾隆九年）之中國人口。蓋不過一萬萬四千三百萬人耳。斷無從在此數以上也。

千七百四十三年以後。中國所行之人口統計。大略可如次表。

人口	每年增加數	增加率
150.700.000		
177.089.000	4.398.167	2.90
189.920.000	1.601.375	0.90
200.339.000	2.604.450	1.37
209.126.000	1.464.500	0.73
213.897.000	1.191.750	0.57
267.399.000	10.700.400	5.00
276.632.000	2.308.250	0.86
283.094.000	6.462 000	2.34
360.444.000	2.667.241	0.94
413.021.000	1.759.233	0.49
414.493.000	159.000	0.0384
260.925.000	× 15.356.800	3.705 減少
381.309.000	5.472.000	2.097
377.636.000	× 1.224.333	0.32 減少

年分
乾隆八年(西1743)
乾隆十四年(1749)
乾隆廿二年(1757)
乾隆廿六年(1761)
乾隆卅二年(1767)
乾隆卅六年(1771)
乾隆四一年(1776)
乾隆四五年(1780)
乾隆四八年(1783)
嘉慶十七年(1812)
道光廿二年(1812)
道光三十年(1850)
咸豐十年(1860)
光緒八年(1882)
光緒十一年(1885)

自此表以後。記載中國本部十八省人口者。著錄雖多。可信者少。蓋皆以千八百七十九年。(光緒五年)及千八百八十二年(光緒八年)彼白夫所調查者爲藍本也。巴克祿所著書。謂千八百九十四年(光緒二十年)中國人口四萬萬二千一百八十萬人。又千九百零三年(光緒二十九年)分之統計年鑑。內有調查中國因庚子賠款。人須負擔若干一條。謂總數四萬萬零七百二十五萬三千人。雖然。此次賠款。多以間接稅爲主。非人人而配分之者也。故據此以推算中國人口之數。安能正確。然則此數書所載。除據中國戶部冊籍所謂推想的人口數以外。無絲毫確實之根據也明矣。

千七百四十一年以後之人口統計。余所以未加評隲者。蓋余以謂較之後此所調查。

似近於眞實也當彼之時國家無事爲政者類能號令嚴明忠於所職故其言亦若可信雖然中國之調查人口也與歐美諸國所爲決非可同日而語他且勿論卽觀本朝制度各戶人數戶主法當報告虛僞者有罰似此雷厲風行當亦無從揑造然從未聞有因虛報人口之事而加罰者則雖有此法始終未一行之故其統計多出於想像而想像之必爲誇張又必至之符也矧自奉永不加賦之 諭後人口多寡與賦課已不相關更無所庸其隱蔽乎此所以統計之益至冒濫也

夫中國氣候中和土地肥沃人民勤儉賦稅不苛苟無兵役則國人之身命財產直可安若磐石而人口增加率之較優於他國亦理所應爾矣且中國伊古以來有一牢不可破之思想爲彼人口繁殖之一大原因並世中卽有與中國土地相埒而人口速率亦不能若彼之猛進者則敬祖之念是也孟子曰不孝有三無後爲大中國人蓋以不能永祀其先爲人生之大不幸故早婚之習亦緣是起而立嗣則更無論矣雖然中國人之所以不能圓滿增加屢屢有外物以防過之者則饑饉洪水疫癘兵革爲之也據亞力山大氏所考由紀元六百二十年（唐高祖三年）至千六百四十三年（明毅宗十六年）此千餘年中

其被荒旱者有五百八十三年。少者一省。多者四五省。而洪水颶風同時並起。以及一地連旱數年者。所在多有。試舉其例。則由紀元千六百一年（明神宗廿九年）至千六百四十三年之間。大旱三十載。就中最苦者爲山西省。遭旱十五年。次爲浙江省。遭旱十一年。夫荒旱之起。饑饉隨之。至夫饑饉則餓死者寗可勝計。此種事實不必徵諸遠。卽以過去之世紀論。而可以瞭然於吾人心目中也。荷爾特氏曰。千五百八十二年（明神宗十年）山西一省。遭旱餓死者無算。屍體纍纍。不及分葬。但掘六十餘穴。每穴葬屍數千。故土人名爲萬人坑云。荷爾特又曰。千六百七十二年九月二日。（康熙十一年）直隸大地震。通州一處。死者三萬。至千七百三十一年十一月晦日。（雍正九年）直隸再地震。京師死者十萬。附近郊外。死傷無算。亞米阿氏曰。千七百八十六年（乾隆五十一年）江南、河南、山東諸地大旱三年。避難之民。轉死溝壑者。以數萬計。屍爲生者攫食。又爹哈德言戰亂之慘曰。千六百三十五年（明毅宗八年）匪決黃河。灌開封府。死者三十萬。張獻忠率兵過河南、江南、江西、四川等地。遘其命者。悉皆處斬。有一宦官。不肯奉彼爲帝。將所有宦官五千人。同日斬首。其入成都也。屠學生一萬。及出陝西。所過驅其人至郊外。盡戮之。卽四川一省。彼所殺者已六十萬。他可類推云云。凡此記載。雖不免太過。未可遽然置信。然亦可知此等災變於滋殖人口之道大有防礙而中國人口所以不能循正軌以增加者蓋爲此也。

至十九世紀時。歐美人之留心中國事情者。日見其多。就中以苦祿巴金所記爲最詳。其言曰。千八百六十一年。（咸豐十一年）陝甘回教之變。死者不知其數。即如甘肅省河州解圍之時。殺二萬人。陷新甯府城時。屠九千人。自餘類此。不能遍述。故有昨爲繁華。今爲邱墟者。觸目皆是。其慘楚蓋不忍聞也。髮匪亂時。有馬哥挖鳥者。正在中國。據彼所言則中國本部中九省之地。最繁鬧之都會。自經亂後。人迹遂稀。玉宇瓊樓。都成瓦礫。蓋此次之亂。實死三百萬人云。益以前後兩次回亂及捻匪之亂。死者又百萬以上。至千八百九十四年。（光緒二十年）甘肅回亂再起。死者二十五萬。加以凶歲所失。殆將二倍矣。又據東華錄所載。嘉慶十五年十六年。道光二十六年二十九年。四次大饑。以余聞之可信之官吏則云。損失四千五百萬人。雖失之過巨。然光緒三年四年。繼起之大凶札。受禍最劇之地。不過四省。死者已不下九百五十萬。此當時上海賑捐局所報告者。則以此例彼。固不能謂爲盡屬子虛也。至光緒四年。黃河大決。河南全省被災。死者又二百萬他如光緒十八年至光緒二十年之山陝直隸蒙古等地大旱。死者亦不知凡幾。而時疫流行。年年不絕。人命微淺。此猶可痛。欲綜計之。亦有所不忍矣。

以上所記。僅就成年者之死亡而論之也。若夫兒童生產之率。與全國人口比較。爲增、爲減。請自此進論之。

俄人波白夫氏。於中國人口問題。研究頗深。據所言。則中國本部人口。由西曆一千八百四十二年（道光二十二年）至一千八百八十二年（光緒八年）四十年間。不惟不見增加。且減少三千零九十四萬二千五百九十二人云。

以余所知最可信據之事實。則光緒六年浙江巡撫奏報光緒五年分人口。謂該省共有一千一百五十四萬一千零五十四人。而波白夫於光緒八年。得見戶部報告。謂其年全浙人口。共一千百五十八萬八千六百九十二人。至光緒十一年。戶報告。余其年浙江人口。合爲一千一百六十八萬四千三百四十八人。今欲據此推算。則請更引溫州道某告稅務司希比利之言。以爲標準。某道之言曰。溫州府管內之人口。共百八十四萬一千六百九十一人。每戶平均五、一四人云。而溫州面積約四千五百方哩。故一平方哩約四百零九人。比之浙江全省其密度甚大。考浙江一省面積爲三萬四千七百方哩。如假定一平方哩之人口少於温州五之一（即三百二十五人也）則光緒七年該省人口當得千一百十四萬五千人。與浙撫奏報及波氏所考大畧相等。故據此以推算其增加之率。則光緒六年人數一千一百五十四萬一千零五十四。光緒八年人數一千一百五十八萬八千六百九十二。兩數相減。增多四萬七千六百三十八人。每年平均增加率約爲每百分〇、二〇六。又以光緒八年之人數與光緒十一年之一千一百六十八萬四千三百四十八人之數相減。則增多九萬五千六百五十六人。每年平均增加率約爲百分〇、二七五。故由光緒六年至光緒十一年六年匀計其平均增加率約爲百分〇、二四也。

當時浙江太平無事。所謂抑制人口增加之原因一無所有。則據此增加率。浙省人口須經四百十七年。然後可得兩倍之數也。而統計學大家紐梭迷曾推算由一千八百九十一年（光緒十七年）至千八百九十五年（光緒二十一年）五年中泰西諸國人口增加率。普魯士四十九年餘人口可得二倍。英國五十九年餘亦可得人口二倍。意大利須六十五年餘法國最遲須五百九十一年云夫中國本部十八省其生活程度雖高下不齊然大體當與浙江相類而饑饉疫癘諸災變亦未見少於浙江而中國人口統計表乃比諸世界諸文明國繁殖特速以此觀之其可信耶其不可信耶

且也中國人口增加之原因舍天然外（人口有天然的增加與人爲的增加所謂人爲的增加者即下言移民一事即其一種也）實無他由即以徠民論外國視爲人口增加之一重因者（美國人口增加率所以如是其速者實因外人來居者也）在中國則無有藉曰有之亦不過甲省之民移居乙省耳楚弓楚得固猶是中國人也若就一二省言猶或有研究之價值以全國論則不成問題矣至於減少之故外國有所謂殖民者有所謂入籍他國者如德國人口九千萬而有三千萬流寓國外愛爾蘭每歲渡美者以百數十萬計此皆極可注目之事而中國又無有也何也中國人之游異域者以閩粵兩省爲稍多他省則未之或聞且以區區數百萬較之全國人口猶滄海之一滴也其無足輕重自不待言故討論中國人口增減問題惟有一事而已曰生死是也然生者之率其遲遲已如前述吾將進論其死亡之數

中國各地其關於死亡率之報告幾無一可信者以余所知則惟有千八百四十五年

著譯　十八

道光二十五年分北京一處所報告或有一二可采。據此報告則其年北京人口總數百六十四萬八千八百十四人。死亡者三萬九千四百三十八人。（五歲以下之小兒不計）其死亡率約爲千人中死二十三人餘也。此數似非甚巨。然中國全國無論貧富老幼。絕不講求衛生。又有厭棄女子之習。故夭死者實不知凡幾。此僅舉成人言。因覺其非甚過耳。夫廣東福建浙江山西江西安徽諸省。其死亡率較他地爲高者。其故亦全由殺兒之習耳。可不痛哉。

中國各省無論都會村落。從未聞有一事關及衛生者。而傳染病之豫防法。亦絕無人道及。爲此之故。中國人口死亡率。余可斷言每千人最少有三十人也。

余今再以千七百四十一年以來中國所爲人口統計。其所言增加率。果爲眞實乎。抑虛僞乎。試一檢之。則惟有令余失望而已。夫由千七百四十三年（乾隆八年）至千七百八十三年。（乾隆四十八年）正中國宇內承平民康物阜之時也。卽有小亂。亦遠在西陲。於中原無與。而人口一年之增加率。乃或高或下。略無常軌。不亦奇耶。今爲一表以明之。

年分	人口增加率

一七四三至一七四九	二•九%
一七四九至一七五七	〇•九一%
一七五七至一七六一	一•三七%
一七六一至一七六七	〇•七三%
一七六七至一七七一	〇•五七%

（註）%者外國通用每百分之記號也如二•九%即爲每百人中增加二人餘不足三人也餘同

千七百七十一年（乾隆三十六年）以後其變遷之狀尤足令人一驚者即由千七百七十一年至千七百七十六年其人口增加率爲百分之五由千七百七十六年至千七百八十年無故降至每百分〇•八六由千七百八十年至千七百八十三年又忽增至每百分二三四要之由千七百四十三年至千七百八十三年四十年中平均計算一歲之增加率爲每百分之一〇•四也

由此觀之千七百四十一年之中國人口一萬萬四千三百四十一萬二千人若據此等增加率以推算之則須經百年乃得二倍而千八百四十二年中國政府報告謂有

人口四萬萬一千三百萬。非僞而何。恐彼時不過二萬萬五千萬人內外耳。然則中國人口增加率之衰微其故安在請製一表臚列一千八百四十二年迄於今日種種防遏之原因以供讀者一覽而證余言之不謬焉

年分	防遏諸原因	死亡人數
一八四六	饑饉	二二五、〇〇〇
一八四九	同	一三、七五〇、〇〇〇
一八五四—六四	髮匪之亂	二〇、〇〇〇、〇〇〇
一八六一—七八	回敎亂	一、〇〇〇、〇〇〇
一九七七—七八	饑饉	九五、〇〇〇、〇〇〇
一八八八	黃河決口	二、〇〇〇、〇〇〇
一八九二—九四	饑饉	一、〇〇〇、〇〇〇
一八九四—九五	回敎亂	二二五、〇〇〇
	合計	四七、七〇〇、〇〇〇

用是之故余可斷言中國本部現在之人口（一九零四年也）較諸千八百四十二年時其增加決不甚多此非余一人之私言也余之友人希比利氏所論及波白夫氏所考大抵與余說相符則知余之非向壁呵造矣至最近中國人口統計中其稍有價值者當推千八百八十五年所調查就中如直隸安徽甘肅廣西雲南貴州六省人口與千八百八十二年統計全然相等而貴州人口更與千八百七十九年者相同今取中國各省官吏所報告及外國人之推算比較而論列之非惟趣味盎然其亦可得一正當之中國人口統計乎

四川省人口當光緒十一年戶部奏報謂有七千一百零七萬三千七百三十人而游歷四川之外國人不暇深究亦異口同聲驚西蜀之林林總總也獨不思四川西北西南一帶皆崇山峻岳居民甚稀且全省人口稠密之都會亦甚罕見惟成都三十五萬重慶三十萬而已其後法國里昂商業視察員於千八百九十五年游四川兩歲據其言則謂重慶海關所查千八百九十一年時四川人口纔得三千餘萬不免太少大約當有四千餘萬云又有里頓氏者於千八百九十八年著有一書言四川近日人口較

千八百十二年統計當增一倍合計有四千三百萬人云。其餘論此雖多而四千餘萬之說十居八九。是與中國人所考者少二千餘萬也。

江西省人口。中國政府謂有二千四百萬人以上。然據克林尼爾所著書（一九〇三年出版）則謂在千二百萬以下。

福建省人口。則克林尼爾謂必在千萬人以內。然千八百八十五年中國統計。謂有二千三百五十萬二千七百九十四人。相差亦以千餘萬計。

雲南省人口。據里昂商業視察員所考。則言千八百九十六年時。不過七八百萬。布爾揑氏亦曾著書論之。謂據該省官吏中。最可信據之言。則比之回匪亂前。纔五之一。而里頓氏亦言一九零三年時。該省人口。決不過一千萬。而中國則謂有一千一百七十二萬餘人。亦差數百萬。

貴州省人口。則據某外人所考。千八百九十六年時。約七百萬。此與中國統計者。全相符合。

自餘他省人口。余因避繁。不復為之比較。然但取此五省。以概其餘。亦可知其崖略矣。

第觀此五省人口而有一最要之點不可不告讀者諸君注意者則中國所爲統計必較外人所考查者多三之一或二之一而總數則約多五千六百萬人也余由是以推論他省則其數之必宜大減可無疑義矣**以余所信中國本部現在之人口總數不能過於二萬萬七千五百萬恐惟有小於此數而已**　夫中國人口分布極不平均如汕頭附近及河南山東直隸一帶居民極稠而甘肅雲南貴州廣西等處則千里蕭條彌望皆是若僅以人口稠密之地以爲推算之本就一省言其數已極膨脹況合計全國人口乎故俗說皆謂中國人四萬萬甚或有謂五萬萬者不足怪也余嘗屢游直隸山西陝西甘肅諸地大率地廣人稀遺利甚巨蓋以中國交通機關百不一備故雖生產過剩亦不能運之他地以求贏又農民太貧家畜有限故耕地面積不能展布要之以今日中國之土地養今日中國之人民綽有餘裕卽令人口眞至四萬萬亦不憂乏食也而世人動謂中國人口過多不免有新馬兒梭士主義之患者亦可謂無常識之甚也布尼爾曾游長江及中國南方

一帶歸而言曰以余此行所見中國苟有兩倍今日之人口亦易爲養卽以中國現在之生活狀態不少更易亦足以獲今日二倍之財產云布氏蓋助余張目矣

文牘

兩次批准保和會條約 附紅十字會條約暨各文件

目錄　陸戰條規奏請畫押摺　陸戰條規約　第二次保和會外務部奏派專使摺　第二次保和會陸軍部奏派軍事議員摺　第二次保和會條約三年畫押會奏摺　第二次保和會條約五年畫押會奏摺　議覆頒布研究保和會條約會奏摺　藏事文件　和解國際紛爭條約　限制用兵索債條約　關於戰爭開始條約　陸戰時中立國及其人民之權利義務條約　戰時海軍轟擊條約　日來弗紅十字約推行於海戰條約　海戰時中立國之權利義務條約　禁止氣球放擲砲彈及炸裂品聲明文件　紅十字會新約奏請畫押摺　紅十字會救護戰時受傷患病兵士條約

外務部奏請添派海牙公斷院裁判員摺　海牙公斷院各裁判員名銜錄

外務部奏陸戰條規奏請畫押摺

文牘 二

奏爲保和會開議在即謹將陸地戰例條約照繕淸單請　旨補行畫押恭摺仰祈
聖鑒事。光緒三十三年三月十三日准前出使和國大臣陸徵祥文稱。第一次保和會陸地戰例中國未經畫押。本年舉行第二次保和會。所議節目。仍不外陸戰水戰立公斷諸端。若陸地戰例。並未畫押。此次會議之時。所有關於陸戰事宜。即未便預於其列。此項戰例。各國除瑞士外。均已畫押。且該約與紅十字約相輔而行。今紅十字約業已一律畫押。各省練軍亦復著有成效。應否將陸地戰例一併　奏請畫押。以便屆時預議等因。臣等查保和會陸地戰例條約。前經總理衙門於光緒二十五年九月議覆前駐俄使臣楊儒摺內。以各省防營未諳西例。奏明毋庸畫押在案。茲准該大臣咨稱前因。臣等以事關軍制。當經咨行陸軍部查核。旋准覆稱此項條約。既與紅十字條約相輔而行。自應補行畫押。以便屆時與議等語。現在中國陸軍制度業經改訂新章。所有陸地戰例條約。應即准由該大臣補行畫押。以期與各國一律。謹將該條約譯文照繕淸單。恭呈　御覽。伏候　命下。即由臣部電知該大臣陸徵祥欽遵辦理。所有保和會陸地戰例補行畫押緣由。謹繕摺具陳。伏乞　皇太后　皇上聖鑒

訓示。謹 奏。光緒三十三年四月十二日奉 旨依議欽此

陸戰規例約

光緒二十五年即西歷一千八百九十九年海牙第一次保和會公訂之陸戰規例條約 大清國、德意志國、奥匈國、比利時國、丹馬國、西班牙國、北美合衆國、墨西哥國、法國、英國、希臘國、義大利國、日本國、盧克森堡國、孟的內葛羅國、和蘭國、波斯國、葡萄牙國、羅馬尼亞國、俄羅斯國、塞爾維亞國、暹邏國、瑞典挪威國、土耳其國、布加利亞國、 大皇帝、 大君主、 大總統、現雖設法維持和局、互弭兵戎、深恐遇有緊要事端、非啓戰爭。萬難解釋、因此不得不籌畫於鋒刃未交之先、秉仁愛之心、冀文化之臻隆。爰將戰爭法規及其慣例。重加校勘、或詳敘原意、或明示限制、俾免殘酷而示矜全。溯自一千八百七十四年比利時都城會議、迄今已歷二十五年。茲復秉此良規、公同擬議。所敘文義。無非輕減兵禍。就行軍所可通融者。酌定交戰國及其平民應守之範圍。惟戰爭情節繁多、本約不克盡述。倘遇逆料不及。未經本約指明者。締約各國、惟有靜聽兩軍司令長官決定。此後締約各國、續定美備戰爭規例。

設或遇有戰爭。規例所未敘之事。兩交戰國及其平民。須率循國際公法。以期不負文化諸邦仁厚之心。並聲明本約附件第一條第二條所議。亟應明白注意。爲此訂立條約。遣派全權大臣。（銜名省畧） 以上各員。彼此將所奉全權文據校閱合例訖議定各條如左。

第一條　締約各國。應依據本約附件之陸戰規例條文。訓示陸地各軍。

第二條　締約各國。若遇兩國或數國開戰。應照本約第一條所指規例辦理。但遇交戰國之間。有與未經締約之國聯合者。則所有規例之效力。即行停止。

第三條　本約應從速批准。批准文件。存儲海牙。每次收到批准文件。應立收據。並將此收據鈔錄校正。由駐使轉遞締約各國。

第四條　未經畫押之國。將來如願加入本約。准其備文知照和蘭政府。聲明加入之意。和蘭政府當據此轉告締約各國。

第五條　如遇締約國中之一。將來願意出約。應將出約文件。咨照和蘭政府。該政府立即將出約文件鈔錄校正之後。知照各國。從咨照和蘭政府之日起。一年之後。方有效力。出約僅專指咨照出約之國。

爲此各國全權大臣。在本約上畫押蓋印爲憑。一千八百九十九年七月二十九號。

訂於海牙。正約一分。存儲於和蘭政府存案。鈔錄校正。由外交官交締約各國。

陸戰規例條約所附之陸戰規例條文

第一編　交戰者

第一章　交戰者之資格

第一條　戰爭法規及權利義務。不獨適用於軍隊。即民兵及義勇兵隊。與左列條件相合者。亦適用之。一　有爲部下擔負責任之首領。二　使用確定徽章。由遠方可以辨別者。三　公然携帶武器者。四　其動作實係遵守戰鬥法規慣例者。其締約國中有以民兵或義勇兵隊組織國家全部軍隊或一部軍隊者。則該民兵義勇兵隊。亦即包括在軍隊以內。

第二條　未被占領之地方。人民當敵軍接近。不暇遵第一條之偏規定。自操武器。與侵人之敵軍相抗。而能按照戰鬥法規慣例者。亦以交戰者看待。

文牘 六

第三條　交戰國之兵力。以戰鬥員及非戰鬥員編成之。若爲敵人捕獲時。二者皆得享受俘虜處理之權利。

第二章　俘虜

第四條　俘虜屬於敵國政府之權內。而不屬於捕獲該俘虜之個人或軍隊之權內。對俘虜當以博愛之心處理之。除武器馬匹及軍用書類外。俘虜一身所屬之物。仍爲俘虜所有。

第五條　拘置俘虜於城鎮村寨陣營或其他所在。得使負不出一定境界以外之責任。但除出於不得已之保安手段外。不得加以禁閉。

第六條　國家對於俘虜。得按其階級及技能役使之。惟不可使其勞役過度。或作爲戰爭上有關係之事。　俘虜可許其爲公家或一私人或其本身服勞働之役。　爲國家勞働者。與使役本國陸軍軍人相同。應一律支給薪俸。爲公署或一私人勞働者。應與陸軍官署會議定其條件。　俘虜所得之傭金。可供輕減其境遇艱苦之用。餘款候釋放時交付本人。並得由其中扣除給養用費。

第七條　政府有給養所管俘虜之義務。在交戰國間無特別條約時。則關於俘虜之食料寢具及被服等應與捕獲國軍隊同等辦理。

第八條　俘虜當服從捕獲國陸軍現行法規及命令。若有不順從之行爲。則得加以必要之嚴重處分。　凡俘虜脫逃。若尚未逃入該俘虜之本國軍隊或未逃出捕獲國軍隊之占領地域內。而再被捕獲者。得加以處罰。若俘虜業已逃脫之後。再被捕獲者。不得因從前已逃之故而加罪。

第九條　俘虜對於審問姓名階級時。負據實直陳之義務。否則得減除該俘虜階級上應受之利益。

第十條　俘虜之本國法律上。若許以向捕獲國宣誓而受釋放。時有對本國政府並捕獲國政府博一己之名譽嚴密遵守其誓約之義務。　對於前項情節。該俘虜之本國政府。不得命其滋事違誓之職務。即該俘虜等自行呈請服務時。亦不得允准。

第十一條　敵國政府。不得強迫俘虜宣誓釋放。　對於俘虜之請求宣誓釋放者。亦無必許須允許之義務。

第十二條　受宣誓釋放之俘虜。對博其名譽誓約之政府。或其政府之同盟國。操兵器相向而再被捕者。卽失却以俘虜處理之權利。得受軍法會審處治。

第十三條　報館訪事隨營販賣使役人等。悉屬從軍者。而非直接組成軍隊一部分之人。當陷入敵手。認爲必須拘留時。得受以俘虜處理之權利。但以携有所屬陸軍官署憑照者爲限。

第十四條　自戰爭開始之際。各交戰國。或中立國。收容交戰者於版圖內。應設置俘虜情報局。該局有對答關於俘虜之一切訪問之任務。每名置備詳細證券。由各該官署受領一切之必要通報。凡俘虜之安置移動入院並死亡之現况。悉使該局知之。情報局並擔任收集戰場之遺棄物品。及死亡俘虜遺在醫院或裹傷所之各種自用物品。有價證券書據等。送交於各該有關係者。

第十五條　以經理救恤事業爲主。遵國家法律所組織之俘虜救恤協會。及受正當委任之代理者。因欲實行其博愛主義。依軍事上必要。及行政規則所定之範圍內。得向兩交戰國承受一切便宜。但此等協會之派出人等。須各有陸軍官署所給憑照。並須具恪守此等官署所定一切秩序。及風紀法規之切結。然後得於留置俘虜所在。及輸送俘虜之兵站地方分配救恤物品。

第十六條　情報局享有免除郵費之特典。凡寄與俘虜或由俘虜寄出之書函郵件滙票。有價物及小包郵件物等、在發受兩國並通過國。均一律免其郵費、

第十七條　俘虜將校於其本國規則中。若載明在俘虜地位。須給薪俸者。向監守俘虜國領受其應得之薪俸。但此款應由俘虜之本國政府償還、

第十八條　俘虜於服從陸軍官署所定法規。其關於秩序及風紀之範圍內。應許其信教自由。且許其參與宗教上之禮拜式。

第十九條　俘虜之遺言書。與監守俘虜國之陸軍軍人同一之條件收領。或作成之。俘虜之死亡證書。及埋葬亦遵同一之規定。其處置應與其身分階級相當。

第二十條　結定和約以後。應速將俘虜送還其本國。

第三章　病者及傷者

第二十一條　凡交戰者拯卹傷病之義務。悉據一千八百六十四年八月二十二號

文牘 十

日來弗紅十字條約。或據將來另行改正之條約爲準。

第二編 戰鬥

第一章 攻圍及砲擊之謀敵方法

第二十二條 交戰者之設置謀敵方法。非有無窮之限制。

第二十三條 除有特別條約所定例禁之外。其特加禁制者如左。 一 使用毒物及施毒之兵器。 二 以欺罔行爲殺敵國人民。或軍隊所屬者。 三 殺傷拾棄兵器或力盡乞降之敵兵。 四 宣言不納降人盡殺無赦。 五 使用徒加無益苦痛之兵器彈丸及其他物質。 六 濫用軍使旗國旗。及其他軍用標章敵兵制服。並日來弗紅十字條約之記章 七 非戰爭必要上萬不得已時。砲壞或押收敵人之財產。

第二十四條 凡使用奇計及偵察敵情地勢等。必要之手段。視爲合法。

第二十五條 不得攻擊或砲擊未曾防守之城鎭村落居宅或建築物等。

第二十六條 攻擊軍隊之指揮官。除突擊情形外。應於砲擊以前盡力設法警告於該地方官長。

第二十七條　攻圍及砲擊之際。凡因宗敎技藝學術及慈善起見各建築物。病院及病傷收容所等。在當時不供軍事上使用者。務宜設法保全。　被圍者有豫先通知攻圍者用易見之特別記章。藉以表示此等建築物。及收容所之義務。

第二十八條　城鎭村落。或其他地方。雖由突擊而陷者。亦禁止掠奪。

第二章　間諜

第二十九條　除有通知交戰者一面之意思在他一面作戰地帶內爲隱密行動或搆虛妄口實或收集各種情報者以外。不得視爲間諜。　凡未曾改裝之軍人。因欲收集情況進入敵軍作戰地帶內者。不得視爲間諜。又不問其是否軍人。公然執行寄送本國軍隊。或敵軍書信之任務者。亦不得視爲間諜。其因傳達書信及因聯絡一軍或一地方之交通而乘輕氣球者亦同。

第三十條　於捕獲現行間諜時而不行審判者。不得處罰。

第三十一條　凡間諜既歸其所屬軍隊之後。復爲敵人所捕獲者。即依俘虜處置。不得追究其從前之間諜行爲。加以處罰。

第三章　軍使

第三十二條　凡賫此交戰者之命令。欲與彼交戰者開議。揭白旗而來者謂之軍使。軍使及隨從之號兵旗兵及繙譯等。均享有不可侵害之權。

第三十三條　軍使所向之軍隊司令官。非有必須接待之義務司令官。爲防軍使利用使命偵探軍情起見。得施必要上之一切手段。　司令官遇軍使濫用其特權之時。有暫時抑留軍使之權。

第三十四條　軍使利用特權售其欺罔行爲。或煽惑他人犯罪者。一經證明。則其不可侵害之權消滅。

第四章　開城規約

第三十五條　由兩面所協議之開城規約。宜查照軍人名譽上所關之慣例。開城規約確定以後。則兩面宜嚴密遵守。

第五章　息戰

第三十六條　息戰者由交戰者兩面合意中止其攻戰行爲。若未訂有期限交戰者不論何時。均得再行開戰。但須依息戰條約所定之時期。通告敵軍。

第三十七條　息戰得爲全部息戰。或一部息戰。其全部息戰者。則交戰國間之攻戰行爲。全行停止。其限定一部者。只於特定地域。或交戰軍之某一部間停止其交戰。

第三十八條　息戰應於適當之時公然通告各關係官署軍隊。凡通告以後。於臨時或於約定之時期。停止其戰鬥。

第三十九條　息戰條款之內。應規定交戰者。在戰地與人民間之交通。及行於交戰者互相間之交通。

第四十條　訂約息戰之一國。有重大違犯規約時。則彼一國不惟有廢約之權利。而在事勢緊急之際。並得立時開戰。

第四十一條　個人以自己意思違犯息戰規約條款時。祇能要求將該違約者處罰。若有損害時。亦准要求其賠償。

第三編　在敵國地界內軍隊之權利

第四十二條　凡一地方之事實上若歸入敵軍之權利內時。則視爲被占領。占領以其權利所成立。並以能實行其權利之地方爲界限。

第四十三條　正當之權利。於事實上已移於占領者之手後。則該占領者。除萬不得已之時外。宜施行其所有權。尊重占領地方之現行法律。並以維持公共秩序。及其生活爲目的。

第四十四條　禁止强迫占領地人民。加入攻戰行爲。以敵對其本國。

第四十五條　禁止强迫占領地人民。使其宣臣服敵國之誓。

第四十六條　家族之名譽及權利。個人之生命並私有財產。及其信教禮拜之程式等。皆應尊重之。不得沒收私有財產。

第四十七條　嚴禁掠奪。

第四十八條　占領者若於占領地內。徵收該國家原設之租賦稅課及通行稅時。務應依現行賦課規則徵收之。其支辦占領地之行政費用。有與正當政府所支辦者同負相等之義務。

第四十九條　占領者除供軍需或占領地行政費用以外。不得在占領地內於前條所揭租稅以外徵取現金。

第五十條　不得以個人之行爲。而認爲聯合之責任。亦不得因此而科以連坐之罰金。或其他之罰則。

第五十一條　凡徵收稅金。須由高等司令官依其責任用命令施行。此外不得徵收。徵收稅金。務宜以現行租稅賦課之規則爲準。　其徵收稅金時。應付收據於完納者。

第五十二條　徵發現品及使役。非實係占領軍必要者。不得向市鎭及居民要求之。徵發須應其地方之資力。且須不使居民所負之義務。參預攻戰行爲。致有敵對其本國之性質。　前項徵發現品及使役。非由占領地方之司令官命令。不得行其要求。　徵發現品。務宜酬以現金。否則宜交付收據。

第五十三條　占領軍隊。祇能將原屬國有之現金資本金有價證券軍器廠運送材料倉庫糧秣。及其他一切可供攻戰行爲之國有動產沒收。

第五十四條　由中立國而來之鐵道材料。不問其爲國家所有。爲公司或個人所有。務宜速行送還。

第五十五條　占領國在占領地內。對於敵國所有之公衆建築物、不動產、森林及農作地等。不過爲管理者及有使用權。並應保護此等財產之本源。按照法律上之使用權規定辦理。

第五十六條　城鎭鄉財產。及屬於宗教慈善事業教育技藝學校等營造物之財產。雖屬國有者。應與私有財產一律處理。此等營造物。歷史上紀念營造物。技藝及學術上之製作品。均禁止故意押收。或毀壞。有違犯者。須依法處理。

第四編　中立國內所拘置之戰鬭員及所救護之負傷者

第五十七條　中立國收容交戰軍所屬軍隊於其境內時。務宜拘置於遠隔戰塲之地。中立國得看守此等軍隊於營內。或監守城寨。或特別設備地。並使將校宣不經中立國許可不出其境外之誓。其解放與否。並由中立國決之。

第五十八條　無特別條約時。中立國給與留置人員之食料。被服。應予以人情上認爲必要之救助。因留置所生之費用。應於戰事平和後償還。

第五十九條　中立國得許交戰軍所屬之傷者病者通過其境內。但載運此等人員之車內。不得載戰鬭員及戰具。照此情形。中立國務須設法保安並稽查一切。乙交戰國將其敵軍之傷者病者。依上項所指情形。運入中立國境內時。中立國應看守之。俾不得再預戰鬭。對於甲交戰國所託付之傷者病者。亦有同一義務。

第六十條　凡留置中立國境內之病者傷者。亦適用日來弗條約之規定。

外務部奏第二次保和會請簡專使摺

奏爲遵　旨議覆保和會事宜並請　簡派專使恭摺仰祈　聖鑒事。光緒三十三年三月二十一日准軍機處鈔交出使和國大臣陸徵祥奏請　簡派保和會專員一摺。本日奉　硃批該部議奏欽此。查原奏內開保和會開議大綱。不外水戰陸戰中立公斷諸端。或再配加條目。並聞俄美兩國。皆於駐和使臣之外。特派專使。英義等國。亦皆另簡大員。此項會員。爲各國國家代表。該會員在會場地位之階級。隱判國家在世界地位之等差。資望或有未逮。地位何能相爭。此外更不待論矣。倘各國皆係專使。則中國駐使之地位。勢難與之抗衡。徵祥品秩較微。更不足以示重。第一次保和開會　特派駐俄前使臣楊儒爲赴會全權專員。時日本未設大使。其所派林董亦係駐俄使臣。各國以東亞兩國會員位望相同。此次日本必派大員。中國相形見絀。倘列强誤會。關係匪輕。各國每於公會之頃。紛紛以此相詢。懇　特簡位望相當之大員充赴會專員。仍以駐使會同辦理。實於　國體會務兩有裨益等因。臣等查駐和使臣陸徵祥前經臣部奏請　簡派爲保和會正議員。奉　旨允准。並　頒給全權　敕諭在案。茲准該大臣奏稱前因各國於此次會務特爲注意。均於駐使之外另派專員。該大臣以駐使兼充議員。似與各國未能一律相應。請　旨特簡該大臣陸徵祥爲保和會全權專使。並照奏定新章。作爲二品實官。以崇體制。如蒙　俞允。即由臣部電知該大臣欽遵辦理。其所遺駐和使臣一缺。應請　簡員接充。謹將中外臣工保舉使才人員銜名繕單恭呈　御覽。請　旨簡放。仍會同專使辦理保和會事宜。恭候　命下。臣部遵奉施行。所有議覆保和會事宜並請　簡專使緣由。理合恭摺具陳。伏乞　皇太后　皇上聖鑒。謹　奏。光緒三十三年三

月二十五日奉　旨陸徵祥著充保和會專使大臣錢恂著充出使和國大臣欽此

陸軍部奏第二次保和會請簡陸軍議員摺

奏爲遵議選派保和會軍務議員恭摺仰祈　聖鑒事、出使和國大臣陸徵祥奏。敬陳本年保和會各國注重派員情形。擬請　簡派專員以崇國體而裨會務一摺。光緒三十三年三月二十一日奉　硃批該部議奏欽此。欽遵。出軍機處鈔交到部。據原奏內稱此次舉行保和會。聞各國於駐和使臣之外。均議特派專員。擬請　特簡位望相當之大臣。充赴會專員。仍以駐使會同辦理。並稱第一次保和公會各國全權議員之外。更有軍務議員。去年瑞士之修改紅十字約亦然。此次會務情形更重。並擬請　敕下陸軍部選擇通曉西文兼有學識經驗之武員一人派令前來。以備諮詢而襄會務等語。查請　派專使一節。現已經外務部奏明辦理。至該會所議水戰陸戰中立等事。於軍事深有關繫。自應由臣部遴派妥員隨同研究。惟西六月即中歷四月二十一日。路遠期迫。到會不宜過遲。查有原設之練兵處軍政司法律科監督丁士源當差有年。通曉西文。於法律素所講求。軍學亦尚諳習。以之派充軍務議員。隨同專使與議一切。人地似尚相宜。查該員於本年三月初四日經臣部奏明派送陸軍學生前赴法國就學。現計將次抵法。擬飭該員於送到學生後。即就近徑赴會所聽候專使到會後。隨同與議。所有應議事宜。並令該員隨時禀商專使辦理。以昭愼重。如蒙俞允。即由臣部電飭該員遵照。所有遵議緣由。謹恭摺具陳。伏乞 皇太后皇上聖鑒訓示。謹 奏光緒三十三年三月十六日奉 旨依議欽此

外務部陸軍部會奏保和會條約三件擬請畫押摺

奏爲保和會畫押期迫謹將前次業經畫押各約分別應否畫押會同妥擬請 旨辦理恭摺仰祈 聖鑒事、竊保和會第二次會議。經前保和會專使大臣陸徵祥將會中所立條約原文譯漢。先後送部查核。計共條約一十四件。第一和解國際紛爭約。第二限制用兵索償約。第三開戰條約。第四陸戰規例約。第五陸戰時中立國權利義務約。第六開戰初處置敵國商船約。第七商船改充戰艦約。第八沈沒水雷約。第九海軍轟擊口岸城村約。第十推行日來弗約於海戰約。十一海戰中限制捕獲權約。十二國際海上捕獲審判所約。十三海戰時中立國權利義務約。十四禁止由氣球上放擲

砲彈及炸裂品。聲明文件各國。限於本年六月初二日爲最後畫押之期。前准軍機處鈔交出使大臣錢恂奏稱和會條約。未可輕易畫押情形一摺。五月初二日奉
硃批外務部知道欽此。查該大臣所稱全約均請展緩畫押各節。爲格外審愼起見。惟光緒二十五年該會第一次會議時。經總理衙門議奏將和解公斷條約推歸日來弗原議行之於水戰條約。聲明禁用各項猛力軍火文件等款。請准畫押。於是年十一月初五日奉　硃批依議。欽此。欽遵電知前出使大臣楊儒畫押。又三十三年外務部奏請將陸地戰例條約補行畫押。於是年四月十二日奉　硃批依議欽此。欽遵電知出使大臣陸徵祥畫押各在案。此次第一第四第十第十四等約。均係前次業經畫押之件。其中如有新增須妨窒礙之款。原當愼重將事。苟意義與前並無出入。自不如從衆依限畫押。以循公例。而尊　國體。外務部近准出使大臣陸徵祥來函。亦謂前次已畫押之約。應於限內辦理。臣等將該四約詳加推究。公同商酌。除陸戰規例約內有新增條款關繫緊要。須再加審度。擬請將該約暫緩畫押外。其和解紛爭約經此次修改。於實行上較爲便利。聲明禁止氣球上放擲砲彈文件。大意與前次聲明文件無異。以

上兩約。擬請畫押。以顯和平宗旨。推行日來弗約於海戰約內新增之二十一款。設法禁止人民刦奪。及虐待軍中傷病人等。並罰船隻妄用第五條所指之區別記號各節。中國現未訂立此項專律。碍難遵守。擬請將該約畫押。而將第二十一條提出。如是分別核擬。既有以副該會限期畫押之議。亦與錢恂摺內審愼推求之意相符。謹將此次擬請畫押之三約譯漢。照錄淸單。恭呈 御覽。如蒙 俞允。伏候 命下。即由外務部電知該大臣陸徵祥遵照辦理。此外各約不妨從容補畫。臣等即陸續會同詳愼核擬。一面將約本咨送京外各衙門詳細研究。由臣等會核。仍分別應否畫押。隨時奏請 聖裁。以收集思廣益之效。所有保和會前次業經畫押各約。妥擬應否畫押。請 旨辦理緣由。謹繕摺具陳。伏乞 皇太后 皇上聖鑒訓示。再此摺係外務部主稿。會同陸軍部辦理。合併聲明。謹 奏。光緒三十四年五月二十八日奉

旨依議。欽此

外務部會奏保和會條約五件擬請畫押摺

奏爲和政府接收保和會批准條約期迫。謹將上年業經畫押條約三件暨此次應否

補行畫押條約五件會同妥擬請 旨批准恭摺仰祈 聖鑒事竊第二次保和會所議條約。凡一十四件。經前保和會專使大臣陸徵祥將原文譯漢先後送部查核。所有和解國際紛爭條約。禁止氣球上放擲砲彈聲明文件。日來弗約推行於海戰條約共三件。已由外務部會同陸軍部奏請畫押。並於原摺內聲明此外各約不妨從容補畫。隨時奏請 聖裁。於光緒三十四年五月二十七日奉 硃批依議欽此。欽遵在案。近准和國使臣貝拉斯照稱和政府已定於西歷本年十一月二十七日爲接收各國保和會批准條約日期。臣等當將該十四約詳愼考核。除與我國無甚利益。及勢難實行條約六件。擬請暫時勿庸畫押外。其限制用兵索債條約。爲豫防因債務用兵起見。係和解國際紛爭之一種和解公斷條約。業經奏 旨畫押。則該約似亦可畫押以示和平至意。開戰條約。爲規定交戰國彼此對待應有之行爲。及交戰中立各國互相對待應有之行爲。其文義原係各國國際公法家所常主張。現釐爲約本。以冀易於遵守。海軍轟擊口岸城村條約。該約主義。在於保居民而減戰禍。未設防之口岸。城村房屋。彼此戰時。均不能以海軍兵力轟擊。在攻者可存仁愛之德。在守者亦可省無用之防。其設有水雷地方。不能作為防守一節。正與吾國地勢合宜。至交戰國應有之權利。均於第二條以下明白維持。無虞掣肘。以我國現在海軍情形而論、當亦不難施行。陸戰時中立國及其人民之權利義務條約、該約第十一第十二第十四第十九等條。係將己亥年陸戰規例內第五十四第五十七第五十八第五十九等條移入字句。並無更換。此外各條。或為日俄戰時我國所欲主張者。或為國際公法上已有先例。而我國及他國業已主張而實行者。惟該約須交戰國中立國彼此均經畫押方有效力。前准前出使和國大臣錢恂電稱該約各國均已畫押。以上四約。臣等詳加推究。尚無窒礙。擬請畫押。以副和平宗旨。海戰時中立國之權利義務條約。該約各條所規定者。與日俄戰爭時我國所辦中立情形、及所主張之法意。均無甚出入。惟第十四條第二款。專為考察學問及宗教或善舉之兵船有特別待遇。於我國並無利益。第十九條第三款停泊期限展長二十四小時、似於戰時徒予遠來兵艦以便利。又第二十七條隨時將各種法律命令知照訂約各國一節。於遇事改訂時。頗形不便。動多牽掣。擬請將該約畫押。而將第十四條第二款第十九條第三款及第二十七條提出。似此分別核擬。既有以副和政府限期接收批本之請。亦足以循公例而尊 國體。以上各節。均經外務部與籌辦海軍處陸軍部往返咨商。意見相同。謹將此次擬請畫押條約五件譯漢照錄清單。恭呈 御覽。如蒙 俞允。伏候 命下。即由外務部將擬請畫押五約。並前業經奉 旨畫押三約。合計八件。照錄漢法文約本八分。一體奏請蓋印 御寶。作爲 批准。以昭信守而重邦交。即將該約本咨寄出使和國大臣陸徵祥。送會備案。所有保和會業已畫押三約。暨此次續擬補請畫押五約。擬請 旨辦理緣由。謹繕摺具陳。伏乞 皇上聖鑒訓示。再此摺係外務部主稿會同籌辦海軍處陸軍部辦理。合併聲明。謹 奏。宣統元年九月初五日奉 旨依議。欽此

外務部會奏議覆頒布研究保和會條約摺

奏爲遵 旨議覆。恭摺會陳。仰祈 聖鑒事。宣統元年十月初五日准軍機處抄交出使大臣錢恂奏第二次和會條約請速行頒布研究一摺。奉 硃批該衙門議奏。欽此。當由外務部會同軍諮處籌辦海軍處陸軍部修訂法律館選派專員。悉心討論。查原奏內稱自第一次和會以後。我國毫無準備。致無以應第二會之事機。今三會

又來。若不亟事研究。則必仍蹈故轍。宜將約文速行譯漢。頒布全國。分贈友邦。立會研究。撰爲學說。藉以參訂軍事專律。輔益軍事教育。並以應第三會問題之徵問等語、自爲鄭重公約先事圖維起見。惟所稱各節。有從前業經預備者。有現時正在籌辦者。有按之事理。難以實行者。謹爲我　皇上分別陳之。保和會兩次所議條約共二十餘種、其經我國畫押者。第一次凡四約。第二次凡八約。均經外務部籌辦海軍處陸軍部先後會奏辦理在案。所有關於我國利害之處。無不於畫押之先。會同研究。分別籌商。以定應否允認之宗旨。其中或立時畫押、或隨後補押。或畫押而將某條某款提出。均係按照我國海陸軍之程度。並參攷各國之意指。采取中外之議論。以爲權衡。其畫押之先所預備者如此。當第二次開會、各國畢集之時。外務部奏派專使陸徵祥並充全權議員。陸軍部奏派前練兵處法律科監督丁士源充軍務議員。該議員等蒞會分任專科。隨時各將意見提議。一面報告外務部陸軍部。並載入和會會議日記。斑斑可考。其議約之時所預備者如此。是兩次和會。我國實皆先籌應付。不誤事機。並非如該大臣所云毫無准備者矣。此從前業經預備之情形也。和會公約。均用法文。各國公認爲通行約本雖專使陸徵祥送有漢文譯稿。而議員在會辯論。及在事各員之研究。無不以法文爲主。當時注意約款利害之關係。自不暇斟酌譯漢之異同。惟此項條約頒布全國。爲交涉之準繩。討論之根據。則漢文意義。苟有不符原文。及不甚明顯之處。自應詳加校勘。以免混淆。現正飭令所派專員會同閱看反復考訂。一俟全稿妥協。卽當由外務部分咨各省。並判登政治官報。以期周知共曉。按照保和會章程。凡各國批准約本。須送會六十日後。始生效力。我國允認之八約。本年九月奉　旨批准。十月間始行送會。是頒布稍遲。尚不逾效力發生之限。至立會研究一節。現在外務部、軍諮處、籌辦海軍處、陸軍部、法律館等衙門。尚不乏通曉約章及軍事法律專門人員。業經督飭所派各員將此次所訂各約。並第三次應行提議問題。分期會集。隨事商確。似雖無立會之名。尚有研究之實。如公約頒布以後。京外各衙門及官紳軍學人等。果有確實見解。自可呈由該管衙門咨送外務部。彙總抉擇。以備提議。其士民苟有立會研究。但使不背民政部集會結社專律。應聽其自行設立。未便官爲組織。至參訂軍事專律一節。現時法律館擬訂刑律草案內。凡有關於國交各條。正在會同法部覆核辦理。嗣後軍諮處、籌辦海軍處、陸軍部所有應訂各項專章。自當博考各國軍事成規。參以和會條約。以期折衷至當。此現時正在籌辦之情形也。和會各約。關於海陸軍者十之六七。自必審度本國海陸軍情勢對待之政策。惟該會意在弭兵。其條文多爲限制軍事起見。方今列強爭逞。擇利而從。名雖主張平和。實則規定戰術。其平日多方研究者。往往預籌兩端。以便臨時辯護。而要以無碍本國自由行動爲歸。此種政策。斷難宣布。原奏所謂須示政策編訂成書一節。在私家著述。或可揣摩時勢。發爲論說。而政府萬不宜有此舉動也。至軍事教育。本恃有專門之學術。現在軍官及海軍學堂。已有國際公法學科。全國海陸軍亦有公法解釋一課。和會條約。將來校勘完善後。更須頒示全國軍人。俾得預爲研究。惟我國海陸軍現正力求進步。無論國家主何政策。處帷幄者必當明恥教戰。執干戈者尤當以克敵致果爲心。若如原奏所云編訂條約。以備軍事教科。將使軍人心目中先有瞻顧避忌之一途。何以鼓其方興之銳氣。此於軍事教育不必加入者也。原奏又謂條約刋本。宜分贈友國。查各國所編黃皮書藍皮書之類。視同外交報告。如法國黃皮書。附載其政府批准第二會約文。英國藍皮書。附列第二會俄政府聲請各國蒞會文件。皆係每歲刊行之本。初非和會專書。美國雖有和會專書。而係私家著述。其政府亦未嘗以此贈人。我國向無外交年報。畫押各約。既經批准送會。則在會各國於我國政府之意見。業已了然。譯漢之稿。分贈與否。無關重要。若取各國共見之原本。刊印而分送之。則是駢枝蛇足。必貽笑於鄰邦矣。以上各節。皆按之事理。難以實行之情形也。總之和會一舉。條件至繁。關係綦重。要在先事預謀之實際。而不在立會著說之虛文。所有第二會約內應行備辦事宜。如選派公斷員。籌設紅十字會。與各國訂立特別公斷約等節。皆該大臣原奏所未及之端。臣等當定約之時。即經熟計。正擬分別緩急。次第施行。現據第三次問題送會之期。尚有三載。但使隨時隨事。講求有素。似尚不致有臨會竭蹶之處。所有遵旨議覆頒布研究和會條約緣由。謹恭摺會陳。伏祈皇上聖鑒。再此摺係外務部主稿。會同軍諮處籌辦海軍處陸軍部修訂法律館辦理。合併聲明。謹奏。宣統元年十一月二十五日奉硃批依議欽此

中國紀事

中日借款一千萬元詳誌　日政府以英美德法等國資本家紛紛運動我政府大借外債今年正二月間日本各資本家在正金銀行特開秘密大會公決籌集鉅金借給我國以圖利益均沾乃特派正金銀行理事小田切氏(前上海總領事)充作代表赴北京運動當此次借款交涉開始之際也日本資本家曾詢意見於日外務省大臣求其援助小村外相竭力贊成故二十七議會答松本君平氏之質問有日政府對於中國政策上力所能盡者無不爲之一語此次借款表面雖爲正金銀行之運動實則中日政府之一大交涉也小田切氏赴京後與郵傳部尙書盛宣懷磋商遂有借債一千萬元之事其契約經於去月簽押聞其契約之內容(一)借債額一千萬元(二)利息與實收年息五釐實收九十五元　(三)　償還期限至五年後儘二十五年陸續償還(四)借款用途本借款表面係爲充當京漢鐵路之補給金(六)擔保以京漢鐵路之利金及某省租稅爲擔保自此約成後日本銀行團異常欣喜業於日前再開大會決

議辦法。聞以第一銀行。對待韓國政府之公債爲例。俟協商妥後。即發行公債。由各銀行分擔云。

商議中俄改約之預備　外務部以中俄交涉緊迫。而伊犁條約。又將屆滿期。將來勢不得不改訂新約。因特移文南北洋大臣。徵取意見。畧謂本部特派調查員。研究中俄兩國議訂條約辦法。現經擬就要目八則。公同討論。如有意見。希卽查覆云云。茲將要目列後　第一款。中國與俄國土耳其斯坦界域。須分別劃清。第二款、稅則問題。須彼此議定辦法約章。第三款。俄屬敎士之在中國者。須得何等相待。第四款。俄官俄商准其赴蒙古境內。須守何等法律。第五款。中俄交界地方。匪黨擾亂。須預定保護辦法。第六款。俄人在中國建造鐵路及工廠等事。須預定權利。第七款、蒙古滿洲兩處。俄國流入之貨幣。須預定限制。第八款、華人在俄之權利、須設法保護、以免藉口。

外務部輕允洋鹽進口之可異　近聞有某國商人。藉口中國鹽不潔淨。有碍衛生。擬運某國鹽數千啓羅進口。以供洋兵食用、由某國公使要求外部特許。外部允之。而後行知鹽政大臣澤公。以中國非無潔淨之鹽。何得以此藉口。且此端一開。將來如有援例效尤者。將用何法抵制。中國財政權之最完全者。惟此鹽務一項。胡可再生枝節。特行文外部。請爲力爭。外部以業經應許。未便再行爭執。力勸澤公姑允一次。聞澤公已有專摺奏請。飭下外部。切實聲明。嗣後不得援例。按食鹽一事。前數年曾有英人運動政府。請准印度鹽入口。由政府專賣。謂可增歲入數千萬。又日人之在南滿者。亦疊經以輸進日鹽入口爲請。當道皆不爲之動。不知此次外部。何以顢頇若此。豈以其爲洋兵食鹽。遂可從寬假耶。語曰。涓涓不塞。將成江河。各國皆有洋兵在中國。此端一開。恐各國之鹽將紛至沓來矣

廷寄速行籌辦楡林港島　日前粵督。准軍機大臣字寄。上諭有人奏振興海軍。與關瓊崖港島一摺。以軍港乃海軍根據。查瓊崖楡林港地。雖僻處極南。然地當南洋門戶。爲各國必由之要津。某國覬覦已久。去年該國巴黎植民報之報告。上下議院協議。謂苟該國際於世界大戰。不可不佔領瓊崖島等語。我若無所防備。無所經營。一日藉端佔領。必步膠威之前例。各等情。查前粵督岑春煊奏稱。亦以瓊崖地處極南。中國

版圖。至斯而甚。榆林港島。尤爲握要等語。亟應體察情形。妥籌布置。以重軍港而固海防等因。粤督准此。已札行司屬一體查照矣。

民政部改土歸流之計畫 民政部具奏略云。西南各省土府州縣。及宣慰宣撫安撫長官諸司之制。大都沿自前明。遠承唐宋。因仍舊俗。官其酋長。俾之世守。用示羈縻。要皆封建之規。實殊牧令之治。康熙雍正年間。川楚滇桂各省。迭議改土歸流。如湖北之施南。湖南之永順。四川之寧遠。廣西之泗城。雲南之東川。貴州之古州威寧等府廳州縣。先後建置。漸成內地。乾隆以後。大小金川。重煩兵力。迨改設民官。而後永遠底定。比値籌備憲政。尤宜擴充民治。近年各省如雲南之富州。鎭康。四川之巴安等處。均經先後改土歸流。而廣西一省。改革尤多。所有土州縣。均因事奏請停襲。此外則四川之瞻對。察木多等處。尚未實行。德爾格忒。高日春科等處。甫經歿准。伏維川滇等省。僻處邊陲。自非一律更張。不足以固疆圉。惟各省情形不同。辦法亦難一致。除湖北湖南土司。已全改流官外。廣西土州縣。貴州長官司等名。雖土官。實已漸同郡縣。經畫改置。當不甚難。四川則未改流者尚十之六七。雲南土司。多接外服。甘肅土司。從未變革。似須審愼辦理。乃可徐就範圍。擬請飭下各該省督撫。暨邊務大臣。詳細調查。凡有土司土官地方。酌擬改流辦法。奏請核議施行。其實有窒碍暫難擬改者。或從事敎育。或收回法權。併將地理夷險道路交通。詳加稽覈。繪製圖表。以期稍立基礎。爲異日更置之階。似於邊務不無裨益云云。此摺上後。經於二月十二日奉　旨依議矣。

學部定期考試各省畢業生　學部定章。凡各省高等專門各學堂畢業生。均須一律調部覆試。本年二月奏准。凡考試高等以上各項學堂。一律酌收考費。以資辦公。本年定於三月廿三日起。分場考驗。本屆高等以上各學堂畢業生。已由學部牌示。各生限於三月十二十六等日。取具同鄉京官印結。並備帶應繳試費。來部報名。領取卷票。以憑入場。其考試費目如下。(一)大學分科畢業生四元。(二)高等學堂畢業生三元。(三)優級師範學堂畢業生三元。選科同。(四)高等實業學堂畢業生三元。

郵部擬整頓滬甯鐵路　郵部盛尙書日前在部提議滬甯鐵路。糜費過鉅。謂此路既全行抵押。則年限未滿以前。英人實有總攬大權之勢。縱令一切遵照合同辦理。我國已不免受虧。今查合同所指定犖犖大端。亦毫不措意。如鋼軌不先儘漢陽鐵廠購買。

材料廠及重要職任。不用華人。又如滬寧與松滬交點之處。接軌上海。不接軌吳淞。皆顯示違抗之意。又銀公司以其曾爲我國借款。於是承辦各項材料。有每百抽五之利益。行車以後。營業所入純利。應以五分之一歸銀公司。於是即照借款五分之一之數。預先發給餘利憑票。其初又九折交付。（按此係指初次所借者）是銀公司以借欵之經手。不費一錢。坐獲百分中三十五分之大利。而年息五釐之付還資本家者不計焉。誠爲我國鐵路借欵喪失權利之最大者。又該鐵路不但行車進欵。不敷開支。即借欵利息。亦非部撥不能按期照付。現在付息之期將屆。該路所訂借欵條約。諸多損失。因諭令鐵路局提調。凡關於改良該路之事。准各員條陳辦法。以爲將來補救之預備云。

鄂省又擬借外債二百萬　日前鄂督瑞澂有電致樞府。畧謂湖北度支公所開辦以來。接得善後各局帳簿。查有張文襄積欠華洋各欵二百四十餘萬兩。常年利息多者八釐半。至少者七釐。每月籌利籌本。實甚爲難。擬請向英法三國銀行借二百萬兩。分十年還清。年息七釐。並無折扣。惟須用漢口鹽釐作抵。業經該省議局議決云云。聞此事有　旨交度支部妥速議奏矣。

萬國防疫研究會之預備　東三省自鼠疫發現以來。當道汲汲從事於研究消滅之法。聞奉省大吏定期於三月初五日。開萬國防疫研究會。擇定小河沿惠工廠爲會場。各國之派醫學專家來奉赴會者。約有十國之多。外部亦派右丞施肇基赴奉以預爲招待一切矣。

飛行家回國　飛行機之制。近數年披靡全世界。有謂其可助軍事偵探之用者。故歐洲各國近日研究此技者不遺餘力。然其中尤以法人所製者爲最擅長。日本近亦倣而效之。汲汲不遑。業經設會研究者屢矣。粵人有馮如者。擅此技。日前偕同數人由美返粵。特赴督轅禀請求見。自稱恩平人。自九歲出洋。前赴美國學習機器廿有餘載。能製造飛行機。駕駛異常快捷。該機能升高九百餘英尺。並能載重四百餘噸。張督聞之。甚爲嘉許。擬俟試驗後確有成效。然後或給以獎勵。或使人傳授其技。以爲他日軍事之助云。

世界紀事

軍費協定談　英國外務大臣克列當討論海軍豫算時演說。謂欲減少軍事費。當與他國協定。而尤以德國爲先。如能與德協議。此後不擴張其現在之造艦計畫。則自可防止軍備之膨脹。然世界各國之軍費日見增加。只英德協定。殊未滿足。吾人實以各國協同縮少。爲最終之目的云。

陸軍將校之缺乏　英國陸軍大臣哈丹提出陸軍豫算時。力陳陸軍將校之缺乏。且提出一補充策。欲使各級長官。各選適當之人。使入聖哈士士官學校。以資練習。

新西蘭首相之政見　新西蘭首相近發表其政見。謂各國海軍發達之結果。英國海軍之二國標準政策。頗難維持。當統籌英帝國全局於國防上通融辦理。凡關於英帝國國防問題。及外交或條約締結。或國際協商。當付之國防會議。以決可否。且提倡設立全英帝國之上下議院。

巴特達鐵路與英國　英國外務大臣在議院宣稱巴特達鐵道及其支路。將來必可供英國來往貿易至各國待遇等均一節。必於約中訂明。以爲保證吾人在波斯灣所占之地位。其與印度有關係者。則必力圖保全。又謂英俄協約於波斯之獨立及波斯之完全無絲毫之侵害云。

英德協約與德國 美國外務大臣克列於議院協定軍事費之演說。大受德國輿論之歡迎。謂此演說與德國之意見如出一轍。從來英國對德之疑慮。當藉兩國之協約一掃而空。此協約之締結。實德國所最希望。且英國外相希望和平之精神。當博全世界之贊同云。

德國之臨時議會 德國議會將以陽歷十月開臨時會議。以討論裁判改良及整頓實業各法案。

法西之齟齬 西班牙因法國在摩洛哥之勢力日益擴張。兀臬不安。故恨法甚至。將起重大之交涉。

意國內閣與社會黨 意大利皇帝特召見社會黨首領賓律治。協議內閣之危機。將來新組織之內閣。擬位置社會黨員三人。

俄國首相辭職　俄國首相斯利賓爲帝國參議院受意於皇帝。否決波蘭自治之法案。遂決辭職。新內閣擬推現藏大臣克阿夫爲首相。克氏實爲俄國中精通極東事情有數之人物云。

俄國之新軍港　俄國擬於欵爾丁島。設立新軍港。該港位北緯六十九度十九分。東經三十四度十九分。實面於北冰洋之不凍港云。

俄國之製艦計畫　俄國之新艦建造計畫。已奉詔許可。且令軍令部關於造艦事宜。與海軍豫算委員。協議一切。復下令發布軍港新條例。

陸軍之整頓　俄國國會已決議提撥三十八兆羅卜。以充軍用飛行機經費。並撥百五十萬羅卜。以供陸軍部辦理秘密事件。

對中政策之非難　俄國議會討論外部豫算時。立憲民政黨首領美里克夫力主俄國對待中國。須用和平政策。謂今日之中國。朝野上下。皆已醒悟。各國洞觀時局。已改易方針。而俄國仍以曩日之手段。與之交涉。實爲闇於時勢。

土國新公債　土耳其新募一億六千萬法郎之公債。以關稅收入作保。於柏林及維也納之應募。已逾定額。

土國調兵定亂　土耳其政府以阿爾巴利亞亂黨近益猖獗。特派步兵九隊。前往該處鎮壓。

美國增兵之可疑　美國國務大臣決議厚增檀島之戍軍。將來於菲律賓羣島。亦大增兵力云。

英美公斷條約之進行　英美兩國現正協議締結公斷約之條件。此議爲美國總統塔虎脫所提倡。塔氏深信此約必能通過於議院。至英國輿論反對此約者絕少。各報皆贊成此舉。謂此約結後。與裁縮軍備問題。當有極大之影響。

日本議會閉會　日本帝國議會之閉會式。以陽歷三月二十三日。於貴族院舉行。

日本鐵道之收入　明治四十三年日本國有鐵道之收入總額。計八千九百七十餘萬圓。較之豫算增收三十餘萬圓。

叢錄

春冰室野乘

春冰

張翰風先生論保甲書

讀張翰風先生琦宛鄰書屋文集。中有與陸劭聞書。極論保甲之弊。以其可爲今日新政之鍼砭也。亟錄之。以風有位。書云。劭文足下。辱損書。以保甲爲方今切務。當事有就詢者。輒爲條其規則。並索琦昔日箸錄。士君子雖不得位。苟一言出而方隅之民。得受其福。誠仁者之用心也。雖然。利害之際。所繫非淺。用敢盡其區區。琦往時客新安。縉紳有欲行保甲者。屬琦兄弟詳定事宜。條理頗具。以爲救世之良法。莫此若也。既更數十年。就聞見所及。阮雲臺中丞之於浙。左仲甫太守之於合肥。而後知保甲之利。不勝其害。夫保甲之法。分縣爲鄉。分鄉爲里。分里爲甲。分甲爲牌。登其戶口職業地畝之數。旬日而畢。至易也。十家爲聯。有不善者。衆共檢察。至便也。然愚以爲有難且不便者何也。

編審之始縣官之耳目不能徧及必有所任非胥役地保則家人耳此難在人一也冊籍之需飲食之費月日遞報舟車之資自縣以上書吏之規例撫藩委員查勘之供給不出之官卽出之民出之民是多一科歛也出之官則力不能勝此難在費二也鄉長里正主一鄉一里之事讀書謹厚之士不能爲莊農殷實之戶不敢爲其能且敢必強悍好事者也強悍好事之人使之主持鄉里將滋擾累一不便也民固有親屬之往來不肖者輒指爲面生可疑藉端訛詐事所必有二不便也鄉長里正有名在官吏胥卽得制其短長三不便也十家有事地保必牽連甲長牌頭平民無故而爲官身累且無已四不便也前之二難勤能之官或有補救之術後之四不便竊恐今之保甲未之或免故保甲之利未見而害已較然明白矣非徒四不便又有無益者三窩藏賊盜之家必有所恃或句結胥役或拳勇無賴一旦舉發之勝與不勝皆受其害今欲使貧弱之民不畏強禦此不可必之數也無益者一匪徒立教設會結黨成羣恣睢鄉邑官司莫敢詰問誠恐激成事端且根株難盡故也十家稽查曾何足恃無益者二城坊市集設循環簿過客詭託名姓何從質驗無益者三幸而奉行不過編查一通戶懸門牌酬應

故事而已其害猶小若欲永爲定法朝稽夕考孳孳以此爲務患將有不可勝言者昔者王文成用之苗賊交煽之時項勤襄當鄖陽劇賊戰破之後招集新附其民皆有戒心故能自相保受籍其丁壯以爲守備之助今於太平無事之時强而行之鮮不擾其煩費者其時勢異也故保甲者用以團練則可行不用以團練則不可行保甲者救亂之法而非致治之本也西安距前年匪徒滋事之後又新有菩薩殿結會之案較之他處自有不同若以保固鄉里爲辭曉譬紳士使之悅奮詳具條例委之自辦而不以胥役介其間勸課富室以率捐輸貯之公所主者掌之編查册報一切之費皆以此給鄉長牌頭名達於官而不爲官役官但以時稽其勤惰以爲賞罰如此則吏胥無從需索差爲得矣然非今日行保甲之意也且亦不可以久何也一鄉之中貧多富少荒振捐之義倉捐之保甲又捐之其始也顧其身家恐遭寇暴出其貲財共相保聚迨其後閭井晏如盜竊不作各有懈心用度不給勢難接濟其事將已聽其遂已則非行法之初心欲其久遠又無成全之善策倘遇喜事官吏刑驅勢廹其厲民豈有極哉民間爲之猶有此患設其假手胥役奚啻什伯於此方今水旱頻仍民困已極有司宜恤其飢寒

寬其差役勸之畊桑敎之禮義本至誠之心行豈弟之政足下視今之州縣實心爲民者能有幾人有其人則不必保甲可也無其人而徒多設規條負二難四不便以行三無益適以重困吾民而爲胥吏開利孔耳鄙儇之見惟足下開之

翰風先生又有詩云師出貴以律失律乃不祥擅取嚴一笠軍法自有常所以士用命可使赴火湯奈何我將士所至爲强梁路有半死人呻吟官道旁下馬問疾苦連年遭旱蝗昨夜官兵來搜括供餱糧婦子各奔竄十室九逃亾驅馬不忍聞惻然心內傷用兵以禁暴翻使民爲殃不見鄧高密父老持壺觴盖爲嘉慶初三省敎匪用兵而發藹然仁者之言足繼三吏三別

縣令善謔

江西分宜縣嚴嵩之裔尙繁相傳一日市墟演劇扮分宜故事窮極奸惡觀者無不髮指怒詈嚴氏子孫羞忿爭毆訟於官官曰此優人之罪也令優仍扮嚴嵩狀而荷以巨校使徇於市而硃筆標其上曰枷號嚴嵩一名善戲謔兮不爲虐兮此令有焉嘻今之皇皇坐中書堂者其亦計及身後逢此善謔之縣令否耶嘗讀賀子翼貽孫水田居士

文集有紀西安留氏事文一首。畧曰。先君官西安時。有劉姓告其祖墓被侵者。拘兩造至。則被告者曰。彼固姓留。今稱劉。詐也。先君怒詰之。其人頓首曰。公文。丞相。鄉人也。民何敢。姓留。昔萬厤初。吾族曾以祖墓事。訴於太守張公。張公至留氏宗祠集訊。見堂上畫像。問何人。對以先祖曾爲宋狀元宰相者。張公叱曰。乃老賊留夢炎耶。是負宋殺吾文丞相者。恨不刨爾墳燔爾骨也。手撤其像。杖宗人某五十。置其獄弗理。今公又江西人。設如張公者。先人遺骸且燔矣。民何敢。姓留。先君笑曰。汝祖自負宋。子孫何罪。乃平決之。以夢炎之醜。而傳世至數百年。不可謂非幸。然正以傳世緜遠之故。後裔至不得齒於人類。又不如速斬其祀之爲愈矣。此兩事當持贈今之秉鈞軸者。懸之爲座右銘。或不無小補耶。

楊京卿遺詩

綿竹楊叔嶠京卿。生平箸作等身。授命已十餘年。而遺集尚未汗青。本報昨載其駢文一首。以爲鴻寶。今又獲其遺詩數首。因亟錄之。寶店早發云。寶村夜半聞更絕。空中行雪走孤月。館人見月呼天明。枕上寒雞催我發。是時連旬罕晴霽。積潦浮空盪銀闕。朔

叢錄

風環鐸響縱橫白露油鞵照明滅雲頹月轉已復暗倏忽晦明誰可決箏韡急雨驟淋浪破空驚雷下突兀豈惟重褐無寸乾更恐聯車同一蹶僕夫驚馬兩懷怨塗泥上鞍水過轒流澌亂轍迷遠近篝火驚人愁出沒前林有物畏豺虎朔野無聲散鴉鶻遲明已見瑠璃河曉寒中人砭肌骨漸看飛絮卷長橋稍喜炊烟出黔突土床宿火呵手凍銅餅村酒澆腸熱田家正苦雨淫淫勞者復嗟泥滑滑我生饑渴分自了天意陰晴那易說蘆笳早動墟市開石道淩兢憚輪銕鎮海樓云潮上孤城日易陰夕陽高鳥客登臨天浮積水南圖遠地隔中原北望深化國樓臺沈霸氣異鄉雲物發秋心劍鋩爭割羈愁去章甫如今學楚吟萬戶秋生畫角哀尉佗遺跡尚高臺盲風過嶺桄榔響蜑雨隨船薜荔開邊海碧吞沙地盡翹城青見越山來南游未必非乘興慙負當時陸賈才

六

文苑

人日立春　滄江

漸老逢春易斷腸。天涯人日感流光。淚傳故事翹靑犢。默計何方寄草堂。萬刼驚花成久客。三年弓劍泣　先皇。玉盤絲菜無消息。愁見東風綠海桑。

元夕　前人

不知今夕是何夕。強趁兒童一蹋歌。舊夢久隨鐙影燼。故鄉應是月明多。素娥靈藥知春否。鐵鎖星橋奈夜何。天上　皇靈應不遠。忍從珠斗望山河。

十六日　先帝三年喪畢志慟　前人

魚鳥長號草木悲。橋陵弓墮忽三祺。徵經合有禫除禮。戀闕微聞歌舞詞。杜折久憂天北墜。陸沈驚逐日西馳。遺臣未敢脩私祭。血灑桑田海不知。

上元恪士溪上宅觀梅庚戌　散原

百尺溪水明樓臺。出新浴舌吐小塢圃。雪乾卉叢綠。柵圍幾株梅。蕾綻瓔珞屬。風光不

文苑 二

自躍瑩魄得徵觸覓盡江南春枝頭有初旭羣公留醉看蜂蝶焉足錄

小孤　前人

拔波一千尺瘦骨孰削刻珉璞爲肺腑藤蔓垂佩飾翰林江上吟（謂午貽）妒汝可傾國一水隔彭郎終古誤顏色

九江湖海樓春望　前人

花氣籠山柳挿湖闌干春暖勸提壺客依江雁來成字今看巢烏又引雛隔水梵鈴晨自語收緡漁艇醉相呼尋仙那畢劉郎願（皓如入都計畫鋏道事尚未還）五老雲中已笑吾

由漢口乘火車入京雜作　枰齋

欲住常無住眞成轉法輪九州同鑄鐵萬衆託勞薪神駿嗟無力飛鳶忽後人心旌搖入夢回憶小兒茵

一夢一千里三州三夢過穴山師鳥鼠塡澤駕黿鼉平楚金堤樹雄風易水河交通民自便國髓近如何

噴野分燕豫黃流兩戒中古碉環老樹矮屋避天風犢鼻芸瓜婦牛車葦麥翁頻年江

漢潦。喜見北來豐。

茂草蹉周道。蒲輪尚漢家。衆生蟻在磨。多士兎同罝。飢厭滹沱粥。涼分驛路瓜。太行看未足。雲物近京華。

米貴長安市。東南病轉漕。引河虛國帑。行海遲征艘。神巧驪欙橇。官輸走桔槔。太倉多鼠雀。恣飽問蕭曹。

辛亥二月十一日同諸寓公鄧尉探梅作　公達

十年水國寒生袂。著眼繁花意自殊。未有文章儕宋賦。且携脂盝拜吳姝。（東坡詠梅詩他年欲識吳姝面秉燭三更對此花）如聞唳鶴增遐感。乍喜蟠螭名（山）涉勝途。便欲乞祠從鄧尉。落英長與薦氍毹

文苑　三

滿庭芳

映菴

晴日烘簾嚦鶯到枕夢囘身在吳城曉樓凝望江柳競搖青黛壓山眉不展春未至已慣傷情今何限迢迢故國芳艸爲誰生 東門携手地清歌暗盡從換新聲念物色堪嗟愁眼難醒是處酒旗戲鼓依稀認坊陌縱橫花枝下白頭彩勝年少共追行

前調 上元夜雨

前人

客館烟扃幽坊燈暗雨聲今夜愁聞醉眠初醒翻覺枕衾溫玉漏無端到曉空檐語零亂啼春高寒處姮娥不見人事更銷魂 香塵沾惹地懽遊墜夢終掩愁聲念飛翻步障飄流歌裀可惜東風故國吹不散淒霧濃雰軒窗畔晨光透隙鐘鼓似黃昏

人。庶幾能安。吾聞佩突兒云。暮夜嘗有可怖之人。竊伺於四周。我心殊爲憂懼也。剛騰曰。巴黎之僻壤。若茲土者。固不少如此等事。亦不足爲異也。曰不然。吾疑此類人。乃潛伺德理斯者。竊恐或有意外之變。吾心滋不安。今夕當止於此。雖曾許吾僱主。謂胥夜當返肆中。今亦不願往矣。德理斯聞之大喜。遽抱其母頸而言曰。母言宿此。吾喜甚矣。剛騰愀然顧娉娜曰。子其眞有戒心於暮夜之侵擾耶。曰誠然。適纔德理斯彈琴之際。子之所言。吾殊不能忘之也。曰子疑澳大利亞歸來之中表親耶。娉娜急以目示意止之。德理斯問曰。澳大利亞有何中表親。吾儕豈有親屬在彼者乎。剛騰急用言掩飾曰。否否。吾與而母偶述一故事中有此語。適以供笑柄耳。然而母所慮。誠是此宅荒僻。巴黎素多歹人。每乘暮夜竊發。須籌預防之術。以杜其竊伺之漸也。此事吾當任之。遂轉與德理斯作酬酢語。德理斯亦深相欽敬。視之儼如故舊。三人談讌久之。不覺夜深。剛騰初見德理斯。頗思一察其情性容貌。奚若又聞此宅有賊徒覬覦。亦欲一覘其異。冀得乘其來竊伺時。出而擒獲之也。剛騰語久。漸傾佩於德理斯之爲人。此女能有其母之靈心麗質。而又加以志行高潔。使得與晏陀蘿訂婚。寗非璧人一雙。可恨機緣不巧。

吾今夕之來。適與晏陀鼇邂逅相遇。彼明日必以德理斯母子之生涯見詢。吾亦何敢欺誑故舊。勢必據實以告。則此段姻緣。寧非自我而破壞耶。此誠天壤間之恨事矣。雖然。此女之爲人。殊可敬愛。吾雖爲理勢所驅。或不免敗其好事。然仍當於無可如何之中。竭力代謀。務期有以玉彼于成。予心乃安。又念此女之身世。誠覺不無可危之處。媌娜之驚憂。殆不能謂爲過慮。彼鴰狄虔威廉之爲人。既無惡不作。今雖云久無音耗。然安能保其不潛踪歸來。觀於新襲迦爾尼貴爵所得之匿名書。吾亦甚疑爲斯人之所爲者。彼必利迦爾尼夫人之死。以得覬覦其遺貲。故以凶耗告諸其家屬。其設心如是。今忽聞夫人遺貲悉畀諸此女。詎肯歛手罷休。其人既稔惡。則不論若何害人之事。皆不憚爲。必思除去德理斯。使勿礙於己之分際。乃已。今殆偵知德理斯之家居於此。遂僱用奸細來窺。爲乘機殺害計。亦未可知也。剛騰念此。遂欲自作偵探。以窮究此事之眞際。時夜已將半。剛騰乃告別。尙諄囑媌娜母女。嚴扃牖戶。始可歸寢。出至門外。復親視園丁將園門下鑰。乃自去。

第七回　聽言察言飛觥聶酒肆　逐賊失賊賁夜叩朱門

剛騰此來。其車馬尚遙駐於坡下以待。蓋姍娜不欲車馬到門。使彰聞於鄰里也。剛騰之車。乃向馬車行中長期僱用者。晝則用四輪之高車。夜則易兩輪之輕車。每日習以為常。閑中國人有曾服役于軍中。舊事剛騰者。其人頗忠謹。奉事最能盡心。遂用之為御。剛騰下車。彼則仍在車箱上堅坐以待。剛騰既別姍娜家。出至道上。遙見坡下車馬燈火熒熒。時天氣陡變。似有風雨將至之勢。道上寂靜。四無人蹤。附近居人。皆已睡熟。自念夜靜如許。最利盜賊行踪。若夜入人家。亦可任意施為。終不慮或有敗露。姍娜所慮誠是。其女當及早遷避於樂郊善地。乃為良策。而此時護衛之任。亦正需人。惜吾今夕曾與儕輩約。丑時當會於俱樂部中。不然。大可守候於此。以察其動靜。試看有無可疑之人。潛踪來此也。剛騰方設想之際。迎面踽踽有一人來。瞿然驚視。覺其人正傍道旁行。與己所行道作一直線。遙遙相對。及遙睹剛騰來。乃忽轉趨中道。剛騰行行漸近。彼此雖尚間隔。然已能覩其情狀。其人似為操作工匠。今方歸去者。背負一行囊。殆是器械。剛騰暗思曰。此人可異。見有人來。頓爾別趨。若故避面者。然吾不能無疑之。今且勿遽隨其後。彼若見吾尾之。則雖有陰謀。亦將不肯稍露痕跡。莫若且先至車中。再計議之。遂疾趨至車、御人已整備欲發。剛騰曰。適間行道之人。子見之乎。御人應曰。見之。曰彼所携何物耶、曰行囊一具。繩索一股、剛騰驚曰、尚有繩索一股耶、子見之旣審乎。曰確甚、吾甚疑其人之舉動、故留意詳察之也。曰然則汝疑彼爲盜乎。卽吾亦甚疑之。吾恐其欲向吾所造訪之家行竊、思一伺察其究竟也。曰甚易、易其家門外有一路燈。相去不過數武。此人果窺伺於門外、自能遙遙望見之。然吾人苟留此不去。彼亦必能察及。將潛匿不肯露蹤影矣。公必欲伺之。吾請先驅車轉入哥維薩衢路。使彼不能望見。必將謂吾人已去。乃敢肆行其伎倆也。曰此計甚善。便可行之。御人乃驅車行一轉灣。便是哥維薩路。仍復停駐以待。剛騰隱身牆隅。遙窺斜坡上。約畧數分時。乃見其人趦趄來、隱身於道旁樹下。正對娉娜之家。竚立而望。此必欲覘其家有無燈火也。遂悄語其御者曰、福奈。吾見之矣。彼果相度此宅。殆將有事。子計誠不差也。其御曰。吾更有一策於此。公倘肯爲我暫馭其馬。吾將潛行至彼。出其不意。可以掩執之矣。剛騰曰。此事吾當自往。吾呼子。然後來相助也。曰此則不可。彼見公來。或將遁去。公非欲捕執之者乎。似此仍當容吾往。庶不致驚走之也。曰吾亦殊無成見。非必欲拘執之者。吾但思窮詰其所由來。蓋吾頗疑別有人主使伊者。吾惟願徐餂得其實情。免致驚動警吏。則更慳於余心矣。曰、吾亦能如公言。先試探其口氣。得其底蘊。然後拘執之也。曰、子持何術以往。曰。吾車箱中有在廢暇時操作之服。在一衣一袴一帕頭。吾苟服此惡衣以往。彼當不復致疑。更僞云願助彼行事。彼不能不堅信吾也。剛騰深服其計。彼逆料斯人非尋常竊盜。此事或與鴉狄虔大有牽涉。殆欲謀害德理斯而後出此者。今來者若非其人。則必其爪牙腹心。而乘此探索其底蘊。乃最要着。此事不能假手於他人。必當自行。乃謂御者曰。盍以子之操作服假我。吾人身量相若。必能稱體也。御人曰。指揮眞欲自去耶。操作賤服。寧可教公服之者。曰。此何妨。可速與我。遲則恐其遁去。曰。彼或挾有兵器。得毋可慮耶。曰。無論如何。吾自有以制之。吾懷中儲有連環短銃。彼若抗拒。吾即銃擊之耳。曰。公究不宜輕身冒險。萬一受傷。殊爲不値。吾代公去較善。曰。子何爲如此。子非已有室家者耶。曰。然。吾有兒女三人。曰。似此子當愛身以爲兒女計。若我則並無牽挂。惟有孑然一身。固不甚重視。吾之當往。較子爲宜。且子亦不知根由。茫無端緒。未能如吾之試探。恰如題分也。子今宜代吾窺伺之。吾自易服去。御人乃遵命。從車中取衣付剛騰。剛騰急脫除其外衣與冠、易其衣。袴皆能稱體。然後以帕頭蒙首。此外更有一領巾、甚長、足繞頸三匝。如玉之頸及內衣、皆已掩蓋無遺。惟足下革履華美不類、復就泥淖中染汚之。既畢、謂御者曰、子視吾何如。其御曰、公兩手潔白、且以金環約指、乃一破綻也。曰、吾自有術。剛騰乃除去金約指。納諸衣袋中。復浴手于溝水。使頓變爲黧黑色。御人曰、公容貌整潔。亦不類也。曰、此無難。吾自認爲妓院之傭者、斯可矣。此類人固當具有整潔之容貌者。正言時。御人忽又張皇告曰。噫其人今離樹下。直趨立於宅門首矣。曰、似此更不宜遲。吾今便往。子宜守候於斯。曰、謹遵命。然公盍將吾警笛去。公倘需吾時。可吹笛召吾。曰、可。吾聞夜盜皆身懷警笛。有邏者來。則吹之以告其儕類。吾今亦備此物。會當有用處。吾意可無須子之來助。然事難逆覩。多爲預備。亦佳。子便在此伺吾。吾或與此賊他去。子可遠遠隨之。吾行亦行。吾止亦止。可也。惟愼無太露痕跡。使此賊知覺。吾外衣與冠。宜妥置車中。吾事畢。將取易之。然後可往俱樂部中去。子宜留意。吾去矣。乃循斜坡急趨而上。路旁皆有樹。行樹陰中。旣以自蔽。且南風方發。樹葉有聲。行道之足音。亦不復可聞。故行行將近其人。仍不覺。剛騰遙觀其人。仍向門而立。

若默數闌干者然。剛騰暗詫曰。若果為此道中人。何須自苦如是。但橇門而壞其扃鑰，入室久矣。似此行徑必非久慣之積賊。或者果為姍娜所慮之仇人。自來窺伺。正未可料也。剛騰自顧己身。一旦作此下流舉動。自儕於宵小之倫。其語言態度。均須貌為市俗。乃不露出眞相。念及此。頗覺為難。幸而少年時。頗輕剽好事。不憚同流合污。奸盜之窟。皆曾身入其中。以窮究世情之變幻。其中當行隱語。宵小行徑。亦頗知之。今乃適得其用。既行近其人附近。隱身於一大樹後。默察其人。見其身量短小。衣服襤褸。其狀有若鐵工。園外一帶鐵闌。下有白石為礎承之。彼乃置革囊及繩索於其上。手持一量器。若欲潛度闌干之高下也者。其意必將越此以入園。剛騰自計。宜否聽彼入園而後干涉之。彼苟身入園中。則大足以制其死命。但須一驚呼。彼必無路可逃。然如此則必驚動警吏。此賊則必執付警署而已。所欲窮探之底蘊。乃終不可得。寧不大失此來干預之初心耶。遂決意前行。就之。潛自懷中拔短銃出。轉置諸外層衣袋中。以備緩急之用。突前手按其人之肩。其人急迴顧。舉其量器。似欲以之自衛者。剛騰微笑。謂之曰。勿張皇。吾非警吏。其人作怨怒聲曰。既如此。子宜自取路行。毋來相溷。曰。惡吾不能爾。吾欲向子分潤。曰此言何意。吾殊未解。曰子毋裝作痴呆。中夜相度人家之門牆。此必非其家之主人。或其室之主持工程興作人。所以命子者也。其人目視剛騰。若有疑色。剛騰復曰。子試思之。吾已深知爾箇中消息。更無取乎來相愚弄矣。吾亦非常作者。般生涯者。此道太險。須拚領取十年監禁。乃可爲之。故吾寧供娼家驅策。而不欲輕易爲此。雖然。苟有利便可乘。但令吾略破工夫一試。故技而得少潤囊橐者。吾固不憚助子以成功也。其人不敢遽答。目灼灼視。似愈不能已於疑。剛騰恐或有敗露。復謂之曰。夥計子且聽我言。倘終不願分潤。吾子宜自精細。吾將何察子之所爲也。曰任自爲之。吾何懼。吾固非有所希冀者。曰子尙疑吾將要而奪子之所得耶。吾固不須爾。吾知子不久自去。然吾將窮子所往。而跡得子之窟穴。明朝吾復來。呼於此宅。告其主人以今宵所見而勸其急買一守夜犬。主人將以二十佛郎犒吾。而子之道路遂敗壞也。剛騰此言。深中肯綮。其人聞此。乃特變其態度。謂剛騰曰。子毋太惡作劇。吾非不欲與子共事。但非此間耳。子不見室中尙有燈火耶。此中人猶未睡覺也。剛騰視之。果見樓上窗隙間尙有光線射出。知妠娜母女猶未眠。乃復餂其人曰。此何妨渠儂。非終夜不寢者。曰固然。

惟吾不欲多費時刻以守待於此。今且去休。他時再圖之也。剛騰視其人久之。愈審其非老於此道者。彼必僞託無疑。于是又餂之曰。此宅居人有幾耶。曰。兩年長者。兩僕役。共有四人。頗不易與、實告子、毋空勞嘗試也。剛騰愈知其僞。彼果欲於此中取事。則其家人數寧有未曾探知者、今室中但有三婦人、而彼云爾。故意瞞人。其中必別有陰謀、而非止於攘竊財物可知也。乃更詰之曰。既防守嚴密。乃爾子何爲覬覦之耶。曰。其家中人。不日往鄉邨去。吾今預來相度。試探其門戶有無間隙之可乘、俟彼曹去後。吾乃圖之耳。曰。甚佳。吾爾時必來相助。以冀分潤。曰。吾亦不靳此。惟子須別有以報我。曰。吾不負子。吾人就此訂約矣。曰。可也。子何名。剛騰未預備此問。幾致敗事。幸有急智。遂立應之曰。吾爲辣底爾渾名一閃光。子當已聞吾名。吾日惟向蒙厮的歷道中覓生活。以其地甚多美妓也。子又何名。曰。吾渾名鵂鶹。所謂鵂鶹偃者。卽我也。曰。子棲泊何所耶。曰。吁。吾亦無定處。任便棲宿耳。曰。子生涯似不甚佳者。曰。然。經累番之嘗試。曾無一當意事。曰。此皆由子之無術耳。倘肯與吾共事。當必有濟。此間不比吾託足之地。難以償大欲。吾人今既不得逞。盍且一作夜飲。吾當作主人。此間附近有適意之酒家否耶。曰。

子毋須破鈔。吾已困甚。惟思睡耳。曰。嘻。子毋遽歸。吾人且一游醉鄉。然後吾送子歸去。且誌其居址。蒙麻的歷道。遠吾今亦不復歸。將就此附近覓一棲宿所耳。其人疑曰。子旣遠在蒙麻的歷。何緣深夜來至此間耶。曰。吾欲至劇園聽戲耳。曰。如許遠道。子徒步來耶。曰。否。道遠吾亦憚徒步。曰。然則子乘適間坡下之車來者耶。曰。坡下有何車耶。吾未之見也。吾乘汽車來者。至意大利公園。欲入劇場聽劇去。因爲時已晚。乃至此守候客車、將附載以歸。恰見子於此。吾料子殆欲於中取事者。乃潛來就子。子乃絮絮致疑詰問、子今旣知吾爲同道中人。亦可以心安矣。吾人旣非欲終夜守此間。子獨不能於附近覓一酒肆小憩耶。曰。吾困憊欲死。無心覓飲。毋寧歸去耳。曰。何故。吾願作主人。子亦不肯去耶。曰。夜已深。諸酒肆皆閉門矣。曰。吾與子賭之。吾謂倫乃特老酒家必未閉戶。彼中最宜吾道中人。多溷跡其間。警吏偵察。亦不敢公然露其面目。吾曹且就彼一沽飲。然後分手耳。曰。吾不知彼酒家在何處。曰。吾能示子。此肆在加蘭路附近牟博忒廣場之旁。曰。可也。吾願偕往。然何道之從耶。曰。由此直上至意大利公園。折入哥備連孔道。轉出蒙伽路。便達其地。剛騰更不欲導之經哥維薩衢路。以車馬尙在彼。其人見

廣智書局新書目錄

廣智國文讀本 一二	每冊一角
修身教科書 一二	每冊一角
修身教科教授法 一二	每冊二角
修身掛圖	二元
改良尋常小學新讀本	七角
改良高等小學新讀本	九角
小學體操圖	一角
兵式體操圖	一角
高等國文讀本第一冊	二角
高等國文讀本第二冊	二角五分
高等國文讀本第三冊	三角五分
高等國文讀本第四冊	四角
高等國文讀本第五冊	四角
中學西洋歷史教科書	一元三角
中等地理教本 全式冊	一元四角
中等教育國文法	四角五分
中學修身教科書 弟子箴言	四角
中學世界地理教科書 第一編	五角
中學世界地理教科參考書	一元
師範及中學用女子算術教科書	九角
中等教育倫理學	三角
中國文明小史	四角
支那史要	五角
國史讀本全十二冊 每冊	二角五分
立體幾何學講義	九角
中等教育化學	一元

◀上海福州路▶

廣智書局新書目錄

政治原論		四角
大清帝國新編法典		三角五分
英國憲法論		三角
近世中國秘史第一編		五角
近世中國秘史第二編		四角
世界近世史	洋裝全一冊	七角
世界進化史		二角
日本維新三十年史		八角
今世歐洲外交史		三元
血史		一元
康南海		二角
中國名相傳	精製 並製	一元二角 一元
中國六大政治家第五編	精製 並製	一元二角 一元
中國六大政治家	第一二編合冊 精製 並製	一元 七角
中西偉人傳		三角
李鴻章		三角
中國鐵路指南		八角
工商理財要術		四角五分
最近衛生學		二角
物質救國論		三角
三名臣奏議		一元二角
張江陵書牘	精製 並製	一元三角 一元
三名臣書牘	四冊	二元
東坡尺牘	二冊	四角
三星使書牘	二冊	五角
盧史二公書牘		一角

◀上海福州路▶

廣智書局新書目錄

熊襄愍書牘	二角五分
惜抱軒尺牘	三角
惜抱軒尺牘補編	一角
黃石齋書牘	四角
國文語原解	二角
新民說	六角
仁學	三角
曾胡批牘	六角
松陰文鈔	二角五分
心史	四角
中國魂	三角
第一種家政學	二角五分
第二種家政學	三角
女學生	二角
康南海歐洲十一國游記第一編 第二編	八角 六角
新大陸遊記 精製有圖 並製無圖	八角 六角
分類精校飲冰室文集 自丙申至乙巳	四元
增補改良飲冰室自由書	四角
中國國債史	二角
滿洲處分案	二角
越南亡國史	二角五分
曾文正公十八家詩鈔	三元
董香光畫禪室隨筆	三角
王照圖列女傳補注	四角
康南海廣藝舟雙楫	三角
包氏藝舟雙楫	三角五分

◀上海福州路▶

廣智書局新書目錄

英文尺牘資料　四角
新法英語教科書　五角
二十世紀讀本第一編　六角
華英合璧訓蒙編第一册　一角五分
華英合璧訓蒙編第二册　二角
華英商業會話　三角五分
增補改良華英學生會話　二角
初級英文範（即納氏英文典第一册）　三角
華英文件新編　五角
華英商賈會話　二角五分
初級英語作文教科書　四角
東文新法會通　五角
笏出記　上中下每册　三角

斯芬克斯之美人　上中下每册　二角五分
偵探小說　虛無黨眞相　八角
偵探小說　離魂病　二角五分
偵探小說　殲讐記　四角五分
言情小說　紅淚影　全四册每册　四角
言情小說　花月香城記　三角
偵探小說　怪獒案　三角
哀情小說　刼花小乘　二角
偵探小說　妖塔奇譚　全弍册每册　三角
偵探小說　美人手　全三册　六角五分
偵探小說　劇場大疑獄　四角
偵探小說　情冤　三角

廣智書局新書目錄

偵探小說 中國偵探案	二角
偵探小說 地中秘	四角五分
司底芬偵探案	一角五分
偵探案彙刻	二角
冒險小說 十五小豪傑	二角
荒島孤童記 上下全	五角
理想小說 未來戰國志	一角
社會小說 二十年目覩之怪現狀 甲乙丙己 丁戊	每冊四角 三角
歷史小說 鐵假面 上中冊每冊 下冊	五角 四角五分
黃繡球	五角
奇情小說 電術奇談	四角
偉人小說 女媧石 甲 乙	二角五分 一角五分
寫情小說 恨海	二角
說部腋	一角
九命奇冤 全三冊	七角五分
警黃鐘傳奇	二角
西青散記 全二冊	六角
經國美談 全二冊	五角
虞初新志 續志	九角 五角
桃花扇 精製	八角
中國廿一省全圖	一元七角
藝蘅館詞選	二元五角
暗射中國輪廓地圖	三元五角

上海福州路

神州國光社辛亥新出精本書籍三種

二十世紀大著作名家童君愛樓實驗自來血保証書

明州童君愛樓著作等身生平撰長詩文書畫小說戲曲等一切撰作大江南北久噪文名歷在本埠各譯局各報館秉筆多年海內文學界中莫不知有此君其爲文莊諧並作獨闢町畦實爲近今二十世紀著作家中有數人物因其朝夜著作操勞過甚以致心血大衰精神困憊時患喘咳百藥無功今讀其來書能知其服本藥房自來血後其病如失精神倍增仍能深宵著述不知勞倦深讚本藥房自來血有起衰扶弱之功今特將其惠書照登於下藉見自來血大有功於人之以思慮致疾云云○五洲大藥房主人雅鑒今啓者鄙人向以筆墨餬口歷在廣學會山西大學堂譯書院萬國商業月報館字林滬報娛閒日報文娛報鶴鳴報春申諸處辦事多年自顧不文著書至數百萬言一人精神有限終日埋頭窻下竟成了肺喘之症近更書寫稍久神志易昏不能如舊時深宵著述莫知苦辛鄙人亦稍諳醫理念小恙之來多由心血暗耗致陽氣飛越成神衰咳喘痰多內熱之症服多方均不見效後自去秋八月間服貴藥房自來血後不覺喘平痰少仍得耐勞蓋由補血而得能若此也心感之餘爲作此書聊伸謝悃幷告學界諸君之抱有同病者即頌財安

厲本埠大馬路德仁里六弄志强學堂內童隱頓

海內諸公如蒙惠購請認明全球老牌商標每瓶內加附五彩認眞劵一張値洋一角保證書一本方不致誤小瓶一元二角每打十二元大瓶式元每打二十元託局函購原班回件

總發行所上海四馬路老巡捕房對面五洲大葯房抄登

●太倉中斌學堂監督兼歷辦普通震旦校務聞君冠

塵服自來血之後精神倍增舊病全除之保證書

五洲大藥房主人執事敬謝者鄙人自東瀛游學因病歸國瞬將十年歷辦普通震旦校務並獨力担任創辦中斌公學一所學生日見發達一切校政教科鄙人均有監督之責祗以舊患痰喘逢寒必發深受其累去秋在太倉中英大藥房購服自來血四瓶功效甚速鄙人素不信醫藥自服之後精神倍增目下舊病全除面部紅光大來日漸肥胖一切校務勝任愉悅爲此敬告中外學界仝人之同病者庶得早占勿藥也專鳴謝悃即頌〇〇日祉

自來血價目 大瓶二元 小瓶一元二角 每打 二十元 十二元 託局函購原班回件凡各界諸君如蒙惠顧須認明全球老牌商標每瓶附有值洋一角之認眞券一張五彩保證書一本方是眞的

●總發行所上海四馬路老巡捕房對門五洲大藥房

抄登

平肝補肺

北京婺婦患肝肺之病甚劇自述如何服韋廉士大醫生紅色補丸而獲全愈

肝木痿縮不仁多由肺金勞傷所致韋廉士大醫生紅色補丸所生稠濃鮮紅之新血能使肺氣強健有力善治肺部勞傷吐血之患肺若無疾則肝木自然調和靈活康健復原矣婺婦張氏名門女也年五十五歲旅居北京前門外濕井衚衕嘗自述其病狀云○宣統元年八月余曾患肝病咳嗽甚劇食物不化大便塞結動作氣喘精

北京張氏肝肺患病服韋廉士大醫生紅色補丸而獲愈

神委頓以致不能料理家務右肩時覺麻木不仁漸至半身不遂喉間多痰色黃臭惡每於睡中頑痰壅塞咳嗽而醒夢魂迷離忽驚忽咳勢極沉重如是三月精力日減自思年老氣衰無藥可治一日有鄰人攜韋廉士大醫生紅色補丸小書一卷向余讀之內有與余相類之症爲韋廉士大醫生紅色補丸所治愈者彼此酌議之下即倩人往屈臣氏大藥房購取數瓶依法試服未幾即覺稍愈漸至肝腸有力痰咳亦止周身靈活步履如恒體質加重矣余如此重症得以復原豈非全賴韋廉士大醫生紅色補丸之功哉

韋廉士大醫生紅色補丸爲男女老幼之聖藥其功力直入血中運行全體能醫治肺病咳嗽氣逆哮喘　風濕骨痛　臀尻痿痛　腰背疼痛　胃不消化　肝經失調　左癱右瘓　跳舞瘋病　乾濕癬癩　以及婦科諸症莫不奏效如神洵爲世界有獨無偶之妙品也

韋廉士大醫生紅色補丸中國各處藥房商店凡經售西藥者均有出售如疑假冒可直向上海四川路八十四號韋廉士醫生藥局中國總發行函購或向重慶白象街分行函購亦可價銀每一瓶大洋一元五角每六瓶大洋八元遠近郵費一律在內

此係丸藥眞樣　謹防影射假冒

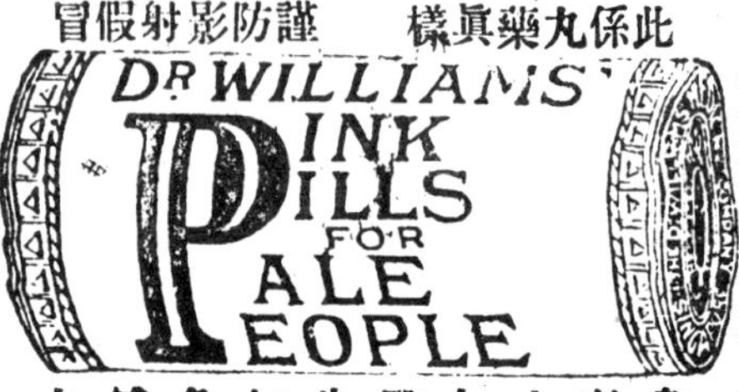

韋廉士大醫生紅色補丸